苏州文史研究

陆允昌　著

文汇出版社

弁　言

　　二十四年前，我年达六旬，按规定办理了退休手续，心想从此可以好好地利用余生，读读书，动动脑，长长知识，以此养生，何乐而不为。

　　长期以来，我养成了一个习惯：看书、读书有了一点心得体会，发现了一些新的资料，便急着把它记下来，日积月累，逐步整理成文。如今学会了电脑，有了复印机，就更加方便，更加快捷了。1983 年到 2013 年的三十年间，编撰出版了《对外经贸常识》、《苏州洋关史料》、《苏州对外经济志》（主笔）、《涉外经济工作基本程序》（主编）、《中国孙氏世系源流》（主编）、《涉外经济政策指南》（主编）、《孙武研究新探》、《苏州海关志》（特邀编辑）、《近代苏州通商口岸史料集成》、《孙武研究再探》等书籍共十四种，其中半数是在退休以后完成的，使我"退而不休"的后期人生，活得更充实，更有滋有味。

　　我是江苏太仓人。父母生于清末甲午战争前。青年时，他们分别就读于"南洋公学"（今上海交通大学前身）、"江苏省立第一女子师范学校"（习称"金陵女师"，今南京师范学院前身），毕业后在家乡长期从事教书育人的职业。我从小到大，父母亲多有启蒙和鞭策。1948 年底，我患了一场大病，后来才知道是"血吸虫病"引起的，不得不辍学在家养病。父亲不仅隔三差五辅导我补习英文，还安排我每周两次去钱星揆老伯家补习，由这位做过教育局局长的长辈一字一句教授《论语》、《孟子》的一些篇章。背诵古文，实在是一桩"苦差事"，有时反倒打不起精神来。见此情况，叔父给我送来他珍藏的《三国演义》、《封神榜》之类的历史小说，让我排忧解闷，长了知识。半年左右，身体才完全好起来。如今我能有一点收获和成绩，也是对父母和长辈对我当年教育的一种回报。

1949年4月21日，人民解放军百万雄师横渡长江，国民党南京政府迅速瓦解。月底，家乡解放。1950年初，我进了中共太仓县委举办的第三期"青年训练班"。受训结束，被部队选中，穿上军装，戴上镶有"八一"军徽的军帽，从此成了一名革命军人，迎来了崭新的生活。从军十四年，我没有辜负部队首长以及战友们的期望，先后荣立"三等功"四次，并入了党。1963年初，根据中央关于抽调十万军队干部支援地方建设（时称"支商"）的决定，我离开了培养我成长的"革命大熔炉"，转业从事商业工作。无论是在部队还是在地方，四十二年中，我尽职尽力地做好本职工作和分派的任务。平时少有其他兴趣，唯一的爱好就是看书，做一些浅显的研究。

时光流逝，而今虚龄已八十有五矣！生活安定，家庭美满，自然是夕阳如画，颐养天年。去年春天，稍有空闲，从一只只纸箱中拣出那些积存已久的书稿和材料，觉得这些零星篇什以及觅得的大量资料，还有利用和进一步研究的价值，读之尚有余味，弃之颇为可惜，于是敝帚自珍，着手分类整理，打算继2005年编成《孙武研究著论汇辑》（六册）后，再装订成册，作为重温故文的一种自娱。

一天，一位知心朋友来家小叙，谈起此事。他建议我不妨从已经发表过的文章中挑选一些，再补充几篇，出一本新的集子，作为收官之作，以书为媒，以书会友。我感到这确是一个好的建议，于是花了足足一年时间，一共选出三十一篇（其中补写了三篇）文章，又一一作了仔细推敲，字斟句酌，多遍修改，为的是减少错谬，以免贻误读者乃至后生学子。

收入书中的这些文章，内容各别，长短不一，文笔风格亦不尽一致，可谓兼收并蓄，良莠互存。无论是研究"对外经济"、"地方史志"，还是研究"中外交涉"、"历史人物"，都与我的第二故乡苏州搭界，故把书名定为《苏州文史研究》。

需要说明的是，我并非是学术界的专业人士，顶多只能算是一个历史爱好者，出版此书的初衷是想和读者们分享我阅读的喜悦和写作的体会。我自知自己并非文无加点之才，下的无非是笨功夫，几十年来得到的最大心得就是：研究历史一定要注重资料的搜集，并对得来的资料做一番认真仔细的鉴核，寻根究源，慎于思考，去伪存真，择善而从，这不仅是立言之本，也是立身之本。为了搜集资料，我曾奔走于上海、北京、江苏、浙江、安徽、山西、河北、山东、福建等地，从各地图书馆、档案馆和民间私人处，看古籍，找资料，觅谱牒，数年下来，收获颇丰。对于写作，我一向持谨慎态度，自知来不得半点马虎。回首自己的人生经历，感悟出这样一条"规矩"，就是：做学问一定要脚踏实地，不能捕风捉影，要抱有"对历史负责，对自己负责，对后人负责"（也就是"文责自负"）的原则，力求写的文章能够符合"持之有故"、"言之成理"的要求，不唯上，不护短，不偏袒，实事求是，服从真理，做到问心无愧，经得起历史的检验。

还需要说明的是，书中收入研究孙武其人其事的文章占了很大比重，原因是退休以前的四十二年间，一直忙于工作，无缘"兵学"，退休以后，经曾共事多年的老战友谢国良同志点拨，1994年才开始涉足"孙子学"研究领域，投入的精力最多，花费的时间最长。这些年来，完全是从"一张白纸"起步。除了一度应原单位领导及苏州海关邀请，费了几年时间，协助编纂出版《苏州对外经济五十年》和《苏州海关志》外，其余时间几乎都投入了孙武研究。我通过对国内兵学界、文史界人士围绕孙武其人其事研究出现激烈争议过程的了解，坚持从资料入手，对不同观点的文章，尤其是各自引用的资料，一一作了核对和比较，找出产生严重分歧的症结所在，从中汲取了众多专家学者的研究成果。同时，带着一些疑问和困惑，一再求教于市内外的专家学者，如陆振岳（苏州大学历史系教授）、叶瑞宝（苏州图书馆古籍部主任）、王汝涛（山东省历史学会顾问、临沂师院教授）、孙其海（山东省史志办副主任）、孙开泰（中国社科院历史研究所研究员）、谢祥皓（山东社科院孙子研究中心主任）、赵金炎（山东广饶县政协文史委主任）、苏桂亮（辽宁省孙子学会副会长）等。他们热情地为我提供线索，指点迷津，解疑释惑，使我受到了启示，得到了教益，明辨了是非，少走了弯路。我还是那句话，有关研究孙武本事的文章不是我一个人关起门来，冥思苦想就能写就的，而是集各家之说的结果。当然，书中也有我的一己之见，只能起一些抛砖引玉的作用。

对于此书文章中所引的文献和专家学者们的著论，我照旧在注释中一一注明其来源或出处。这样做，既便于读者查询，也使我的文章增加了某种历史感，以及可比性和可读性。

《苏州文史研究》即将面世。借此机会，谨向几十年来关心并帮助我的所有新老朋友（包括国内孙氏），以及出版社的领导和责任编辑致以诚挚的谢意。

书中纰缪偏陋之处，自知功底浅薄，有所难免，诚望国内贤达和后起之秀赐以教正！

陆允昌

2015 年 5 月 1 日

目　录

古兵家孙武研究

古代对外通商与设关管理研究

中国国际贸易起源与苏州对外通商

一

国际贸易，泛指国与国之间的贸易。然其贸易方式，古今称谓不尽相同。概而言之，有"官营"与"私营"之分。我国古代对外通商，长期受朝廷控制，1840 年鸦片战争后始为"自由贸易"所取代。

中国与国外通商至今已有 2400 余年的历史。据《中印贸易概观》一文所述："中国之通东洋和西洋，最早约在西历纪元前 425 年至前 375 年间（约我国战国时期），由古代巴比伦人所占之受瑟洛，以达中国东海岸之海上贸易，几全操于印度航海者之手。印人大都由麻（马）六甲海峡经苏门答腊及爪哇之南，以来中国东海岸而输入印度与波斯湾之真（珍）珠等物。"①

迨至秦代，已有中日人员往来和通商的记载。日本古籍《应神记》、《古语拾遗》两书都载有"弓月君（融通王）率秦人移居日本"的事。日本平安时代初期（约公元 814 年前后），日本朝廷集诸氏系谱《新撰姓氏录》，日本学者大庭修先生据此核点，该《姓氏录》共记有 1182 氏，内中属中国、朝鲜族的有 326 氏。其中，《左京的大秦公宿弥，出自秦始皇三世孙孝武王》一节中，大庭修认为："……在秦汉时代，中日两国不仅有物品的交流，也不仅有倭人到中国去，而且相互的往来，有秦朝、汉朝的人到日本来。"②

又据成书于日本元正天皇养老四年（720）日人所著《日本书记》中有关日本蚕桑起源的记载，公元前3世纪的我国秦代，吴地有兄弟二人东渡黄海，抵达日本岛国，向当地人民传授养蚕技术。

汉代，建元二年（前139）和元朔三年（前126），汉武帝两次派遣张骞出使西域③，打开了汉朝与中亚、西亚部分国家交往的陆上通道。元鼎六年（前111），武帝又采纳番阳令建议，发楼船兵十万，攻占南越国，开辟了由广东徐闻、合浦通向印度、斯里兰卡的远洋航线。从此，中国与西域和南亚各国的商货得以通行无阻。其时，中国输出的货物主要是丝织品和金属工具；外国输入中国的货物有皮毛、马匹、毡毯、象牙、珊瑚、琥珀、宝石及多种植物。西汉后期，官僚经商成风，且任商贾私营。迨至东汉，朝廷对商人和商业活动采取放任和保护政策，出现"今举俗舍本农，趋商贾，牛马车舆，填塞道路，游手为巧，充盈都邑，浮食者众，商邑翼翼，四方是极"的景象。④《史记·货殖列传》记有："汉兴，海内为一，开关梁，弛山泽之禁，是以富商大贾周流天下，交易之物莫不通得其所欲，而徙豪杰诸侯强族于京师。"《后汉书·西域传》记有："于是五十余国悉纳质内属，其条支（今伊拉克境内）、安息（亚洲西部古国，为波斯帝国的一部分）诸国至于海濒四万里外，皆重泽献……殊方异物，四面而至。"

三国时期，江南一带为吴主孙权控制。凭借优越的自然、地理条件，吴国建立起强大的船队，飘洋过海，"北击辽东，南航亶洲（菲律宾）、夷洲（台湾），东交倭国（日本），西航大秦（古罗马）"。黄武五年（226），"大秦商人秦伦来交趾，转往武昌见孙权，问对远西诸国情形。是年，吴大将吕岱奉命遣朱应、康泰出使海南，朱应、康泰所经历及传闻凡百数十国"⑤。黄龙二年（230），"遣将军卫温、诸葛直将甲士万人，浮海求夷洲、亶州。……其上人民，时有至会稽贸布"⑥。嘉禾二年（233），"遣将军贺达率楼船军一万，浮海到辽东。攻珠崖、儋耳（海南岛）"。据奉命出洋的朱、康二人回国后分别撰著的《扶南异物志》和《吴时外国传》记载：他们从广东番禹出发，经马六甲、柬埔寨，到达印度南部红海沿岸，再从此地"船张七帆，时风一月余日，入大秦国地（古罗马帝国）"。

《南史》⑦列传六十八"夷貊"，记自西汉武帝至三国吴主孙权近 370 年间的通海情形："海南诸国，大抵在交州南及西南大海洲上，相去或四五千里，远者二三万里。其西与西域诸国接。汉元鼎中，遣伏波将军路博德开百越，置日南郡。其徼外诸国，自武帝以来皆朝贡。后汉桓帝世，大秦、天竺皆由此道遣使贡献。及吴孙权时，遣宣化从事朱应、中郎康泰通焉。"江南地区商业和商业经济，由此开始名盛东南。左思《吴都赋》形容东汉时期吴郡吴县之地为"开市朝而并纳，横阗阓而流溢，混品物而同廛，并都鄙而为一。仕女伫眙，商贾骈肩，纻衣绨服。……富中之甿，货殖之选，乘时射利，货车巨万"。其时，苏州一带出产的吴丝、吴绫，经海上丝绸之路出口到大秦（古罗马）、高丽（今朝鲜半岛）、亶州、日本等国。相传日本人民至今作为传统服饰的"和服"（古称"吴服"），其织物面料和缝制技术，就是这一时期从吴地传入日本的。

迨至两晋和南北朝时期，北方战乱频仍，海南诸国遣使来中国入贡几近中断，而南方社会稳定。黄河流域的汉族劳动民众大量南迁，使南方经济特别是太湖流域的经济表现出上升趋势，通过航海，与林邑（今越南南部）、扶南（位今柬埔寨）、天竺（古印度）、狮子国（锡兰）等十余国及日本岛国保持通商联系。其时，吴地输出货物多为绫绢丝锦，输入货物多为象牙、犀角、珠玑、琉璃、吉贝（木棉布）、香料等。南朝宋时（420—479），我国南海洋面出现"舟舶继路，商（商人）使（使官）交属（往来）"⑧的局面。其间，日本岛国就曾多次遣使来吴，聘请能工巧匠，见于史籍的有：晋怀帝永嘉五年（311）"使于吴，求缝织女"；宋孝武帝大明八年（464）"使于吴"；宋明帝泰始六年（470）"再奉命使吴，因得吴织、汗织并缝工女四人"。⑨

隋代，承袭旧制，炀帝遣使裴矩说服海外诸国入朝，西域人（时称"胡商"）见有利可图，纷纷来洛阳丰都市（洛阳东市）交易。京都设"四方馆"，

"以待四方使者，各掌其方国及互市事"。随着京口（江苏镇江）至余杭（浙江杭州）的江南运河开通，苏城开始成为中外商贾南来北往、内外货品转输京师乃至海外的重要通道。

唐代，由于实行一系列新政，社会得以保持较长时期的安定状态，经济出现空前繁荣局面。唐朝对海内外通商采取更为积极进取的方针，以海上交通为重点，以丝绸制品出口为主，扩大与海外尤其是与东邻日本的文化、贸易交往。太宗时，曾在洪都（今江西南昌）造浮海大船五百艘，自东海、黄海直上日本、高丽，亦有远至红海的商船。德宗时，"中国南方海岸已有官员自造海船从事海上贸易。所造海船按载重量大小，分为五千料船、两千料船及一千料船不等。京都洛阳一时成为国际贸易货物的集散市场，城中有万余户商家来自中亚细亚及古罗马"⑩。京城设"互市监"，在广州、泉州、明州、扬州等地设"市舶使"。《中日贸易问题的研究》一文称："当时日本航船来华，多以明州（即今宁波）、扬州为停泊地，莱州、越州（今绍兴）、福州、苏州、楚州、台州也有日船停泊。中国航船往日，则多下椗于博多湾。贸易物品，由日本输入的多为施绵布、砂金、绢银、丝帛等；输往日本的以书籍、香料最多，米、面、衣服、药材等次之。"⑪唐时广州一口，年到港外国商舶最多时达 4000 艘，登陆的波斯人、天竺人、狮子国人、真腊人、诃陵（阇婆国）人、昆仑（非洲）人、犹太人等商人前后有 80 万之众。朝廷允准在广州及京都设立蕃坊，以供居住、贸易。⑫唐时，中国输出的商品主要是丝织物和青、白瓷器；从海外输入的商品，主要是奇异珍宝。地处长江和南北大运河交汇点的扬州和地处浙江甬江口的明州，已成为对外通商的重要港口，前来扬州、明州的大食（阿拉伯）、波斯（伊朗）、日本、高丽等国商人，常假道运河前来苏城采办货物。江浙一带的商人也常往海外贸易，"春夏时下番，秋冬时归国"。"安史之乱"后，中原地区经济遭到破坏，北方人口再次大量南迁，全国经济重心南移江南，推动苏州经济日趋繁荣，逐步超过"富庶甲天下"的扬州，而成为江南地区唯一的"雄州"。诗人白居易任苏州刺史期间，作诗描写苏城已是"复叠江山壮，平铺井邑宽。人稠过扬府，坊闹半长安"，说明当时苏州人口已经超过扬州，坊市喧闹仅逊于京城洛阳。

宋代，内外通商更趋活跃。为充裕国库，朝廷推行鼓励海外贸易政策，在京师设立管理海外通商贸易的中央机构"榷易院"，在广州、泉州、明州设立市舶司。嗣后，又在地处长江三角洲的江阴军（今江阴市）、青龙镇（地属今上海青浦县）、华亭县（今上海松江）、上海镇（今上海市区）和地处杭州湾的澉浦（今浙江海盐县）、临安（杭州）设立市舶司或市舶务。这些邻近苏州，与苏城水道相连的港口对外开放后，海外商舶直通苏城。当时，苏城已出现专门制作丝锦绸缎、衣帽冠带、金银首饰、胭脂花粉、箫管鼓乐的作坊和米行、丝行、果子行、鱼行、船行等商行。苏城阊门至枫桥一带行商云集，帆樯林立，店铺、茶楼、酒肆、客店、货摊比比皆是，除经销国内各地农副产品和手工制品外，还销售日本的家具、漆器，高丽的折扇，南洋的玳瑁、珠宝饰品等。北宋朱长文（苏州人，本州教谕）所著《吴郡图经续记》记有："吴郡，东至于海，北至于江，傍青龙、福山皆海道也。……自朝家承平，总一海内，闽粤之贾乘风航海，不以为险，故珍货远物毕集于吴之市。今濒海皆有巡逻之官，所以戢盗贼、禁私鬻也。"⑬南宋迁都临安（杭州）150余年，虽偏据一隅，然市舶寖盛，以致"国家度支以市舶所入为其大宗"。

宋时，前来苏城从事贸易活动的海外商人，以高丽人居多。南宋时，苏城阊门、盘门外运河一侧，先后建"高丽亭"两处，至今保存完好的宋代石刻《平江图》上，刻有二亭位置。据日人所著《宋代商税考》考证，"高丽亭"实为向来苏高丽商人征税之处。绍熙年间（1190—1194），苏城胥门"姑苏驿"处，又建"来远桥"，以接待往来使臣和蕃商。

元代，世祖忽必烈采取更为积极的海外政策。至元十五年（1278），诏谕："诸蕃国列……诚能来朝，朕将宠礼之。其往来互市，各从所欲。"⑭除允许国内私人经营海外贸易外，还由朝廷官府出船、出本，资助国内舶商出海贸易，"其所获之息，以十分为率，官取其七，所易人得其三"⑮。其时，起于太湖、穿越苏境而过的吴淞江，江水通流，滔滔入海，海舶常溯流而上，入运河，直抵苏城。周文英《水利书》称："元至正十四年（1354）间，海舟巨舰每自吴淞江、青龙江取道，直抵平江（苏州）城东葑门湾泊，商贩海运船户黄千户等于葑门墅里泾置立修造海船场坞，往来无阻。"说明元朝初期，由苏城循运河、入吴淞江出海的交通已相当发达。明《嘉禾志》中录有旧诗一首："已出天地外，狂澜尚尔高。蛮商识吴路，岁入几千艘。"

元初，位于长江入海口南岸的太仓刘家港，因海流冲刷加剧，不浚自深，潮汐汹涌，可容万斛之舟，崛起成为长江三角洲的一处重要航运港口。世祖至元十九年（1282），海盗出身、自崇明徙居太仓的朱清、张瑄⑯开创海道漕运后，江、浙两省漕粮改用平底沙船由刘家港出海，经黄海，抵直沽（今天津），达京师（今北京）。由此，太仓成了元、明两代我国江南地区最大的漕粮转运基地和繁荣的贸易港口城市。元至正《昆山郡志》卷一《风俗》记述当时太仓海内外贸易盛况："今新治⑰，旧本墟落，居民鲜少，海道朱氏翦荆榛，立第宅，招徕番舶，屯聚粮艘，不数年间，凑集成市，番汉间处，闽广混居。"至正二年（1342），朝廷于今太仓市武陵桥北，设市舶分司，管理内外海舶，征收贸易货税。明张采《太仓州志》记载："海外诸番因得于此交通市易，是以四关居民，闾阎相接，粮船海舶，蛮商夷贾，辐辏而云集，当时谓之六国码头。"海外诸番商舶由刘家港入口后，沿娄江⑱，可直抵苏城。明张寅《太仓州志》记载："凡海舶之市易往来者，必经刘家河，泊州之张泾关，过昆山，抵郡城之娄门。"对外通商贸易的扩大，促进了苏州地区商品经济发展和城市繁荣以及农村集镇的崛起。元代，意大利人马可·波罗行游中国，曾到过苏州，他在回国后通过口述留下的《东方见闻》一书中，对苏州有这样一段描述："苏州城漂亮得惊人，方圆有三十二公里。居民生产大量的生丝制成的绸缎，不仅供给自己消费，使人人都穿上绸缎，而且还行销其他市场。他们之中，有些人已成为富商大贾。"⑲更由于往诸番商贩，率获厚利，故太仓及其周边地区一带"商者益众"。主持元代漕运的朱清、张瑄集团，就曾拥有许多私人海舶，经营海外贸易，成为吴中声势显赫的豪门富户，"田园宅馆遍天下，库藏仓廪相望，巨舰大舶帆交番夷中，舆骑塞门巷"，苏城平江路的"邾张巷"，相传为朱清、张瑄所建宅馆旧址所在。终元之世，江南一带因通番而致富者甚多：昆山周庄沈万三富甲天下，"相传由通番而得"；因"贾海"而死的福建泉州商人陈思恭之子陈宝生，迁居太仓，与同乡人孙天富"复谋贸易于海外诸国……所涉异国，自高丽、阇婆、罗斛等国，凡十易寒暑而返……去中国数千里，足之所履无虑数十国"[20]。古人形容当时太仓的"民风"为"大抵善贸易，好市利，尚虚礼"；《吴风录》一书称："吴中好权利起家，缙绅大夫多以货殖为急。"

　　明代，苏州及其附近地区蚕丝和丝织品生产迅速发展。继元朝在苏城设织染局后，宋末元初传入江南松江的棉种，始时也在太仓、常熟沿岗身[21]以东地区大面积种植，使苏城不仅成为江南丝织品生产的中心，同时也成为江南棉织品的加工生产地和集散地。永乐三年至宣德八年（1405—1433）的二十八年间，三宝太监郑和奉旨率领由两万七千余名官兵、六十余艘舰船组成的庞大船队，满载瓷器、茶叶、丝绸、纻丝、铁器、农具、金银等各类货物，从刘家港（今太仓浏河口）始发，七下西洋，遍历安南（今越南）、暹罗（今泰国）、马来半岛、南洋群岛、印度、波斯、阿拉伯以至远达非洲东岸的今索马里、肯尼亚等三十余国，与之通好和通商。其本意在于晓谕海外各国与明王朝扩大"贡舶"和"市舶"贸易。明人王圻记明代市舶政策为："贡舶与市舶一事也。凡外夷贡者皆设市舶司领之，许带他物，官设牙行与民贸易，谓之互市。是有贡舶，即有互市，非入贡即不许其互市矣。"由此，"外国贡使络绎而来，番商洋贾慕刘河口之名，帆樯林立……九夷百番，进贡方物，道途相属，方舟大船，次第来舶"[22]。由于从事海外贸易获利丰厚，更由于自宋、元以来沿海地区造船业的发达，故明代苏州一带出海贸易的商民甚多。吴县东山陶姓、朱姓商人，"为海贾番商之侣，絷货如帛，鬻产成廪，靡分毫倪，唯利是图"[23]。明代后期，苏州一带私人经营海外贸易的规模越来越大，《元和唯亭志》记载："崇祯癸未（1643），唯亭钱裕鞠合伙入海贸易，共一百二十人。""崇祯末，唯亭袁某，航海贸易，同伴八十余人。"又据故宫博物院 1983 年第一期载文，崇祯十七年（1644），有一民间商船，载员 213 人，自苏州启航去日本，带去丝织、工艺及土产等货物，值银万余两。这批商人在日本及南洋从事商贸活动长达八年之久。直到清顺治八年（1651），福建一艘商船抵达朝鲜，两船商队人员会面时，从苏州去日本、南洋经商的人才得知明王朝已覆灭多年。第二年，启航回国。

二

清代中后期，我国的对外通商贸易开始由独立自主的封建垄断性质向受资本主义列强控制的半殖民地性质转变。

清顺治三年（1646），在国家尚未统一、东南沿海抗清势力依然十分活跃的情况下，为解决国内铸币所需原料铜的缺口，清廷宣布："凡商贾有挟重资愿航海市铜者，官给符为信，听其出洋，往市于东南、日本诸夷。舟回，司关者按时值收之，以供官用。"[24]七年，进一步指令临清、淮安、浒墅、芜湖、北新、九江六处钞关，各增支税银一万两，为户部宝泉局购铜。而国内输出用于易铜的货物，正是日本需要的生丝、绸缎、食糖、药材、工艺品和文化典籍。由于应召出洋的多为江苏、浙江两省商人，船回亦尽在江、浙二港（太仓刘河口、浙江乍浦口）收口，故史称江、浙为"办铜扼要之地"。顺治和康熙年间，由于政治原因，严厉禁止国内民间商舶出海贸易，严重阻碍了海外贸易的发展，影响了政府的财政收入，也给沿海地区商民的生产、生活带来巨大的痛苦和灾难。

康熙二十三年（1684），鉴于"三藩之乱"[25]已平和台湾已经收复，康熙帝顺乎时势，宣布解除海禁。次年，于东南沿海设粤、闽、浙、江四海关，负责管理海外贸易事宜。内外通商尤其是与日本的"以丝易铜"贸易出现转机。任鸿章先生《棹铜与清代前期的中日贸易》云："乾隆三十一年（1766），苏州额商（民商）杨氏，每年办铜八十万斤，官受六成四十八万斤，自售部分三十二万斤之多。"㉖乾隆三十六年（1771），有"今据查讯，苏商每年发船十三支赴日办铜"的记录。这对于稳定社会经济和政治统治，起了重要作用。

由于清代前期社会稳定，经济发展，出现了"康乾盛世"。苏城工商经济更显活跃，"苏民之积聚，多以丝织为生，东北半城，皆居机户"，"金阊一带，比户贸易，负郭则牙侩凑集"，苏州与国内省际间的经济联系更加密切。位于苏城西北、京杭大运河穿镇而过的浒墅关㉗，商船往来，日夜不绝。康熙年间任监察御史的吴方振奏称："江南浒墅关地当南北通衢，为十四省货物辐辏之所，商船往来，日以千计，岁额止十八万，因关蠹巧立名目，悖旨私征不下百余万两。"康熙五十六年（1717），康熙帝复谕大学士九卿等曰："朕南巡过苏州时，见船厂问及，咸云每年造船出海贸易者多至千余，回来者不过十之五六，其余悉卖在海外，赍银而归。官造海船数十只，尚需数万金，民间造船何如许之多？"㉘清《经世文编》（补卷）称苏州："市廛鳞列，商品麇集，集中山海所产之珍奇，外国所通之货贝，四方往来，千里之商贾，骈肩辐辏。"时人沈寓《治苏》一书称苏州："东南财赋，姑苏最重；东南水利，姑苏最要；东南人士，姑苏最盛。"纳兰常安所著《宦游笔记》，对开海通商后的苏州内外通商贸易盛况作此描述："南廒（濠）在苏城阊门外，为水陆要冲，凡南北舟车、外洋商贩，莫不毕集于此，民居稠密，街弄逼隘，客货一到，行人几不能掉臂。其各省大贾，自为居停。"是故苏州古城内外由外地、外省商人集（募）资筑造的"会馆"㉙和以行业议事为宗旨的"公所"，其数量之多，居全国之首，实为明清时期苏州经济活跃、繁荣的历史见证！

此一时期，以丝织业和棉纺织业为主的苏州民间手工业和内外通商贸易有了长足发展，清《乾隆上谕条例》记载：其时，福建、广东两省商人每年都要携带巨资前来江、浙地区收购生丝、绸缎，再转运出口。惜自乾隆二十二年（1757）起，为巩固海防，清廷宣布限定广州一口为海外商舶往来口岸，并由广州行商组成"公行"（史称"十三行"，实为封建性的外贸垄断组织），代表政府收取洋商货税。闽、浙、江三处海关虽仍保留，但只准华侨商船出入港口。因而苏州一带经营生丝、纱缎的商贾不得不长途贩运，通过广州转输货物出口。史籍记载，其时"苏、杭二处走广商人贩入广省，尚不知凡几……而绸缎纱绮，于苏大奋"。

道光年间，洋货开始直接从上海㉚入口，由当地商贩转销江南一带。道光十八年（1838），监察御史狄听在奏折中称："上海县地方滨临海口，向有闽、粤奸商雇驾洋船，就广东口外夷船贩卖呢羽、杂货并鸦片烟土，由海路运至上海县入口，转贩苏州省城并太仓、通州各路，而大分（份）则归苏州，由苏州分销全省及邻近之安徽、山东、浙江等处地方。"㉛实际上，上海于道光二十三年宣布开埠前，苏州早已成为外洋走私鸦片和货物（以英国纺织品为主）的巨大销售市场和转运中心了。

道光二十年（1840），鸦片战争爆发。英帝国用武力打开中国大门。"五口通商"后，由殖民主义者鼓吹的自由贸易开始取代中国长达两千多年的限制性很强的官方贸易。英、美、法、俄、意、德、日等国商人凭借种种特权前来上海开设洋行，经营进出口贸易。上海则依托江海交汇的地理优势和深广的经济腹地，一跃成为我国对外通商贸易的主要商埠，同治四年（1865），上海直接对外出口贸易额已增至 6474 万两，占当年全国对外出口贸易总额的 53%。从此，苏州及其附近地区出产的蚕丝、棉纱、丝织品及工艺制品，大都改由经上海再转运出口，原有的苏州本地商贾，有的移资上海，自设商号；有的周旋于上海洋行和本地商号之间，充当掮客，收取回扣；有的成为既是洋行雇员，也是独立商人的"买办"。据《明清江南市镇探微》一书引周德华先生《盛泽的会馆和公所》一文记载：上海开埠后，吴江盛泽镇的绸商去上海开设分庄，直接与洋行或通过买办交易。咸丰十年（1860），上海开埠后最早建立的一所会馆，名曰"丝业会馆"，其主要成员系在上海经营"辑里经丝"的丝号及吴江震泽、浙江南浔等地的丝商。"丝业会馆"的宗旨为"专管江、浙两省土丝之内外事务，集合众力以维护同业之相互利益，排除各种障碍"。丝业会馆的名称，一直沿袭到民国十三年（1924）九月，之后，改称"江浙丝经同业总公会"，然其成员与宗旨，并无变化。㉜

咸丰初年，苏州一带仍有直接出海从事商贸活动的商贾。日本学者松浦章所著《中国商船的航海日志——关于咸丰元年来航长崎的丰利船〈日记备查〉》㉝一文记载：日本嘉永五年正月初六，即清咸丰二年（1852）一月二十六日，由苏城启航、经浙江省嘉兴府平湖县乍浦港出海的"丰利号"商船，抵达日本长崎港。商船从苏州带去的主要货物有大呢、羽毛、绸、绉、京布及中药材；四年九月二十四日由长崎返航回国，所载的主要货物有铜、海产品。松浦章考证，组织标号"亥四"的"丰利号"商船前往日本贸易的苏州货主（日本称"在唐货主"），主要是苏州官商王元珍，此外还有 12 家民间货主。松浦章的另一篇文章《关于长崎贸易中的在唐货主——乾隆至咸丰年间日清贸易的官商民商》指出：从苏州启航到日本长崎从事贸易活动的商船还有其他几艘。而这样的贸易活动，一直持续到咸丰十年太平天国军攻占苏城前才停止。其间，经营纱缎的苏州商人，还到日本、高丽"自行设庄营业"，仅在日本每年销售纱缎"有两万匹之多"。至光绪二十六年（1900），因日本加征进口关税，运销艰难，设在日本的苏州庄号不得不"倒闭歇业回国"。

上海开埠后，生丝成为主要出口商品。道光三十年（1850），生丝已占上海出口总值的 52 %。英国商人对产自江、浙地区的生丝怀有强烈的贪婪欲望。咸丰十年（1860）六月，由英国外交当局派出的英国传教士艾约瑟（Joseph Edkins）一行五人，从上海来到太平军占领下的苏城，在会见忠王李秀成时，要求在天朝安排下，让英国商人赴江、浙产丝地区购买即将上市的新丝。忠王表示："天朝也极盼除去一切通商的障碍。如果通商能继续下去，天朝将设立关卡，征收货物的进出口税。"[34] 从此，英国商人纷纷前来收购生丝。英人吟唎所著《太平天国革命经历记》记载：当时上海 12 家欧洲人开设的洋行，拥有 16 艘商船，每年由若干欧洲人护送，到苏州、吴江、嘉兴、南浔等地收购生丝，每年带到乡间去买丝的现款，约 800 万至 1000 万英镑。就连吟唎本人，也曾和另一名离开军界的英籍军官于咸丰十年合伙租船到苏州一带收买生丝。仅这一年度（1860.6—1861.5），从上海对外输出的我国生丝达 88754 包（每包 80 斤），比上年增长 28.4%，为历年出口量之最高。大量生丝出口，刺激了包括江、浙地区蚕桑业和缫丝业的发展。光绪六年（1880）九月，江海关高级职员、头等帮办 E·罗契奉命到江浙一带生丝、绸缎产地进行为期 38 天的考察活动，足迹遍及苏州、无锡、湖州、菱湖、双林、南浔、震泽、盛泽、嘉兴、杭州、绍兴、宁波等地。各地厘金局向他提供了许多第一手材料。在他事后所写的考察报告中，对苏州、吴江一带丝和丝织品产销都有详细的记载，指出"苏州是多种丝绸产品的制造中心"，"盛泽也是一个巨大的丝绸制造中心"。他依据当时得来的材料估算，这一时期，苏州地区丝织品的平均年产量为 82000 余匹，按每匹耗丝 38 两计算，生丝年耗量达 117700 多公斤，加上生产过程中的丝耗，实际年用丝量达 158900 公斤。生丝和丝织品生产的扩大，直接促进了苏州以及附近地区对外通商贸易的发展。

光绪二十年（1894），中日"甲午战争"爆发，迫于压力，腐败无能的清政府于次年三月与日本国签订丧权辱国的《马关条约》。条约第六款规定辟苏州、杭州、沙市、重庆四地为通商口岸。二十二年八月二十日（1896年 9 月 25 日），苏州正式开放港口，与各国通商。唯因苏州地近上海，贸易势头和地位与开埠后的上海相比，已不可同日而语。日人所著《支那开港场记》[35] 一文记载："苏州作为江苏省的省会，地处江南要冲，久称繁华。……就开港后的情况而言，完全属于上海的贸易范围，其贸易完全以上海为对象，而属于本港商业范围的，不超过附近的四乡八镇及常熟、无锡、常州、丹阳等地，其商业区域较为狭隘。"

苏州开埠后，在"实业救国"号召的推动下，苏城开办了丝厂、纱厂等一批近代民族工业，广大农村依然从事着缫丝、织绸、纺纱等家庭手工业生产，使苏州的通商贸易有了新的起色。据苏州关统计资料显示：自1905年至1933年的29年间，报关出入苏州口的中外汽轮（包括附带之民船）达136557艘（其中，外商汽轮30724艘，占22.5%）；船吨位达6230220吨（其中，外商汽轮1461542吨，占23.5%）。通过苏州关报关出口的大宗土货，主要有：蚕丝、绸缎、绣货、棉纱、茶叶、油菜籽和菜籽饼。其中尤以丝及丝织品为重，1913年报关出口丝22938担，货值11883128关平两，占当年苏州口出口总值的86.5%。报关进口的大宗洋货，主要有：洋药（即"鸦片"，来自英属东印度公司）、煤炭（来自日本）、火油（即"煤油"，来自英、美、俄三国）、纺织品（主要来自英国）、纸烟、洋糖、机器及零件。自1896年10月至1937年12月，苏州关共征收关税总额18265183关平两[36]，其中进口税占63.9%，出口税占25.4%，其他各税（子口税、船钞、药土各税、洋药厘金等）占10.7%。

开埠通商后，苏州既成了洋货输入的重要市场和附近地区土货输出的集散地，同时也成了海外资本的投资场所。据《苏州对外经济志》[37]一书记载，自1896年至1945年，先后在苏城开设的外商企业达118家，按经营业务划分：商业83家，交通运输业11家，工业15家，金融业2家，保险业3家，旅社业3家，农业1家；按投资国别划分：日商98家，英商11家，美商5家，德商2家，法商1家，意商1家。这些直接服务于洋货倾销、原料掠夺、水上运输、土木建筑、生产加工等外商企业的开办，和苏州本地及附近地区丝及丝织品、工艺品、农产品的大量出口，使苏州卷入了世界资本主义的商品流通范围，也使苏州原先的自然经济蒙上了一层半殖民地经济的色彩！

1937年7月7日，日本发动全面侵华战争。至1949年4月27日苏州解放，此一时期，苏州经济备受摧残，日趋衰落，通商贸易每况愈下。特别是在日伪统治期间，日货充斥市场，关卡林立，交通阻隔，使苏城的近代民族工业和手工业生产遭到极大的打击，苏州地区农副业生产也受到不同程度的影响。对外通商更受日伪控制。1941 年末太平洋战争爆发后，苏州连纱缎织品、檀香扇、刺绣品的外销，也告中断。抗日战争胜利后的国民党统治期间，苏州城乡经济萎缩，市场萧条，对外通商一落千丈，昔日工商经济繁荣的局面，遂成历史陈迹。

（本文收入《近代苏州通商口岸史料集成》，文汇出版社，2010 年 10 月版。）

注释：

① 引《国际贸易导报》第五卷，第十一号。作者：君惕。

② 引《图说中国的历史——秦汉帝国的威容》，第 183 页"秦汉皇帝的子孙们"。转引学者林剑鸣《秦汉史》。上海人民出版社，2003 年 4 月版。

③ 西域，西汉时期，朝廷把今甘肃玉门关、阳关以西的新疆地区，以及中亚西亚及更远的地方统称为西域。自汉武帝遣张骞出使西域后，其范围逐步扩大到亚洲中、西部，印度半岛，欧洲东部和非洲北部。

④ 引《后汉书·王充符仲长统列传》。

⑤ 引范文澜《中国通史简编》修订本，第二编，第 214 页。

⑥ 引《三国志》，卷四十七"吴主传第二"。

⑦《南史》，唐李延寿撰，八十卷，记南朝宋、齐、梁、陈四朝历史。与《北史》会合南北各朝的历史。时间跨度为：宋（420—479）；齐（南齐，479—502）；梁（502—557）；陈（553—589）。都城均设在建康（今南京）。

⑧ 引《宋书·夷蛮传》。

⑨ 引侯厚培先生《自统计上观察历年来之中日贸易》）。

⑩ 钱穆讲授、叶龙记录整理的《中国经济史》。北京联合出版公司，2014 年 1 月版。

⑪ 引《国际贸易导报》第五卷，第八号。

⑫ 张星琅主编《中西交通史料汇编》，第三册。

⑬ 宋时，苏州通江达海的水道众多，内以"青龙"、"福山"为盛。青龙水道，指今吴淞江中段水域，位居沪渎之口。唐天宝五年（746），置"青龙镇"（距苏州古城约一百二十里），为海外商船凑集之地，设"水陆巡检司"。明弘治《上海志》记载："青龙镇，称龙江，去县西七十里。瞰淞江上，岛夷、闽、越、交、广之途所自出。昔孙权造青龙战舰于此，故名。宋政和年间改名'通惠'，后复旧称，市舶提举司在焉。"福山，处于长江尾闾，为苏州地区内河达江的又一重要水道。今常熟市沿江有福山镇，元代曾设巡检司于此。

⑭ 引《元史·世祖本纪》。

⑮ 引《元史》卷九十四，《食货志二》。

⑯ 明钱谷撰《吴都文粹续集》卷二十二载："朱清、张瑄，两人结亡赖，劫海上，为群盗之雄。后降元，徙居太仓。因习海事，创漕粮海运。既成，擢升'海道都漕运万户'，监海运，并兼市易海番。由于漕运有功，元世祖封朱清为昭勇大将军，擢升河南行省左丞参知政事、户部尚书、江东宣慰使；封张瑄为昭勇大将军，擢升江西行省参知政事。元大德八年（1304），被人告发入狱，籍没家产。朱清戳于市，张瑄死于狱中。"

⑰ "今新治"，指太仓。太仓，为古娄县惠安乡。梁武帝大同二年（536），属昆山县。元元贞元年（1295），升昆山县为州。延佑元年（1314），浙江行省参政高昉以太仓民物富庶为由，奏请朝廷迁昆山州治于今太仓市城厢镇陈门桥西南。至正十六年（1356），州治复移昆山。明弘治十年（1497），划昆山之新安、惠安、湖川三乡；常熟之双凤乡；嘉定之乐智、循义两乡，建太仓州。故《昆山郡志》称太仓为"新治"。

⑱ 娄江，为太湖流域泄水入海的通道之一。长江三角洲古有"三江"之说，据清人王昶著《直隶太仓州志》卷十八《水利上·水道篇》记载：三江，一为"黄浦江"（亦名"东江"），西受杭、嘉、湖诸郡之水，东会吴淞江，东流至宝山（今

上海宝山区）入海；一为"吴淞江"（亦名"松江"、"中江"），西受震泽（今"太湖"），东流至夏家浦，又东至嘉定，又东迤北至宝山入海；一为"娄江"（亦名"下江"），西受震泽，东至苏州府娄门，又东至昆山为至和塘，又东至州境为太仓塘，东南由刘家港通江入海。

⑲ 引《马可·波罗游记》，福建科学技术出版社，1982年版。

⑳ 引明弘治《太仓州志》，卷七，"义行"。

㉑ "岗身"，五六千年前，地处长江三角洲前沿北起常熟、太仓，南至嘉定、南翔、上海莘庄、又南至杭州湾之柘林（今属上海奉贤）以东，尚未成陆。由于长江水流挟持大量泥沙，在海浪的作用下，逐渐淤积成一条自东南向西北伸展的沙嘴，构成一条完整的海岸岗身。古时为防海水入浸，特筑长堤以御之，绵延数百里。当地民众习称"堤"为"岗"或"岗身"。明人李诩《续吴郡志》引宋《图经》称，时存"外岗"、"蒲岗"、"涂松岗"、"福山岗"，今太仓至嘉定间，尚有一地名"外岗"，今属上海嘉定区。

㉒ 引明张采《太仓州志》。

㉓ 引明钱谷《吴都文粹续集》。

㉔ 引《皇朝掌故汇编·钱法一》。

㉕ "三藩"，指清初受封"平西王"驻守云南的吴三桂，受封"平南王"驻守广东的尚可喜，受封"靖南王"驻守福建的耿继茂。后来发展成为三股互有联络的地方割据势力。为防他们坐大，作奸，危及朝廷，康熙十二年（1673），下令撤藩。吴、尚、耿（耿继茂之子）遂发动叛乱，先后被清军击败。三藩之乱得以平息。

㉖ 任鸿章《棹铜与清代前期的中日贸易》。辽宁出版社，1982年版。

㉗ 浒墅关，亦称"浒墅钞关"，地处苏州古城城西横塘运河一侧。"钞关"，为明清内地税关，对商贾往来货物征收一定税额。因最初用钞（纸币）交税，故名。明宣德四年（1429）置，由于江南经济较北方为盛，而成为明清时期国内重要"钞关"之一。清同治四年（1865）裁撤。"钞关"官员多由清廷内务府选派。清代前期，因官廷所需服饰面料、辅料，皆仰给于苏州、杭州，所需经费大多直接从浒墅关取给，

故其地位尤为重要。

㉘引《中国近代对外贸易史资料》，第54页。

㉙会馆，为旧中国都市中由外地同乡工商业者发起成立的民间组织。初时的作用在于联络乡谊、集会议事。随着商业经济的繁荣，逐渐成外乡商人聚会交流商情、公定时价的场所。规模较大的会馆，可以安排同乡商人，或"货存于斯"，或"客栖于斯"，"以便往还而通贸易"（见《江苏省明清以来碑刻资料选集》第21—25页）；对有困难的同乡商人在经济上给予一定资助。明清之季，苏州经济繁荣，由外地同乡商人先后在苏城设立的"会馆"有59所。其中，建于明万历至天启年间的有3所；建于清康熙年间的有17所；建于雍正、乾隆、嘉庆年间的有19处。客商遍及国内广东、广西、福建、江苏、浙江、安徽、山东、河南、湖南、江西、山西、陕西、满州（今辽宁）及吴县洞庭、吴江盛泽等地。苏州会馆之多，在全国亦属罕见。苏州最早的会馆是"岭南会馆"，建于明万历年间（1573—1620），由广东仕商共建。至今保存完好或基本完好的会馆建筑，尚有：位于阊门外山塘街、由广西商人于康熙十七年（1678）集资兴建的"冈州会馆"，位于古城内中张家巷、由山西商人于乾隆三十年（1765）建造的"全晋会馆"，位于南显子巷、由安徽商人于同治五年（1866）建造的"安徽会馆"。此外，苏城尚建有商业同业公会性质的各类"公所"199所，其中123所成立于元、明、清三代。苏城"会馆"和"公所"名称，可见新编《苏州市志》第四十卷《社会团体》第十一章《会馆公所》。江苏人民出版社1995年1月版。

㉚上海，原为地处海隅、人烟稀少的小渔村。唐代称"华亭海"。因其据江濒海，南宋后期开始凑集成市，朝廷置市舶务和榷货场于此。元至元十四年（1277），设市舶司。二十七年建县，始称"上海县"，属松江府管辖。大德二年（1298），市舶司并入庆元（今宁波）。清康熙二十四年（1865），设"江海关"于华亭县漴阙口，不久移至今上海市区。鸦片战争前，上海虽为南海船只汇聚之所，舳舻相衔，帆樯栉比，然对外通商贸易地位远不及广州。鸦片战争后，特别是在1858年第二次鸦片战争后，上海即远远超过广州而成为中国最大的对外贸易口岸和最重要的内外商货转运中心。据《上海对外贸易》（上海社会科学院出版社1989年版）一书记载：清咸丰六

年（1867），上海进出口货值占全国的比重高达64%（其中进口占58%）；从国外进口的货物净值中，转口运往国内（包括苏州）的比重达高72%。

㉛ 引《筹办夷务始末补遗》第四册（道光朝）。

㉜ 引《江浙蚕丝业团体组织之历史与现状》。载《国际贸易导报》卷二，第八号）。

㉝ 载《清代西人见闻录》。中国人民大学出版社，1985年版。

㉞ 引《太平天国史料译丛》。王宗武、黎世清编译。

㉟ 日文《支那开港场记》，日本东亚同义会调查编纂部编，计三卷。日本大正十一年十月二十三日发行。第一卷《中部支那》，内含上海、苏州、杭州、宁波、温州五口开港情况。大连图书馆藏，卷宗号382/12，全文收入《苏州史志资料选辑》第5、6两辑，徐贵生、计元良先生合译并发表。

㊱ "关平两"，为中国近代海关在20世纪30年代前用作记价、征收关税和统计之单位。它是一种计算单位，而不是现实之货币。1840年鸦片战争前，我国征收关税，都以广州银两为计税单位。用其他货币缴纳关税时，均须按一定比率折成广州银两，习称"海关两"或"关平两"。1843年中英通商章程及1858年中英《天津条约》规定，如用纹银或其他洋钱缴纳关税，折成海关两时，每一海关两含纯银37.7994克，成色不足的应加以贴水。1930年2月，我国海关采用"关金"，作为进口商品估价和征税单位。"关金"仍是一种虚拟货币，规定一关金单位的含金量为0.601866克。与银两或美元的折算，根据物价涨落而定。1933年3月，国内改革币制，废"两"改"元"。新铸的银币含银88%，一关平两合155.8元。沿用近一个世纪的关平两，至此废止。

㊲《苏州对外经济志》，苏州市对外经济贸易委员会编。主笔：陆允昌。南京大学出版社1991年3月版。118家外商企业名录，见该书第四章《外资》第一节《资本渗入》。

中国海关溯源与苏州设立海关

一

海关，系根据国家法令，在指定的对外通商地点（如边境、港口、内地都市）对出入国境人员、货物及运输工具进行监督检查，征收关税，查禁走私的国家行政机关。古往今来，名称虽异，而职能基本相同。

中国是世界文明古国之一，海关起源可以追溯到两千多年前的周代。

西周时期，随着农耕及官办手工业的发展，商业经济初露端倪。司马迁《史记·货殖列传》引《周书》[①]曰："农不出，则乏其食；工不出，则乏其事；商不出，则三宝绝；虞不出，则财匮少，匮少而山泽不辟矣。此四者，民所衣食之原也。""关市"[②]之名，频频出现于古代典籍。儒家孟轲与梁惠王交谈说："昔者文王之治岐也，耕者九一，仕者世禄，关市讥（通"稽"）而不征。"（《孟子·梁惠王下》）《礼记·王制》记有："关执禁以讥。"东周以降，至秦并六国前，商贾兴起，诸侯国间互设关市，征收商税。《管子》记有："桓公践位十九年，弛关市之征，五十而取一"（《大匡篇》）；"通齐国之鱼盐东莱，使关市讥而不征，壂而不税，以为诸侯之利，诸侯称宽焉"（《小匡篇》）。《荀子·富国》记有："礼者，贵贱有等，长幼有差，贫富轻重皆有称者也。……轻田野之税，平关市之征，省商贾之数，罕兴力役，无夺农事，如是则国富矣。"《韩非子·难二》记有："利商市关梁之行，能以所有致所无，客商归之，外货留之……则入多。"据史籍记载，周代中央设"司关"，每关设下士（称"关令"或"关尹"）二人，府一人，吏二人，徒（员役）四人。"市"，则设"市吏"。

《中国海关简史》一书的著者蔡渭洲先生认为：先秦的关，制度尚不健全，但已执行类似今日海关的某些任务，在设关地点（"境上为关"）、重视检查（"关讥而不征"）、执行禁令（"关执禁以讥"）、轻税而征（"关市省征"）以及和边防、军事机关关系密切方面，对后代的陆地边关和沿海海关制度均有重要影响，是我国海关机关和海关制度的起源，在世界海关史上也有重要的历史意义。

秦代，设"典客署"，立《关市律》，处理与境外东胡、鲜卑、乌孙诸国以及北方匈奴等少数民族间的货物交易事宜。

汉代，封建统治者对商业采取放任政策，使商业和商品经济得到顺利发展。西汉武帝时期，先后开辟与中亚、西南亚地区的陆上通道（史称"陆上丝绸之路"）和与南洋及东北亚地区（新罗、日本）的海上通道（史称"海上丝绸之路"），并加强了与北方匈奴等民族的贸易往来，使京城长安成为东西方的交通贸易中心。朝廷设"大鸿胪"，负责接待国外使节和商人。东汉之世，"北与鲜卑互市，东与岛夷通商，南接蛮獠，西通大秦"。两汉时，设关的地点主要在今甘肃、宁夏的玉门关、阳关、陇关以及广西的合浦、桂平，设"关都尉"主其事。关的主要职能在于：稽查进出境的人员、行李及货物，管理关市，征收（或免征）关税。西汉时期，对入境货物，实行免税或轻税；东汉时，税率有所提高，在百分之十左右。

三国、两晋时期，中国与海外诸多国家建立经济和文化联系。魏文帝三年（222）二月，西域鄯善、龟兹、于阗王各遣使奉献，是后"西域遂通"。太和四年（230）明帝曹叡下诏："关津所以通商旅，池苑所以御灾荒也；设禁重税，非所以便民，其除池䕫之禁，轻关津之税，皆复什一。"[③]

南北朝时期，政治动乱，形成各方割据。而南朝（宋、齐、梁、陈）地处长江中下游，社会保持相对稳定，与南洋诸国及日本都保持相当密切的通商贸易关系。南海洋面，一度出现"舟舶继路，商使交属"的局面。朝廷设"市令"，负责征税事宜，诏令"关市征赋，务从优减"。

隋初，结束南北分裂局面，京城设"四方馆"④，置"互市监"，"各掌其方国及互市事"。

唐代，于对外通商采取鼓励和保护政策：在与西域相通的边境地区设安西、北庭两个都护府，管理和保护与境外的"丝绸贸易"；对通过海上交通前来通商的蕃（番，下同）商，采取宽弛政策，规定国外商人只要不违犯唐律（包括"关市令"），贸易往来，完全自由。高宗年间（650—683），波斯（今伊朗）、大食（古阿拉伯国）商人开始大批来到我国岭南地区通商并定居。玄宗开元年间（713—741），朝廷于岭南（广州）设市舶使，主以中人（宦官或有权势的近臣），专管与大食、波斯及南洋诸国的贸易。大和八年（834），文宗宣谕："岭南蕃舶，本以慕化而来，固在接以仁惠，使其感悦。如闻比年长吏，多务征求，怨磋之声，达于殊俗。况朕方保勤俭，岂爱遐琛，深虑远人未安，率税犹重，思有矜恤，以示绥怀。其岭南、福建及扬州蕃客，宜委节度观察使常加存问，除舶脚、收市、进奉外，任其来往通流，自为交易，不得重加率税。"⑤还在交（州）、扬（州）、益（州）、泉（州）等港口设"押蕃舶使"，对进出蕃舶及货物实施检查、登记及"收市"、"进奉"、"征舶脚"、"禁珍异"等管理，时有"环水而国以百数，则统于押蕃舶使"之说。唐李肇《国史补》记有："南海舶，外国船也，每岁至安南、广州，狮子国舶最大，梯而上下数丈，皆积宝货。至则本道奏报，郡邑为之喧阗，有蕃长为主领，市舶使籍其各物，纳舶脚，禁珍异。"纳舶脚，即征收商税；禁珍异，即对珍异之物只准由朝廷收购。终唐一代，市舶制度⑥初步形成。

宋代，为我国古代"重商主义"时期，中外通商日臻发达，海商往来，更盛于前，时称"东南之利，海商居一"。市舶制度较唐代渐趋完善。太祖开宝四年（971），设"提举市舶司"于广州，以同知（官名，州府长官）兼市舶使，通判（官名，地位仅次于州府长官）兼市舶判官。《宋史·职官志》载："提举市舶司，掌蕃货、海舶、征榷、贸易之事，以来远人，通远物。"包括管理进出境的海舶、货物、商旅，征收关税，收买政府专卖品，执行禁令等任务。故市舶司实为身兼海关和外贸双重职能，既"官"亦"商"的机构。真宗咸平三年（1000），朝廷于杭州、明州（宁波）各置市舶司，规定"自今商旅出海外蕃国贩易者，须由两浙路⑦市舶司陈牒请官，给券以行。违者没入其宝货"。神宗熙宁九年（1076），罢杭州、明州市舶司。元丰三年（1080），颁布《广州市舶条》，是为中国历史上对海外商舶实施管理和征收商税的首部法典，后推广至各开放港口。哲宗元祐二年（1087），朝廷于泉州设市舶司；三年，于密州板桥（今山东胶县）置市舶司。徽宗崇宁元年（1102），复置杭州、明州市舶司，官、吏如旧额。政和七年（1117）七月十八日，上谕批准两浙路市舶官张苑题奏，令"镇江府、平江府（苏州）如有蕃商愿将舶货投卖入官，即令税务监官依《市舶法》博买。内上供之物，依条付纲起发，不堪上供物货，关提刑司选官估卖"⑧。

宋室南渡，迁都临安（今杭州）。高宗绍兴二年（1132），除保持广东、泉州等地市舶司外，移两浙路市舶司于秀州华亭（今上海松江）。为加强管理，充裕国库，十一年，朝廷颁布《讥察海舶条法》。十五年，于江阴军（今江苏江阴）置市舶务。孝宗隆兴初年，增设温州市舶务。隆兴二年（1164），经朝廷允准，两浙路市舶司统领杭州、明州、秀州、温州、江阴军五处市舶司（务）。宋代市舶司（务）的职能为：颁发"公凭"（许可证）；抽解征税（进口货物分粗、细两色抽解，粗货税率有数年高达十分之四，后即降为十分之一）；禁榷博易（专营和买卖）；招徕互市，《宋会要》称"盖欲招徕外夷，以致柔远之意"。市舶收入向为朝廷赋税的主要来源，故市舶机构具有重要地位。《宋代提举市舶司资料》载："至宋而市舶寖盛，广州而外，杭、明、泉、秀、温诸州及江阴军等处，相继置司。南渡而后，偏据一隅，国家度支以市舶收入为大宗。"

元代，承袭南宋市舶制度。至元十四年（1277），"立市舶司于泉州，令忙古鰕领之；立市舶司于庆元（宋称'明州'）、上海、澉浦（地属今浙江海盐，元大德时并入庆元），令福建安抚司杨发督之"。二十一年，于杭州、温州设市舶司。朝廷进一步完善自北宋以来实施的管理制度，制订《市舶司则法》二十二条。⑨内容包括"市舶抽分则例"、"船舶出海手续"、"禁运货物种类"、"管理国外商船"等。延祐元年（1314），再次修订并重颁《市舶司则法》，完善市舶制度。终元一代，广州、泉州、温州、庆元（宁波）、杭州、澉浦、上海七处先后设立市舶机构。其间虽有兴废、归并，但总体看来，广州、泉州、庆元三处一直是元代对外通商的三大重要港口。

元初，苏城娄门至太仓的娄江尾闾、长江入海口刘家港（今苏州市太仓港），港潮渐西，势日深广，成为江南漕粮转输京都的重要基地，因"通海外番舶，凡高丽、琉球诸夷，往来市易，时称六国码头"。至正二年（1342），于今太仓市城厢镇武陵桥北，设"庆元等处市舶提举分司"。十三年，为防漕粮、海舶被劫，朝廷于太仓设"水军万户府"镇。元末张士诚据吴时，筑城太仓，并将城内"隆福寺"扩为"市舶司"。⑩元代市舶司，按制每司置提举两员，从五品；同提举两员，从六品；副提举两员，从七品；知事一员。⑪

明初，为了"通夷情，抑奸商，俾法禁有所施，因以消其衅隙"，朝廷改宋、元以来"互市贸易"为"朝贡贸易"，即以"赏赉"的方式，对前来中国朝贡的国家购买"贡品"，而对在朝贡名义下贡使、员役人等随带的"自进之物"和"附进之物"，则由市舶司给价收买。对于国内民间私商，则严禁出海贸易。洪武元年（1368），于地处吴淞江中段的黄渡镇（今属上海），设"太仓黄渡市舶司"，后以"地近京师（建康，今南京），番夷不宜导入内地"为由，改设于浙江定海（今舟山群岛），但仍允许各国贡使携带货物，通过刘家港入境。《明太祖实录》记有："洪武三年二月甲戌，罢太仓黄渡市舶司。凡番舶至太仓者，令军卫有司封籍其数，送赴京师。"成祖朱棣登基后，一面遵循洪武旧制，严禁沿海军民私自下海交通贸易，一面大力招徕海外诸国入明朝贡，规定"诸国有输诚来贡者，听"。⑫

明永乐元年（1403），成祖下令"依洪武初制，于浙江、福建、广东设市舶提举司，建布政司"。六年，在海外贡使入境之地的交趾（今越南北部）、云屯，增置市舶机构。⑬世宗继位后，鉴于欧洲殖民者正在东来，为保海疆清宁，嘉靖二年（1523）下令关闭浙、闽、广三大市舶司，致使内外通商几近中断，引发沿海地区商民不满，倭患不绝。穆宗隆庆元年（1567）起，朝廷汲取"嘉靖倭患"⑭教训，不得不部分开放海禁，准许民间私人通过福建海澄月港出海贸易，设"督饷馆"负责征收税饷。规定国内舶商出海贸易，必须缴纳"引税"、"水饷"、"陆饷"和"加增饷"；对海外舶商则实行"抽分制"，后改"丈抽制"，即以船身的长度、宽度来确定税额。直到神宗万历二十八年（1600），再度定市舶于福建、广东两省。

清初，由于东南沿海抗清势力仍较活跃，朝廷除维持浙江杭州湾乍浦口与日本长崎间的"以丝易铜"外，严禁国内官民人等擅自出海贸易，实行"寸板不许下海，违者船货充公"。顺治十七年（1660）和康熙元年（1662）、十七年三次颁布"迁海令"，强迫东南各省海滨居民一律内迁30至50里。康熙二十四年，鉴于"三藩之乱"已平、台湾收复，海氛廓清，宣布开禁通海，在广东澳门（旋移广州）设"粤海关"，在福建漳州设"闽海关"，在浙江宁波设"浙海关"，在松江漴阙（不久移上海）设"江海关"⑮，由清廷内务府委派司员，监督征收内外海舶税钞。"海关"和"海关监督"之名由此而始。

江海关初建时，于沿海沿江置分海口24处⑯，其中，刘（浏）河、七丫、白茆、徐六泾、福山五个分海口，地属今苏州行政辖区。清王祖畲《太仓州镇洋县志》记载："海关在刘河闸东，清康熙二十四年建。凡海舶出入营讯与甘草司互相稽察。"开海后，内外通商极为活跃。乾隆二十二年（1757），鉴于英国武装商船多次北上，行驶于浙江定海、宁波海口一带，伺机登岸，引起清廷高度警惕。为整肃海防，乾隆帝接受朝臣奏请，宣布洋船"止许在广东收泊交易，不得再赴宁波，如或再来，必令原船返棹至广，不准入浙江海口"[⑰]。嘉庆十四年（1809），清廷颁布《民夷交易章程》。道光十一年（1831），又制定《防范夷人章程》，维持洋商船舶来华通商"只限广州一口"的局面。而闽、浙、江三海关，只限于管理国内船舶出入检查事宜。

清代后期，国势渐衰，西方列强开始觊觎中国。道光二十年（1840），英帝国以虎门销烟、贩运鸦片受阻为借口，对中国发动野蛮的侵略战争（史称"鸦片战争"），清军溃败。清政府被迫与英帝国签订第一个丧权辱国的不平等条约（史称《南京条约》，亦称《江宁条约》）。依据"条约"，辟广州、厦门、福州、宁波、上海为通商口岸（史称"五口通商"），设立海关机构。嗣后五十余年间，英、美、法、俄等国又胁迫清政府分别与之签订《中英天津条约》、《中美望厦条约》、《中法黄埔条约》、《中俄北京条约》，在中国陆续取得"开放口岸"、"利益均沾"、"建立租界"、"划分势力范围"及"片面最惠国待遇"等政治、经济特权。继首批开放广州、厦门、福州、宁波、上海，实行"五口通商"后，西方列强又一再胁迫清政府同意，增辟一大批通商口岸。截至 1895 年中日两国签订《马关条约》前，按约并照西方制度建立的海关（时称"新关"，以区别于清政府之前自主设立的海关及其关卡）达 26 处，其设关时间为：江海关（上海·1854）、粤海关（南海·1859）、潮海关（汕头·1860）、镇江关（丹徒县·1861）、津海关（天津·1861）、浙海关（鄞县·1861）、闽海关（闽侯县·1861）、九江关（九江县·1861）、江汉关（汉口·1862）、厦门关（厦门·1862）、淡水关（台湾沪尾·1862）、山海关（营口·1862）、东海关（烟台·1863）、打狗关（台湾高雄·1864）、台南关（台湾安平·1865）、琼海关（海口·1876）、瓯海关（温州永嘉县·1877）、宜昌关（宜昌县·1877）、北海关（广西北海·1877）、芜湖关（芜湖县·1877）、九龙关（香港·1887）、拱北关（广东珠海·1887）、龙州关（四川江油、平度一带·1889）、蒙自关（云南境内·1889）、重庆关（巴县·1890）、亚东关（西藏南部·1894）。上述海关和之后按约陆续增设的苏州、杭州、沙市等在内的 20 多处海关，依据"各口划一力理"的规定，均实行"外籍税务司制度"⑱、"领事报关"⑲、"协定关税"⑳以及"治外法权"㉑，使中国几千年来自主设关征税旧制遭到彻底破坏，具有半殖民地性质的中国近代海关由此建立。

二

苏州开埠，缘由光绪二十年（1894）日本国出兵干涉朝鲜半岛内政而引发的中日甲午战争。翌年三月二十三日（1895 年 4 月 17 日），清廷以战败国的地位与之签订《马关条约》，被迫割让台湾及其附属各岛屿、澎湖列岛，赔款二万万白银，并许以湖北荆州府沙市、四川重庆府、江苏苏州府、浙江杭州府四处辟为通商口岸，"以便日本臣民往来侨寓，从事商业、工艺、制作。所有添设口岸均照向开通商海口或向开内地镇市章程一体办理，应得优例及利益等亦当一律享受"。嗣后，英、美、法、俄、奥等国援用道光二十三年（1843）中英《虎门条约》中有"将来大皇帝有新恩施及各国，亦应准英人一体均沾，用示平允"之语，相继从中国取得最惠国待遇。西方列强势力由此从中国沿海开始渗入中国内地，肆意倾销洋货，廉价采买工业原料，并取得在中国境内投资和开设工厂的特权。

光绪二十二年（1896），苏州先后成立"苏州关监督公署"和"苏州关税务司署"（后者又称"洋关"或"新关"）。是年八月二十五日（10 月 1 日），苏州关开始实施对进出苏州口的轮运船只（包括拖带的民船）

和应税货物，依据海关各项规章和协定关税税率，办理报关、征税、稽查、缉私等业务。

1937年7月，日本发动全面侵华战争，战火迅速蔓延。9月30日，国民政府财政部下令裁撤各口海关监督公署。11月19日，苏城沦陷，海关业务被迫中止。1941年12月7日，太平洋战争爆发。次日，侵华日军强行占领海关总税务司署（驻上海），囚禁总税务司梅乐和（英籍）及英、美籍关员。秉承日本军部旨意，由汪伪政府委任原海关总税务司署总务科税务司岸本广吉（日籍）为总税务司，在上海成立伪海关总税务司署，先后占领区内的秦皇岛、龙口、威海卫、津海（北平分关）、江海、东海、胶海、潮海、粤海、琼海等关；在蚌埠、安庆、江汉、苏州、杭州五处设立"转口税局"；在南京设立"海关转口税征收所南京总所"；在宁波设立"海关转口税宁波征收所"。各口海关、转口税局、征收所主管及征税、稽查职员，均由日籍职员充任。1943年10月15日，苏州关转口税局在苏城成立，下辖无锡分局和镇江分局，在水陆交通要隘，先后设立关卡（后称"支所"）20处（所），对进出苏州、无锡、镇江三地的运输货物开征转口税。

1945年8月15日，日本在中、苏、美、英四国沉重打击下，被迫宣布无条件投降，历时八年的抗日战争取得伟大胜利。同月22日，驻重庆海关总税务司署电令接收苏州关转口税局。鉴于苏州遭受日寇长期蹂躏，工业不振，市场萧条，作为内地海关已失去其基本功能，海关总税务司署遂于1945年12月4日电令苏州关闭关（同月6日对外宣布），长达半个世纪的苏州关（洋关）历史宣告结束！

开埠通商，是近代西方列强用武力或以武力威胁打开中国大门、进而实行经济渗透、殖民统治的产物。而各口海关所征关税，以及根据清政府与英、美、俄、德、日、奥、法、意、西、荷、比十一国于1901年签订的《辛丑条约》中，原由中国自行管理的"五十里内常关"㉒所征的税项，连同长江流域苏州、松沪、九江、浙东四处"货厘"和宜昌、鄂岸、皖岸三处"盐厘"，最终落入外人之手，成为西方列强向中国索取战争赔款和清政府对外举债还本付息的抵押品。

（本文收入《近代苏州通商口岸史料集成》，文汇出版社，2010年10月版。）

注释：

①《周书》，相传是记载周代史事的一部古书。"三宝"，指粮食、器物、财富。

②"关市"，原意是"关"与"市"的合称，古时，又称"边市"，指边关的货物交易场所，受朝廷严格控制，实行定期定时开放。商人需持证（如"符传"之类的证件），按规定的品种和数量进行交易，严禁违禁品的买卖。

③《三国志·魏书二·文帝纪第二》。

④"四方馆"，所指"四方"，东方称"东夷使者"，南方称"南蛮使者"，西方称"西戎使者"，北方称"北狄使者"，专掌海外贸易事宜。"四方馆"内，设典护、录事、叙职、叙议、监府、监置、互市监等职。（见《隋唐时期的国际贸易》一文，载《历史教学》1957年2月号）

⑤《旧唐书·高骈传》。

⑥"市舶制度"，是宋、元、明三朝管理内外海舶的一种制度，涉及"机构"、"职官"、"则例"和"管理"等方面。唐代，设外交外贸事务官员，史称"市舶使"。宋朝开始，专设掌管海外贸易机构，史称"提举市舶司"或"市舶提举司"（简称"市舶司"。"提举"，非官名，而是"管理"的意思）。元、明时期，称"市舶司"或"市舶务"。名目虽异，然职能相似，均为执掌监查中外海舶、征收商税、收购朝廷禁榷货物和管理蕃（番）商的官署。清初始称"海关"，此一名称，沿用至今。

⑦"两浙路"，系"浙东路"和"浙西路"的合称。北宋至道年间（995—997），全国划分为十五路。其中，浙东路包括越州、明州、台州、婺州、温州、衢州、处州七州，浙西路包括杭州、苏州、湖州、常州、秀州、睦州、润州、江阴八州。

两浙路治所设在杭州。熙宁、元丰年间（1068—1085），一度合二为一，不久又一分为二。

⑧《宋代提举市舶司资料》。国立北平图书馆，馆刊第五卷第五号。

⑨载《元典章·户部·市舶》。

⑩明张采纂《太仓州志》。

⑪《元史》卷九十一"百官志"四。

⑫《明实录》卷十。

⑬《明实录》卷七十五和卷八十四。

⑭"嘉靖倭患"，指明嘉靖年间（1522—1566），我国东南沿海一带遭受倭寇入侵蹂躏。这些来自日本岛国的倭寇，与福建沿海当地由于朝廷推行"禁海"而沦为海寇的商人势力，相互勾结，以致酿成大祸。一些有识之士从中悟出"市通，则寇转为商；市禁，则商转为寇"，建议朝廷取消海禁。隆庆元年（1567），始"许贩东西诸番"。由于取消海禁，万历朝时，我国南海洋面出现商舶"往来如织"的景象。

⑮"江海关"所在地"云台山"在何处？历来众说纷纭，出现"海州（今连云港）"、"华亭漴阙"、"镇江"、"江宁（今南京江宁区）"四说。张忠民先生《清前期上海港发展演变新探》（载《中国经济史研究》1987年第3期）和霍义平先生《江海关考》（载《上海市南市文史资料选辑》），以康熙《江南通志》和嘉庆《松江府志》为据，康熙二十四年（1685）设立的江海关，关署初设于松江府华亭县沿海重镇漴阙口（今上海市奉贤县境内），后因公廨窄陋，二十六年，移至上海县城小东门内旧察院行台衙门。2004年8月出版的《中国海关百科全书》"江海关"条目（该书第270页），从其说。

⑯清康熙二十四年（1685）由清政府自主设立的江海关，在分隶苏（苏州）、松（松江）、常（常州）、镇（镇江）、淮（淮安）、扬（扬州）六府和太（太仓州）、通（通州）两州的沿江沿海24处设立"分海口"。雍正七年（1729），将庙湾、新沟、朦胧、佃湖、板浦、新坝六口归并"淮关"。所存18所"分海口"名称，距大

关距离及其州、县所在地为:

　　吴淞口　距大关 60 里,所址在太仓州宝山县

　　刘(浏)河口　距大关 150 里,所址在太仓州镇洋县

　　七丫口　距大关 150 里,所址在太仓州

　　白茆口　距大关 180 里,所址在太仓州

　　徐六泾口　距大关 240 里,所址在苏州府昭文县

　　福山口　距大关 300 里,所址在苏州府常熟县

　　黄田口　距大关 450 里,所址在常州江阴县

　　澜港口　距大关 490 里,所址在常州靖江县(另设衙前、天生、龙潭三个支口)

　　黄家港口　距大关 600 里,所址在通州泰兴县(另设鄂家港支口)

　　孟河口　距大关 570 里,所址在常州武进县

　　任家港口　距大关 400 里,所址在通州(另设狼山、大汛两个支口)

　　吕四口　距大关 600 里,所址在通州

　　小海门口　距大关 400 里,所址在海门厅(另设官河头支口)

　　石庄口　距大关 600 里,所址在通州如皋县

　　施翘河口　距大关 280 里,所址在太仓州崇明县

　　新开河口　距大关 300 里,所址在太仓州崇明县

　　当沙头口　距大关 300 里,所址在太仓州崇明县

　　漴阙口　距大关 180 里,所址在松江府华亭县

　　⑰ 清乾隆《东华续录》。

　　⑱ "外籍税务司制度",是鸦片战争后管理中国海关的一项最重要的人事制度。咸丰三年(1853),上海小刀会起事,占领县城,捣毁海关。英、美、法三国驻沪领事趁机以"保障中国关税征收"为借口,诱使清廷要员同意由三国领事各提名一人(时称"税务监督")组成"税务管理委员会",行使江海关职能,是为中国海关启用洋员之始。八年,英国再次胁迫清政府与之签订《天津条约》,在附约《通商章程善后条约》第十款中,规定"任凭总理大臣邀请英人帮办税务",海关任用

洋员"各口划一办理"。次年五月,两江总督兼任各口钦差大臣何桂清正式聘英人李泰国(H.Tutor Davis)担任海关总税务司,各口税务司(英文作 Commissioner of customs,为各口海关负责人的通称)及所属洋员均归总税务司征募、调派、撤换。并明确"各口税务司并非监督之属员",而"只是对总税务司负责"。由此,管理外商船舶及其货物的海关(洋关),开始由洋人担任总税务司和各口税务司掌控,成为清政府中最先被洋人掌管的半殖民地行政部门;而由清政府任命的各口海关监督,只能管理华商帆船及其所载货物的"常关"(原称"户关"、"工关"、"钞关")。

⑲ "领事报关"作为一项制度安排,始于清道光二十三年(1843)。当年,中英两国签订《五口通商章程》。该章程第十五款规定:英国来华商船进口,原来实行"投行认保,所有出入口货税由保商代纳"之向例,予以裁撤,改用"由英官(领事)担保"。据此,英商货船抵港,则由船主将船牌、舱口单、报单等件呈交驻该口英国领事,领事根据这些文件,将该船只吨位、货物种类、数量等项转知海关,以备办理通关手续。之后,美、法等国均援用此一做法。

⑳ 鸦片战争前,中国享有完全的关税自主权。鸦片战争后,由于西方列强入侵,中国的关税自主权逐步丧失,关税税率被"协定税率"取代。其源在于英国两次迫使清政府与之签订的不平等条约。1842年中英《南京条约》第十条规定:英国商人"应纳进口、出口货税,均宜秉公议定则例";1858年中英《天津条约》规定:"前在江宁立约内定进出各货税,彼时欲综算税饷多寡,均以价值为率,每价百两,征税五两,大抵核计,以为公当。"由此,洋商货船进口、出口,其货物不分原料与制成品、奢侈品与必需品、消费品与资本货物,也不把物价上涨因素考虑在内,均按固定不变的税率即"值百抽五"征收,而实际税率平均起来,远低于5%。此一税率,沿用时间长达近80年,时称"协定税率",实为"片面协定税率"。

㉑ 洋商在华经商,按理如有违反海关规章(走私、漏税)行为,一经查实,应按中国法律予以处分。然而,由于西方列强各国在华取得"领事裁判权"和"领事干预海关行政权",因此,一旦洋商违反海关规章,清政府不能自主处理,只能按上述"治外法权"办理。为此,清同治四年(1865)九月二十七日,经清政府批准,

施行《上海海关扣留案件条款》，计四款，仅在上海一口施行。七年，为使上述条款施行范围扩大至所有通商口岸，总税务司赫德在原条款基础上增为八款，名称改为《船货会讯入官章程》（简称《会讯章程》），进一步作出对违犯海关规章的洋商由外国驻华领事官参与裁决的离奇规定。此一章程，直至 1934 年 8 月国民政府关务署批准颁布《海关缉私条例》，才予以废除。

㉒ "常关"，亦称"钞关"，系在水陆交通要道或商品集散地设立的税关，创建于明代。原分"户关"与"工关"。户关，隶属于"户部"，对运输途中的商货征收正税、商税和船料税；工关，隶属于"工部"，专收竹、木等商贩的税捐。鸦片战争后。按约开放的通商口岸，设立海关（习称"洋关"或"新关"）。为避免混淆，清政府将"户关"与"工关"合并，改称"常关"（习称"旧关"）。"常关"与"海关"的区别在于隶属关系和征税对象不同："海关"，隶属于总税务司（洋人）管理，以轮船贸易为对象；"常关"，隶属于清政府直接管理，以帆船贸易为对象。"常关"又分四类：（1）五十里内常关；（2）五十里外常关；（3）内地常关；（4）沿边常关。洋关所征之税，主要用于赔付战争赔款和对外举债还本付息；常关所征之税，为国家税赋所有。19 世纪末，山东、河北一带农民掀起反帝爱国的"义和团运动"，遭到英、法、日、俄、德、美、意、奥八国联军镇压，清政府被迫与十一国（增加西班牙、荷兰、比利时三国）于光绪二十七年（1901）签订《辛丑条约》，议定中国赔款银四亿五千万两。因海关税及国内所征的盐税，两项不足以保证对外赔付，故该条约规定将"常关税"作抵押，列入赔付范围。据此，清政府不得不于 1902 年 1 月电令将距通商口岸五十里以内的"常关"，划归海关总税务司管辖，所征税款，与海关税、盐税一样，纳入海关总税务司账户，拨作赔款之用。据海关总税务司署于 1902 年 6 月 14 日所发的通令第 1034 号，当时已向海关总税务司移交的"五十里内常关"，除"牛庄、天津二常关会同当地占领军特殊管理，并取得惊人税收"外，尚有芝罘、宜昌、沙市、九江、芜湖、上海、宁波、温州、三都澳、福州、厦门、汕头、广州、三水（江门与甘竹）、梧州、琼州、北海、烟台，计 18 关。

苏州外向型经济研究

《苏州对外经济五十年（1949—1999）》综述

苏州经济开发较早，对外通商历史久远。

史籍记载：三国魏晋南北朝时期，苏州已与海外有了直接经济联系。隋代（581—618）京杭大运河开凿贯通后，南北、中外物货于此交汇。到八世纪中唐时代，苏州经济繁荣超过"富庶甲天下"的扬州。宋代，国内经济重心进一步南移，苏州农业、手工业、商业、航运业得以迅速发展。其时，境内青龙、福山已成通商海道，志书《吴郡图经续记》有"舟航往来，北自京国，南达海徼，故珍货远物毕集于吴之市"的记载。元代（1279—1367），海舟巨舰可直抵苏城葑门外墅里泾。地处长江入海口南岸的刘家港（今苏州市太仓港），成了江南漕粮北输元大都（今北京）的转运基地和对外通商港口，时称"六国码头"。元至正二年（1342），朝廷于今太仓市武陵桥北设"市舶分司"，专掌蓄货、海舶、征榷、贸易之事。明洪武元年（1368），设"市舶司"于太仓黄渡。永乐至宣德年间（1405—1433），内廷太监郑和奉旨统率两万七千名官兵、船舰六十余艘，以刘家港为始发港和给养补给地，七下西洋，足迹遍及东南亚、印度洋、红海、东非等三十余国，促进了包括苏州在内江南地区经济的进一步繁荣。清代初期，实行"禁海"，对外通商受抑。康熙二十四年（1685）开禁通海后，苏州内外通商百年间达到鼎盛阶段，近郊浒墅关（钞关）为"十四省货物辐辏之所"，"商船往来，日以千计"；阊门外南濠一带，"南北舟车、外洋商贩，莫不毕集"，各省郡邑商贾竞相兴建会馆、公所，苏州成了国内称著的内外物货贸易转口中心。

进入近代，列强用炮火打开封闭的中国大门。光绪二十一年（1895），苏州辟为对外通商口岸。次年，清政府设苏州关（洋关）于觅渡桥西塊，延聘洋人主持关政，苏州逐步沦为列强倾销洋货、掠夺原料的半殖民地商埠城市。民国以来，苏州商业贸易地位为上海所取代。第一次世界大战（1914—1918）后，苏州民族工业和城乡手工业生产渐有起色，土丝、土绸、土布、刺绣、花边出口和洋烟、洋油、小五金等进口增长较快。民国十一年（1922），报关进出口货物总值2638万关平两，按当年汇率折合1952万美元（当年一关两折合0.74美元），创设关以来最高纪录。之后，由于国内维持厘金税制，国外高筑关税壁垒，苏州出口货物总值急遽下降。自民国二十六年沦陷至民国三十四年抗战胜利，其间进出口贸易为外商控制和垄断。新中国成立前夕，苏州城乡经济萎缩，市场萧条，对外通商一落千丈，昔日工商经济繁荣局面，遂成历史陈迹！

1949年10月1日，新中国宣告成立！

在中国共产党的领导下，苏州这块古老的土地逐渐焕发出生机活力。随着经济恢复，对外经济开始掀开新的一页，特别是从20世纪80年代起，在建设有中国特色社会主义理论和党的基本路线指引下，苏州历届党委、政府紧紧围绕以经济建设为中心，以改革开放为动力，领导全市人民解放思想，实事求是，抓住机遇，开拓创新，实施外向带动战略，使对外经济取得突破性进展，城乡经济形成大开发、大开放的新格局。

表一：1999 年苏州对外经济总量占江苏、全国比重

分　类	单　位	数　量	占江苏全省比重	占全国比重	备　注
土地面积	平方公里	8488	8.5%		
人　口	万人	578.2	8.1%		
国内生产总值	亿元	1358.4	17.6%	1.66%	列上海、北京、广州、重庆、天津、深圳后，居第七位
对外经济					
1.进出口贸易	亿美元	125.55	40.16%	3.48%	列深圳、上海、广州、天津之后，居第五位
进　口	亿美元	56.27	43.45%	3.39%	
出　口	亿美元	69.28	37.86%	3.55%	出口列深圳、上海之后，居第三位
2.直接利用外资					
项目（企业）	个	568	29.5%	3.36%	
协议（合同）外资	亿美元	35.38	50.8%	8.58%	列上海、天津之后，居第三位
实际利用外资	亿美元	28.56	44.6%	7.08%	列上海、广州、北京之后，居第四位
3.对外经济技术合作					
新签劳务承包合同额	亿美元	1.07			
完成劳务承包营业额	亿美元	1.13	18.5%		

一

从 1949 年新中国成立到本世纪末的 1999 年，苏州对外经济经历由平缓曲折到跨越式发展的历程。这五十年大体可划分为两个时期，即"计划经济体制下对外贸易实行统制时期"和"贯彻改革开放方针，对外经济全面推进，大开发、大开放格局形成时期"。

第一阶段：计划经济体制下对外贸易实行统制时期（1949—1978）

这一时期，国家实行对外贸易统制和保护贸易政策，对外贸易由国家指定的专业进出口总公司及其设立于各省、市、自治区的分公司负责经营。苏州对外经济活动方式单一；逐步建立起来的市、地区基层外贸公司，仅是执行按计划组织出口货源和集港运输任务，没有对外自主经营权；出口商品绝大部分是技术含量低的传统的劳动密集型产品；外贸对全市国民经济的拉动作用极其微小。

具体分两个阶段：

（一）外贸出口供货恢复阶段（1949—1957）

1949 年 4 月 27 日，苏州解放。6 月，苏州市军管会依照中央关于没收官僚资本的指令，接管位于苏州城南的中国蚕丝公司苏州第一实验丝厂，改组为国营丝厂，由在沪的中国蚕丝公司安排原料、收购成品和供应出口。这是苏州解放后首次恢复生产的出口商品。1952 年 8 月，中国蚕丝公司在苏州设立办事处（1954 年 12 月升格为支公司）；1953 年 5 月，中国畜产公司在苏州设立收购组（1954 年 2 月升格为支公司，1956 年易名为"苏州畜产品采购站"，1957 年 7 月改称"苏州畜产经理部"）；1955 年 9 月，中国土产出口公司在苏州设立办事处。三个机构的建立，使苏州的出口商品有了便捷的收购、供货渠道。其间，中国蚕丝公司斥资从国外购进一批丝织及印染设备，扶持苏州市区丝织厂扩大生产，增加品种，提高塔夫绸、织锦缎、电力纺、斜纹绸等适销绸缎的出口水平。1957 年 10 月，土产、畜产两机构合并，组建"苏州对外贸易出口公司"，负责苏州市区和苏州专区所属江阴、无锡、常熟、吴县、吴江、昆山、太仓各县的出口商品收购业务，使苏州在全省范围内率先有了正式的外贸业务机构。这一阶段，苏州的出口商品主要是绸缎、刺绣、枕袋、檀香扇、台布、薄荷油、鲜果、茶食糖果和毛、皮畜产品，收购额不大：1953 年 173 万元，1954 年 312 万元，1955 年 580 万元，1956 年 450 万元，1957 年 1460 万元，五年合计 2975 万元（其中绸缎生产采取加工形式，只计加工费）。历年外贸出口供货额占全市（含地区）工农业总产值比重在 1% 左右。

由于供货品种少、金额小、比重低，加之各级党委、政府当时致力于恢复经济和组织政治运动，对外贸工作过问很少，国家下达的外贸收购计划，主要由政府职能部门计委通过会议或文件下达给生产或供货主管部门，再由生产或供货主管部门按品种逐一落实到生产企业或基层商业供销部门。由于外贸公司、生产企业和基层商业供销部门远离国际市场，信息不灵、情况不明，使出口商品生产与供货时常出现脱节现象。

1956 年 6 月，周恩来总理在全国财贸工作会议上就国内刺绣品出口任务完成不好而点名批评苏州。但总体说，新中国建立后的头九年，在党和政府领导下，苏州外贸出口供货仍有所增长，为全市国民经济的恢复和第一个五年计划的胜利实现起了一定作用。

（二）外贸机构逐步充实和出口商品生产基地建设启动阶段（1958—1978）

20 世纪 50 年代，我国对外贸易在积极加强同苏联、东欧社会主义国家友好合作和不断突破西方国家对华封锁禁运的过程中得到发展。为适应发展出口商品生产、扩大外贸出口需要，1958 年 1 月，经苏州市人委（政府）同意，苏州对外贸易出口公司与中国丝绸公司苏州支公司合并，组建"苏州对外贸易公司"，成为综合性的国有外贸企业。其主要任务是，按照国家下达的指令性收购计划，组织出口货源，并承担中央各专业进出口总公司对苏联、蒙古及东欧社会主义国家协定贸易项下的合同履约业务。1958年，受政治运动影响，各地外贸工作中出现不少问题，引起党中央和国务院的关注，国务院总理周恩来指出："对外贸易应量力而行，不能大进大出，大跃进。"之后，苏州外贸公司纠正了不顾实际、急于冒进的偏向。

1958年和1959年，朱德、刘少奇、陈云等党中央领导先后来苏州视察，了解苏州农村和城市经济工作。刘少奇同志在听取苏州地委领导汇报谈到"人民公社化"运动后部分社队要求自办工业时，表示赞许和支持。不久，党中央召开八届六中全会，提出"人民公社必须大办工业"，使苏州得创兴办乡镇工业（时称"社队企业"）之先。陈云同志更就苏州刺绣品生产和出口作了重要题词。在党中央领导的亲切关怀下，苏州市（地）委、市政府（行署）开始加强对外贸工作的领导，出口商品生产取得发展，加上出口绸缎从是年起改按全额计算，1958年，苏州外贸收购首次超过亿元。之后，由于"大跃进"造成国民经济比例失调，对外贸易又因中、苏两党两国关系恶化而受到挫折，国家外汇收支出现逆差。为应付苏联逼债，党中央于1960年8月发出《全党大搞对外贸易收购和出口运动的紧急指示》，成立由周恩来总理挂帅的对外贸易三人领导小组，设立指挥部。江苏省委、省政府随之成立省对外贸易指挥部，由省长惠浴宇兼任指挥长。苏州市委、地委也采取了加强外贸工作的相应措施，积极响应党中央、国务院提出的"举国上下、团结一致、脚踏实地、埋头苦干、节衣缩食、供应出口"的号召，大抓外贸生产和收购工作的发动和落实，并按中央对外贸实行"五优先"（即在国家计划规定的范围内，对出口商品实行安排在先，生产在先，原材料和包装物料供应在先，收购在先，运输在先）原则，把外贸工作列为市委、地委在经济工作方面加强集中统一领导的要求之一；同时，根据省委工业书记会议决定，选派政治责任心强、技术业务熟练的干部进驻重点出口生产企业，督促落实生产、质量、交货期。由于采取了有力措施，1959、1960、1961 三年，苏州外贸收购依然保持亿元水平。但这种势头毕竟难以持久。从 1962 年开始，在全国外贸出口连续三年大跌的情况下，苏州外贸收购连续三年滑坡，1962 年跌至 7490万元，比上年下降 33.1%，出口商品由 1959 年的 114 个降至 85 个，这是苏州外贸收购出现的第一次曲折。1963、1964 两年止跌回升，但升幅不大。直到 1965 年，才恢复并超过 1958 年的水平。

1966 年 5 月开始的"文化大革命"运动，打乱了我国社会主义建设的正常进程，破坏了国家安定团结的政治局面和良好的经济形势，苏州外贸生产和收购也因受派性干扰，出现"潮涨潮落"，起伏很大。1967 年外贸收购额跌至 9379 万元，比上年下降 16.8%；1969 年升至 13465 万元，比上年增长 43.3%；1970 年又跌至 9918 万元，跌幅 26.3%，出现第二次曲折。1971 年 9 月，党中央、国务院采取措施，调整国民经济，生产形势和外贸形势逐步好转，苏州外贸收购也从 1972 年起摆脱徘徊起伏局面，连续七年保持 24.3% 的年均增长率，1978 年，苏州地区和苏州市共完成外贸收购33985 万元，与 1958 年相比，增长 2 倍。

这一阶段，苏州市（地）委、市政府（专署）对外贸工作采取的主要措施有：

1. 充实和加强外贸机构

1958 年 1 月苏州对外贸易公司成立后，成为负责苏州市区和苏州地区各县出口商品收购、调拨的唯一企业机构。1959 年 6 月，苏州市列为省辖市，市与地区行署分为两个行政单位，对经济工作的组织领导及具体工作安排各有侧重：市委、市政府的工作面向城市；地委、行署的工作面向农村，两个行政区划只有一家既管城市又管农村的外贸机构，在安排出口商品定点生产和外贸收购计划中，不可避免会畸轻畸重，甚至顾此失彼。有鉴于此，1963年 3 月，江苏省政府下达《批转省外贸局关于外贸机构设置和领导关系问题意见的通知》，由苏州市政府和苏州地区行署双方商议，决定把苏州对外贸易公司拆分为苏州市外贸公司和苏州地区外贸公司。但实际上，地区外贸公司并未挂牌，而是在苏州外贸公司内安排一部分人员专管地区业务。当年9月，省政府以增产节约、精兵简政和按经济区设置外贸企业为由，下文撤销苏州地区外贸公司。之后直到1977年10月，绝大多数年份维持此一经营体制。在此期间的1969年4月，夺权后成立的江苏省革命委员会下文撤销江苏省对外外贸局，改设省进出口公司；7月，又下文撤销省进出口公司，把外贸工作并入江苏省商业局，在局内设"外贸科"，全省外贸工作严重削弱。1973年初，苏州地委考虑到对外贸易对促进苏州地区农村经济发展的特殊作用，提出恢复地区外贸公司并成立各县外贸公司。当年9月，获省革委会同意。年底，苏州地区及所辖江阴、无锡、沙洲（1962年成立）、常熟、吴县、吴江、昆山、太仓八县相继成立外贸公司，原由苏州外贸公司统一经营的地区外贸收购业务移交给地区外贸公司和各县外贸公司经营。1973年9月，苏州市对外贸易局成立。1974年1月，全国掀起"批林批孔"运动，把攻击矛头指向周恩来等老一辈革命家。为了从外贸问题上打开缺口，一连制造了"蜗牛事件"和"风庆轮事件"，攻击外贸是"崇洋媚外"，是"卖国"。尽管阴谋未能得逞，但其恶劣影响使刚有转机的全国外贸工作再次受到严重干扰。迫于政治压力，1974年9月，江苏省革委会下文撤销苏州地区外贸公司和县级外贸公司，改在地、县商业局内设外贸组。考虑到江阴、常熟、吴江三县工农业生产基础较好、出口供货数额较大，省革委会同意保留上述三县外贸公司。为减少和避免地、市矛盾，恢复成立不久的江苏省外贸局决定把合并后的苏州外贸公司划归省局直接领导。1977年，鉴于江苏经国务院批准于1974年1月成立外贸口岸，开展自营进出口业务，苏州地委经过反复研究，要求恢复地区外贸机构，后获省委、省革委会批准。当年11月3日，苏州地区对外贸易局和苏州地区对外贸易公司宣布成立，实行两块牌子，一套班子。之前，苏州外贸公司由省局下放归苏州市外贸局领导。1978

年 1 月 1 日起，地、市各自领导属于行政辖区内的对外贸易工作。地、市外贸机构在党委、政府（行署）的领导下，把贯彻执行"发展经济，保障供给"、"为生产服务"列为首要任务，积极协同计划、工业、农业、商业、供销等部门，根据本地条件和由口岸公司提供的国外市场需求信息，制定发展出口商品生产规划，深入社队、工厂，广开外销门路，协助解决困难，改进收购方式，增加出口货源，使外贸收购额逐年上升，确保了国家外贸收购计划的完成和超额完成。

2. 建立出口商品生产基地

20 世纪 70 年代初，国家决定选择生产和外贸工作基础较好的地区（市），建立农副出口商品生产基地和出口工业品专厂专车间，由国家投放资金和给予优惠贷款加以扶持，以建立稳定的出口供货基地。苏州地区是江苏乃至全国经济较好的地区之一，当时苏州地区所属江阴、无锡、常熟、沙洲、吴县、吴江、昆山、太仓八县，工农业生产已经发展到一定水平，外贸出口供货也有一定基础。因此，国家计委和外贸部于 1976 年 1 月正式选定苏州地区作为全国农副土特畜产品出口商品生产基地，外贸部从国家安排的外汇中，每年拨付 100 万美元的外汇额度（俗称"基地外汇"），由苏州地委、行署自主安排用于外贸基地建设。当年 8 月，苏州地区革委会成立"外贸基地领导小组"。1979 年 3 月，国家计委、经委、纺工部、轻工部、外贸部又选定苏州市的东吴丝织厂、光明丝织厂、振亚丝织厂、新苏丝织厂、苏州绸缎炼染厂印花车间和苏州地区的吴县丝织厂、吴江新生丝织厂 7 家生产企业为全国首批出口工业品专厂专车间，安排外汇贷款用于织机技术改造和添置先进技术设备，加快出口丝绸品种结构的调整、升级，以扩大出口。苏州市革委会也于 1978 年 7 月在讨论第三次工业发展规划时，决定把建立外贸出口基地列为创立苏州市 5 个工业基地之一。苏州外贸生产基地的建立，以及江苏辟为外贸口岸，对外直接经营本省商品出口业务，给苏州市和苏州地区发展出口商品生产、扩大出口供货以有力的推动。

但这一阶段，苏州市和苏州地区的出口商品结构仍然是以传统的坯绸、坯布、手工台布、绣品、食品、畜产等原料性或粗加工的劳动密集型商品为主。这种结构与当时苏州市和苏州地区的经济结构、产业结构、产品结构是一致的；对外经济中，依然是外贸"一枝独秀"。严格的外贸计划管理，尤其是外贸经营体制与国外市场经济经常发生碰撞，使工贸、农贸之间经常产生矛盾，一定程度上影响了地方发展外贸的积极性。

第二阶段：贯彻改革开放方针，对外经济全面推进，大开发、大开放格局形成时期（1979—1999）

这一时期，伴随着城乡经济体制改革和外贸体制改革的步步深入，苏州对外经济由以供货出口为主，扩展到自营出口、利用外资、开展对外经济技术合作等多个领域，并以兴办外商投资企业和建设经济开发区、沿江经济带为重点，通过外向带动，形成全市大开发、大开放的新格局，初步实现了苏州经济由内向型向外向型经济的转变；对外经济在市、县（市）经济中开始处于"主导"和"领航"地位。

具体分为两个阶段：

（一）市、县（市）经济由内向型向外向型转轨阶段（1979—1987）

1978 年 12 月，中共中央召开十一届三中全会，作出把全党工作重点转移到社会主义现代化建设上来和实行"改革开放"的重大决策。之后，中央领导多次告诫全党同志："在进行社会主义现代化建设中，一定要充分利用国内和国外两种资源，打开国内和国际两个市场，学会组织国内建设和发展对外经济关系两套本领。"对外经济关系的战略地位开始确立。1979 年 4 月，中央工作会议制定了用三年时间对国民经济实行"调整、改革、整顿、提高"的八字方针；当年 7 月，党中央、国务院决定在深圳、珠海、汕头、厦门试办"经济特区"；1983 年 4 月，决定对海南岛实行经济特区的某些政策，给予较多的自主权；1984 年 4 月，又决定进一步开放沿海 14 个港口城市。

当年 10 月, 邓小平同志在接见参加中外经济合作讨论会全体中外代表谈话时指出: "关起门来搞建设是不能成功的, 中国的发展离不开世界。对内搞活经济, 对外经济开放, 是个长期的政策, 最少五十年到七十年不会变。"1985年 2 月, 中央又决定把长江三角洲、珠江三角洲和闽南厦、漳、泉三角地区辟为"沿海经济开放区", 明确提出: 沿海经济开放区要自我创造对外开放条件, 努力实现"贸—工—农"、"出口创汇—引进技术—扩大出口"、"外引—消化—内向转移"三个良性循环, 在全国率先建成为内外交流、工农结合、城乡渗透、现代化、开放式的文明富庶地区。中央一系列重大决策和措施的出台, 使苏州市各级干部、广大群众受到极大鼓舞, 思想逐步得到解放。苏州市政府不失时机地带领全市人民牢牢把握住以经济建设为中心的工作任务, 以改革开放为动力, 开始实施外向带动战略。

这一阶段, 苏州市 (地) 委、市政府 (行署) 在发展对外经济中主要采取了以下几项措施:

1. 调整农村产业结构, 支持与鼓励发展工、副业生产

苏州农村经济尽管比较发达, 但长期以来一直处于单一结构状态, 工、副业生产被视作"资本主义", 田少人多出现的农村剩余劳力被禁锢在有限的耕地上, 少量的社队工业又因受"一围绕、三就地"(围绕农业办工业, 就地取材, 就地生产, 就地销售)的条条框框束缚而难以有大的作为。1976年苏州地区被列为全国农副土特畜产品出口商品生产基地后, 情况有所改善。当时的地委、行署提出农村经济应走"一业为主、多种经营"的道路, 鼓励并支持乡镇在确保粮食生产的前提下, 按照建设出口商品生产基地的要求和目标, 发展工、副业生产。党的十一届三中全会后, 根据 1979 年 9 月中央四中全会作出的《关于加快农业发展若干问题的决定》, 苏州农村迈出了产业结构调整的步伐: 首先突破种植业"以粮为纲"、养殖业"以猪为主"的单一经营结构, 转向农、副、工全面发展, 综合经营。到 1982 年, 一大批具有苏州地方特色的单项农副土特畜产品生产基地和以农副产品为原料的加

工基地开始形成，推动了外贸收购的逐年增长。1982年，苏州地区完成外贸收购48252万元，比创办基地的前一年1975年增长3.29倍；占地、市外贸收购总额的比重由1975年的37.6%上升至55.8%。1983年3月，苏州市和苏州地区行政机构合并，实行"市管县"行政体制。1985年苏州被列为沿海经济开放区后，农村产业结构的调整步伐加快，开始由农、副、工综合经营转向按"贸—工—农"为序安排生产，即以进入国际市场为目标，按外贸出口的需要组织农业生产和农副产品的加工。具体按照三个层次进行调整：第一个层次是在种植业内部，在人均粮食占有量从475公斤下调为400公斤之后，鼓励农村调整作物布局，扩大适销、优质经济作物的种植面积；第二个层次是在农业内部，充分发挥本地优势，积极发展种、养项目；第三个层次是在农村各个产业之间，鼓励发展工业、商业、服务、建筑、运输等多种经营。经过努力，全市进一步形成了优质大米、优质原棉、低芥酸油菜、桑茧、畜禽（瘦肉型猪、兔、湖羊、肉用鸡）、水产养殖（淡水珍珠、鲜鱼、蚬子）、水生作物（席草、蔺草）、食用菌（草菇、香菇、蘑菇）、果品等12个商品生产基地和出口基地。并通过就地安排，进一步发展以当地农副产品为原料的加工工业，提高农副土特畜产品生产和出口的附加值，使苏州农村逐步走上了农、林、牧、副、渔全面发展，工、商、运、建、服综合经营的道路。与此同时，当时的苏州地委、行署充分利用宽松的政策环境，排除国内某些舆论对乡镇工业的非议，从70年代末80年代初起，在地区范围内掀起新一轮发展乡镇工业的热潮。1985年，苏州市政府又总结推广沙洲县发展乡镇工业、经济跃上新台阶的经验，大批乡镇工业脱颖而出。到1987年，全市乡（镇）村两级工业企业超过1.53万家，吸收农村劳力123.7万人，实现工业产值171亿元（党的十一届三中全会以来的八年，苏州乡镇工业企业的产值年递增率为36%），占当年苏州市工农业总产值的53%。在这一转变中，一批乡镇工业企业率先起步，以其特有的经营机制活力和冲劲从事出口商品生产加工业务。1987年，直接向本省口岸提供出口商品的乡镇工业企业达到 473 家，比 1978 年增加 1.5 倍，出口供货 5.79 亿元，占全市外贸收购总额的比重由 1978 年的 8％ 提升到 29.1％。当年外贸收购额超过 500 万元的乡镇达到 28 个，占全市乡镇数的 16.9％。一大批乡镇工业企业通过出口创汇，引进先进技术设备，带动了企业上水平、上等级，走上了"以出养进"、"以进促出"的发展新路，涌现出了一大批从事外贸经营活动的乡镇企业家。为了推动作为农村主体产业的乡镇工业加快由内向型向外向型转移步伐，1987 年 10 月，苏州市委、市政府作出《关于乡镇工业发展外向型经济上水平增效益的意见》，进一步阐明乡镇工业发展外向型经济的重要性和迫切性，为全市乡镇工业在 90 年代实现外向型经济所占份额由三分之一进到"半壁江山"，进而发展成为"四分天下有其三"奠定了基础。

2. 实施经济体制改革，走"外引内联"之路

改革开放前，苏州经济基本上处于半封闭的自然经济状态，无论是农业还是城市工业，主要依靠自身的资金积累，逐步扩大生产规模。技术装备陈旧，资金不足，制约城乡企业的技术进步。为摆脱困境，提高工业经济的整体技术水平，苏州市（地）委、市政府（行署）在抓好农村产业结构调整的同时，明确提出要充分利用国家实施经济体制特别是外贸体制改革的机遇，抓"外引内联"，促技术进步。

（1）学习广东经验，支持开展以"三来一补"（境外来料、来件、来样加工和中小型补偿贸易）为重点的灵活贸易

1979 年 9 月，国务院作出关于鼓励地方和企业开展"三来一补"的规定后，沿海一些省、市特别是广东、福建迅速掀起热潮。之前的 1978 年 11 月，苏州市区 3 家工业企业与港商签订来料加工装配电子手表合同；1980 年 3 月，吴江县与港商签订兔毛纺生产线补偿贸易合同，揭开了苏州开展灵活贸易的序幕。1979 年 12 月，苏州地委调整外贸领导小组成员，由分管工业生产的地委副书记任组长。1980 年 10 月，苏州市政府成立进出口管理办公室。到 1983 年 3 月地、市行政区划合并前，苏州与美国、瑞士、加拿大、日本、

荷兰等国及香港地区共签订"三来一补"合同35份，有30家工业企业承接此项业务，先后引进设备1183台（件），除以工缴费抵偿258.9万美元设备价款外，净得加工费收入151.9万美元。1983年后，苏州的灵活贸易开始向国际租赁、接受外国政府和国际金融组织贷款、中外合资合作等方面拓展。1983年到1987年，全市承接"三来一补"87项，金额3252万美元；国际租赁72项，金额3384万美元；国外贷款28项，金额5447万美元；批准外商投资企业28家，合同外资6373万美元，合计利用国外资金近2亿美元；加上这一时期中国银行发放的外汇贷款、通过历年商品出口分得的留成外汇和国家外经贸部下拨的基地外汇，苏州累计可用外汇资金达到3亿多美元。这笔外汇资金，为安排工业企业从国外引进先进技术设备、推动技术改造、扩大再生产和出口创汇起了很大作用。统计表明，1978年至1985年，苏州获准引进项目320项，进口各类设备1240台（套），生产线及装配线49条，使用外汇资金9131万美元；1986、1987两年可用外汇资金增多，引进设备力度加大。苏州市、县（市）部分工业企业通过消化吸收国外先进技术设备，生产面貌得到很大改善，相当一部分产品实现升级换代，对外出口创汇能力提升，取得显著的经济效益。

（2）打破地域和所有制界限，发展横向经济联合

苏州城乡工业基本上属于"两头在外"（指在苏州行政区外）的加工工业，又是缺能地区，在工业生产中，煤炭、电力、原材料等都有很大缺口。针对这种状况，苏州市（地）委、市政府（行署）依照国家制定的经济体制改革的总要求，本着"扬长避短，形式多样，互惠互利，共同发展"的原则，从1982年起，鼓励并推动各类企业发展和扩大跨地区、跨行业、多层次、多渠道的横向经济联合。1986年10月，市委、市政府主要领导率计委、经委、外经委等有关部门组成的经济代表团在上海举行发展横向经济联合恳谈会；1987年4月，召开全市经济协作工作会议，提出与"大城市、大三线、大窗口"开拓横向经济联合。到1987年末，全市城乡联合的企业群体已发展到30多

个；与上海市、上海经济区以及内地的各种经济技术协作项目超过 800 个。在横向经济联合中，市、县（市）外贸公司更是得外贸计划管理体制改革之力。1981 年前，苏州外贸收购按国家、省下达的指令性计划执行，严格实行超计划收购报批制度。1982 年起，国家、省下达的外贸收购计划由长期实行的单一的指令性计划，调整为指令性计划、指导性计划和市场调节三个部分，并且允许在完成国家、省下达的外贸收购计划之后，可以多渠道、多口岸出口；还允许跨地区组织出口货源，为苏州进一步发展出口商品生产、扩大出口货源松绑。1986 年，全市通过市、县（市）外贸公司结算共向 17 个外省（市）口岸公司供货的商品 120 多个，金额 2.4 亿元，占当年苏州外贸收购总额的 18.7%；从外地组织供本省口岸出口的商品有 20 个品种，金额 2008 万元，占全市外贸收购总额的 1.56%。1987 年，苏州继续本着"以本省口岸为主，多口岸打开外销渠道"的原则，通过市、县（市）外贸公司向 70 多家外口岸公司提供商品近 200 个，金额 6.14 亿元，比上年增长 1.6 倍，占全市外贸收购总额的比重增至 24.7%。同时，"工贸结合"、"产销联营"的方式也在全市逐步推行。1979 年，苏州地区在全省率先建立第一家由外贸部门投资联营的企业——工贸合营江阴针织服装厂。之后，工贸合营企业逐年都有较快发展，到 1987 年，全市工贸合营联营企业已发展到 1130 家，贸方（中国出口商品生产基地建设总公司和本省口岸公司及外省口岸公司）累计注入资金近 4 千万元。

（3）制定并实施符合国情和苏州地情的对外开放方案

1985 年 2 月，苏州市及所属六县（市）和张家港港区被列为沿海经济开放地区。根据中共中央和江苏省委、省政府的要求，经过广泛发动，调查研究，苏州市市委、市政府制订了全市对外开放实施方案，并报省批准。《方案》除提出基本指导原则和奋斗目标外，着重提出了 7 项措施，即：围绕多出口、多创汇，调整经济结构；引进先进技术，加快技术改造步伐；发挥两个"扇面"（对国内开放和对国外开放）作用，开拓横向联合；调动各方面的积极性；大力发展旅游事业；按照对外开放要求，搞好基础设施建设；抓紧张家港的开发，适应对外开放的需要；加强领导和管理，保证开放工作的顺利进行。在上述各项措施中，市委、市政府突出强调要以"多出口，多创汇"作为保证对外开放工作健康发展的基础。为此，5月20日，苏州市政府颁发《关于鼓励扩大出口、多创外汇的暂行规定》。9月5日，又根据江苏省政府相应的规定，作了新的修改和补充，提出：外贸收购计划实行"双轨制"下达［即计划下达给市、县（市）外贸公司，同时下达给生产、供货主管部门，共同确保完成］；生产出口商品所需的原辅材料、动力、燃料、运输、信贷资金，优先予以安排；因保证完成出口任务而影响税后留利的企业，适当调减调节税，或由外贸部门给予补贴；适应外商特殊需要获得的加价收入，剔除增加支出的费用，全部返还给企业，充作税后留利；市、县（市）分别建立外贸发展基金，从各个方面保证生产经营外贸产品的企业实际收益不低于或略高于生产内销产品企业的水平。由于采取许多鼓励出口创汇的措施，1985年，苏州全市外贸收购完成8.67亿元，1986年完成12.86亿元，1987年完成19.94亿元，三年的平均增长率大大高出六年（1979—1984）的平均增长率。1986年，苏州外贸收购首创三个纪录，即：收购总额首次跃居全省第一，外贸收购的增幅首次超过工农业生产总值的增幅，六县（市）全部跨入外贸收购"亿元县"行列。

（4）争取有限的外贸经营权

1984年9月，国务院批转对外经贸部关于外贸体制改革意见的报告，一系列简政放权的改革措施陆续出台，苏州要求外贸自营的时机和条件开始成熟。1985年10月，经江苏省外经委同意，苏州市政府批准组建"苏州市对外经济技术贸易公司"，作为市政府直接领导和管理的地方对外经贸企业。经争取，由对外经贸部授予进出口经营权，但进口方面仅限于市内企业引进在限额以下的设备进口，出口方面仅限于经营公司自行开发而省公司不经营的新产品，以及利用各类资金向生产企业投资增产产品的出口。尽管经营权受到很大限制，但毕竟为苏州争得了一份自营权，标志着由中央高度集中管理的外贸体制开了一个口子。1986 年，苏州市政府针对市属 10 家国有外贸企业没有对外经营权的状况，率先向江苏省委、省政府提出"一放三不变"的建议，即：在计划体制不变、国有外贸企业性质不变、利润上缴不变的前提下，要求省政府下放部分出口商品经营权。这一建议，被省委、省政府采纳。1987 年 1—4 月，外经贸部先后批准苏州市纺织、丝绸、工艺、轻工 4 家进出口支公司出口经营权。省外经贸委在转发外经贸部文件时规定：自营出口品种要由省公司指定，出口成本要由省公司核定，超计划出口要报省公司批准，出口创汇要全额上缴省公司，经营地区限于香港、澳门、新加坡、马来西亚等地。同年 7 月 1 日，4 家进出口支公司隆重举行自营出口开业典礼，当年完成自营出口 344 万美元。尽管"一放三不变"并未从根本上改变市级国有外贸企业的性质和经营状况，但毕竟实现了从单纯组织收购出口货源到可以直接对外签约成交的重大转变。

这一阶段，苏州市外经贸机构进一步健全。1983 年 8 月，地、市合并后的苏州市政府成立"苏州市利用外资引进技术领导小组"，下设办事机构，统一规划和组织全市利用外资工作。1985 年 1 月，撤销市外经贸局，在全省率先成立"苏州市对外经济贸易委员会"。1986 年，六县（市）和市属各区先后成立对外经济贸易委员会（局），市各工业主管局（公司）设立利用外资科。当年 12 月，张家港市政府决定所属 26 个乡镇成立对外经济贸易公司，其他五县（市）和市郊区于 1987 年相继仿行，使全市从上到下形成对外经贸工作网络。外向型经济业务培训也早在 1985 年全面启动。市委组织部根据市委要求，会同有关部门编制了市、县（市）、镇（乡）领导干部外向型经济知识业务培训计划，通过报告会、短期脱产培训、组织外出参观考察、举办经贸洽谈会，使全市广大干部特别是县（市）区领导干部提高了业务知识和实际工作水平。同时，通过建立人才交流市场，开始从外地吸收具有较高学历的人才，充实到各部门；按照"能者上，庸者下"的要求，提拔了一批既有开拓精神又有较强工作能力的干部走上领导岗位，使市委、市政府的各项决策得到顺利贯彻落实，为苏州对外开放和外向型经济的发展提供了组织保证。

1979—1987年，苏州对外经济取得了很大进展，在自费建设"工业小区"、利用外资特别是兴办外商投资企业、对外经济技术合作、与国外建立友好城市等方面，都有开拓性的突破，这就为下一阶段市、县（市）对外经济的全面推进和快速、超常规发展，作了重要铺垫。

（二）贯彻沿海地区经济发展战略，"三外"（外贸、外资、外经）全面快速推进，大开发、大开放格局形成阶段（1988—1999）

1987年10月，党的第十三届全国代表大会开幕，党中央领导作《沿有中国特色的社会主义道路前进》的报告，阐述了社会主义初级阶段理论，提出了党在社会主义初级阶段实行"一个中心，两个基本点"的基本路线，制定了到下世纪中叶分三步走实现现代化的发展战略。大会闭幕不久，中央领导到南方考察，并率浙江、江苏、上海两省一市的主要负责同志来到苏州，在考察期间提出沿海地区应该把发展外向型经济作为经济发展战略。1988年3月，国务院发出《关于沿海地区发展外向型经济的若干补充规定》，对经济特区、开放城市和沿海经济开放区在继续执行加快和深化外贸体制改革、鼓励外商投资、发展加工贸易以及原有各项政策规定的基础上，作出鼓励和优惠政策的新规定。苏州市委、市政府领导敏锐地意识到这是苏州经济跃上新台阶的一次极好机遇，通过各种会议、报刊宣传，使这一经济发展战略在全市深入人心。1990年4月，中央宣布开发开放上海浦东。1992年初，邓小平同志"南方谈话"公开发表，提出"改革开放胆子要大一些"，要"抓住时机，发展自己"，"发展才是硬道理"。党中央的这些正确决策和重要指示给苏州全市人民以极大的激励。在大好机遇面前，苏州市、县（市）各级党委、政府进一步解放思想，结合本地实际，扬长避短，组织广大干部群众很快掀起大开发、大开放的热潮。1992年7月，《新华日报》发表长篇通讯《苏州高奏外向交响曲》。1993 年 12 月，《人民日报》头版刊登长篇通讯《苏州跃起六只"虎"》，同时配发评论员文章《欣闻苏州成了"虎"》。1995 年 5 月，中央领导视察张家港市，高度赞扬该市多年来发展外向型经济所取得的巨大成就，并欣然为张家港精神"团结拼搏，负重奋进，自加压力，敢为争先"泼墨题字。当年 11 月 4 日，《人民日报》发表署名文章《论张家港精神》，之前，《苏州日报》已连续三次发表深入学习和弘扬张家港精神的社论，全市出现"七虎争雄"（市区和六县市）、"四级联动"（市、县、镇、村）、"三外齐跃"（外贸、外资、外经）、"开发区领航"的大开发、大开放和上规模、上水平、重效益的发展外向型经济新局面。1996 年 9 月，《瞭望》周刊发表特稿《苏州，阔步迈向新世纪——苏州实施两个根本转变上下功夫》，介绍苏州把扩大对外开放、培育新的经济增长点，把发展外向型经济作为发展苏州经济"重中之重"的工作思路和工作经验。党中央、国务院的一个个重大决策，中央领导的一次次重要讲话和媒体一次次对苏州实施沿海地区经济发展战略、大力发展外向型经济所作的报道，给苏州市广大干部群众尤其是市、县（市）领导班子以极大的鼓励和鞭策，投身改革开放的政治责任心进一步增强。

这一阶段，苏州市委、市政府为实施沿海地区经济发展战略，主要采取了以下几项措施：

1. 实行外贸"切块自营"，全面开展承包经营责任制

1988 年初，为深化改革，解决由国家统负盈亏"吃大锅饭"的外贸财务体制，国务院决定在全国全面推行"对外贸易承包经营责任制"，由各省、自治区、直辖市和计划单列市人民政府向国家承包出口创汇、上缴中央外汇（额度）等项指标，对超过出口创汇基数的外汇收入实行分成，自负盈亏，确定承包基数三年不变。江苏省委、省政府由此把向国家承包的外汇指标，切块到 11 个省辖市，由 11 个省辖市政府向省政府全面承包。承包后，全省实行"切块自营"和"切块联营"两种经营方式。在当时的条件下，实行

"切块自营"，市一级政府承担的风险较大，如果完不成收汇指标，要由地方财政自行补足上缴，但由此可以由省进一步下放经营权，实行放开经营；实行"切块联营"，相对来说，市一级政府只承担一半风险，但仍然维持由省外贸公司经营的局面。在两种经营方式的抉择中，苏州市委、市政府经过反复比较、讨论，接受了"切块自营"这一方式，并把省下达给苏州市的承包指标，结合本地实际，本着"责任指标不加码，补亏指标不平调，配套权力不截留"的原则，分成 7 块，发包给市区和六县（市），六县（市）又分别将创汇指标分解下达到县（市）外贸公司、县办企业和乡镇，市区也将指标下达给市外贸公司和工业系统主管局（公司）。从市到县（市）、区，从县（市）、区到乡镇，实行"双轨承包"。"切块自营"后，市属 10 家国有外贸公司全部享有对外自主经营权，经营商品、经营范围扩大，开始成为责、权、利一致的地方外经贸企业。"切块自营"，极大地调动了苏州市、县（市）政府和创汇企业的积极性。但在"切块自营"初期，也是举步维艰。由于外贸业务与省外贸专业分公司彻底脱钩，市、县（市）很快出现出口货单减少、运筹资金不足的困难，一些干部对"切块自营"产生动摇，思想波动很大。关键时刻，苏州市委、市政府坚定信心、决心，及时召开会议，统一思想，分析情况，采取措施，鼓励县（市）、区（局）组织力量跑口岸、找客户、参加广交会、自办交易会、举办出国展销、在特区设窗口、到港澳召开新闻发布会，拓展出口路子。经过上下共同努力，全市当年完成自营出口额 2967 万美元，迈出了"切块自营"的第一步。1989 年，外经贸部又陆续批准苏州市区 7 家生产性企业享有对外经营权，加上上年批准的一家在内，自营出口公司、企业增至 18 家。六县（市）外贸公司当时尚未获准享有经营权，则采取变通办法，市政府领导提出由县（市）公司派员到市公司联合办公，一起参与商务洽谈，并以市公司名义签约成交，履行合同。切块自营，结识了更多的客户，造就了一批商务人才，使全市自营出口额连年以较高的速度增长。1989 年，市外贸公司和自营生产企业共完成出口 5291 万美元，

1990 年 8486 万美元，1991 年 16666 万美元。

　　1991 年，针对国内自营外贸公司、企业过多过滥、政企不分、外贸经营秩序出现混乱的状况，国务院作出进一步改革和完善外贸体制的决定，把原由各级政府对外贸的承包改由享有对外经营权的外贸公司和生产企业自负盈亏、自担风险；同时清理整顿外贸企业，规范竞争条件。苏州自营外贸公司和生产企业由 18 家调整为 9 家。尽管经过调整，自营出口单位减少一半，但实际自营出口继续保持大幅度增长势头。1992 年，市级外贸公司和自营生产企业完成出口 28044 万美元，比上年增长 68.3%，全市 3 家综合性外贸公司名下的 10 家企业，自营出口全部超过 1000 万美元，其中市纺织品进出口公司、市对外经济技术贸易公司均超过 3000 万美元。1992 年 8 月到 1993 年末，六县（市）外贸公司先后批准享有对外经营权，加上自 1993 年后国家加快了外贸经营权放开的步伐，鼓励有条件的国有企业、科研院所、内贸流通企业直接经营进出口业务，使苏州自营出口保持 50% 的速度增长，到 1999 年末，苏州被外经贸部赋予进出口经营权的外贸公司和生产企业、事业单位增至 219 家，1999 年共完成自营出口 15 亿 9229 万美元。在享有自营权的公司、企业中，张家港市（原沙洲县）外贸公司雄居榜首。这家县（市）级外贸公司全面自营的第一年（1993 年），进出口总额达到 5300 万美元（其中自营出口 3724 万美元），一举跨入全国五百家最大进出口企业行列，列第 311 位；1994 年完成 1 亿 7822 万美元，跃为第 146 位；之后 5 年，每年保持快速增长势头，1999 年完成进出口总额 4 亿 4152 万美元，位列第 68 位（其中出口 3 亿 7755 万美元，在全国出口额最大的两百家企业中列第 33 位）。自营七年，跨了七大步。张家港市外贸公司由此于 1997 年 8 月升格为江苏省省级进出口集团企业，1996、1997 两年连续被国家外经贸部评为"全国对外经贸优秀企业"，成为全市自营进出口取得突出成绩的排头兵。

　　2. 大办外商投资企业，掀起直接利用外资高潮

　　1988 年沿海地区经济发展战略提出后，苏州市委、市政府开始把直接

利用外资、兴办外商投资企业作为贯彻实施经济发展战略的一个重点。在年初召开的开放工作会议上，市政府提出要把直接利用外资列为重点，在兴办外商投资企业上，要"培植一批典型，树立一批样板"。为调动县（市）的积极性，市政府继 1984 年、1985 年、1987 年三次简政放权后，1988 年 8 月又一次下放外商投资项目审批权，规定：凡属符合国家、省、市吸引外商投资方向的生产性项目，建设和生产条件不需要国家、省、市平衡，产品出口不涉及配额、许可证的，项目总投资在 1500 万美元以下的，由各县（市）政府自行审批；对引荐外商投资者，除党政机关工作人员外，实行奖励；同时强化了市利用外资办公室的职能，作为市政府专司管理全市外商直接投资的办事机构，主要审批属市审批权限的外商投资项目，加强对县（市）、区、局（公司）有关外商投资的业务指导。继 1984 年 6 月苏旺你有限公司落户昆山，到 1987 年末苏州全市已批准外商投资企业 28 家之后，1988 年全市批准外商投资企业 97 家，为前四年总和的 2.6 倍。之后的 1989、1990、1991 三年，逐年快速增长，三年合计批准 670 家，协议（合同）外资 5 亿 419 万美元，分别超过前五年（1984—1988）总和的 4.4 倍和 2.8 倍，出现兴办外商投资企业的第一个高潮。1991 年上海浦东开发开放进入实质性启动阶段，1992 年初邓小平同志"南方谈话"发表。当年 11 月 12 日，江苏省政府授权苏州市及昆山、张家港、常熟、吴县、太仓、吴江市政府可以自行审批投资总额在 3000 万美元以下的生产型外资企业项目；授权昆山经济技术开发区管委会对韩国投资的 3000 万美元以下的生产性项目可自行审批，苏州全市迅速掀起吸收外商直接投资的第二个高潮。1992—1994 年的三年，合计批准外商投资企业 6674 家，协议（合同）外资 136.1 亿美元，企业批准数和协议（合同）外资数为前八年的 7.4 倍和 20.4 倍，出现了"三多"：国际大公司投资的项目增多；投资额在 1000 万美元以上的项目增多；外商投资基础工业和高新技术产业的项目增多。已经开业投产的近 2000 家生产性外商投资企业经营状况良好，1993 年完成工业产值 201 亿元，销售 147

亿元，出口创汇 11 亿美元，实现利税 10.6 亿元。1994 年后，苏州吸收外商直接投资实行"双向选择"，引导投资方向；同时，加大招商引资力度，积极吸引国际知名大公司、大企业、大财团来苏州投资，苏州全市掀起了外商直接投资的第三个高潮。1995—1999 年的五年，年平均批准外商投资企业数尽管大大低于 1992—1994 年三年平均数，但实际到账外资却高于前三年平均数的 68.2%。到 1999 年末，全市超过 1000 万美元以上的外商直接投资项目累计 961 个（其中超 1 亿美元的项目 29 个），协议（合同）外资占全市累计金额的 80.6%；名列世界前五百强的跨国公司已有 72 家来苏州落户，投资项目 155 个，协议（合同）外资 42.52 亿美元。从投资规模看，这 155 个投资项目的平均协议（合同）外资高达 3137 万美元，实际到账外资平均达到 1741 万美元。全市经过清理后的外商投资企业实有 6881 家，其中开业投产 4479 家。1999 年，外商投资企业自营出口 53.35 亿美元，占全市自营出口总额的 77%；吸纳就业人员 50 多万人。外商直接投资的领域由初期以纺织、轻工为主，向机电、生物医药、石化、冶金、港口、电厂、交通、农业、旅游、房地产等新兴工业和基础产业拓展；来苏州投资的外商从初期的港、台、东南亚地区，扩展到日本、韩国、美国、欧洲等国家。大批外商投资苏州，不仅看好苏州良好的地理环境和完善的基础设施，还看好苏州良好的投资软环境。1990 年 12 月 4 日，苏州市政府成立"苏州市外商投资管理委员会"，由市长兼任管委会主任。与此同时，建立"外商投资咨询中心"、"外商投诉中心"，实行"一个窗口"对外，"一站式"服务。各县（市）、区也加强了这方面的工作领导，建立"外商投资服务体系"，大大缩短了从立项、审批到建设、投产的时间。对已经开业投产的外商投资企业，实行跟踪管理服务，积极推进和拓宽外向配套协作领域，帮助处理好投产开业后出现的新问题。

3. 指导和组织发展对外经济技术合作

苏州对外经济技术合作（简称"外经"）起步于改革开放初期。1980 年 5 月，苏州园林小品"明轩"落户美国；1986年5月，苏州市区171名纺织技术人员赴苏丹进行为期两年的技术服务；1987年9月，常熟丙纶厂（镇办企业）与国内科研机构、厂家联合与泰国亿峰有限公司在泰国创办丝特（集团）有限公司，揭开了苏州对外经济技术合作的帷幕。但由于市、县（市）很长一段时间把工作重点放在外贸和利用外资上，外经工作在全市外向型经济的构成中一直是一条"短腿"。1988年实施沿海地区经济发展战略后，苏州市政府开始提出"三外齐上"。1990年，市政府把外经工作正式列入全市外向型经济的目标管理范围，市属建工、园林、建材、纺织、电子等工业主管局（公司）相继建立外经科；江苏国际经济技术合作公司也先后在苏州以及张家港市、常熟市、昆山市、吴县（市）、吴江县（市）设立分公司。1994年苏州对外经济技术合作公司首家获准享有对外经营权之后，全市外经工作步伐加快。对外承包工程、劳务合作和技术服务开始由80年代零星的劳务分包发展到成建制（包工包料）的工程总承包，由单纯从事建筑工程的体力劳动，转向与技术输出、设备输出、技术服务相结合的劳务合作；承包工程劳务合作的行业由单一的建筑业，发展到建材、纺织、机械、渔业、服装等行业。接受联合国机构多边援助方面，由80年代的粮农组织、人口活动基金会、教科文卫组织，扩大到工发组织、亚太地区经济联合会、计划发展署、加拿大人才开发署、阿拉伯海湾基金会、荷兰基金会。兴办海外生产性企业方面，从1987年实现"零"的突破后，逐年都有进展。1993年7月，苏州市政府发出《关于加快发展我市海外事业建设经贸网络的意见》，外经工作出现向纵深发展，对外承包工程和劳务输出发展迅速，劳务承包额年增长率超过30%，举办海外生产性企业增多，最多时达到近200家，主要分布在第三世界国家，1997年下半年起，受亚洲爆发金融危机的影响，许多海外企业因难以生存而撤销。海外经贸网络逐年扩大后，全市执行的外经项目分布由初期的亚洲10多个国家扩展到世界五大洲62个国家和地区，一批国营、集体、乡镇企业走出国门，直接进入国际市场，从事跨国经营。1998年底，国家出台鼓励开展外经工作的新政策，市政府进一步要求抓好此项业务，提出：在行业选择上，以设备、技术和产品出口有优势的轻工、纺织、家电、机械以及服装加工行业为重点；在投资主体上，以有一定经济实力、管理水平、出口产品有信誉的大中型企业为重点；在投资方式上，以企业现有设备及成熟技术和原材料、零部件等实物投入为主；在海外从事散件组装和加工生产的地区选择上，以政局稳定、投资环境较好，市场有潜力，且与本市有经贸合作基础的国家和地区为重点，大力提升苏州外经发展水平。1999年，全市新签外经合作额、完成营业额、新派劳务人员数和在外人数，均创历史新高。经调整后的境外生产性企业现有 52 家，1999 年海外营业额 6649 万美元。全市获准享有对外经济技术合作经营权的企业增至 15 家。此外，1999 年，苏州市、县（市）政府根据国家关于鼓励开展境外加工贸易的要求，加大了调查确定重要项目、建立项目申报责任制的力度，积极推动企业开展境外加工贸易。经国家外经贸部批准，全市 7 家生产性企业确认为首批境外加工贸易企业，项目总投资 1007 万美元，当年完成海外营业额 909 万美元，带动出口 752 万美元，为苏州以技术、设备优势实现产品生产和加工的梯度转移，逐步建立海外生产加工基地，推动外经合作的发展开了好头。

4. 全面启动经济开发区建设

1984 年，中央决定开放沿海 14 个港口城市，批准建立经济技术开发区，揭开了全国开发区建设的序幕。1985 年 2 月，苏州被列为沿海经济开放区，激起市、县（市）自费建设开发区的热情。苏州最早建设开发区（时称"工业小区"）的是经济发展缓慢的昆山县。1984 年上半年，当时的昆山县委、县政府为拓宽经济发展空间，主动接受上海经济辐射，提出在县城东南开辟建设"工业小区"的设想。这一设想，当年 8 月获得昆山县九届人大第三次会议一致通过。1985 年初，昆山开发区破土动工，到 1987 年，开发区雏形形成，走出了依托老城、集中投入、自费建设工业开发小区的路子，一批外商和内资企业纷纷入区投资。此举引起了中央、省、市领导的关注。1986

年 6 月，国务院批准《苏州市城市建设总体规划》，提出苏州市城市建设的总原则是：全面保护古城，积极建设新区。按照批示精神，市委、市政府决定在古城以西、运河以东建设新区，以缓解古城区工业企业集中、人口密集、环境污染日益加重的矛盾。1988 年，中央提出实施沿海地区经济发展战略后，苏州市委、市政府认真总结并推广昆山的成功经验，决定放开手脚，鼓励和支持各县（市）投入力量，抓开发区建设，明确提出开发区建设的指导思想和目标是：成为改善投资环境，实现大开发、大发展的示范区；实施全方位开放、高层次引进外资的前沿区；引进和发展高新技术产业的先导区；优化结构和推动经济上水平、增效益的启动区；深化改革和建立社会主义市场经济体制的试验区。当年 7 月，《人民日报》头版发表介绍昆山县自费建设经济开发区的文章，并配发评论员文章《昆山之路》，表明国家对开发区这一新生事物持积极支持态度，不仅进一步鼓舞了苏州市广大干部群众投身开发区建设的热情，也更加坚定了市、县（市）加快部署开发区建设的决心。由于建设开发区目标明确，又有昆山的成功实践，加上 90 年代初党中央、国务院作出开发开放浦东战略决策的大气候，苏州市、县（市）党委、政府从 1990 年下半年起，把建设开发区列为经济工作的头等大事，集中财力、物力、人力，投入开发区的基础设施建设。昆山县开发区到 1989 年底，6.18 平方公里的基础设施框架基本形成，区内 25% 的土地得到开发利用，1991 年 1 月被省政府列为省重点开发区；1992 年 8 月被国务院正式批准为经济技术开发区，享受沿海 14 个港口城市经济技术开发区的有关优惠政策，开创了县级自费建设的开发区进入国家级开发区序列的先例。到 1999 年末，昆山经济技术开发区累计开发面积 12 平方公里，投入基础设施建设资金 13.94 亿元，进区的外商投资企业 549 家，合同外资 38.7 亿美元，实际到账外资 21.57 亿美元，在全国 32 个国家级经济技术开发区中，投资总额、合同外资、到账外资分别位列第五位、第六位和第五位。

与此同时，苏州市委、市政府于 1990 年 10 月决定在运河以东开发的基础上，把开发重点移向运河以西地区，规划首期开发面积 25 平方公里，新区管理机构随之成立。1991 年 3 月，第一批标准厂房破土动工。6 月，市政府作出鼓励在河西新区投资办企业、发展新兴技术产业和鼓励台湾同胞在河西新区投资三个文件，苏州河西新区建设和引资工作全面启动。1992 年 11 月，国家科委批准苏州河西新区（后更名为"苏州新区"）6.8 平方公里为国家高新技术产业开发区。苏州新区简捷、高效的管理体制和国际化、市场化的运行机制，更是得到了国内外人士的赞许，称赞这种机制、体制是"中国特色社会主义的机构机制改革的一个雏形"。到 1999 年末，苏州国家高新技术产业开发区完成开发面积 25 平方公里，累计投入基础设施建设资金 27.17 亿元，进区的外商投资企业 363 家，累计合同外资 27.82 亿美元，实际到账外资 16.1 亿美元。1999 年，实现国内生产总值 120 亿元、工业销售产值 243 亿元、进出口总额 28.8 亿美元、财政收入 12.7 亿元，分别比上年增长 30%、41%、72%、99.5%，各项经济指标综合评比在全国 53 个国家级高新技术产业开发区中名列第三。苏州新区已先后被国家确定为首批向亚太经合组织开放的 APEC 科技工业园区、全国首家 ISO 14000 环保示范区。在昆山经济技术开发区和苏州国家高新技术产业开发区向新的广度和深度推进的同一时段，其他五县（市）的开发区建设也纷纷上马，并先后被江苏省政府批准为省级经济开发区。

1994 年 2 月，中国和新加坡两国政府正式决定合作开发建设位于苏州古城东环路以东的"苏州工业园区"，更使苏州开发区建设进入新的阶段。根据中、新两国政府签订的合作协议，确定园区首期开发面积 8 平方公里，远期规划面积 70 平方公里，目标是建成一个以高新技术为先导、现代工业为主体、第三产业和社会公益事业配套的具有一定规模的现代化工业园区。为加快园区建设，中、新两国政府成立"联合协调理事会"，由两国政府副总理分别担任中方主席和新方主席。在党中央、国务院和江苏省委、省政府以及新加坡高层领导的推动下，苏州工业园区开发建设快速推进，仅仅用 3

年时间，完成首期 8 平方公里的"九通一平"（供水、供电、供气、供热、排水、污水处理、通信、有线电视、路桥和平整土地），初步形成了与国际经济发展相适应的一流投资环境。在加强基础设施建设的同时，工业园区加大引资力度，掀起了一轮又一轮的招商引资热潮，一批批国际知名跨国企业、财团纷纷前来落户。到 1999 年末，苏州工业园区累计开发面积 8.2 平方公里，投入基础设施建设资金 70.01 亿元，进区的外商投资企业 404 家，合同外资 66.83 亿美元，实际到账外资 33.57 亿美元，分别占苏州全市累计合同外资和到账外资的 18.3%、19.2%，成为国内开发速度最快、整体水平最高、最具竞争力的开发区之一。

到 1999 年末，苏州市开发区数量增至 15 个，占全省的 21.7%。其中列入国家级开发区的有 5 个（全省 11 个），即：昆山经济技术开发区、苏州国家高新技术产业开发区、苏州太湖旅游度假区、张家港保税区、苏州工业园区；列入江苏省省级经济开发区的有 10 个（全省 69 个），即：常熟经济开发区、常熟农业开发区、张家港经济开发区、太仓经济开发区、太仓港港口开发区、昆山旅游度假区（由阳澄湖度假中心和淀山湖度假中心两部分组成）、吴县经济开发区、吴江经济开发区、吴江汾湖旅游度假区、浒墅关经济开发区。1999 年，15 个各类开发区批准外商投资企业、新增合同外资和实际到账外资分别占苏州全市的 49%、68.3%、61.2%；主营业务收入、上交财政收入、实交税金三项主要指标，分别比上年增长 34.6%、77.4%、127.7%，占全市的比重分别为 23.5%、28.2%、33%，显示了开发区正在日益成为苏州市、县(市)的外资密集区、新兴产业区和经济发展的重要增长点。

5. 实施沿江经济带开发，加快"三港"建设

1991 年，在中央提出以"开发开放上海浦东为龙头，带动长江流域经济发展"的战略决策之后，苏州市委、市政府决定把开发建设沿江地区作为实施沿海地区经济发展战略和呼应浦东开发开放的一项主要措施来抓。苏州北临长江，境内长江岸线总长 139.9 公里，分属张家港、常熟、太仓三县(市)。

这一地带，水域开阔，水流平稳，岸线顺直，不冻不淤，有着良好的建港条件。早在1968年，时属沙洲县的张家港被国家列为"战备港"，由交通部投资兴建，1972年首期码头工程建设竣工。1974年1月江苏外贸口岸成立后，张家港逐步成为江苏特别是苏州、无锡、常州三市货物进出口的中转港。到80年代初，已建成一批万吨级码头和江心泊位，年货物吞吐量达到360万吨。1982年11月19日，全国五届人大常委会第二十五次会议批准张家港对外国籍船舶开放。1985年苏州、无锡、常州三市被列为沿海经济开放区后，江苏省委、省政府多次召开会议，研究共同开发张家港。1988年12月，张家港由交通部领导管理改为由苏州市政府和交通部双重领导、以苏州市为主的管理体制。1989年10月，国务院批准张家港二期扩建工程，列为国家"七五"重点建设项目，工程于1993年9月竣工，万吨级码头增至18个，年货物吞吐能力增至1600万吨。90年代初，在张家港继续扩大港口建设的同时，太仓、常熟两县（市）抓住浦东开发开放和江苏省委、省政府关于建设沿江经济带的历史机遇，提出"以港兴市"的经济发展思路，制订沿江开发建设规划。1992年10月、1993年1月，两县（市）分别在港址打下第一根钢柱，标志着太仓港、常熟港建设的全面启动。经过几年的艰苦拼搏，到1995年底，太仓港建成的3.5万吨级石化码头和储油罐设施投产使用；常熟港建成的两个3.5万级泊位和容量为1.4万立方米的储油罐设施也开始投入使用，通港公路、长江汽渡（太仓至南通、常熟至南通）以及两港港区供水、供电、邮电通信等一批设施先后完工，港监、边防、海关、商检、卫检、动植物检等口岸查验、港口管理和涉外服务机构相继成立。1995年10月和12月，常熟港和太仓港先后被国务院批准为国家一类口岸，向外国籍船舶开放。苏州开始形成"一市三港"的新局面。

在扩建港口的同时，张家港市、太仓市、常熟市加大招商引资力度，大力推进港区建设步伐。1992年10月，国务院批准在张家港港区建立国家级开发区——张家港保税区。1993年11月，江苏省政府批准在太仓港港区建立省级经济开发区——太仓港港口开发区；常熟市于 1992 年 8 月自行建立的沿江经济开发区，也被省政府批准为省级经济开发区。由于三个港区地理位置优越，交通便捷，投资环境良好，一大批国内外知名大公司、大企业纷纷前来投资。1999 年末，三港港区已开发面积累计达 23 平方公里，投入基础设施建设资金 26.64 亿元，批准进区外商投资企业 568 家，协议（合同）外资 30.48 亿美元，实际到账外资 19.63 亿美元。张家港、太仓港、常熟港三港的建成，使苏州沿江地带的产业布局发生根本性的变化，运输量大、耗水量多的冶金、重化工、电力、建材、船舶修造等重型基础工业大都落户港区，成为苏州经济发展的新亮点。

  6. 以丝绸和旅游为媒，推出招商引资新"品牌"

  丝绸业和旅游业是苏州经济的两大特色，在海内外久负盛名。为让世界进一步了解苏州，让苏州加快走向世界，苏州市委、市政府于 1990 年初决定创办"中国苏州国际丝绸旅游节"。当年 9 月，第一届中国苏州丝绸旅游节暨对外经贸洽谈会和由纺织工业部联合主办的首次大型国际性丝绸会议同时开幕。节、会活动期间，市政府召开新闻发布会，由市领导向赴会的国内外嘉宾和媒体介绍苏州经济、投资政策情况。由政府搭台、部门唱戏、群众参与，以培育外向型经济市场为重点，组织隆重热烈、生动活泼、文明简朴和富有成效的各项活动，这种形式收到了良好效果。由此，苏州市委、市政府决定把此项活动作为招商引资的一个"品牌"，制度化、经常化。之后的 1991 年、1992 年、1993 年、1995 年、1997 年、1999 年，又连续举办六届，节、会的规模一届比一届大，收效一届比一届好。主办单位也由初期的苏州市政府一家，发展到与纺织工业部、国家旅游局、航空航天部联合主办。1999 年是历届中规模最大的一届，展馆展出场地面积 4000 平方米，展出"名、特、优"产品一千多种，设展位 190 个，并首次设立"开发区招商馆"，以突出开发区在苏州对外开放中的重要地位。此届节、会，出口成交额 1.62 亿美元，新签协议（合同）外资 2.75 亿美元，新签对外承包劳务合同额 2512 万美元，创历史纪录。历届丝绸旅游节突出了苏州丝绸与旅游的独特优势。通过举办虎丘庙会、江南水乡游、古典园林游等特色旅游项目以及安排参观苏州丝绸博物馆、苏州刺绣研究所和农村民间刺绣，充分展示了苏州历史文化的艺术精华，使海内外来宾获得艺术熏陶、精神享受，成为推进国际经济与文化交流的重要纽带。

7. 构筑外向配套协作大市场

20 世纪 90 年代中期，大批外资企业尤其是跨国集团纷纷来苏州落户。它们不仅带来了资金、技术、产品和先进的管理经验，同时也为所在地的内资企业提供了丰富的配套协作的"项目源"和"产品源"。开展配套协作，对于内资企业拓展市场空间，实现技术升级，促进地方经济结构调整和经济运行、经济管理与国际接轨，都具有十分重要的现实意义。对此，外商也非常欢迎。为了推进这项工作，1997 年 4 月，苏州市政府成立"工业产品配套协作领导小组"，在市经委内增设"配套协作处"，组织开展深入细致的调研，排出重点配套协作项目和产品，制定有关优惠政策。各县（市）政府也采取了相应的措施，昆山市政府出台《外向配套协作优惠政策》，明确土地使用、税费优惠、资金扶持等 10 条倾斜措施，积极拓宽配套服务领域，出现了加工配套、产品配套、项目配套、服务配套、原材料配套等多种外向配套形式，呈现配套企业向规模型发展、配套产品向高档次发展、配套领域向深度、广度发展等特点，形成了一批有特色的专业化配套协作群体。从1997 年以来，苏州市已举办 4 次配套协作产品洽谈会，取得较好效果。1999 年，全市共有 300 多家企业为外资企业生产配套产品，金额达 80 亿元。昆山、吴江及郊区开始形成配套区、配套镇。通过配套协作，既促进了外资企业主体产品本地化，又促进了内资企业整体素质的提高。通过与外资企业产品配套协作，一批国有、集体企业和乡镇企业开始把自己的产品间接推向国际市场。

二

苏州市自 1988 年实施以"大进大出"为目标的沿海地区经济发展战略以来，已走过 12 个年头。这个阶段是苏州外向型经济发展最快的阶段。外向带动，给苏州经济带来明显的变化：

1. 经济实力大增

1999 年，全市国内生产总值由 1987 年的 127 亿元增至 1358.4 亿元，增长 9.7 倍。其中，外贸出口占全市 GDP 的比重由 20.5% 提升至 42%。财政收入从 1994 年以来，连续六年有较大幅度增长，1999 年实现财政收入 109.38 亿元，其中涉外税收（增值税、消费税）合计 35.38 亿元，占 32.3%（张家港市财政收入中，涉外税收比重分别达到 55.9% 和 70%）。全市开业投产的外商投资企业大都进入产出的"链式发展期"。近几年，利用外资占全社会固定资产投资的比重已接近 50%，表明苏州经济已初步融入国际经济大循环，世界经济形势的变化正在对苏州产生越来越大的影响。

2. 经济结构逐步提升

苏州在经济总量逐年迅速增长的同时，经济结构特别是产业结构得到优化提升，以内外贸易、交通运输、服务贸易等为主的第三产业，从 1994 年起连续六年高于国内生产总值的增长，一、二、三次产业的比例已由 1987 年的 19.0 ：60.7 ：20.3 调整为 1999 年的 6.6 ：56.1 ：37.3。第二产业中的以传统的轻纺工业为主的格局在逐步改变，用高新技术改造并提高传统产业已取得明显效果。随着经济结构、产品结构的变化，苏州出口产品也出现系列化、大宗化、高技术化的趋势，出口商品中机电产品值已超过一半。高科技产业化开始形成，目前已有美国超微半导体，日本的日立、富士胶卷，荷兰的飞利浦等 15 家知名跨国公司把研发机构移到苏州，对于苏州不断跟踪国际先进技术，进一步提高消化、吸收、创新能力，实现产业升级发挥了重要作用。到 1999 年底，苏州共有省认定的高新技术企业 288 家（其中苏州园区、新区共146家，占一半），占全省的29.9％；高新技术产品1300多个。1999年，苏州市高新技术产品产值450亿元，占工业总产值的23％，与1998年相比，产值增长30％，占工业总产值的比重提高了4.8个百分点；高新技术产品出口额25亿美元，比1998年增长近50％；在全国15个高新产品重点出口城市中位列第五位，占全国高新技术产品出口总额的4％。其中，作为中心城市的苏州市区的工业系统自90年代初以来，通过招商引资，狠抓新兴、名牌、扶优三大工程，已建立起机电一体化、电子信息、新型家电、生物医药、精细化工、新材料六大新型支柱产业，占市区乡以上工业经济总量的比重已从1995年的29％上升到1999年的51％。在市区外贸出口商品构成中，这六大支柱产业1999年提供的出口额占全市自营出口总额的比重达53％，改变80年代传统纺织、轻工产品占外贸出口总值80％的局面。

3. 生产力布局不断优化

外向带动优化了苏州市生产力布局，全市按照"四沿"（沿路、沿江、沿沪、沿湖）的开发思路，发挥地理、区位、自然资源和人才资源优势，因地制宜，扬长避短，重组生产力布局：沿交通大轴线（国道、铁路、沪宁高速公路），重点建设高新技术产业带；沿长江岸线，加快张家港、常熟港、太仓港三港港区建设，重点发展钢铁、石化、电力等基础工业及仓储、保税产业带；沿与上海毗邻的周边地区，重点发展出口加工产业带；沿太湖、淀山湖，则利用丰富的自然和人文景观，重点建设风景旅游带，发展旅游业。苏州市区通过开发建设苏州工业园区和苏州高新技术产业开发区，已形成"东园西区、古城居中、一体两翼、辐射周边"的经济发展格局。六县（市）通过兴办经济开发区、保税区、旅游度假区、港口开发区、农业开发区等不同类型、不同功能、各具特色的国家级或省级开发区和一大批乡镇工业小区、民营经济区，使一个由中心城市、中小城市和近100多个卫星城镇组成的生产力布局更趋合理。

4. 农村小城镇建设得到有力推动

实施沿海地区经济发展战略后，苏州的乡镇企业依托农村集镇开始大力发展外向型经济，有效地提高了乡镇工业的组织程度、技术构成和总体规模效益。到 1994 年，苏州全市外贸收购总值的 70%、兴办外商投资企业的 60%、创办海外企业的 50%，由乡镇提供或实现。发展外向型经济，给全市 168 个乡镇带来了新的发展机遇，农村集镇开始向基础设施完善、农副工商运五业并举的新型城镇过渡。继 80 年代中期苏州农村出现一批工业型的小城镇后，90 年代后期又涌现出了一批以外向协作配套和兴办旅游业、房地产业为特色的小城镇。1999 年，全市 50% 的建制镇被评为江苏省社会主义新型小城镇，对拉动区域经济发展和实现农村基本现代化，发挥了越来越大的作用。

5. 经济国际化进程逐步加快

苏州由于按照国际惯例不断完善投资硬、软环境，外向型经济发展的形式、规模和层次都有了新的突破。海关、商检、港监、法律、会计、咨询、外运等执法机构和中介服务机构，服务、管理方式逐步与国际接轨。特别是苏州工业园区在开发建设过程中，除了集中力量抓好首期 8 平方公里的基础设施建设和招商引资外，还按照新加坡政府提供的经济和公共管理软件，结合苏州本地实际，进行开发利用，成功地推行"小政府，大服务"的管理与服务模式；苏州国家高新技术产业开发区学习国外发展高新技术的做法，1994 年在区内成立"苏州高新技术创业服务中心"，1998 年又与教育部、科技部、江苏省人事厅、江苏省科委联合组建"中国苏州留学人员创业园"，通过提供具有国际水平的孵化服务，配备必要的共享设施，创造一个局部优化、适合技术创新的环境和条件，以加速科技成果商品化、产业化、国际化，使区内的中小科技企业能够依托国际资源，获得迅速发展。大规模的开发建设和利用外资，使苏州成为外商投资的热土，推动了苏州经济国际化的进程。

<h1 style="text-align:center">三</h1>

二十年来，苏州对外经济从平缓发展到实现跨越式发展，主要得益于党的对外开放政策；得益于邓小平同志创立的建设有中国特色社会主义理论；得益于苏州市广大干部群众在省、市（地）委、政府（行署）直接领导下形成的共识和合力。改革开放的实践使全市人民深切地体会到：坚持党的基本路线是事业胜利前进的最可靠的保证；坚持"发展是硬道理"，是排除各种干扰，克服一切困难，不断取得新进展的根本大计；坚持对外开放，大力实施沿海地区经济发展战略，推进经济由内向型向外向型转化，是苏州不断增强综合经济实力，逐步迈向基本现代化的必由之路。

1. 解放思想，是实施对外开放方针的先导

思想解放和观念更新是苏州实施对外开放，不断推进经济特别是外向型经济发展的重要条件。从 20 世纪 80 年代起，苏州市各级干部经历了一个从不认识到有所认识、从不自觉到比较自觉的过程。初期，不少干部包括一些领导干部受计划经济体制和传统观念的束缚，对对外开放心存疑虑。苏州市（地）委、市政府（行署）及时组织干部群众认真学习党中央关于确立实事求是的思想路线和扩大对外开放的指示精神，充分认识对外开放的必要性和重要性。早在 1979 年 11 月，邓小平同志在接见外宾谈话时指出："社会主义也可以搞市场经济"，"实现四个现代化必须有一个正确的开放的对外政策"；1980 年 2 月，在党的十一届五中全会上，邓小平同志指出："我们党在现阶段的政治路线，概括地说，就是一心一意地搞四个现代化，这件事一定要扭住不放，一天也不能耽误"；之后，他又多次指出："三十几年的经验教训告诉我们，关起门来搞建设是不行的，发展不起来"，"在坚持自力更生的基础上，还需要对外开放，吸引外国的资金和技术，帮助我们发展"。邓小平同志的一次次重要指示开启了苏州市各级干部和广大群众解放思想的大门。通过学习，广大干部群众认识到：苏州现有的经济基础并不雄厚，经

济结构处于低度化状态，尤其是面广量大的乡镇企业，规模、技术、管理水平都较低，经济发展要赶上世界先进水平，必须在充分发挥自身优势的同时，借助外力，积极引进国外资金、技术和先进管理经验，才能缩短与国际先进水平的差距，进而赶上世界先进水平。思想的解放，大大提高了广大干部群众推进对外开放的勇气。外向型经济的发展，把苏州的广大干部和企业家一下子推到国际市场上去摔打，眼界开阔了，见识增长了，观念也发生了急剧的变化，开放意识、竞争意识、敢为人先的意识以及超前意识，造就了一大批市场经济的弄潮儿，使苏州的外向型经济一直保持持续、快速、健康发展。

2. 抓住机遇，是取得对外开放新突破的关键

改革开放以来，党中央、国务院在每一时期都提出了新的政策和举措，为各地发展提供了机遇。实践证明，机遇并不是都能轻易抓住的，关键在于要善于学习，解放思想，这样才能及时捕捉机遇，而不会坐失良机。二十多年来，苏州先后抓住四次大的发展机遇，以改革为动力，有力地推动了经济特别是外向型经济隔几年上一个台阶：第一次发展机遇在20世纪80年代初，随着农村推行联产承包经营责任制，大量劳动力从土地上转移出来，苏州率先发展以市场为导向、以加工工业为主的乡镇工业，到80年代中期，苏州乡镇工业产值已占到全市农村工农业总产值的80%左右，在苏州的对外经济中，所占份额越来越大，到80年代后期，已占到"半壁江山"，实现了苏州第一次经济发展战略的调整和转换。第二次发展机遇在80年代中期，其特点是以城市改革和开发开放沿海地区为契机，通过强化内外经济之间的优势互补，以多出口、多创汇为突破口；之后又抓住外贸"切块承包"机遇，背水一战，使苏州外向型经济迅速跃上了新台阶。第三次发展机遇在90年代初，中央宣布开发开放上海浦东，苏州抓住这一机遇，充分发挥毗邻上海、靠近浦东、劳动力成本相对较低、空间余地相对较大的优势，抓住浦东重点发展金融、贸易、高新技术产业等大项目的机会，打好"时间差"，实行利用外资"大、中、小"项目并举，劳动密集型与技术密集型并举，一、

二、三次产业并举的策略，推动了外向型经济的迅猛发展。第四次发展机遇在 90 年代后期，1997 年下半年，东南亚地区爆发的金融危机逐渐波及国内，苏州自营出口、直接利用外资受到很大影响。在此情况下，苏州市委、市政府冷静分析形势，根据党的十五大提出的"公有制实现形式可以而且应当多样化，非公有制经济是我国社会主义市场经济的重要组成部分，允许和鼓励资本、技术等生产要素参与收益分配"的要求，集中力量抓好所有制结构的调整，坚持技术创新与招商引资相结合，通过培育市场、加快开发区建设、加强投资软环境建设，使民营经济和以跨国公司为重点的外资经济在苏州各地抢滩落户，不仅把亚洲金融危机对苏州经济的负面影响降到最低程度，还促进了苏州外向型经济从量态扩张转向质态提高。在抓机遇上，苏州市广大干部和群众总结出这样三点，即：要有时代的紧迫感，抓住机遇；要有历史的责任感，珍惜机遇；要有科学的态度，用好机遇。

3. 改善投资环境，是提高对外开放水平的重要条件

随着对外开放的日益扩大以及地区间利用外资竞争的激烈，苏州市委、市政府越来越认识到加快基础设施建设、努力改善服务水平、不断优化投资环境的重要性和迫切性，全市先后投资数百亿元发展港口、交通、通信、供电、供水设施和环境保护建设。新建和扩建包括沪宁高速公路苏州段在内的高等级公路 816 公里；通信设施在全省率先实现交换程控化和传输光缆数字化，全市电话交换机总容量超过 200 万门，城乡电话普及率达到平均每百人31 部；供电、供水、供气、污水处理、绿化等公用设施状况大为改观。与1978 年相比，1999 年全社会用电量、市区供水能力分别增长 7.8 倍和 7.4 倍。在全国重点城市环境综合整治定量考核中，苏州市已连续六年进入前十名，两度获得全国城市环境综合整治"最佳城市"称号。从 20 世纪 90 年代初起，苏州市还加强了城乡环境建设，坚持不懈地开展创建文明城市活动，苏州市区和张家港市、常熟市、太仓市、昆山市、吴江市、吴县市先后被评为"江苏省文明城市"，占江苏全省获奖城市总数的 38%；苏州市区和张家港市、

昆山市还荣获"全国创建文明城市工作先进城市"的称号。市、县（市）还建造了一批外商公寓，兴办了国际学校，加强了医疗设施建设，基本满足了外籍人员居住、医疗、子女入学的需要。苏州是闻名中外的旅游城市，随着对外开放的扩大，境外游客不断增多，苏州市委、市政府把发展旅游业摆到重要位置，加快旅游设施和旅游景点的建设，现在全市拥有星级宾馆34家，二十年来累计接待境外游客438.8万人次，实现旅游外汇收入5.38亿美元。

为了创造良好的投资软环境，苏州市委、市政府十分强调转变机关职能，改进机关作风，简化办事程序，提高办事效率，确立"亲商意识"。外商来苏投资，市、县（市）两级实行"一站式"和"一条龙"服务，各个县（市）还专门成立为外商代办各项手续的中介服务机构。此外，苏州市还加快了各项涉外法规的制定，苏州市人大常委会于1994年7月、1995年8月、1996年4月，先后通过《苏州国家高新技术产业开发区条例》、《苏州市外商投资企业管理条例》、《苏州经济开发区管理条例》，坚持依法办事，加强执法监督，规范各项行政管理行为，为外商投资企业提供了必要的法制环境。

4. 外向带动，是经济发展再上新台阶的重要战略

在对外开放的过程中，苏州市不仅扩大了产品出口，引进了大量的资金、先进技术和管理经验，更重要的是通过发展外向型经济，带动了整个经济的发展，而经济整体实力和水平的提高，反过来促进了对外开放。邓小平同志指出："社会主义要赢得与资本主义相比较的优势，就必须大胆吸收和借鉴人类社会创造的一切文明成果，吸收和借鉴当今世界各国包括资本主义发达国家的一切反映现代化生产规律的先进经营方式、管理方式。"遵照这一指示，苏州市委、市政府根据苏州开放度比较高、外商投资企业比较多的实际，高度重视"外向带动"，认真做好吸收、借鉴工作：一是根据外贸渠道反映的国际市场变化情况，推进产品结构调整。二是借鉴外资企业的管理办法，推进国有、集体企业经营机制和管理体制的转变。现在全市近一半的工业企业在与外商合资合作后，拥有了直接面向国内国际两个市场组织生产经营的

条件，生产按市场需求组织，经营活动按市场经济规则进行，大大提高了企业的管理水平和运行效率，企业开始成为适应市场的法人主体和竞争实体。三是努力做到引进先进设备、技术与借鉴先进管理经验相结合。苏州工业园区是中国政府和新加坡政府合作开发的重点项目，1994 年开工建设以来，不但开发建设取得令人瞩目的成绩，而且在借鉴新加坡经验方面也取得重大成果。工业园区管委会共派出 39 批 566 人次赴新加坡培训，结合我国国情，借鉴新加坡经济发展和公共管理方面的经验，编制了近 40 项新的管理办法和实施细则，其中一半以上已获得批准实施。

在 20 世纪即将结束、新世纪即将到来之际，苏州市委、市政府已经着手制定新一轮经济发展和社会进步的规划。按照党的十五大提出的要求，将进一步抓住机遇，开拓进取，以更加积极的姿态走向世界，完善全方位、多层次、宽领域的对外开放格局，不断提高外向型经济水平，推进经济国际化进程，以促进经济结构优化和经济素质提高，加快苏州现代化建设步伐。

表二：1985—1999 年苏州对外经济实绩表（一）

年份	自营进出口			对外承包工程及劳务合作		涉外旅游经济	
	总额（万美元）	进口	出口	合同额（万美元）	实际营业额（万美元）	接待境外旅游人数（万人）	旅游外汇收入（万美元）
1985	—	—	—	—	—	18.24	856
1986	305	—	305	—	—	19.22	724
1987	900	—	900	—	—	22.65	1093
1988	4739	908	3831	—	239	29.87	1260
1989	8391	1695	6696	—	334	18.08	750
1990	18816	3292	14114	2249	1100	27.84	1581
1991	38002	7002	31000	1643	1661	26.32	2101
1992	117704	22000	95704	3079	3398	35.08	2698
1993	195860	117783	84007	5202	4461	35.56	3742
1994	281844	139865	141979	9053	6005	29.02	5533
1995	459220	225732	233488	12109	8498	33.72	7236
1996	688155	338457	349698	8346	8093	40.02	9186
1997	863611	398934	464677	10025	9269	41.58	10504
1998	964922	444187	520735	9559	10233	44.02	12939
1999	1255482	562706	692776	10733	11271	60.69	17300

表三：1985—1999 年苏州对外经济（利用外资）实绩表（二）

年份	新签协议		协议（合同）		实际利用	
	合同数（个）	外商直接投资	外资金额（万美元）	外商直接投资	外资金额（万美元）	外商直接投资
1985	98	8	10800	4743	1070	233
1986	32	2	3035	513	1409	413
1987	65	15	3719	1136	5826	1335
1988	131	97	8223	6461	6918	4005
1989	175	128	9488	4893	6758	3557
1990	164	130	14361	11000	6954	3371
1991	442	412	39104	34526	11862	7902
1992	3069	2893	476095	426418	85973	83587
1993	2655	2532	509644	481264	150899	150874
1994	1270	1249	463143	452938	219086	217661
1995	905	898	565119	564020	237779	232747
1996	747	746	459904	459813	230467	225685
1997	648	648	441203	441203	249531	244723
1998	520	518	431694	408694	307180	284180
1999	571	568	356819	353754	285626	285626

表四：1999 年苏州市区和六县（市）对外经济发展综合情况表

类别	外贸			外资		外经	
	进出口贸易总额（万美元）	进口	出口	三资企业协议合同外资（万美元）	三资企业实际到账外资（万美元）	新签合同额（万美元）	完成营业额（万美元）
合计	1255482	562706	692776	353754	285626	10733	11271
市区 含新区、园区	544787	267393	277393	133137	129562	3813	3932
新区	288392	141850	146542	44902	22178	—	—
工业园区	163651	100122	63529	78895	80008	—	—
常熟市	111181	37318	73863	18869	25812	1741	1912
张家港市	132421	66356	66065	30748	30022	2282	2222
昆山市	274718	120254	154465	100373	53064	818	954
太仓市	78729	31412	47317	19507	20838	340	296
吴县市	69960	23975	45985	26566	19248	1410	1668
吴江市	43686	15998	27688	24554	7080	329	287

表二至表四资料来源:《苏州统计年鉴》,苏州市统计局编,中国统计出版社出版。

注:

(1)1993年以来,自营进出口额为海关口径;

(2)1985年以前统计数字,来源于苏州市对外经济贸易委员会年度总结。

(本文收入《苏州对外经济五十年(1949—1999)》,列入《苏南发展研究丛书》,人民出版社,2001年10月版。)

苏州对外加工贸易发展状况和趋势分析

对外加工贸易是我国目前处于主导地位的一种国际贸易方式，作为推动我国对外贸易和拉动国民经济持续、快速增长重要动力的加工贸易已越来越受到国内外人士的关注。本文就苏州对外加工贸易发展状况和趋势作一介绍，谈点粗浅看法。

一、发展状况

早在20世纪70年代末，受珠江三角洲地区开展境外来料加工的启示和影响，苏州市属3家企业于1978年11月与港商正式签订第一份来料加工合同。然而由于多种原因，此项业务发展缓慢，到1985年底，全市承接境外来料加工仅30余项。合同金额3252万美元。90年代中期开始，随着直接利用外资规模的不断扩大，对外加工贸易在苏州得到长足发展，出现了五大变化：

1. 加工贸易特征的变化

20世纪90年代前，苏州对外加工贸易仅是以收取工缴费为特征的加工装配，由国有或集体性质的生产企业按合同要求进行加工装配；而今，苏州对外加工贸易主要由外商尤其是国际跨国公司来苏州投资办厂，建立生产加工基地，然后将加工产品直接销往国际市场，明显具有"前店后坊"和"供、产、销一体"的特征。

2. 加工贸易比重的变化

长期以来，发展一般贸易是苏州寻求扩大对外贸易的主攻方向，通过鼓励出口，实现创汇目标。但随着全球经济一体化进程的加快、发达国家产业转移以及苏州自身对发展地方经济内在需求的迫切，从20世纪90年代初起，苏州不断加大招商引资力度，掀起一轮又一轮鼓励外商直接投资，来苏兴办合资、合作、独资企业的热潮，推动了加工贸易的快速发展，使加工贸易在全市进出口贸易中所占比重逐年攀升。据苏州海关提供的数据，1993年苏州加工贸易进出口完成8.46亿美元，占全市进出口贸易总额的43.2%；1995年，比重首次超过50%。之后，加工贸易一直保持快速增长态势。1995—2002年，其发展轨迹详见表式：

年份	全市外贸出口总额（亿美元）	其中加工贸易进出口额	比重	全市外贸出口总额（亿美元）	其中加工贸易出口额	比重
1995	45.92	26.66	58.06%	23.35	13.78	59.01%
1996	68.82	43.02	62.51%	34.97	24.30	69.49%
1997	86.36	58.05	67.22%	46.27	34.30	73.81%
1998	96.49	62.50	64.77%	52.07	38.78	74.48%
1999	125.55	85.37	68.00%	69.28	52.73	76.11%
2000	200.70	137.38	68.45%	104.81	78.62	75.01%
2001	236.61	155.81	65.85%	123.07	90.81	73.90%
2002	363.90	255.09	70.10%	185.25	140.36	75.78%

今年以来，苏州外贸进出口贸易增量大大超出人们的预料。1—10月，全市进出口贸易总额完成507.99亿美元，同比增长78.4%。其中，进口260.92亿美元，同比增长87.3%；出口247.07亿美元，同比增长70%。苏

州进出口贸易在已处于高位的情况下尚能取得大幅度增长，从贸易角度分析，主要得益于加工贸易的快速发展。今年1—10月，全市加工贸易进出口额完成363.82亿美元，占外贸进出口贸易总额的比重攀升至71.62%，其中加工贸易出口195.1亿美元，占全市外贸出口总额的比重跃升至78.96%。

3. 加工贸易经营主体的变化

随着加工贸易的快速发展，其经营主体的变化尤为明显。尽管苏州有一部分内资企业也在从事加工贸易，但所占比重极低，按全市加工贸易出口额计算，大致只占3%左右；而大量从事加工贸易的企业是外商投资企业，目前其加工贸易出口额大致占全市加工贸易出口总额的97%。

4. 加工贸易出口产品结构的变化

与十年前相比，苏州加工贸易出口产品结构有了更为明显的变化。早期的加工贸易产品以传统的轻纺、五金类制品为主，如今已形成以机电类产品为主的格局。今年1—10月，按苏州海关统计，苏州加工贸易出口额中，机电类产品出口额186.1亿美元，占全市出口总额的比重为75.32%。其中，列为高新技术产品的出口额130.27亿美元，分别占机电类产品出口的70%和全市出口总额的52.73%。主要出口产品为计算机与通信技术产品，如手提电脑、台式电脑、键盘、鼠标器、光盘驱动器、液晶显示器、自动数据处理设备零件等。

5. 加工贸易企业集聚的变化

十多年前，苏州从事对外加工贸易的生产企业零星、分散，如今大批此类企业已集聚在3个国家经济技术开发区、1个保税区、10个省级经济开发区、3个出口加工区内。上述四类区域，由于投资环境明显优于其他区域，便于服务和管理，因而成为发展加工贸易最具活力的地方。下面几组数字很能说明问题：（1）去年，上述区域共实现进出口总额289.35亿美元，占全市外贸进出口总额的比重达到79.5%。（2）在国家级开发区（含张家港保税区）和省级开发区中，苏州工业园区、苏州高新技术开发区、昆山经济技术开发区这 3 家去年实现进出口额 207 亿美元，占整个国家级和省级开发区进出口总额的 71.5%。（3）昆山出口加工区是经国务院批准的全国首批 15 个出口加工区之一，自 2000 年 9 月 6 日经验收合格、封关运作以来，已有 57 家企业入区。去年，昆山出口加工区进出口额 21 亿美元；今年 1—10 月，进出口额达到 40.32 亿美元，同比增长 1.6 倍，预计全年昆山出口加工区进出口额将突破 55 亿美元。仅仅两年时间，该区已成为苏州市招商引资、发展加工贸易的一大亮点。（4）加工贸易企业不断壮大，部分加工贸易正在形成研发设计—制造—测试封装—系统厂商—销售一条龙的完整产业链。（5）大户企业不断增多，全市从事加工贸易的大户企业已达 183 家，今年 1—9 月，这些大户企业的加工贸易出口额达 145.79 亿美元，占全市加工贸易出口总额的 86.2%。（6）全球 500 强国际知名企业中，目前已有 91 家在苏州落户，这些大企业几乎全部集中在苏州几个国家级经济开发区内。随着业务量的扩大，一批知名企业把研发中心转移到苏州，目前在苏州开设的研发机构（中心）已达 15 个。

上述变化标明，苏州在实施"外向带动战略"的过程中，在注重发展一般贸易和不断提高一般贸易出口水平的同时，更加关注于利用国际资本、技术、资源，大力扩大加工贸易，使苏州的对外贸易十多年来一直保持持续、快速的发展。

苏州大力扩大加工贸易，给地区经济和社会发展无疑带来了积极的影响和作用。

第一，加快了产业升级和技术进步的步伐。

改革开放前，苏州经济基本上处于半封闭的自然经济状态，无论是农业还是城市工业，主要依靠自身的资金积累，缓慢地扩大生产规模。其中，传统的轻纺工业一直是苏州市区以及乡镇工业的主体，设备陈旧，技术改造资金匮乏，制约了工业的发展。1978 年后，苏州市、县开始把发展对外经济列为重点，从抓发展一般贸易、争创外汇入手，不断提高外贸出口水平。在此基础上，抓住全球产业结构调整、转移和国家实施扩大对外开放决策的机遇，充分发挥本地优势，通过不断改善和优化投资环境、加大对外招商引资力度，吸引了一大批外商（其中包括国际知名集团）前来苏州投资兴办外商投资企业，从而推动并加快了苏州经济结构、产业结构、产品结构的调整和升级的步伐。在保持传统产业的同时，经过十多年的努力，苏州已建立起机电一体化、电子信息、新型家电、生物医药、精细化工、新材料等六大类新兴支柱产业。与此同时，苏州借助国家、省投资和外商投资，利用长达139.9 公里的长江岸线资源，加快张家港、常熟港、太仓港三港（现已整合为"苏州港"）港口和港区建设，建立起钢铁、石化、电力、仓储、加工等基础工业，使生产力布局不断优化。

第二，推动了服务贸易的发展，加快了城市化进程。

服务贸易对苏州经济持续发展和城市化进程具有极其重要的意义和作用。据有关部门调查，1980 年苏州服务贸易的产值仅占当年 GDP 总值的16.7%。经过15 年的低谷徘徊，在苏州经济初步实现大跨越的1995 年，服务贸易占当年 GDP 总值的比重攀升至30.9%，以后连续六年攀升，2001 年比重达到38%，2002 年稍有回落，降至37.4%。根据 WTO《服务贸易总协定》）规定的范围，服务贸易分为商业性服务（包括专业性服务、计算机及相关服务、研究与开发服务、不动产服务、设备租赁服务，其他服务）、通信服务、建筑服务、销售服务、教育服务、环境服务、金融服务、健康及社会服务、旅游及相关服务、文化娱乐及体育服务、交通运输服务和其他服务等十二大类。尽管苏州的服务贸易占 GDP 总值的比重还不高，不仅低于南京47%的水平，更是与中国香港、新加坡的80%不可比拟，但近十年来苏州服务贸易比重的不断攀升，与苏州经济结构的调整有关，而经济结构的调整与苏州大力招商引资（民资、尤其是外资）有很大的互动关系。由于服务贸易的发展，苏州城镇化水平已由1998 年的33.5%提高到2002 年的46.9%。

第三，带动了配套企业的发展。

　　随着从事加工贸易的外商投资企业数量的增加，苏州全市为之配套的生产企业也骤增。为之配套的半制成品主要有三大类：电子元器件（约占30%）；机械设备零部件（如轴承、链条、冲压件、铸塑件）；原辅材料（如印刷线路板、黏结剂、料、包装等）。目前，苏州配套企业已超过3000家，去年全年销售额210亿元。从1997年算起，销售额年均以20%的速度递增。这类配套企业大都分布在乡镇，与当地或附近的外商投资企业保持着极为密切的关系，对推动乡镇经济的发展、提高城镇化水平具有不可轻视的作用。

　　第四，增加了劳动力就业机会和财税收入。

　　就劳动力就业机会而言，目前在外商投资企业中就业的人数，据粗略统计，已超过60万（主要集中在加工贸易企业），约占苏州城镇就业人数的40%。加工贸易的发展，无疑为减轻就业压力、保持社会安定、促进地方经济发展起着很大的作用。

　　这些年来，苏州地方财税收入和关税收入均有较大幅度的增长。近五年的数据如表：

年份	①财政收入（亿元）			②关税收入（亿元）		
	全市	其中：外税	比重	苏州海关	其中：加工贸易核销补税	比重
1999	109.38	35.6	32.6%	11.77	2.54	21.56%
2000	158.27	62.2	39.3%	20.89	2.96	14.19%
2001	208.95	80.6	38.6%	29.99	3.07	10.24%
2002	290.82	104.4	38.5%	38.90	3.59	9.23%
2003（1—10）	327.86	112.2	41.9%	68.40	4.78	7.0%

　　注：上述关税收入和加工贸易核销补税额，不含张家港海关和苏州工业园区海关2002年和2003年1—10月统计数。

二、趋势分析

苏州对外加工贸易未来发展趋势如何？ 这是各级领导和有关部门十分关注的一个问题。初步分析，预计在未来的五至七年里，苏州的对外加工贸易在现有的基础上还将保持较快的增长态势。主要理由有二：

第一，全球经济一体化进程不可逆转，一些国家尤其是发达国家和地区出于产业升级和国际分工的需要，将继续实施部分产业向欠发达国家和地区大转移的战略。

当今世界经济的基本特征是，在贸易、生产、金融三大领域国际化的基础上，形成了经济全球化的发展大趋势。这种趋势，不仅要求世界各国尤其是欠发达国家和地区置身于经济国际化的进程之中，而且也成为各国从不断扩大的国际经济联系和调整本国经济结构中受益。而推动全球经济国际化进程的动力则是由于新的科技革命的兴起。起始于 20 世纪 50 年代的以电子计算机为核心的电子技术、以激光和光纤维为主导的通信技术以及生物工程、宇航工程、海洋工程、各种新材料、新能源等一系列新兴科学技术不断问世，极大地提高了许多国家经济的发展速度，迅速改变着世界经济的整体面貌，也深刻地影响到国际经济关系的内容和形式。及至 90 年代，随着电子信息技术和产业的崛起，知识经济开始成为经济国际化的新动力，国际间的经济合作与竞争由此进一步向更深层次和更广层面推进。这是一股无法阻挡的潮流。近 25 年来，我国经济取得令世人瞩目的成就，应该说是从原来自我封闭、孤立的状态中走出来，实行对外开放、逐步融入世界经济发展潮流的结果。如今国际产业大转移的趋势依然存在，我国正面临着由国际产业大转移所带来的机遇，通过进一步开放市场，扩大对外贸易尤其是加工贸易，必将会使我国进一步从中受益。

第二，对外加工贸易在我国经济中的地位举足轻重，加快加工贸易发展步伐，无论是对国家、对省乃至对市、县经济的发展都是至关重要的。

实践证明，在现阶段发展"两头在外"的加工贸易，不但可以扩大出口，增强产品在国际市场的竞争力，而且更重要的是，通过加工贸易，可以进一步加快全国、全省以及市、县产业升级和技术进步的进程，实现工业化和基本现代化的时间将会大大缩短。近十多年来，苏州经济和社会发生如此大的变化，从一个资金匮乏、技术落后，依靠轻纺、农副产品等传统产业维系生存的地区，一跃成为充满经济活力，受到世界政界、经济界人士尤其是国际众多财团、跨国公司青睐的地区。从"小苏州"变为"大苏州"，应该说主要是得益于国家实行对内改革、对外开放的政策；得益于苏州各级领导以及全市人民统一认识，抓住机遇，实施"外向带动战略"的结果。尤其是通过吸引外商直接投资，创办加工生产企业，极大地推动了加工贸易大幅度地增长。预计今年全年苏州进出口贸易总额将达到 620 亿美元左右，比上年将净增 220 亿美元，增幅将达到 70％左右。一年的净增额中，95％来源于加工贸易。据有关部门统计，2002 年加工贸易进出口额占对外贸易进出口总额的比重，全国为 48.7％，苏州的比重为 70.1％。再以加工贸易出口而言，2002 年占外贸出口总额的比重，全国为 55.3％，苏州的比重为 75.78％。预计今年苏州加工贸易出口的比重将再提高 3 个百分点。

加工贸易的发展，已引起党中央、国务院高度重视。在近期作出的《中共中央关于完善社会主义市场经济体制若干问题的决定》中，明确提出："继续发展加工贸易，着力吸引跨国公司，把更高技术水平、更大增值含量的加工制造环节和研发机构转移到我国，引导加工贸易转型升级。"说明中央对加工贸易给予了前所未有的关注，对我国今后对外加工贸易的发展无疑将起到巨大的促进作用。从某种意义上可以说，这是对早在 25 年前党中央提出的"在社会主义现代化建设中，一定要充分利用国内和国外两种资源，打开国内和国际两个市场，学会组织国内建设和发展对外经济关系两套本领"的诠释。发展对外加工贸易，无疑是实现"两个利用"、"两个打开"、"两个学会"的最好的一把"金钥匙"。对国家来说，我国走新型工业化道路的实现也将因加工贸易的大发展而大大提前。对苏州来说，"两个率先"（率先全面建成高水平小康社会，率先基本实现现代化）目标的实现，也将因推进经济国际化战略、科技兴市战略、城市化战略、可持续发展战略四大战略，而使苏州成为全省乃至全国实现"两个率先"的先行军和排头兵之一。

当然，要使对外加工贸易在苏州继续保持持续、健康、快速发展，必须正视和不断解决当前在发展加工贸易中出现的各种问题。

1. 土地资源的开发和利用问题

苏州是一个地少人多的地区，近20年来，由于各项建设事业尤其是城市化进程的加快，可耕地面积锐减。目前，苏州人均耕地面积只有 0.74 亩，已处于联合国粮农组织确定的人均耕地面积的警戒线以下。江苏省国土资源局核准 1998—2010 年苏州土地开发面积（含追加面积）为 65.21 万亩。到去年年底，五年中已开发利用 26.58 万亩，占核准面积的 40.8%。到 2010 年，还剩 38.63 万亩，平均每年可用面积仅 4.83 万亩。实际上，近两三年来，苏州每年用地面积达 7 万亩。2002 年一年用地高达 11.61 万亩，用地已处于紧张状态。吸引外商直接投资、兴办外商投资企业需要大量用地，尤其是跨国投资公司来苏州投资办厂，考虑到绿化、环保，办成一个厂少则占地数亩，多则占地数十亩，甚至上百亩。苏州耕地锐减，可用地不足，已成为扩大外商投资的制约因素。据常熟市有关部门反映，今年以来，有 54 个外资项目（注册资金 2.3 亿美元），虽已获批准并办理了工商登记，但由于没有用地指标而搁浅。

2. 技工人才缺口增大问题

近十年来，苏州教育事业发展迅猛，各类学校包括中外合作、联办、民办学校可谓是"雨后春笋"。各级政府对教育的重视前所未有，这是一个好现象。但从教育结构上看，专业技术学校偏少，技工尤其是高级技工人员大量缺乏。吸引外商投资，兴办从事加工贸易的外商投资企业，最缺的人才并非是大学本科及本科以上（如硕士生、研究生、博士）的人才，最缺的是技术工人以及技术工人中的高级人才。据市有关部门调查,苏州每年从技校毕业的各类学生约 1 万人,而实际每年需求量为 3 万人。因国际产业大转移而前来苏州投资落户、从事加工贸易生产的大批外商投资企业,目前和今后一段时间内,最需要的人才是技术工人,而本地最缺少的人才也是技术工人,这也将成为今后制约苏州对外加工贸易发展的一个瓶颈。

3. 培育具有自主知识产权产业的问题

加工贸易的快速发展,对苏州经济和社会的贡献日益增大。到目前为止,苏州已初步建成了电子信息产业群体,成为电子信息产品加工制造基地之一。然而,这一电子信息群体的主体是外商投资企业,尤其是外商独资企业。从原材料国际采购到向国际市场销售,全部是"两头在外"。开展加工贸易的外资企业主要是利用投资所在地廉价的劳动力和良好的投资环境,为其产品进行加工制造,涉及知识产权的关键技术和核心技术都掌握在投资方手里。尤其是电子信息类产品,技术含量高,产品附加值大,生产周期时间短,更新换代快,加上国内一般性生产企业很难为之配套,自主研发又缺少资金和人才。因此,加工贸易发展较快的苏州,名义上是"世界工厂",而实际上只能算是世界电子信息产业的一个"生产车间",扮演着一个非技术和非创新类组装工业的角色。而且,这类产品的加工生产具有极大的流动性和不稳定性,某种产业的转移会随着生产要素的变化而变化。劳动力成本的高低,无疑是促成这种变化的重要因素。目前,尽管苏州乃至全国劳动力成本只及经济发达国家劳动力成本的几分之一或十几分之一,但随着经济和社会事业的发展,包括苏州在内的沿海地区的劳动力成本将会抬升,加上土地资源价格的上升、商务成本的不断提高,某些国际产业的转移不可能一直看好一个国家、一个地方。近两年来部分国际资本和产业转移开始转向东南亚国家就是一个明证。有鉴于此,如何在大力发展加工贸易的过程中,通过借鉴和转型升级,培育起真正具有本地自主知识产权和加工能力的产品,应该进一步达成共识。

4. 对加工贸易管理的问题

为了有效地推进我国的对外加工贸易，国家出台了不少管理措施。实践证明，许多措施是有效的。然而，随着加工贸易量的增大和加工贸易产品的升级换代，加工贸易管理的方式也遇到了新的问题。按照国务院的规定，涉及加工贸易的管理部门有外经贸、工商、税务、银行、海关等8个部门，分工明确，各司其职。其中，外经贸负责审批、年检，银行（仅限中国银行）负责保证金台账，海关负责货物进出口监管和征收关税。

银行方面自1997年按照国务院决定对加工贸易实行"保证金台账制度"以来，总体执行情况良好。但在具体操作上，又有"实转"、"空转"之别，对采用"实转"的加工贸易企业来说，承接每一份业务合同，都必须到指定的银行分支机构缴纳一笔保证金和手续费，劳时费力，加工贸易企业对此有反映。

海关方面，由于加工贸易量的增大，面对遍地开花且日益增长的加工贸易业务，特别是深加工结转业务的增多，监管的难度大大增加，造成对加工贸易的监管处于粗放、低效、高成本的状态。加工贸易的海关税收征管也存在着较大的风险。这方面的问题，苏州海关从领导到一线的关员作了深入的调研，并提出了一些有效的措施，如对大型的加工贸易企业特别是加工贸易深加工结转业务多、范围广的大户企业，开始实行"计算机联网集中管理"，借助科技手段，实施有效监管，在条件成熟之后，准备实行区域化集中联网管理，构筑新的加工贸易监管体系，有效地把风险降低到最低程度。

当然，加工贸易发展过程中出现的问题还不止这一些，如环境污染的问题；货物高进低出、偷逃税收的问题；违反《劳动法》的问题；一些县、市为地方利益而违反国家规定，随意出台优惠条件（突出的是压低地价，减免税费）的问题。这些问题虽不是普遍现象，但都应引起各级政府和相关部门的重视，并采取相应的管理和监督执法措施，加以妥善解决。

（本文收入《江苏对外贸易论坛》，2004年第1期，江苏省对外经济贸易学会主办。）

苏州近代海关史研究

《中国近代海关·苏州关志》总述

一

中国近代海关是以英帝国为首的西方列强用武力迫使清政府"开放门户"、签订不平等条约的产物；是推行"外籍税务司制度"以维护列强各国在华利益的"国际官厅"。

17世纪中叶，英国通过产业革命，成为超越葡萄牙、西班牙、荷兰、法国的头号资本主义国家。国内大资产阶级由此开始狂热地鼓吹对外扩张，输出商品、占领海外市场、攫取最大经济利益成了英帝国梦寐以求的欲望和目标。

清代晚期，清廷内部危机日趋严重，导致国势渐衰。以英帝国为主的西方列强纷纷觊觎中国。嘉庆、道光年间，英属东印度公司大肆贩运鸦片走私入境，到"鸦片战争"爆发前的几十年间，每年输入我国的鸦片数量高达四万箱左右（每箱100斤或120斤。按质量高下，每箱售价400银元到800银元）。[①]鸦片通过广州海口潮涌而入，严重毒害中国民众，造成白银外流，国库空虚，银价飞涨，民生日蹙。1838年12月，道光帝接受湖广总督林则徐"禁烟"奏议，任命林则徐为钦差大臣，派往广州查禁鸦片，短短数月间，迫使英国驻广州商务监督义律及两百多名英、美籍商人缴出鸦片230余万斤，集中于虎门海滩，当众销毁（史称"虎门销烟"），内外震慑。1840 年 6 月，英帝国内阁以"中国禁烟，破坏通商"为由，悍然发动对华侵略战争（史称"鸦片战争"），遭到中国军民英勇抵抗。英军八艘军舰随即封锁珠江出海口，沿海北上，攻厦门，占定海（今宁波），逼京津，给清廷施加强大的军事压力。道光帝软弱无能，被迫求和。1842 年 8 月 29 日，清廷完全按照英方提出的全部条款，在停泊于南京江面的英舰"皋华丽"号上签订《南京条约》（亦称《江宁条约》），成为近代史上中国被迫与外国签订的第一个丧权辱国的不平等条约。条约规定：中国割让香港；开放广州、厦门、福州、宁波、上海五处为"通商口岸"（史称"五口通商"）；赔款 2100 万银元。翌年 10 月，在英方胁逼下，续签《五口通商附粘善后条款》和《五口通商章程·海关税则》，作为《南京条约》的补充和细化，开创列强势力分割中国、利益均沾、掠夺和奴役中国"合法化"的先河。之后，法、美、俄、葡萄牙等国紧随英国，以武力相威胁，清廷又被迫分别与之签订不平等条约，进一步出让各种通商贸易特权。从此，我国由一个闭关锁国、日趋衰落的封建社会沦为半殖民地半封建社会。

二

《南京条约》签订后的次年 1943 年 11 月 17 日，上海率先开埠，设"江海关盘验所"于洋泾浜北。1846 年，在英国驻沪领事引诱下，移关于英租界——外滩（今汉口路外滩），俗称"江海新关"，专司办理夷税征税事宜，而始建于 1684 年（康熙二十四年），由清廷自主设立的"江海关"，改称"江海大关"，俗称"老关"，只能办理华商海船进出口税务。其时，无论"新关"还是"老关"，行政管理权和关税收支权全由清廷委派官员掌控，不容外人染指。然而由于新关关政紊乱，效率低下，官商勾结，舞弊不绝，引起列强不满。1851 年，英国驻沪领事照会上海道台，提出必须整治新关，由"外国人参与管理"。因遭抵制,未能得逞。

1853 年 3 月,太平军攻占南京,建立太平天国政权;5 月,福建民间秘密组织"小刀会"② 率众起义,占领厦门。受此鼓舞,上海小刀会于 9 月 7 日一举占领上海县城,活捉上海道台吴健彰,导致"江海新关"运作停顿。英国领事阿礼国趁机怂恿英商以"海关欠其船租"、"有存货置于新关"为借口,雇佣搬运工冲入新关,强行搬走关内物品,破坏设施,门外加贴封条,派英军站岗。③ 同时以所谓"履行庄严条约,保障中国关税征收"为由,于 9 月 9 日自行公布《海关行政停顿期间船舶结关临时规则》,规定:(1)洋商货船进港,须向领事馆呈交"船舶证件"和"进口申报单";(2)洋商应缴税款,可以不付现金,改用"白条",交领事馆保管;(3)船舶离口,须凭盖有领事印章的"结关准单"方可离埠。为恢复江海新关运作,不使夷税流失,清廷任命吴健彰为苏松太兵备道兼江海关监督,命其依照向例办理夷税征收事宜。吴即照会英国驻沪领事,令其撤去哨兵和封条,恢复新关办公,竟遭拒绝,只得租用铁皮船两艘,临时设关于黄浦江上,又被英军舰船逼走,上海港一度成为外国商舶自由出入之港!

新关无法恢复,夷税大量流失,吴健彰陷于两难之中。1854 年 5 月 1 日,英、法、美三国驻沪领事认为夺取新关行政管理权的时机已经成熟,遂即照会吴健彰,提出欲恢复新关,须把它"置于三个缔约国(英、美、法)对海关行政有效管理之下"。迫于无奈,7 月 12 日签订《协议八条》,称"海关监督之难处,为不能得干练、精敏、通晓洋文、能守条约及关章之人救此弊之道,惟有兼用洋人,由道台悉心选任,给以信用证书,前弊可免而办事有效"。议决由英、美、法三国领事各推举本国籍一人为"税务监督",组成"税务监督委员会",明确税务监督有权检阅新关一切档案、册薄,新关应定期将册簿呈送各领事;外国船舶或运货人提交的"准单"、"收据"、"红单"或其他文件,非经税务监督附签不得生效。江海新关成为我国第一个由洋人参与管理并控制的海关。此一制度,当时仅在上海一口施行。

　　1856 年 10 月，广东水师在名为"亚罗号"的商船上，搜出窝藏海盗，随即扣押英籍船长和十二名水手。英国驻广州领事声称，该船为在英国注册的中国商船（注册年限已过），责令中方放人、放船并公开赔礼道歉。由于未能满足其全部要求，英帝国内阁竟以"亚罗号事件"为借口，联合美、法、俄三国发动侵华战争（史称"第二次鸦片战争"），联军直逼京津，清廷再次告急。1858 年 6 月，被迫议和，清廷与上述四国分别签订《天津条约》。在与英国签订的条约中，议定五十六款，另附《专条》。内容主要有：（1）英国得派公使驻京，在通商各口设立领事馆；（2）增开牛庄（后改营口）、登州（后改烟台）、台湾（台南）、潮州（后改汕头）、琼州、汉口、九江、镇江、南京八处为通商口岸，英国商人可在所有通商口岸任意租地盖房；（3）英国民人可在中国内地游历；（4）传教自由；（5）中方赔款四百万银两。在一年后另行签订的《中英通商章程善后条约》中，规定：洋药（即"鸦片"）准予进口，议定每百斤纳税银三十两，使鸦片进口"合法化"，并把"任凭总理大臣邀请英人帮办税务并严查漏税"和"各口划一办理"正式写入约章。1859 年 5 月 23 日，南洋通商大臣委任江海关税务监督李泰国（英籍）为总税务司，总揽各口海关业务。1860 年 1 月 20 日清廷成立"总理各国通商事务衙门"后，正式札委李泰国为海关总税务司，组建海关总税务司署，成为统辖全国各口新关、制定并推行各口规章制度"划一办理"的中国近代海关中枢机关。1864 年 8 月，清政府批准继任总税务司赫德（英籍）草拟的《通商各口募用外国人帮办税务章程》，计二十七款。明确规定"各关所有外国人帮办税务事宜，均由总税务司募请调派。其薪水如何增减，其调往各口以及应行撤退，均由总税务司做主"。中国近代海关实行"外籍税务司制度"从上海发轫，渐次推行至所有按约开埠设关的通商口岸。

　　海关行政管理权的改变，以及实行"领事报关"、"协定税则"、"会讯章程"、"最惠国待遇"、"以关税作为对外赔款之担保"等等，使西方列强势力以中国近代海关为据点，控制中国财政，干涉内政，夺得在我国经济、政治、外交、文化方面许多与海关并无直接关系的种种特权，加速了中国被殖民化的进程。中国近代海关从此被迫依附于外国资本主义，丧失了自主独立性。

三

五口通商后，上海商埠迅速崛起，很快超越广东而成为我国最大的通商口岸。按《南京条约》和《中英五口通商章程》的规定，外洋货物运入通商口岸，在向各口"新关"缴纳进口税后，只准在口岸所在地与我国商贩交易，"由中国商人遍运天下"，英商"不准赴他处港口，亦不许华民在他处港口串同私相贸易"，违者"任凭中国员弁连船连货一并抄取入官"。孰料英国出尔反尔，背叛商约，处心积虑地把打入中国内地、直接占领并扩大中国内地市场作为新的目标，而其首选目标是苏州。

苏州，位于长江三角洲核心区。古城建于公元前514年，迄今已有两千五百多年历史。境内河网交织，江海通连，土地肥沃，物产丰饶。历经世代更迭，兴衰交替。隋唐时期，由于京杭大运河的开通和人流、物流的逐渐兴旺，苏州升为江南唯一的"雄州"，宋代有"上有天堂，下有苏杭"之美誉。明清时期，苏州手工业空前发展，"东北半城，万户机声"，成为全国丝绸生产和贸易中心。由于经济发展，社会稳定，商船往来，络绎不绝，为"十四省货物辐辏之地"。古城内外建有"联乡谊，叙乡情"的"会馆"和"行业议事"的"公所"，数量之多，居全国之首，是为明清之际苏州经济活跃、繁荣的历史见证。因此成为西方列强觊觎的重要内地市场。

1848年3、4月间，英帝国驻上海领事阿礼国接连向香港英总督和英国外交部报告，称"要打入中国之贸易，最重要之条件是进入初级市场，排除限制我国货物自然流通之障碍，以及取消一切阻碍内地旅行之限制。"同年10月，英国曼彻斯特商工协会在《年报》中对此大加赞同，要求英国外交部"和中国政府举行谈判,为英国商人在适当限制下取得进入中国内地之权利"。1850 年 2 月,阿礼国在给英国驻华公使文翰的报告中,公然叫嚷"长江和运河之内地贸易,大有开拓之余地。为了开拓这条干线上之贸易,英国应该拿下苏州,作为贸易中心,并以镇江和杭州为侧翼,保护它的中心地位"。宣称"派遣一支小部队封锁镇江附近之运河",三个月就能使中国接受他们的条件。英国外交大臣欣然同意,叫嚷"必须再给中国一次打击",诬蔑中国"这样半开化之政府,需要每隔八年或十年来一顿痛打"。而打击目标,"必须是在扬子江上占据一个位置"[④]。然而终因英帝国致力于在上海巩固和发展其殖民势力,以致无力西扩,"拿下苏州"的狂妄梦魇竟在四十年后被后起的日本帝国如愿以偿。

四

中日两国,一衣带水,互为近邻。唐代以来,两国使臣、学者、商人和宗教人士往来不断,中国传统文化源源不断地传入日本岛国。一千多年间,两国长期保持睦邻友好关系。然而自 18 世纪 60 年代后期开始,日本国为实现所谓"富国强兵、殖产兴业、文明开化"的目标,大力推动内部改革,扶植资本主义,实力大增(史称"明治维新"),开始步欧美列强后尘,走上对外侵略扩张的军国主义道路。1874 年,侵犯我国台湾,清政府妥协,与之签订《中日北京专条》;1879 年,日本国动用兵力,吞并琉球国(中国为琉球国的宗主国);1884 年,中、日签订《天津会议专条》(亦称《朝鲜撤兵条约》)。日本军国主义者正是利用此一条约,于 1894 年 7 月悍然向朝鲜、中国发动侵略战争(史称"甲午战争"),清兵节节败退,北洋水师全军覆灭,清廷危急,被迫求和。1895 年 4 月 17 日,清廷完全按照日方提出的苛刻条件,与之签订《马关条约》。条约规定:中国割让辽东半岛(后以三千万银元收回)和台湾全岛及所有附属各岛屿、澎湖列岛;赔款二万万银元；辟湖北沙市、四川重庆府、江苏苏州府、浙江杭州府四处为通商口岸，"以便日本臣民往来侨寓，从事商业、工艺、制作"。条约重申"所有添设口岸，均照向开通商海口或向开内地镇市章程一体办理，应得优例及利益等亦当一律享受"，即日本国得享受与其他西方列强同样的"最惠国待遇"。同时规定"日本政府得派遣领事官于前开各口驻扎"。

《马关条约》生效后，经总理衙门批准，苏州关监督公署于1896年6月8日在苏城成立；经海关总税务司报总理衙门备案，苏州关税务司署（新关，通称"苏州关"）于7月1日成立。9月26日，苏州宣布开埠。10月1日，苏州关开关，对进出苏州口的轮运船只和应税货物办理申报、查验、征税、放行以及缉私等海关业务。历任新关税务司和关内主要岗位要职均由洋员担任。此一人事管理制度，直到1927年3月南京国民政府成立并逐步颁布"新政"才得以扭转。中国近代海关——苏州关成立之初的十余年间，除办理海关业务外，还受命"创办大清苏州邮政官局"，"代征苏州、淞沪厘金"，"管理苏州租界及其周边地区社会治安"三项事宜。

1931年9月18日，日本关东军蓄意发动战争，迅速占领我国东三省（史称"九一八事变"），揭开日本国全面侵略中国的序幕。1937年7月7日，日本国驻北平卢沟桥部队，以"一名军人演习失踪"为由，发动全面侵华战争（史称"七七卢沟桥事变"），妄图灭亡中国。战火迅速蔓延至大江南北。9月30日，国民政府财政部关务署奉令裁撤各口海关监督公署，仅保留监督一员，入驻新关办公。其间，日军飞机多次轰炸苏城，城市陷入极度混乱状态。苏州关关员不得不陆续撤至上海。11月19日苏城沦陷前，苏州关税务司陈祖租（华籍）带领数名华籍关员避难于吴县木渎横泾侯家桥。翌年1月3日深夜，住所突遭数十人抢劫，随身附带的公章、护照、电码本、部分机密档案和经费，悉数被抢，不得不离苏赴沪。⑤至此，苏州关关务完全终止，时间长达六年之久。

1941年12月7日，日军偷袭美国夏威夷珍珠港，太平洋战争爆发。次日，日军强行接管海关总税务司署（驻上海）和江海关，囚禁总税务司梅乐和（英籍）及英、美籍关员。秉承日本军部旨意，汪伪政府成立伪海关总税务司署，委任岸本广吉（日籍，原为海关总署一名税务司）为伪海关总税务司，沦陷区海关为其掌控。1943年10月15日，由日本军部控制的苏州关转口税局在苏城成立，下辖无锡分局和镇江分局，对进出苏州、无锡、镇江三地范围的进出口运输货物开征转口税，作为"军费"之用。

1945年8月15日，在中、美、英、苏四国沉重打击下，日本国天皇宣布无条件投降。中国人民抗日战争取得伟大胜利！同月22日，驻重庆海关总税务司署电令接收伪苏州关转口税局。鉴于苏州城乡长期遭受日寇蹂躏，经济萧条，作为内地海关已失去其基本功能，海关总税务司署遂于当年12月4日电令关闭苏州关（12月6日对外公布）。至此，长达半个世纪的"苏州关"历史宣告结束！

五

我国被迫对外开埠通商，实乃西方列强用武力打开中国大门，进而实行经济侵略和殖民统治的产物。而各地设关后所征的关税，乃至长江流域苏州、淞沪、九江、浙东、宜昌、鄂岸、皖岸七处厘金收入的大部，最终成为西方列强向我国索取战争赔款和清政府对外举债还本付息的款项。但海关总税务司赫德在其长达四十八年的任上，引进西方文官制度，在海关内部实施严密、有效的各项管理制度，对当今中国海关建设仍然有着某些可资借鉴的作用。

注释：

① 胡绳《从鸦片战争到五四运动》（简本），红旗出版社1982年11月版，第25—39页"第三章鸦片战争"。

② "小刀会"，原属"洪门"，是华南会党"天地会"的一个支派。鸦片战争后，随"五口通商"之开放而蔓延及于宁波和上海。地下组织约以区域语言之别，分为广东、福建、上海宁波本地人三大帮，而以广东帮最强。帮主为刘丽川，广东香山人。

③ 唐德刚《晚清七十年》（第二册）"英人代管中国海关的奥秘"，台湾1998 年出版，见 176—185 页。

④ 以上引文均见《中国沿海贸易与外交》（卷一），第 376—379 页。

⑤ 详见《苏州关代理税务司陈祖秬就日机轰炸苏城、关署人员被迫后撤和避难吴县木渎横泾侯家桥遭抢劫事给海关总税务司梅乐和之报告》，收入《近代苏州通商口岸史料集成》，文汇出版社 2010 年 11 月版，第 251—253 页。

苏州关兼办大清苏州邮政官局

1840年鸦片战争前,国内通邮有两种:一为"驿站",专为传送官方文书、命令及联络军旅,由清廷兵部车驾司主事。各地驿站所需经费出自各省地丁税赋。一为"民局"(习称"民信局"),由民间店铺或商业组织(包括轮局)开办,专为商号及民众承办信件、小型包裹寄递业务,然其办事责成有限。鸦片战争后,出现"客局"(又称"客邮"),即外国驻华公使机构自办之邮务,自行收发邮件。一时形成驿站、民局、客局三者并存,各自为政的局面。

为控制中国邮政,时任海关署理副总税务司赫德(英籍)于1860年建议清政府推行西方国家邮政制度,开办大清国邮政(习称"官局"),以改变中国混乱的邮递格局。此一建议因遭到当时清政府内部保守势力的反对而被搁置。1866年太平天国战乱时期,"客局"受阻。无奈之下,清政府要求赫德(时任海关总税务司)利用海关管道承办外国使领馆信件、公文传递,明确从上海通商口岸运来京城的邮件,总理衙门收到后交由海关总税务司署开袋分送。为此,海关总税务司署和江海关、镇江关分别在关署内先行设立邮务组织。海关"代办邮政"由此而始。

1878年3月,经北洋通商大臣李鸿章鼎力成全,赫德授意津海关税务司德璀琳(英籍)与当地招商部门合作开办"华洋书信馆"(一年后,当地招商部门退出）。同年 6 月，经清政府批准，海关总税务司安排在上海印制中国第一套邮票（习称"大龙邮票"），开始仿照欧洲办法，收寄华、洋公众邮件。天津、北京、烟台、牛庄（今辽宁营口）、上海五口海关随即奉命设立"拨驷达局"（即"寄信局"），由五口海关税务司兼任邮政司。海关由此从"代办邮政"进入"试办邮政"阶段。1879 年 12 月 22 日，赫德颁布邮政第一号通令，令将此一邮政制度渐次推广至其他通商口岸，并要求各口海关税务司应"热心致力于邮政事业"。海关代办和试办邮政逐步得到中国民众、外国驻华公使以及清政府要员赞许。经光绪帝批准，1896 年 3 月20 日，"大清邮政官局"在京城成立。清政府委任赫德兼任总邮政司（一年后，改设海关税务司兼邮政总办一职，专司邮政事务），并规定各口海关邮政机构统一命名为"大清某某邮政局"，由所在各口税务司兼任邮政司。海关历经三十年"代办邮政"、"试办邮政"，由此进入全面"经办邮政"阶段。

1896 年 10 月 1 日苏州关开关后，署理税务司孟国美（英籍）立即着手筹办建立苏州邮政官局。

一、苏州邮界

邮界，系指管辖邮政事务的地域范围。大清邮政官局兴办伊始，不过先于通商口岸施行，自后数年间渐为国民青睐，邮政事务迅速发展，速率及于全国并各府、州、县和重要镇、市。为此，经清政府批准，由海关总税务司划分全国各地邮界。现存 1907 年《江苏省邮界示意图》显示，苏州邮政官局的邮界为：以苏州古城为中点，东至吴县唯亭，东北至常熟浒浦、福山，西北至无锡八字桥、金匮，西南至吴县洞庭西山、东山，东南至吴江黎里、平望。此一邮界大体与苏州关关区保持一致。在上述邮界范围内，苏州关依据海关总税务司和海关税务司兼邮政总办颁发的通令、规则，办理界内各项邮政事务。

二、邮政机构

苏州邮界内所设邮政机构有：

（一）邮政总局

1897年3月7日成立。初设于葑门外觅渡桥附近。因苏州关署建筑尚在建造，临时租用附近一所房屋办公。其职能是，依据海关总税务司颁布之各类邮政章程，在管辖的邮界内推广新式邮政制度并开办邮政业务。1908年5月，经海关税务司兼邮政总办批准，购得阊门外石路鸭黛桥南首地块，面积6.83亩，建造总局办公用房。1910年10月2日，苏州邮政总局迁入新址办公。

苏州邮政总局历任邮政司，大都由苏州关税务司兼任，有时由海关邮政总办配一专职副税务司承办。总局及分（支）局员役随着邮政事务扩大而不断加增。1897年开办之初，有司事、文案、供事各1人，信差、听差10名；1905年，司事、文案、供事增至24名，信差、听差增至42名；1910年12月邮政事务移交时，各类在册员役计132名。其中司事一职，由外籍洋员专任；文案、供事则从海关系统内调配，分"前班"、"中班"、"后班"，均为在海关服务多年的华籍职员。至于信差、听差，则从当地选取录用。

（二）邮政分局

苏州邮政总局为推广新式邮政，经报请海关税务司兼邮政总办批准，先后在界内经济繁要、交通便捷之处（如古城区、县城）设立"分局"。由总局委派管局供事主持邮政事务。1910年12月邮政与海关分离前，苏州邮界内共设分局五家，分局除受理信件、包裹外，还可按照《汇寄银钞定章》，代寄微数银两。

1. 苏州城区邮政分局

1897 年 5 月 3 日开办。初设于阊门内蒋家桥浜（今宝林寺附近），租用民屋，由海关出资 450 关两进行装修。后迁至护龙街（今人民路）。1907 年，城区增设邮政分局两处：一在观前街东首醋坊桥附近，一在养育巷南端，使古城区邮局增至 3 家。其时，城厢内外共设铁质邮筒 25 个，民众邮寄信件极为方便。

2. 无锡邮政分局

1901 年 9 月 29 日开办。设于无锡城内监弄口，负责无锡城区收寄信件的邮政事务。

3. 常熟邮政分局

1901 年开办，设于常熟城内，租赁民房，负责常熟城区收寄信件的邮政事务。

4. 木渎邮政分局

1904 年开办，设于吴县木渎镇。

按《大清邮政中国境内设立之各等邮局清单》，邮政总局及分局根据其业务及纳资状况，分"汇"、"火"、"旱"、"外"、"夏"五种。"汇"，指能发汇票之局；"火"，指铁路、轮船所通之处或准其邮件按火路邮资纳资之局；"旱"，指邮件按旱路资费付给之局；"外"，指邮件按国外资费完纳之局；"夏"，指但夏季邮递之局。苏州古城区邮政分局列入"汇"、"火"之局；设于内地之无锡分局，列入"火"局；常熟分局，列入"旱"局。

（三）邮政代办支局

1898 年，总税务司赫德奉旨推广邮政内地设局，但由于清政府背负战争赔款，以致部库支绌，无从筹措，内地推广邮政一时难以进展。1901 年 7 月 19 日，大清邮政官局颁布《殷实铺户代邮政开设分局章程》。

海关税务司兼邮政总办阿 为通行晓谕邮政利益事

中国开设邮政以来，于今已将四载矣！凡有邮局处所，官、商、军、民之公私信函、书籍、印刷各物、货样小银两微数，无不能由邮政局或往国内各处或往外洋各国随意递寄，邮政局所索之资亦甚微矣！即如信函一小件，若寄由关东之沈阳至粤东之广州，或由四川之重庆至江苏之上海，迢迢数千里，资费不过几十文，实可谓裕国便民之美举。唯今开设邮政局之城镇，无论地势如何宽阔、买卖如何兴隆，仅开总局一所，常有欲交邮局寄带信件者，苦于相距乌远，或需乘车，或需跨马，甚至徒行投送，每多旷时误事，殊行未便。是以邮政局加以体恤。现拟将各该城镇划分若干段，每段择一殷实铺商代设分局，按照邮政章程办事。兹将代办分局之章程并予铺户之利益开列于后：

一、凡有邮局之城镇，邮政司可随时随势划分若干段，每段编列号数。

二、上等地段，邮政司可自行租赁房间，派委员役办理各项邮政事宜。此等分局谓之自办分局。

三、次等地段，邮政司可选择殷实铺商在本铺一面作其生意，一面代办邮政平常事宜。此等分局谓之代办分局。

四、代办分局，邮政司予以执照，准其发售邮票、收寄各项信件、包裹等类，并代邮政挂号、保险各事。

五、代办分局之执照，邮政司若查该铺商有办理不善之处，可将执照撤销。

六、代办分局，邮政司予以牌匾一具，前面写有本号内有邮政信柜，可置寄往各处书信、包件字样，背面写有本号内有各色《邮政信票章程》书本等件发售字样。此等牌匾终属邮政局之物，若不，分局亟应缴还总局。

七、代办分局，邮政司付于信柜一具，以便内装所收之信件。其开信柜之钥匙归铺商自己掌管。内装之件，铺商自认责成。此等信柜，终属邮局之物。

八、代办分局，邮政司交给《邮票明信片章程》书本，以便发售。准其铺商按照邮政所订之价售卖铜钱。查邮政章程，无论行情高低，每银一圆，核定价制钱一千枚。

九、代办分局收卖邮票各账，每月清算一次。所卖之铜钱、票价，准其以银圆按一千枚合银一圆之法交账。

十、代办分局发售邮票之利益，除每银一圆按邮政定价与行情实价无论所差多寡均归铺商外，邮政局仍可将该铺商所交总局卖票之银价赠给百分之五，以酬其劳。

十一、代办分局所收到、发出尚存各项邮票、明信片、章程书本等类，总局之司事与铺户之铺商应各立详细账簿一本，以便填记。

十二、代办分局，邮政司可准其按照邮政章程收寄挂号信件及各项小包，仍付给挂号执据之书本，以便铺商遇有交寄挂号保险信件等类，可付与寄件人收据一纸，俟铺商将此件交总局时亦应掣取收取收据。如此办法，系寄件者既责成于铺商又责成于总局也。

十三、代办分局之信柜，凡有欲由邮政局发寄之信件等类，即可自行置于其内，若尺寸较大，便可交付铺商代为装置。

十四、代办分局之信柜开起信件，每日或一次或数次，并所起之信件，或由信差来取，或由铺商自送，即按该处之情形，由邮政司自订。

十五、代办分局所收之各项邮件上，须盖有铺商自行掌管之戳记。该戳记上应有本处地名及本段号数，以便总局分别识认。

十六、代办分局之信柜，每次所起之邮件，总局之司事及分局之铺商各应立有详细账簿一本。

十七、代办分局所收之各项邮件，邮政局所给铺商酬劳之利益开列于后：

1. 平常信件，不分大小，每一件制钱二文。

2. 平常刷印物、新闻纸书籍等类，每一件一文。

3. 挂号各项邮件，每一件五文。

4. 各项包裹，每一件十文。

十八、代办分局收寄邮件之账目，每月清算一次。总局所应给铺商之酬劳利益即用制钱付给，索取收条。

十九、代办分局所办之事，各不得出其地段之外，以免侵夺他段利益。

以上所给利益，均系按照泰西之法。在泰西，代办分局之铺商有于其本业之外作此生理，每月所得自一二圆渐至一二百圆不等，惟在中国各城中自必有所划地段较为荒凉者，分局初设时，或一月、或一年内该段居民尚未周知，恐不能多得利益。若能自行传播，使人共晓，则生意自可蒸蒸日上矣！此系大概章程。其详细章程，嗣后仍可由邮政司随时宣布。凡欲遵此章程办理者，可向总局报名，商议领牌。

此布。

光绪二十七年六月十五日

依据此一章程，苏州邮政总局规划将各城镇划分成若干段，每段择一殷实铺户，并开始着手在内地镇市寻觅铺商开办邮政业务。当年，苏州邮界农村地区出现首家代办分局（又称"内地代理处"）。1910 年 12 月邮政从海关剥离前，苏州邮界内代办分（支）局已达 43 家。"代办分局"经总局批准并领有邮政官局颁发的执照后，可受理封装应行投递的邮件，由总局给予利益，并有额定的薪金。

三、邮务发展

苏州邮政总局自 1897 年初创办以来，至 1910 年 12 月邮政事务移交邮传部，14 年间的邮政事业发展可分为两个阶段：

1. 历练阶段（1897—1901）

这五年中，苏州大清邮政事务从无到有，稳步推进。据苏州关税务司客纳格（英籍）1901年12月31日所撰《苏州关十年报告（1896—1901）》称："位于共同租界之帝国邮局于1897年3月开业。同年4月，城内之邮局相继成立。除邮局之外，城内与郊区设有邮箱17个。中国国内快速通讯手段尚不完备，因而帝国邮局未显示完美之价值。但邮务业务已稳步增长。在内地，无锡和常熟之邮局于1901年成立，每日有邮件往来于苏州与该两地之间，也有邮件来往于苏州与南浔之间。"但由于民众风气未开，对新式邮政尚不熟悉。而民间信局则遍布城乡各地，一向不归官约束，所办寄信生理，持为居奇之业，且包揽他项商业，如包裹、钞票、现银等类，不容新法平行以断其生机；加之清政府既受资金短缺的困扰，又受缺乏邮政人才的影响，推广新式邮政可谓举步维艰，难以有大的扩充。

2. 发展阶段（1902—1910）

这九年中，苏州官办邮政步入快速发展阶段。分支机构、工作人员以及邮政业务取得大的发展。《清光绪三十二年大清邮政事务通报》记有：1906年，苏州邮政总局所辖界内邮政分支机构扩充至木渎、浒墅关、唯亭、常熟、福山、平望、梅里、浒浦、吴江、黎里、同里、东洞庭山、无锡、望亭、荡口、甘露、东亭、八字桥十八处［时属太仓州的沙头（溪）、浮桥、浏河及时属苏州府的章练塘、昆山、巴城，归上海邮政总局管辖；时属苏州府吴江县的震泽、盛泽，归杭州邮政总局管辖］。至1910年12月苏州关经办的邮政事务移交前，各类邮政机构扩充至50处，邮政员役比前阶段增加6倍，各类邮政业务（信件、包裹、汇兑）蒸蒸日上，邮政设施更加完善。苏州关税务司师范西（英籍）1911年12月31日所撰第二个《苏州关十年报告（1902—1911）》称："在过去十年里，邮政事业大踏步前进。在1901年末，苏州邮政区只有1家总局、1家城区支局、2家内地支局和1家内地代理处。到写此报告时止，已有下列机构：1家分局、2家支局、3家内地办事处和43

家代理处。从 1906 年起，邮件总数从 150 万件增至 650 万件。在同时期内，邮政工作人员从 1901 年 20 名增加到现 132 名。邮政汇票业务迅速发展，在过去九年中，所发邮政汇票从 5671 关平两增至 5 万关平两，同时邮政汇票兑现从 10634 关平两增至 8.5 万关平两。"

1903—1910 年大清苏州邮政总局收寄信件统计

年　份	邮件（封）				就地报送之件	
	收	发	转	合计	信件	他项邮件
1903				828681		
1904	551374	551864	87456	1196917		
1905	687058	478012	123953	1289023		
1906	673491	653128	124859	1451478		
1907	2141715	888069	549651	3579432	46057	5847
1908	3253001	1123922	888008	5264931	75304	7596
1909	3218800	1327800	977500	5524100	103800	7100
1910	4024000	1476100	922500	6422600	95300	10200

1904—1910 年大清苏州邮政总局收寄包裹及汇兑银两统计

年　份	包裹		银钞（关平两）	
	数目	斤重	汇	兑
1904	15458	182814	11803	20428
1905	20243	106844	15895	26912

续表

年 份	包裹		银钞（关平两）	
	数目	斤重	汇	兑
1906	23013	111344	23128	38913
1907	27359	108902	36000	58000
1908	30866	124994	35000	62000
1909	30021	118800	46000	76000
1910	36621	151741	49000	85000

四、管理民局

民局，即民信局的简称，古称"私局"，为当地民间经营的收发接送信函兼及小型包裹、银汇的机构，由取得民众信任的商业店铺或组织（包括轮局）承办或兼办。苏州民局始创于明代中叶，迨至清代乾、嘉年间，由于商品经济生产和交换扩大而进入鼎盛时期。民局的发展，不仅加强了商品信息的传递，而且促进了水陆路线的开辟及社会经济的发展。据苏州关署理税务司孟国美 1896 年 12 月所撰调查报告，当年苏州府所在地城区的民信局有：老正大、通顺、永义昶、林永和、永利、福润、老协兴、恒利、全盛、胡万昌、正和、宝顺、干昌、鸿源、通裕、沈天和、老公利、马协盛、亿大、王天顺、协大、全泰盛、老福兴、协源、全昌仁、正大 26 家。这些民局主要分布在苏城阊门外吊桥、鲇鱼墩、渡僧桥、钱万里桥以及阊门内天库前、宝林寺前一带。

苏州水陆交通通畅，民局与外界联系广泛，邮路四通八达：沿京杭大运河北上，可直达京城及其沿线；沿京杭大运河南下，可直达杭州及浙江各地；沿境内吴淞江、娄江，可直达昆山、太仓、上海及松江、青浦一线；沿运河西上长江，可达南京、安庆、汉口。民局已成为民生不可或缺的通信机构，生计蒸蒸日上。但是民局对新式邮政制度有抵触，以为国家创办邮政，必然会断其生计，故颇有微词，又加上各口海关建议海关总税务司赫德批准建立汇票制度与包裹邮寄，引发民局疑虑和不安。为此，海关总税务司署于1897年3月30日制发《为官邮政局建立后民局履行手续可照旧经营事》五款，通令各关税务司执行：

1. 民局几乎全部可照旧经营其业务。

2. 惟一之变更为：须在官邮政局注册以示认可。至于递送转口信函，注册民局须经官邮政水陆运送，缴纳一定费用并不得超重。

3. 民局可如其他人一样寄递包裹，亦可照旧作为函件寄递。如作为函件递送，则包裹与信函应分别包封，而在任一包裹中，可附民局自己之通知书。

4. 并未禁止彼等在包裹内寄送银钱。

5. 民局业务经营一切照旧，只是附加必要之注册手续，如运船邮件之接送方法及寄运费。

新式邮政制度推行五年后，海关总税务司依然重申民局业务经营如旧。《光绪三十年大清邮政事务通报》称：

总税务司于光绪二十七年发有札谕，其语义系谓中国商家久有寄信之法。业经积年累世，遍布各省，恃以为生，而新设之邮局尚不甚多，一时未能扩开。各处所以带寄信函、包裹等件，自必仍需民局办理，是以治理之方，莫如就其既久且彰之业整顿而鼓舞之，使其入我范围。凡在通商口岸者，务令均各挂号，准将所有寄件交由大清邮政代为运至通商口岸地方，并认彼等作为邮政之代理由各内地往来寄投邮件。此等意旨，业经定有章程，俾各民局小心遵守。按此章程，准其照旧向发信人收取自定之费，唯一面另应将邮政运费照章清完统计。此等信局约有三百余家业经挂号，仍系任便自办其事，与邮政相辅而行。惟至其终，无须强迫压制，其将来情势，自必统入通国邮政之内。

海关对已注册的民局在向邮政官局完纳资费上给予优惠。规定：凡民局按邮政局要求将信件装包封固，交由邮局转寄，1902 年前免收费用。1906 年 11 月 16 日起，对挂号民局送交大清邮局由轮船或火车运送的总包，按半价收费。并在"岸资"上给予优惠。如：按邮政新章规定，信件类每一英斤（折合 1.016047 斤），应纳资费银 1 元 2 角 8 分。民局自办的信包一斤，约装信件 60 余件，每件收取寄件人 1 角上下，则每斤信包可收银 6 元有余，民局如通过邮政官局转寄，则每斤可获利 5 元。而邮政局所收民局所付的资费，不但不付船脚、薪工房租，即致挂号、纸张、笔墨之费均不付用。

之后，海关税务司兼邮政总办颁布《邮政章程》三款：

第一条　凡民局开设在邮局处所，应赴邮政局挂号领取执据为凭。

第二条　凡民局信件途经通商口岸交轮船寄送者，均须由该局将信件封固装成总包，交由邮政局转寄，不得迳交轮船寄送。

第三条　凡民局之总包交由邮政局转寄者，应按往来通商口岸之交章，完纳岸资。

由于当时海关实行"不欲官局有碍民局"方针，因而在新式邮政制度推行最初五六年间，苏州民局的生存空间得以保持，甚至有所发展。然而新式邮政制度经多年历练后，渐为官府和民众信赖和支持。尤其是原由商民委托民局或镖局代运的货物包裹逐步转向邮政官局投送，使官办邮政业务迅速扩张，民局逐渐走向衰落。1910 年的《苏州口华洋贸易情形论略》记有："1910 年一年内，内地代办处(邮政代办分局)共增加十四处,添设之信柜及铺家信箱共有十九处。邮局事务既日见繁昌,民局斯渐受亏损,内有十家已经闭歇!"

五、移交节略

大清国家邮政由清政府责成海关经略以来,邮政事业取得长足进步,新式邮政制度深得民心,原先"驿站"、"民局"、"客局"三者形成的混乱格局渐被"官局"替代。然而海关兼办邮政并没有实现赫德初期"官民咸获其益"的许诺,由于新式邮政推行后地方利益受到侵犯,邮资增高,加之邮局任职的洋员支取高薪,造成邮局连年亏损,形起官绅和民众不满。1906年,清政府成立邮传部,统辖轮船、铁路、电报、邮信四政,要求邮政从海关划出,归部领导和管理。海关总税务司则以邮政与新关一旦分离,牵动"国政"、"交约"为由,一再拖延时日。直至1910年,清政府在保证"不改变现行制度"条件下,邮政才开始划归邮传部管辖,邮政旁落的局面终告结束。苏州本埠辟为通商口岸以来由海关税务司经办的邮政事务,于当年12月5日悉交邮传部驻南京督察接收。原有邮政员役和外籍司事一并移交邮传部。移交后苏州邮界的邮政事务仍由原司事洋员经理,以专责任。唯货物邮包检查与征税一项因涉及出口税的征收,仍由苏州关负责。

为此,苏州关税务司移交邮政事务后与吴县一等邮局局长于1912年7月订立《邮包管理暂行协定》。协议如下:

> 所有经由苏州中国邮局之进出口邮包,须向海关申报查验并纳税。
> 为方便公众,邮包由海关派驻邮局之工作人员查验,而非送往海关查验。除特殊安排外,邮包之打开和查验由海关和邮局人员执行,其他人不得插手。
> 邮局备就海关制定之申报人所用之申报表格。进口包裹在到达之次

日、出口包裹在当天或尽快，由申报人填写申报表，一式二份，由邮政局长签署后交海关，一份留海关，一份返还邮局。

包裹计税，以申报货物之价值和数量作为依据，邮局局长须对其提交之申报表之正确性负责，如对包裹之价值或数量产生怀疑，或在查验时发现实际价值或数量与申报表格不符时，应将案例报送税务司，有疑问之包裹将被扣留。

包裹税之征收，由邮政局长负责，直至解交往税务司。海关与中国邮政局之间之会计月度为每月之26日至下月之25日。每月之5日、15日、25日（星期天或假日，延至次日），邮政局长将包裹税收汇解海关税务司。除非另行安排，税收以现金或支票。必须由邮局工作人员直接解送税务司，由税务司请自出具收据。税收之地方货币与海关两之间之折率为：一海关两等于一点五墨西哥银圆，邮政局解交海关时，按此折率计算。武器、弹药、爆炸物、鸦片等列入海关违禁品者，禁止在邮包内发送，如发现，将被罚没。

下列包裹免税：

1. 申报价值小于十五圆之包裹；

2. 包裹之应交税额不足零点五关两。

海关官员查验包裹之时间为：上午九时至十二时，下午一时半至四时。

邮局同意代收包裹货物税。代替原先海关征收之厘金，与关税分开，另立账户。包裹货物税之征收，按照货物税税则办理。对原包装超过十六司马斤之整件包裹或匹头，与其他杂货一样征收2%之从价税。货物税之征收、报告、汇解，一如关税。

上述各项为暂行之协定，嗣后可视情况变化作修改或补充。并期待海关总税务司和邮政总局局长之赞同和批准。

［中国第二历史档案馆（南京）全宗号·六七九（3）第1913卷］

（周德华先生译）

海关移交邮政后，原有办理邮政事务的司事洋员以及文案、供事、信差、听差等均移交地方邮局，章程依旧，办事驾轻就熟，使新式邮政制度得以快速实施，邮政业务获得更大的发展。据苏州关后两个十年报告所记，自1912 年至 1931 年，苏州邮界的邮政业务发展步伐进一步加快，国家一统的邮政制度完全确立。

1912—1931 年邮政从海关剥离后苏州邮政业务量增长统计表

年　份	平信（件）	挂号信（件）	特快信（件）	邮包（个）
1912	1624100	64800	50728	15050
1913	2205100	105300	74729	30700
1914	2234640	85000	64814	33950
1915	2402400	103500	48760	38100
1916	2927400	125500	64600	37200
1917	3758200	139100	66600	42300
1918	4653300	145100	82400	47600
1919	5004200	153200	84400	67760
1920	5095300	171700	90700	75370
1921	5820000	172600	137700	78172
1922	1764600	108500	89000	67700
1923	2212500	105100	91200	70700
1924	4076900	192600	169200	123986
1925	4386900	127400	112600	76887
1926	4001600	122900	98800	75024
1927	3847300	104800	104700	49015
1928	4039100	128000	115900	42713

续表

年　份	平信（件）	挂号信（件）	特快信（件）	邮包（个）
1929	4407000	151700	124300	36181
1930	4448000	161300	138200	30397
1931	5049000	189900	157000	36080

（本文收入《苏州文史资料》，2014 年版，苏州市地方志办公室、苏州市政协文史委合编。）

苏州关代征苏州、淞沪厘金

1887 年至 1896 年的十年间，清政府为疏解因购买军火及拨付战争赔款压力，先后向英、德、俄、法等国举债。其中，1896 年 5 月经英国驻华公使和总税务司赫德斡旋，以中国海关税作担保，向英、德两国商业银行借款一千六百万英镑（折合库平银一万万两），主要用于提付日本赔款、威海军费及订购船炮之需。1898 年，为偿还日本赔款第四次交款期限年，清政府因《马关条约》第四款有"从条约批准互换之日起，三年之内，能全数清还，除将已付利息或两年半或不及两年半于应付本银扣还外，余仍全数免息"和第八款"未经交清末次赔款之前，日本应不允撤回军队（指日本占领山东威海卫的军队）；通商行船约章未经批准互换以前，虽交清赔款，日本仍不撤回军队"等因，为"保全一国体面"，并促使日本早日从山东威海撤军，清廷欲将对日赔款一次性清还，并尽快与之商签《中日通商行船条约》，遂复有借债之举。初议借外债，而条件苛刻，乃转而募内债，旋亦归于失败。最后请求日本政府将此项赔款展迟二十年归还。日本不允，清政府陷入国库枯竭、还本无着的两难境地。其时，日本亦因对外用兵，库银空虚，需款情急，于是出面调停于英、德两国之间，使清政府得以向英国汇丰、德国德华两家银行续借一千六百万英镑，决定以苏州、淞沪、九江、浙东、宜昌、鄂岸、皖岸七处地方自主所征的"厘金"收入作担保，与两家银行签订合同，札派海关总税务司赫德负责代征，并按期拨付外债本息之事。海关兼办"厘金"由此而始。

一、"厘金"溯源

"厘金"亦称"厘捐"，是在太平军中兴后清政府财权下移的背景下产生的一种商业税，起源于江苏。1853 年，太平军定都金陵（南京）。清廷意欲夺回失地并防堵太平军东进，从各省调集数十万大军，屯驻大江南北。因练勇需饷，时任清廷副都御史、刑部侍郎雷以諴采纳幕客之议，奏请于苏北里下河一带设局，由驻军粮台对该地米市课以百分之一的税捐，百分之一为一厘，故称"厘金"。经清政府批准，翌年在苏省推行，1857 年后，此项厘金制度扩大至国内 18 个省，一地的筹饷办法渐变而为全国的筹饷方法。

劝捐（抽厘），本为权宜之计，太平天国灭亡后自应停征，然因"厘金"已成各地官府财税收入的重要来源，加以征收管理又无朝廷定章可循，故嗣后数十年间，各地征厘货物范围不断扩大，由米、盐扩大至百货；厘金税率不断加增，由值百抽一，增至值百抽二、抽五。全国各地局卡林立，逢卡必征，重复征收，同一货物经过多处厘卡，累计负担往往高达 15%—20%，苛索私征，扰民困商，商民喻为"恶税"。

江苏建立厘金机构始于 1863 年。全省设"苏州牙厘总局"，管辖苏州、常州、镇江三府厘务；"淞沪捐厘总局"（初称"江南捐厘总局"），管辖松江府、太仓州两地厘务；"金陵捐厘总局"（初称"江北厘捐总局），管辖江宁、扬州、通州、海门等地厘务。

1901 年，苏州、淞沪两地厘金总局情况是：

1. 苏州牙厘总局

由江苏藩台、臬台会同督办，另委候补道员一名为厘金总办。下设：提调 1 名，水卡总巡 1 名，文案、管库各 1 名，司事 7 名，稿写生 10 名，内号清书 1 名，丁役 16 名，合计 39 名。"总办"为厘金事务之主管，"提调"主持局内日常事务，"总巡"则出巡各局卡，稽查征收。当年征收厘金 1156477 两（库平银，下同），扣除局用额数 96318 两，实余 1060159 两。

2. 淞沪捐厘总局

设督办（由候补道员充任）、提调（由候补知府充任）、总巡（由候补知府充任）各 1 名。下设：管库、解饷、提饷各 1 名（均由州县通同等候补员充任），管票 1 名，核票 1 名，缮写 4 名，文案 1 名，核算、账房、写票各 2 名，督征 1 名，总巡文书 1 名，书办 12 名，门役、家丁、厨夫等 20 名，合计 55 名。当年征收厘金总额 1253571 两，扣除局用额数 90208 两，实余 1163363 两。

两局组织机构及厘卡巡卡人员数为：

类别	厘金总局下属局、卡数			分局局卡人数			
	正分局	附属分局	厘卡巡卡	委员	司事等	差役	合计
苏州	13	8	164	34	276	632	942
淞沪	13	3	53	36	279	309	624

二、海关代征

1898 年 3 月 29 日，总理衙门札行海关总税务司赫德（英籍），告知："本衙门会同户部具奏续借英德商款订立合同、请旨遵行一折。本日奉旨依议，钦此。相应恭录谕旨，札行总税务司钦遵仿照广东六厂代征成案，并着酌拟章程，申复本衙门核定，以凭办理可也。须至札者。"次日，赫德复称："自设立新关以来，各关税务司并未经手此项厘金，而总税务司于各该处之办法亦难立时熟悉，不但酌拟章程，且复代征厘金，若总税务司先未查明该七处之情形并向征厘金之办法，势必无从着手。"要求总理衙门奏请军机处，由户部提供上述七处征收厘金的相关材料。

3月12日，户部复文，称：

> 查厘金始于咸丰初年，就地筹饷，因军务倥偬，随收随支，各省向不报部；嗣虽将每年数目笼统造报，而各项章程、详细条例仍未能一一奏咨。就其中有案可稽者，大约总局则设立省城、各府城，分卡则设立市、镇或水陆要区；管理人员，总局则派道府大员，分卡则派州县佐贰，其下有司事、巡丁人等；征收例章，或值百抽五，或值百抽二，或按引抽收，或按斤加价，或进口先缴四成，落地再缴六成，或上卡抽厘，下卡验票，一收一验，不再重征。光绪二十二年，七处各抽厘若干，浙江仅开总数，浙东难以划分，然就各处通盘合计，多寡牵算，足敷五百万之数；如有不敷，本部自应另筹补足，如有盈余，即解还各该省备用。至七处厘局辖境：苏州则辖苏、常、镇三府属；松沪则辖松、太两府州属；浙东则辖宁、绍、台、温、处五府属；九江则辖本府属；宜昌万户沱则在湖北上游，为川盐入楚要路；鄂岸则专指湖北汉口；皖岸则专指安徽大通。惟各省向来办法，未将地图绘明，无凭贴说送阅。第查七处货厘、盐厘，已奏明照广东六厂办法，札派总税务司代征，本部已由四百里飞咨各督抚遵照在案。该总税务司自可派员就近会同地方官，将各该处厘金章程、局卡地段详加考订，切实履勘，定期交接，照案代征。一面由本部知行该省，俟总税务司派人前往时，将向来一切办法详细告知等因前来相应札行总税务司查照办理可也。

户部的回复，实为一篇空洞无物的官样文章。为此，赫德亲自拟定调查要点，令有关各口税务司详细调查。苏州关署理税务司孟国美（英籍）于1898年4月13日向赫德作出回复：

——各总厘局设在何处？

苏州总厘局正式名称为"苏州牙厘总局"。其址在苏城单家桥西北街。该局有一分支机构，名"苏城六门厘局"，位于曹家巷。

苏州牙厘总局所属分局十三处：木渎局、内河局（设莫城镇）、海口局（设浒浦镇）、盛泽局、宜荆局（设宜兴城）、锡金局（设无锡城）、同里局、奔牛局、南渡局、车坊局（设甪直镇）、江阴局、上游局（设瓜州口）、下游局（设镇江）。

谨附苏南简图一帧。以上所列各处，均用蓝笔作记。瓜洲口，地处镇江以北，在苏北江边。上列各局，均在其管辖之境内遍设厘卡，以堵漏税。

——各总局中系何员总理，曾奉何员所派，其属下系何项人员？

苏州牙厘总局之局长称"督办"，由一名候补道台充任。现任之督办为朱之榛。有两名提调，即候补县知事，充当其助手。督办月俸一百二十银两，提调月俸八十银两（一两可兑一千六百文铜钱）。

"苏城六门厘局"局长，由一名候补县知事充任。现任局长为王毓华，月俸五十银两。其手下之人员难以计数，全凭局长之所好而定。

——各该分局卡属下系何项人役？

各厘金局属下员役，无论何人均不清楚。而每月由分支局上报之开支，包括薪金，规定不得超过两千吊铜钱。

——厘金局、卡按何项则例抽厘？

厘金之稽征，相当灵活。诸如压低斤量，短收现款，以八十抵作一百现钱。苏州一些工商界通过行会采用"包税"办法，每月只要由行会出面，向厘金总局缴一笔款项，之后就不必逐笔抽厘。据知：丝业每年缴一万二千圆，缫丝业四千圆，丝绸匹头业三万圆，洋货业一万圆，京广杂货业五千零四十吊铜钱，丝织机每架每年两万五吊铜钱。来往上海、苏州之商品，得先向厘金局申领"认捐单"，沿途就不再重征厘金。但货物运抵上海，再按那里之规定征收"落地捐"。

随文附上"厘金税则"、"税率表"各一份。

——苏州厘金总局全年征收厘金若干?

据说,约一百二十万银两。

——有何规章?

询实无法禀告。

——缴纳厘金有无凭证?缴存银行,抑缴于税吏?

均用现金(铜钱、银两)缴纳,由税吏收取。商人付讫厘金后,发给"收捐票",同时,税吏另制一份,送交总局备查。随文附"收捐票"式样。

[旧海关档案·全宗号六七九(2)第1809号]

1898年4月6日,赫德任命梅尔士(英籍)为苏州关额外副税务司,专为按合同经理苏州和松沪两地厘金代征事务。4月9日,赫德下达《给经理苏州及淞沪厘局副税务司梅尔士之指令》,全文如下:

令经理厘局副税务司

1. 三月一日,总理衙门代表中国大清政府与汇丰银行及德华银行订立合同。借款英金一千六百万镑。其第六款如下:

第六款 此一千六百万镑之借款,除以前抵税所借未还之款仍应先为偿还外,全应以中国通商各关之洋税并后开之各项厘金尽先为抵偿还。

——苏州货厘 约八十万两

——淞沪货厘 约一百二十万两

——九江货厘 约二十万两

——浙东货厘 约一百万两

——宜昌盐厘(并加价万户沱) 约一百万两

——鄂岸盐厘 约五十万两

——皖岸盐厘 约三十万两

以上各处厘金，现计共银五百万两，应即行派委总税务司代征，照广东六厂办法。嗣后若再有抵洋税厘金款目，总以此次借款本银利息尽先偿还此款，或全未还或未还清以先，倘有用洋税厘金借抵他款用付本利一切事宜，不得订明在此次借款之前，亦不得订明与此次借款平行办理并总，不得令此借款以洋税厘金逐年抵还之质保有所窒碍减色。将来若再订立抵洋税厘金之借款，务于合同内载明：所有付还本利等事，俱在此次借款之后办理等语。至此次借款未付还时，中国总理海关事务应照现今办理之法办理。如有中国以上洋税厘金付环抱此款本利不敷之时，或因银价跌落，或因所征税厘缺少，或因他故所致，即应由中国另行加指足敷抵偿之项，以便按期付还所加指之各项仍应由总税务司代征。此次借款未经还清之前，倘遇有修改税则、减撤厘金之议，既不得因有厘金抵押借款，即不修改税则，即若拟将此次所指厘金减撤，则应先向银行等商明才可，亦必将新改税则加征之洋税尽先如数补指抵款。

以上所引之合同经上奏，奉旨依议遵行。总理衙门已指示本总税务司照此办理。为此，特派汝为苏州关额外副税务司，专为按合同经理苏州及淞沪厘金总局事务。担任此职期间，由苏州关自本月二十一日起，按年俸三千六百两为汝发薪。

2. 汝当阅及，合同英文本仅称，抵偿借款之厘金"应即交由海关总税务司管理"，而中文所用之文字则为"照广东六厂办法派委总税务司代征"。不仅如此，总理衙门尚要求本总税务司定期接管。惟因其事之详细尚未深悉，办公应用之人员亦一时未能备齐，当复以虽可择定开办之期，须俟查明各事性质及范围，方可接手代征。其未交代之前，所有厘局现在各经理仍应照旧办理，按月遵交应还借款之银数。查江苏自三月一日起，每月应交之数为十六万至十七万两。据此，于另有命令前，汝尚无需负责征收。

3. 按目前情形，汝以按下述进行为宜：

（1）作抵之江苏厘局为已知之苏州与淞沪两处，辖境为苏、常、镇、淞、太五府。抵达上海后，应走访道台，请其引见淞沪厘金总局主管官员，随后查明其分局共有若干，分设何处；及厘卡所在；各系由何员管理，奉何人委派，如何支付薪酬；各按何项则例抽厘（如有印就者，应索取副本）；有何章程（如有印就者，应索取副本）；有何手续；交何银号，商人缴纳厘金及官府汇解款项系用铜元抑或银两等情；各抽厘金若干，等等；有何账册，出何收据等情；有何缉查船只与缉私人员；主要有何困难等等；厘局与外国租界之关系等情，等等。

（2）访查淞沪情形后，即去苏州总厘局所在地苏州，走访该主官员（巡府、藩台、海关道），按同上方式进行查询。

（3）上海及苏州附近局卡，以亲自走访为佳，但同时遣帮办至一局之所有分局站卡，遣验货员至另一区分局站卡，查实其所在处所，询明每一处之人员组成与工作状况具报。

（4）将汝本人查询结果于每处访查完毕后向本总税务司报告，并附一略图，标明有关处所，及其人员姓名等项加注汉文。

（5）另须查明者为，上海、镇江及苏州各关能提供协助至何种程度。

（6）查询进行中可能出现其他情况，当然亦应一一具报。余现在指令中所书不过为一些提示，非谓详尽，惟须注意按余所示之分类与次序，尽可能简明具报，不得遗漏。

（7）以上提示各点及查询各项，旨在查明当前存在之情况予以记录，但另一项须始终切记之重要事项为：何处厘局及分卡今后宜派欧洲人驻在与从事何种工作。惟此点应于以后再单独具报。

（8）至于今后，吾人亦应稍后再定现有分局何者应予关闭，未设之分局应设何处，尤其现有各局卡员役何人可留、何人可去。一般而言，中国机关最需完成之工作往往多由薪给最低之人员为之，因此更应注意此一方面之问题，于查明某一方面之问题、于查明某处从事何项工作时，亦应查清实际工作者为何人，列出其姓名于职位。

4. 本总税务司今日不可能说清吾人何时能开始征收工作，但就此间约略得知之各厘局征收办法及其各自管辖范围度之，余已禀知总理衙门，宜昌、安徽（大通）及九江三处或能于一两月内查询完毕，二湖北（汉口）、苏州及淞沪与浙东，则须稍假时日，由于特派专为经理厘金事务之副税务司可能认为互通情况有利于其工作，现将其姓名列下：

宜昌　巴尔先生

汉口　卢力飞先生

九江　纪默里先生

芜湖　吴乐福先生

苏州　梅尔士先生

浙东　孟家美先生

厘金事务薪俸自四月二十一日起发给，其各自任职起始日为五月一日。业经上报总理衙门。

5. 此一新举措，就政府而言，实属不得已而为之。果不如此，借款定将无着，而各省当局对此并不欢迎，彼等实不欲见其地方事务有洋人插手，或原由其委派之职位丧失殆尽，但彼等亦无可奈何，必须奉旨行事，而政府则希望将来税收增加终能证明其举措得当。汝受任之职，可谓既有困难又极重要，每走一步均须耐心与机智并重，须令相遇之所有官员明了，汝系奉朝廷谕旨前往，虽籍属两国，然实则服官中土，办理中国之事，完全无意损及更省利益，反须仰仗各省官员和衷共济，以求妥善完成此项国家借款不可免之要端。就贸易于商人而言，应切记贸易有如产金蛋之母鸡，必须加意饲养，不可宰杀，商人则对于公平待遇及给予之适当便利无不理解于感激，如若处境艰难或粗暴对待，必致当地制造事端。因此，汝一方面应保留确实工作之合格顺服人员，另一方面更应努力使此等人员感到与汝共事心悦诚服。

6.关于办公经费开支等事，应将所有花费立一现金账，但眼下并不须设立上报总署之账户。汝奉派出任额外副税务司之海关将为汝及所属人员支付薪俸并为此报销，另将为汝提供所需及所请支拨之杂支款，而对此类款之开支，汝当需向该关报销，但开始时为免增加过多文书工作之繁，宜以最简单之方式为之。

7.至于所需人员，本总税务司目前只能为汝派去三等帮办中班贝恒利先生与三等验货员麦腊山先生，惟可授权汝陆续雇佣任何所需之华员同文供事、文案及公役，并亦可试用任何汝认为适合交付所需工作之任何欧洲人。而所有此等委派事项均应报知税务司备案，并由其上报总税务司。嗣后开始征收厘金时，或须大大增加汝之人手，但时下实无多余之人可派，且亦尚不知汝之实际需要。

8.附去有关此事与总理衙门之往来文件抄本，希细心阅读遵行。对本总税务司呈文，应尽可能敞口经税务司转递，俾使其知悉一切进行情况，惟税务司只司稽查之职，汝虽宜就商于彼并听取其意见，必要时请其协助。事实上汝非其下属，而只系由彼处分遣，专为经理厘金事务，虽名义上列属该关税务司，实则专责自负。

9.到达任所查明厘局之中文名称后，应函告造册处税务司为汝提供官印。官印大小须与税务司官印相同，中心为相应之中文姓名，周边为"苏州厘金副税务司"字样。

10.本税务司深信以汝之人品能力定能当此重任，望多熟悉厘局职责所在，以优异成绩为个人及海关增光，并无负于政府之厚望。当然亦应懂得，此项职务与其他职位无异，欲求保持长久并有所长进，端赖自身之品格、举止与办事效率。设若经验证明，汝应联属于其他海关，或移驻他处，当然也可按需要进行变更。

总税务司　赫德

1898 年 4 月 9 日于北京

1898 年 5 月 1 日，江苏厘金征收处在苏州成立。其职责为：按照总理衙门核定，苏州货厘每年解交 80 万银两和淞沪货厘每年解交 120 万银两的规定，由苏州关额外税务司梅尔士具体负责代征，并逐月填报"金镑按月关票"，将代征厘金款项汇入江海关账户。该"金镑按月关票"，经江海关监督并两江总督盖印、江海关税务司签字后，交付德华银行及汇丰银行上海分行各半收存，以便连环作保。

海关代征的日期，苏州货厘从 1898 年 5 月 1 日起开始，淞沪货厘因故延至 5 月 6 日进行，均以当年 5 月至翌年 4 月为一个财政年度，计算全年交款数额。

1909 年，清政府改革财政管理制度，改户部设立"度支部"（官署名，为清末中央财政机构），并委派人员在江苏设立财政司。1910 年 6 月，苏州成立度支公所，负责管理财政事务。同年 8 月，废除厘金总办、督办官职，所有厘金事务统归藩台（布政使，官名，全称为"承宣布政司布政使"）掌握。1911 年 1 月，苏省厘金经度支部奏明，改办"统捐"。作为裁厘加税的先声，江苏藩台于年初拟定《筹办统捐草案》，从逢卡完捐之货入手，对运行苏、松、常、镇、太的货物，全数将抽厘改为统捐，援照铁路运货捐章，按道并征。同时酌裁或合并下属厘局分卡，原有的厘局一律改名"统捐局"。同年，推翻帝制的革命浪潮风起云涌，席卷全国。10 月 5 日，江苏巡抚程德全易帜。革新之际，百度更张，一切税捐概予辖免，不在免捐之列者唯一酒、糖、烟。同年 11 月，苏省试行《征收货物税章程》，以货物税取代厘金，对本省货物征"产地税"，对外省货物征"销场税"，各输一次，不再重征，沿途厘金局卡尽行裁撤，百物通过概免捐输，对照厘金章法，商民负担约减两成。

改"抽厘"为"统捐"后，苏州及淞沪两地货厘归还英德借款之事受到影响，以致出现代征、收解款额大幅下降。1911 年 5 月至 1912 年 4 月的年度，海关代征苏州货厘降为 55 万 4992 两，为应征数额 69.4%；淞沪货厘降为 70 万两，为应征数额 58.3%。1912 年 5 月至 1913 年 4 月的年度，两地货厘代征为零。由此引起海关总税务司不满和债权国非议。

1913 年 7 月 6 日，北京政府财政部税务处下文，要求苏省"仍照厘额，按月照解，并将积欠设法补交"，并向海关总税务司表示："现在苏省预算支配尚未定着，支付之权正在拟定，究竟此项欠款无论由本省支付或由中央支付，政府均须负责。"1914 年 4 月 3 日，海关总税务司安格联（英籍）根据民国政府税务处的答复，向各关税务司下达《有关苏州、杭州及九江三地拨交厘金今后安排之通告》：财政部已决定，由各省之国税厅与财政司负责处理货厘征收事宜，并明确相应的款项，各地仍应依前议按月提交负责经理的税务司。苏州、淞沪、浙东、九江厘局继续如前负责征收，照应交数目按月就近移交苏州、杭州、九江税务司，由其汇入总税务司账户。乘此厘金拨付改变之机，厘金账户之管理改按公历，财政年度自 1914 年起从 1 月 1 日计算至 12 月 31 日。因苏省偿付英德借款的货厘直接由省国税厅与财政局征收，苏州关税务司的任务，只是每月按时足额接收省国税厅与财政局移交的厘金款项，通过银行汇入总税务司账户，再由总税务司署向英德两国在华商业银行归还续借款本息。海关代征厘金事务遂告结束。

1898 年 5 月至 1914 年 1 月苏州关代征苏州、淞沪两地厘金数额

笔数次序	财政年度	苏州货厘		淞沪货厘	
		库平银两	占应交比例 %	库平银两	占应比例 %
1	1898.5—1899.4	643858.10	80.48	733159.40	60.10
2	1899.5—1900.4	913030.55	114.13	1023000.00	85.25
3	1900.5—1901.4	814000.00	101.75	1185000.00	98.75
4	1901.5—1902.4	834000.00	104.25	1200000.00	100.00
5	1902.5—1903.4	808000.00	101.00	1200000.00	100.00
6	1903.5—1904.4	788000.00	98.50	1300000.00	108.33
7	1904.5—1905.4	799000.00	99.86	1200000.00	100.00
8	1905.5—1906.4	789000.00	98.63	1200000.00	100.00
9	1906.5—1907.4	802000.00	100.25	1200000.00	100.00
10	1907.5—1908.4	793000.00	99.13	1200000.00	100.00
11	1908.5—1909.4	831000.00	103.88	1200000.00	100.00
12	1909.5—1910.4	752000.00	94.00	1200000.00	100.00
13	1910.5—1911.4	831000.00	103.88	1200000.00	100.00
14	1911.5—1912.4	554992.00	69.37	700000.00	58.33
15	1912.5—1913.4	无收	0.00	无收	0.00
16	1913.5—1914.1	666666.67	8.33	100000.00	8.33

（本文收入《苏州海关志》，苏州海关编，苏州大学出版社，2009 年 5 月版。）

苏州中外交涉研究

苏州日本租界谈判始末

19 世纪中叶，日本国内危机深重。1867 年，明治天皇采纳维新派人士倡议，为实现"富国强兵、殖产兴业、文明开化"的目标，进行由上而下，具有资本主义性质的全面西化与现代化改革（史称"明治维新"），由此国内军力大增，开始走上对外扩张侵略的军国主义道路。

1894 年，日本国发动侵略朝鲜和中国的战争（史称"甲午战争"，因战争爆发于旧历"甲午年"，故名）。清军溃败，接着北洋水师全军覆没。日军乘势占领天津塘沽、山东威海，直逼京师。无奈之下，清廷被迫于 1895 年 4 月 17 日与日本国在日本马关签订丧权辱国的不平等条约（史称《马关条约》）。

《马关条约》除规定中国向日本割让"台湾全岛及其所有附属岛屿、澎湖列岛"，赔款"库平银二万万两"外，还规定：

第六款　中日两国所有规章，因此次失和，自属废绝。中国约俟本约批准互换之后，速派全权大臣与日本所派全权大臣会同订立《通商行船条约》及《陆路通商章程》。其两国新订约章，应以中国与泰西各国现行约章为本。又，本约批准互换之日起，新订约章未经实行之前，所有日本政府官吏、臣民及商业、工艺、行船船只、陆路通商等，与中国最为优待之国礼遇护视,一律无异。

第一,现今中国已开通商口岸之外,应准添设下开各处,立为通商口岸,以便日本臣民往来侨寓,从事商业、工艺、制作。所有添设口岸均照向开通商海口或向开内地镇市章程一体办理,应得优例及利益等亦当一律享受:

一、湖北省荆州府沙市。

二、四川省重庆府。

三、江苏省苏州府。

四、浙江省杭州府。

日本政府得派遣领事官于前开各口驻扎。

第二,日本轮船得驶入下开各口,附搭行客,装运货物:

一、从湖北省宜昌溯长江以至四川省重庆府。

二、从上海驶进吴淞江及运河以至苏州府、杭州府。

1895 年 6 月,日本内阁任命林董出任驻华公使,于 6 月 16 日授命来华与清政府总理各国通商事务衙门(简称"总理衙门"、"总署")商订《中日通商行船章程》和在沙市、重庆、苏州、杭州四处新添通商口岸派驻领事官并建立"租界"事宜。

鉴于中日双方即将"开议商约",清廷军机处于是年 7 月 21 日奉旨向"专司议约"的全权大臣李鸿章和王文韶下达光绪帝谕旨:

中日新约第六款现将开议,此事于国家税厘、华民生计大有妨碍,惟藉约款详明,尚足以资补救。前经特简李鸿章、王文韶为全权大臣,专司议约。该大臣等必须先持定见,开议时方能力与磋磨。新约内有订定《行船条约》及《陆路通商章程》,应以"中国与泰西各国现行约章为本"之语,即当坚执此语为凭。凡此次所须利益,皆不使溢出泰西各国之外，庶可保我利权。谅该大臣等已将应议各条熟思审处。李鸿章为原定新约之人，尤当惩后惩前，力图挽救，总期争得一分即有一分之益。其应如何设法力杜狡谋，着即先行妥议复奏。前谕川、鄂、江、浙各督抚预筹善策，迭据廖寿丰、谭继洵、鹿传霖先后电奏，又据总理各国事务衙门代递各章京条陈，均属剀切详明，深中窾要。着李鸿章等按照所指各条，悉心筹划，商定办法，以为辩论地步。总之此次议约与国计民生关系甚巨。该大臣等受国厚恩，身膺重任，慎勿含混迁就，致贻后患。各电奏及原呈均著抄给阅看，将此由四百里密谕知之。钦此。

当日，军机处又奉旨向代理两江总督张之洞及苏州、浙江等地巡抚下达谕旨：

> 现在商约尚未开议，其有关国计民生应如何补救之处，着张之洞、奎俊、赵舒翘、廖寿丰一并预为筹议，迅速复奏。钦此。

1895 年 7 月 28 日，张之洞致电苏州巡抚奎俊、藩台邓华熙及苏州府三首县（指吴县、长洲县、元和县）。指出：“苏州将设租界，通商制造，我宜急筹取益防损之道，早占先着。……将拟设租界及附近处所详细履勘，筹议紧要地段，何处绅民已购，何处未购，何处应归官留用，速即绘具图说，以便商酌一切办法。”

8 月 26 日，张之洞向光绪帝电奏《奉旨筹议〈马关条约〉第六款补救办法十九条》。其中，首条提出：

> 今日本新开苏、杭、沙市三处口岸系在内地，与海口不同，应照《宁波章程》，不设“租界”名目，但指定地段纵横四至，名曰“通商场”。其地方人民管辖之权仍归中国；其巡捕、缉匪、道路一切，俱由该地方

官出资募人办理；中国官须力任诸事，必为妥办。不准日本人自设巡捕，以免侵我辖地之权。

此"议"深得光绪帝赞许，称"尚属剀切详明，堪资辩论"，并责令议约大臣李鸿章、王文韶"按照该督所拟各节，悉必妥筹办法，总期于国计民生两有裨益，毋得稍涉迁就，致令贻患将来"。

8月31日，张之洞电复江苏藩台邓华熙："图阅悉。按图，租界距城止三里，未免太近，将来诸多不便。澹台湖以南有无基地可为租界？如地方平坦广阔，正在华商码头之南，中亦隔河，最为合宜。即祈查明有无窒碍，并询商各官绅。"

张之洞的原意是日本在苏州抢占先机取得租界后，英、美等国势必会援照旧例，也会接踵而来在苏州设立租界。而阊门外附郭人稠地窄，毫无隙地，如果日本硬要苏城阊门外一带，"必致强占民居，骚扰不安。且该处地方逼窄，各国必不能同在一处，若散漫杂处民间，则难于保护稽查"（引张之洞是年10月30日致"总署"电）。故一而再、再而三地要求苏州巡抚及嗣后不久成立的谈判班子成员，一定要与日方代表"力与磋磨"，"万勿遽许其另择他处，尤须专与议敞处选定距城六里之地"。与此同时，张之洞通过推荐、请调和借用熟习商务和通晓洋文洋语人员，为即将开始的中日苏州租界谈判做好准备。

10月9日，总理衙门通知江苏、浙江等地督抚："日本将派上海领事往苏、杭、沙市等处选择租界，宜预为筹划，照《宁波通商场章程》最妥。"中日苏州租界谈判于10月22日在苏城进行。由于日方代表仗势逼人，中方代表则坚持定见，力与磋磨，故谈判过程艰难曲折，几度中断。直至1897年3月双方才得以签字，历时一年半之久。

谈判过程可分为三个阶段：

第一阶段（1895 年 10 月 22 日至 1896 年 2 月）

这一阶段的谈判，集中围绕"租界界址"展开。中方代表为陆元鼎（江苏督粮道，不久兼任苏州关监督公署首任监督）、罗嘉杰（苏州洋务局总办）、朱之榛（苏州牙厘总局总办）、杨枢（广东候补道）、刘庆汾（苏州候补知府）；日方代表为日本国驻上海领事（以下简称"日领"）。

1895 年 10 月 21 日，日领在江海关税务司贺璧理（英籍）陪同下乘小火轮由杭州抵达苏州，随即由苏州洋务局局员引领，赴地属元和县宝带桥以东三里地及"尹山湖"附近（即中方早先察勘的古城外东南六里澹台湖之南一带）察看地形。日领以"离城太远，不便交易"为由，执意不肯接受。彼通过贺税司向中方提出，要求租界地设在"苏城外阊门一带"，尤属意于"南濠"。对此要求，中方代表在谈判中一再予以拒绝。日领于 10 月 26 日则以条约为由，进行要挟，声称："按照新约，日本臣民得在各城邑任便从事工艺制造，今纵不令在城内任意开店，亦须择一附郭之地才能贸易。本领事此次来苏，原拟和衷商办，但可通融，无不曲从，若必以远地相强，只好回沪（上海），禀请政府按照新约办理。"并催促苏州地方当局立候答复。代理两江总督张之洞在获悉日领"仍据约不从"后，于 10 月 31 日在给苏州巡抚赵舒翘及中方谈判代表的电报中，令据理驳斥，指出：

> 新约第四条"城邑"二字，系浑指新开各口地方而言，非指城内也。二字系属下读，谓可任便从事各项工艺制造也。若系任便在城邑无论在何处通商、工作，则日本何必派该领事来苏择地乎？况此约第一条首已言明"所有添设口岸均照向开通商海口、向开内地镇市章程一体办理"，试问："向开各口何处系在城内通商，何处初开租界不在空旷之处乎？该领事岂能强解！如倭领必占附郭繁华地方，各国必不肯另居僻处，纷纷援例强占，岂不将苏州城外民居、铺户、街道全行拆毁，尽让洋人环绕乎？务望陆道驳斥之。万望勿为其所愚，总以原议宝带桥东南为妥。

再，该道等勿得擅许他处，至要！"总之，彼如坚执，不过回上海电公使向总署饶舌耳！无所谓决裂也。

11月4日，苏州巡抚赵舒翘致电张之洞："日本心怀叵测，偿款未到手，未必因此遽决裂。……翘不幸值办此事，日夜痛心，常饬各委员勿畏其刁挟，此乃第一步，总不使其进之太易，致以后事难办，与公屡次来电深意相合，前日，翘饬委员与彼先说如归我自主，再细商量。否则，听彼归去。……祈进而教之。"

11月5日，张之洞就日方代表一味固执，不肯放弃"附郭一带"，再次致电苏州巡抚及中方谈判代表，提出："可与日领言明：若占近地，则租界地段丈数断不能多给，较远处可以多给，以次歆动之，或易就范。"张之洞请中丞（赵舒翘）"裁度"，并嘱将近日上海"洋报"刊登西人所言"现拟之地（指宝带桥之南一带），虽无居民，而地方宽敞，将来商务兴旺，正合"之语转告日领。日领仍然无动于衷。为打破僵局，经苏州巡抚赵舒翘裁度，中方作出某些让步，提出将日方索要之地改在"灯草桥以南"，即宝带桥以北、运河以西之地，距苏城里程缩短近半。而日领秉承日本"外部"旨意，依然执意不从。之后，虽不再坚持"阊门外一带"，却提出索要苏城"胥（门）、盘（门）对河一带"。中方以"该处极形逼窄，不能作各国租地，且其中义冢林立，复有'神祇坛'"为由，予以拒绝。日领则声称："若不见许，惟有回沪，由敝使向贵总署商办而已！"谈判不得不中断。

在此情况下，中方不得不放弃原议之地，将日方索要的租界地移至葑门外密（觅）渡桥城河之南距岸十丈外，南至灯草桥河止，西至华商公司一带。对此，贺税务司表示可行。11月14日，张之洞致电总署，告之，此议获贺税务司同意，并由他转达在沪日领，并告："日本领事意似已允。至照《宁波章程》，税司已允，日本领事语意当亦可允。大抵此次议地段及宁波章程，倭领皆托税司从中调停。税司允，则日本领事必可允也。"从中可以看出，此次中日双方围绕"租界界址"的谈判，江海关税务司贺璧理起了"居间斡旋"的某种作用。

12月14日，总理衙门照会日本驻华公使林董，告之日方索要苏州租界之地，经地方官府商定，"改在苏城盘门外自华商公司以东、相王庙南岸之青旸地作为日本租界地"。但照会明确表示，"必须保留沿河（运河）十丈土地，作为中国国家建设电杆、路灯、马路及船只纤路、小民负贩往来之用"。同月17日，林董复照总理衙门，表示"新改地段，如于商务极为便利，未必不可迁就，但沿河十丈土地必须划入租界，归日本管理"。总理衙门不予理会。12月30日，林董再次照会总理衙门，称"如中国扣除此项土地，将使日本商民坐失舟楫之便，不啻咫尺阶前不得自由"，再次要求将沿河十丈土地纳入日本租界地范围。总理衙门再次予以拒绝。无奈之下，林董于1896年1月24日照会总理衙门，表示该问题"暂且作为悬案"，最终接受中方对日本租界地的安排意见。

事后，日方对租界地面积向中方强行索要"长四百丈，阔二百丈"，并提出在此范围内，纵则每四十丈划出一道，共得十道；横亦每四十丈划出一道，共得五道，形若棋盘。按此要求，日本索要租界地面积总计折合一千三百三十一亩，中方不予同意。最后依1897年3月5日中日双方代表签署的《苏州日本租界章程》第一条划界规定："中国允将苏州盘门外相王庙对岸青阳（旸）地，西自商务公司界起，东至水绿（渌）泾岸边止，北自沿河十丈官路外起，南至采莲泾岸边止，即图内红线所划之处，照竖界石，作为日本租界。"据此实测，日本租界地面积为483亩8分7厘6毫，仅及原索要面积的三分之一余。不料1908年沪（上海）宁（南京）铁路建成通车从苏州城北通过后，地处城南盘门外日租界一带骤形冷落。苏州关税务司安文（英籍）于1906年所撰的《苏州口华洋贸易情形论略》一文中云："至本口开设租界时原筑之马路，厥后系沿城而北，以阊门为终点。迨本年苏、沪行车后，复由阊门向北推广，刻已直达于铁路公司自筑之新桥，一俟该桥落成，即可与车站之马路互相衔接，道途平坦，便益斯多。惟商埠原有之马路，年久失修，车马往来不无稍碍。且租界、设关之处，距繁盛所在，相隔云遥，以至四顾荒凉，几无人迹。据目前情势而论，一切贸易将日趋于西北荟萃之场，荒僻租界恐永无生色之日。"这是日方万万想不到的！

第二阶段（1896 年 3 月 28 日—1896 年 8 月）

这一阶段的谈判，集中围绕"租界性质"进行。此次在苏州开议，非同寻常。原因在于日本国"外部"原定在苏州、杭州、沙市三处同时开议，因担心"顾此失彼"，难于实现取得"专管租界"的野心。故由驻华公使林董与总理衙门会商同意选择先在苏州开议，一则日方以为经过首轮博弈，"界址"谈判基本满足了预定的在"城郭一带"的目标；二则上海距离苏州近在咫尺，通讯联络方便，便于及时接受日本"外部"指令。而更主要的是，此轮谈判涉及的难度更大更艰巨。"租界"是近代帝国主义用武力或武力威胁，强迫另一国在其口岸或城市划出一定面积的地块供其"居住和经商"的区域。1840 年第一次鸦片战争后，英国于 1845 年、法国于 1849 年、美国于 1863 年先后迫使清政府在上海设立租界，开西方列强在中国建立殖民制度的先例。此后，上述三国及其盟国又陆续在广州、厦门、天津、汉口、九江等地设立租界。张之洞先前（1895 年 10 月 22 日）在致"总署"之电文中，已就两种"租界性质"向总理衙门作了如下禀告：

> 查"租界"，洋文有二义：一曰"宽塞甚"，洋文作 concession，译其文义曰："让与之地，乃全段由官租给，统归外国管辖之租界，华人不得杂居，如广东之沙面、汉口之英租界是也。"一曰"塞托门特"，洋文作 settlement，译其文义曰："居住之地，乃口岸之内限定地界，准洋人自向民间租买地基，建房居住，桥梁、道路仍归中国管辖之租界，华洋可以杂居，官可自设公堂，拿犯断案。此则只可名为'通商场'，

如宁波口岸是也。"《宁波章程》固善，即上海、天津原约，洋文之义亦只系居住之地，本可自设公堂，拿犯断案。至于现在津、沪办法，必须会审会拿，乃条约章程所无，由于历年失于检点，自行让出之权，非原约本意也。

张之洞于 1895 年 8 月 28 日电奏清廷的《补救办法十九条》中所云，以及当年 10 月 9 日总理衙门札文告知江苏、浙江、湖北等地督抚"日本将派上海领事往苏、杭、沙市等处选择租界，宜预为筹划，照《宁波通商场章程》最妥"，指的即是第二种租界形式。在电文中，张之洞重申："内地通商，地段无多，势不能分给各国各租一界，既作为各国公共通商市场，此地将归谁管，势不能不由中国自主。故自设巡捕，自设工务局，乃出于不得不然。现拟于内地通商场派道员驻扎，专管巡捕。雇用外人，悉照西例。工务局亦照西例。选择华洋商董商议，均归此道员督理。如此，则事权归一，兼可杜租界免厘、租界逃犯各流弊。"

由于此轮谈判，事关重大，故中日双方都十分关注。日方的目标是租界"专管"；中方的目标，则是力争"通商场"，以粉碎日本帝国的野心。故双方重新调派得力人员主持谈判。经总理衙门同意，张之洞选派时任江宁洋务局总办黄遵宪主持此论谈判。黄早年出任驻日本使馆参赞五年之久，后调任美国旧金山总领事，专于处理洋务，曾于上年参与向光绪帝提交十九条"补救办法"。日方则改派新任日本国驻苏州、杭州领事荒川次己（明治二十九年二月二十六日，即公元 1896 年 2 月 26 日由内阁大臣伊藤博文报日本天皇批准正式任命）。荒川原为日本国驻天津领事馆人员，此次由天津任内调来苏州，肩负重任，其因在于日方认为，如能在苏州实现获得租界"专管"，以此为"突破口"，则之后在杭州、沙市等处进行租界谈判，就会以苏州为例，顺理成章，轻易就能迫使中方就范。

正是在此一背景下，黄遵宪在前来苏州代表中方主持第二轮谈判前，依据"补救办法"首条内容，拟就《酌拟苏州通商场与日本国会订章程》，作为谈判的"要约"。计五条：

一、中国允将苏州盘门外图中标明之地作为新开之通商场。此通商场西界商务公司连界马路，北界运粮河河沿马路，东界水绿（渌）泾河沿马路，南界陆家桥小河，所划红线以内，作为日本人住居之界。

二、此住居界内，任许日本人侨寓贸易。所有日本商民开设行栈、建造住宅，某商某人需地多少，自向业主随时租赁，中国官场许为襄助。

三、此住居场内，除东、西、北以官路为界外，图中标明纵横交错中有井沟各项之官路，系本国官道，留作该地方公用，不得租赁。以后遇有道路、桥渠一切地方公用之物，应行添（原稿缺字，似为"加"字）移改之处，日本人亦应让出。

四、此居住界内应纳中国地租，另有定章；应纳地方税及巡捕费等项，随时由工务局、巡捕局设立章程。所有租税事务及管理事宜，除查照中国旧章酌定外，应兼用日本国横滨、神户、长崎各通商口岸现行章程商办。

五、此居住界内日本人，照约应归日本人管理，如有无约之国及内地华人居住其中，自应由中国官管辖。

此件由黄遵宪曾孙黄敬昌先生珍藏并提供给中国社会科学院近代历史研究所研究员杨天石先生，使这一珍贵史料得以披露，与世人见面。

1896 年 3 月 27 日，日本国驻苏、杭领事荒川次己（文件称"荒川"）和黄遵宪同日分别抵达苏州。翌日，中日第二轮苏州租界谈判正式开议。对于黄遵宪提出的五条，荒川初始坚拒接受，妄称《马关条约》专款有"许以苏州让出一地，听日本政府自行管理"语词，要求设立"专管租界"，提出"租界内警察之权、管辖道路之权及其余界内一切施政事宜，悉归日本领事管理；所有界内道路、桥梁、沟渠、码头等均由日本领事官设法修筑"。黄遵宪则以《马关条约》中、日、英三国文本均无"许以苏州让出一地，听日本政府自行管理"一语相驳。双方互不相让。之后，荒川又以《马关条约》第六款第一条有"所有添设口岸均照向开通商海口或向开内地镇市章程一体办理，应得优例及利益亦当一律享受"为据，要求中方参照上海英租界，在苏州设立"专管租界"。黄遵宪则以"苏州系在内地，与海口不同"予以抵制。谈判陷入僵持局面。江苏巡抚赵舒翘在向总理衙门呈文中，告云："日人狡谲多变，早知其绝不能顺理成章、从速定议。然苏省首当其冲，使持议过于高坚，则必至决裂，贻朝廷忧；若塞责求其速了，则必致失体，招彼族侮。不得不浓淡相参，刚柔互用，始磋磨延至今日。"

由于日方强行要求设立"专界"，由日本"专管"，为打破僵局，黄遵宪不得不虚与委蛇，将原拟章程第四条"所有租税事务及管理事宜，除查照中国旧章酌定外，应兼用日本国横滨、神户、长崎各通商口岸现行章程办理"，改为"此界内如有华人杂居其中，仍归中国官管辖；如日本商人日见繁盛，将来若经两国政府商定，允许由某处至某处划作日本人专界"，意在将当时僵持不下的"专界"问题，推到"将来"再议，将事实变作虚辞。荒川不探究竟，表示可以接受。1896 年 4 月 14 日，双方就此初步达成"协议六条"。中国第二历史档案馆（南京）存有"协议六条"抄件，全文如下：

钦差南洋通商大臣两江总督部堂

钦命兵部侍郎江苏巡抚部院

会札专派黄道遵宪与日领荒川拟议办法六条

计开

一、清国允将苏州盘门外西界商务公司地、东界水绿（渌）泾、北界运河沿河官路、南界绵长泾，图中所画红色线以南暂时拟作日本人可以住居之界。

二、此住居界内，日本某商某人需地多少，可以随时向业主租赁，官为襄助。

三、此住居界内图中标明有井沟各项之道路，系公用之物，不得归一家租赁，亦无须居民输纳国税。

四、此界内道路、桥梁、沟渠、码头各项建筑之费，现由中国国家自办，将来商务日盛，岁修各费再随时商立章程，向各户捐收。

五、此界内如有华人杂居其中，仍归中国官管辖。如日本商人日见繁盛，将来若经两国政府商定，允许由某处至某处划作日本人专界，并将所管道路编入界内。此日本租界内即不许华人杂居其中。

六、此系暂时拟作可以住居之界，十年以内任听日本人随时租赁。如过十年后，即可任凭业主古随便租给各华人及别国人居住。

以上六条，已经两国委员和衷商办，意见相同。除各自呈报本国大宪及本国政府核定外，相应备文照会。

［旧海关档案·全宗号·六七九（2）第 1822 卷］

对"协议六条"，日领荒川当日自称："此系密议，所议在伊训权之外，两拟译电，禀告本国，因现在尚非专管界，恐政府不允，拟即日驰禀。将中国利弊详述，俟外部核准电复后，方可宣示。"（引苏州巡抚赵舒翘 1896 年 4 月 14 日致张之洞及江宁刘制台、天津王制台、成都鹿制台、杭州廖抚台的电文）而在清政府内部则出现重大歧见。总理衙门两次来电称"黄道承办此事，深合机宜"；"仍饬黄道一手经理，力任其难"。北洋大臣兼议约大臣王文韶评称"此举乃保我固有之权，不蹈各处租界之弊"，但却遭到已回任湖广总督的张之洞的激烈批评，尤其对第五条"将来若经两国政府商定，允许由某处至某处划作日本人专界"一节，极力反对。张之洞于 4 月 18 日在给总理衙门的电文中称："查历次所争，原欲除'专管'之弊，今许日后可以商令'专管'，各国亦必援例，是与原意大殊……明知日人注重于此，阻我收权之策，辩驳极非易事，然不可不尽力磋磨。"批评黄遵宪"未请尊示，遽换照会，似乎太率"，要赵抚台"其应如何饬令设法酌量补救，统候卓裁"。同日，张之洞急电总理衙门，申述己意："委员虽换，声明俟政府各大宪核准，自可再为妥议。因苏事议定，沙市各口必将援照，且赵电有'是否妥协，求示悉'等语，不敢不抒鄙见，非敢越俎妄议。除电商苏抚外，祈钧署主持并裁示，以便沙市议办有所遵循。"

对此结果，黄遵宪喟叹不已。他在 1896 年 4 月 26 日致同僚朱之榛（中方谈判代表之一）的信函中称："香帅（张之洞）来电，昨奉中丞（赵舒翘）抄示，于'允许将来'一节，极力翻腾，不知此系就'现在'推到'将来'，乃疑为弟所擅许条约。自必熟知，殆于各处通例，近日往来照会未及详察也。……国势如此，空言何益。"6 月 3 日，黄遵宪在给好友梁鼎芬的信中，更是一吐衷肠："所议吴事，总署函称'用意微妙，深合机宜'。夒帅（王文诏）亦称'保我固有之权，不蹈各处租界流弊，以议约大臣指为万做不到之事'，方窃喜不辱。而广雅尚书（张之洞）不考本末，横生议论，殊为可惜。此事，彼国尚未批准，允否实不可知，未敢遽将曲折宣告外人。"

对于黄遵宪与荒川初步议定之"六条"，事后，其弟黄遵楷挺身而出，为其兄辩护。称：

先生于是手草商埠议案，据述略言其内容要旨，约如左列：

其一，日商需地几何，许其随时分赁，则"专管租界"之语，暗为取消。

其二，道路各项，许其不纳地租，而实则为公共之物。

其三，租期十年以内，留给日人，而实则还我业主之权。

其四，杂居华人，归我自管，则巡捕之权在我。

其五，道路公地，归我自筑，则工务局之权在我。

凡所以暗破专界，撇开向章，补救新约之所穷，挽回自主之权利者，无孔不赞，无微不至。

盛赞其兄之所为，并用黄遵宪时下所作之两首诗云："我奉大府檄，奔走吴之江。一月三往来，往来趁夜航。彼酋领事官，时时从商量。喜则轩眉笑，怒或虬髯张。岂免斗唇舌，时复虑肝肠。世人别颜色，或白亦或黄。"又："和戎盟已定，开港事方稠。我奉大府檄，寻约毋效尤。夜郎挟天骄，自比黑面猴。号音不革乡，马逸难维娄。定议法六条，未番然与不。"（见黄遵宪《人境庐主诗草》卷八）

在此期间，中方谈判代表刘守汾与日方谈判代表荒川就"租界地价"一事经过迭议，达成"办法八条"。经钦差南洋通商大臣、两江总督刘坤一和钦命兵部侍郎、江苏巡抚赵舒翘批准后，于5月2日互换照会。其内容涉及"地价、租说、租地年限、转租、亩数、租地程序"以及"注意事项和罚则"两条。

此间，黄遵宪为处理"教案"，奉旨离苏赴江西办理此事。当得知日本政府断然拒绝"协议六条"后，十分悲愤、痛惜。1896年8月11日，他在致陈宝箴（陈任湖南巡抚期间，黄任按察使，为其属下，与"学政"江标共同倡办新政）的信函中称："……现在，安徽、江西各省教案均已次第清结。惟苏州开埠一事，经与领事订定，缮换照会，而彼国政府尽行翻异，横肆要求，不审何日得就范也。前议六条，施政之权在华官，管业之权在华民。爕帅称为'保我固有之权，不蹈租界流弊'。遵宪区区之愚，亦窃幸得保政权。而外间议者，未悉其命意所在，反挑剔字句，横加口语。诚使国家受其利而一身被谤，亦复何害！何意彼族狡谲，坚执约中'照向开口岸一体办理'之语，遂欲依样葫芦，自划一界，归彼专管也。前奉总署电，有'黄道承办此事深合机宜'之谕，总署近函又有'仍饬黄道一手经理，力任其难'之言。是以岘帅（刘坤一）、展帅（赵舒翘）争相引重，极力挚留。然更改彼议，领事无权，照依又万难曲允，进退维谷，徒深喟叹。"8月22日，他在给

145

好友王秉恩的信函中称"弟所拟苏州开埠六条。彼族全行翻案，意谓前议并非照向开口岸章程办理，又非比各国一律优待"，声明"划一专界，归彼管辖。凡议中所有微妙之意，婉约之词（总署云耳），直抉其阃奥，而破其藩篱。总署仍有一手经理云电，然弟则何能为力矣"，流露出"意欲晋京办引见，候旨分发"之意，并叹自己"半年以来，又苏又沪，奔走鲜暇，一事无成，苟使国家受其利，我任其咎，亦复何害？况议者，弟未悉其本末耳。参观互较，久亦论定。今则但托空言，此弟所为绕床而行，抚膺长叹者也"。在"万难曲允"的情形下，黄遵宪去志已决，于9月21日离职赴京"销差"，接任津海关监督一职。

　　第三阶段（1896年10月—1897年3月5日）

　　这一阶段的谈判，集中围绕租界"专管"和租界"沿河十丈官路"进行。

　　日本政府拒绝"协议六条"之后，将荒川撤调回国。其时，适值日本内阁总理大臣易帜，改由松方正义担任此职，经日本天皇御旨批准，1896年9月23日任命珍田舍己为驻扎上海兼理苏州、镇江等处通商事务总领事，接替荒川前来苏州重开谈判。由于之前中日租界谈判，日本武臣、议士以为"未得格外利益，类多不满林董"。在遭到本国政府的严责之下，日本国驻华公使林董于10月11日迳往总理衙门，强行要求中方接受"租界专管"。次日，林董向总理衙门发出照会，并附上所拟文凭底稿。延宕数日，未见总理衙门答复，林董于10月17日，再次照会总理衙门，竟称："允否？以明日子时为定！"给清政府下达"最后通牒"，气焰嚣张之极。

　　无奈之下，奕劻、奕劻（均为清王室成员）等总理衙门大臣于10月18日联名向光绪帝上奏《日本催马关新约请互立文凭并商订制造税抵换利益折》，称：

　　　　臣等查马关约准开四口，本有"均照向开海口及内地镇市章程办理"

之言，我欲以"宁波办法"为程，彼欲以"上海章程"为法，使外间善于因应，尚不难就范。无如苏省初与领事荒川元订六款，日政府驳之。续与珍田商议，久而未定，遂贻日本寻衅之端。杭界渐有规模，沙市现正商论，重庆似定非定，均难舍马关约别开生面者也。至机器制造税，关系甚重，林董议定新约，必别开另议。臣衙门因有"值百抽十"之奏。日本知中国志在必行，故允相让而别求抵换利益，亦可援"一体均沾"为说。现各该口通商已久，别国均有租界，原难独拒日本，我虽全许，量彼力亦尚不能同开。此次新约定议，日本武臣、议士以未得格外利益，类多不满林董之词。林董来署自言，政府责其颟顸，撤调回国。刻当外部人意存反复利害之间，不能不略权轻重。相应请旨饬下南洋大臣湖广总督、四川总督，山东、江苏、浙江各巡抚，遵照《马关条约》，饬属奉行，毋令启衅。一面由臣衙门再与林董晰订互立"文凭"，字句之间详慎斟酌，期纾近患至免疏虞。所有日本催行《马关条约》并抵换制造税课利益缘由，理合具折陈明，伏候皇上圣鉴训示。

至此，光绪帝不得不放弃"保我利权"之主张，同日朱批："如所议行。"次日，中、日政府代表签字。

公立文凭

大清钦命总理各国事务衙门大臣荣、敬、张

大日本国钦差全权大臣男爵林

为公立文凭事。

第一款　添设通商口岸，专为日本商民妥定租界管理道路以及稽查地面之权，专属该国领事。

第二款　光绪二十二年八月初三日江海关所颁示之洋商苏、杭、沪三处通商试办章程内，其系轮船以及雇用自置船只之事，当与日本妥商而定。未经商定之前，务依《长江章程》照行。

第三款 日本政府允中国政府任便酌量课机器制造货物税饷，但其税饷不得比中国臣民所纳加多或有殊异。中国政府亦允一经日本政府咨请，即在上海、天津、厦门、汉口等处，设日本专管租界。

第四款 电达山东巡抚，凡距日本军队驻守区之划界，日本里法五里，约合中国四十里以内，中国军队不宜逼近或驻扎，以符条约。

为此公立文凭，须至文凭者。

以上缮写汉、日文各二份，校对无讹，署名盖印，彼此各执一份，以昭信守。

　　　　　　　　光绪二十二年九月十三日　明治二十九年十月十九日

[载《光绪朝东华录》（第四册）第 140 页，总 3869—3870 页。参考《中外旧约章汇编》，王铁崖编，生活·读书·新知三联书店 1957 年版。]

此一"公立文凭"又称《通商口岸日本租界专条》。据此，南洋大臣刘坤一和江苏巡抚赵舒翘等即不再坚持。最后由谈判双方代表重新开议，于 1896 年 12 月 24 日最终议定"界章十四款"，即将由黄遵宪代表中方与日领荒川拟议的"协议六条"和由刘庆汾代表中方与日领荒川拟议的"租界地价八条"归并，作了完全符合日方要求"租界专管"的某些文字修改，并添增"嗣后苏州别国居留地，倘中国另予利益之处，日本租界人民亦须一体均沾"和"其余琐碎事宜未必备载章程者，彼此另行照会存案"两款。

日方已得在苏州设立"专管租界"权利，本可以消停下来，坐享其利，岂料又横生枝节，强行索要"沿河十丈官路"。所谓"沿河十丈官路"，是指"租界地"与"运河"河道之间留出的十丈地面，由中方作为"纤路、电杆、路灯等用"并言明"不建房屋"，而在我则为"收权第一下手处"（张之洞语）。在第一轮租界谈判的后期，日方代表就提出索要此一地段。1895

年12月20日，日本公使林董与代理两江总督张之洞会晤，张之洞于次日在致苏州巡抚赵舒翘和杭州廖抚台的电文中，称："日使二十日来晤，已允照地方官所指之地，惟不愿留出靠河十丈。续来文又伊政府来电，任索领事原指胥门外之地，本署驳复后，日使复文亦云可以迁就，但争靠河十丈。本署拟照'敬'电所云'靠河不让'之理复之。"同月26日，张之洞致电苏州巡抚和商务局、洋务局各道台："商埠地段已定，请速饬先清靠河地赶划十丈，填筑路基，务在洋商未来之前动手。密（觅）渡桥堍设'新关'（'洋关'）地基、商务公司界东工程局地基，亦须先行划留，以示管辖商场之权，志在必收。"时过一月余，即1896年2月5日，张之洞电告总署"林使照称：'租界沿河十丈地方，允归中国地方管理。惟将来别国租界如有归其管理者，日本也当一律'"，此事乃寝。

孰料此次重启租界谈判之际，新任日本驻华公使内田康哉就"沿河十丈地段"一节，全然不顾颜面，出尔反尔，竭力翻腾，向总理衙门发难。1986年12月27日，内田向总署递交"四款"：

一、沿河十丈，归日本租界内。

二、已经用费，不向日本索回。

三、筑路所用地基，免纳地价地租。

四、将来筑路如何支办，专由领事而定。

对此，总理衙门在致南洋大臣刘坤一和江苏巡抚赵舒翘的电文中，明确告之："本署将前三款驳回，允第四款与地方官商议。究竟沿河一节，界章内措辞如何，余款与彼四款，有无相关，即将大致撮要电达。"

至此，经苏州地方官会同谈判代表商定，在拟议的《苏州日本租界章程》中，将有关"沿河十丈官路"的表述，修改为"至沿河十丈地面一层（官路四丈在内），暂作悬案，但中国允日本人民任便往来行走，上下客货，系泊船只。并声明不得在该地面上有所建造，将来倘允别国将沿河地面列在居留地内，日本亦当一律办理"。至此，日方谈判代表才偃旗息鼓，接受此议。

1897年3月5日（明治三十年三月五日），中日双方代表就《苏州日本租界章程》（日文本称《苏州日本居留地取极书》）正式签字。同年5月，获两国政府批准。"界章十四条"的核心，在于日方一再坚持在苏州、杭州、沙市三地新开口岸以及拟议在上海、天津、厦门、汉口等处设立日本专管租界的野心得逞，而清政府尽力挽回既失利权的外交努力终告破灭！

　　附：苏州日本租界章程

第一条　中国允将苏州盘门外相王庙对岸青旸地，西自商务公司界起，东至水绿泾岸边止，北自沿河十丈官路外起，南至采莲泾岸边止，即图内红线所划之处，照竖界石，作为日本租界。至沿河十丈地面一层（官路四丈在内），暂作悬案。但中国允日本人民任便往来行走、上下客货、系泊船只，并声明不得在该地面上有所建造。将来倘允别国将沿河地面列在居留地内，日本亦当一律办理。

第二条　界内道路、桥梁以及巡捕之权，由日本领事官管理。其道路、桥梁，今议由日本领事官设法造修，与中国地方官无涉。但照图内所划应设道路之外，若另开道路，凡于彼此人民水利有关之处，须与地方官妥商办理。

第三条　界内地基只准日本人民租赁，但华人愿在界内居住者，准其租屋，自行贸易营生。至于品行不端无业游民，曾经犯案不安本分之华人，及扰害租界行同无赖之日本人，概不准在界内居住。违者，即行驱逐，不许逗留，倘再故违，由该国应管之官惩办。其界内居住之华人，凡有词讼案件及中国地方官应办事宜，务照上海租界洋泾浜会审章程办理。中国应在界内设立会审公署。

第四条　界内地价，每亩议定租价洋银一百六十元。自盖印之日起，十年内不得涨价，十年后，则应照界内邻近公平价值租赁。租主、业主均不得阻挠抑勒。

第五条　界内地税，每亩每年应完纳税钱四千文，但从盖印之日起，十年内每年每亩只朗完纳税钱三千文。十年外，则每年每亩应永纳税钱四千文。其完税日期，每年限定华历正月十六日起至三十日止。此十五日内，各租主须将该年应纳之税如数措齐，照上海各国人完纳之法办理。但公用之道路、桥梁、井沟等处，不纳地税，亦不准一人，一家租赁。

第六条　凡租地时，须禀请日本领事官，将承租人姓名以及欲租地若干亩照会中国地方官，派员会同踏勘该地有无窒碍，始能出租，并俟其交清租价及一年地税。地方官应缮租契三纸，除一纸存案外，其余二纸函送领事官盖印，一纸交该名收执，一纸存领事公署，以便查考。租妥后，令租主自立界石。再，界内地段，每人至多只能租六亩，至少亦须租二亩。倘有须租至六亩以上者，应先具情禀请领事官，领事官仍照会地方官核办。

第七条　凡租地必须租主或代理人居住经营。若有不得已事故，非转租不可之时，须先禀请日本领事官查明，照会中国地方官存案，方准换契转租，以便查考。

第八条　凡租契以三十年为限。满限后准其换契续租；以后永照三十年换契之例。换契时，租主应禀请日本领事官，咨照中国地方官更换，不得再给租价以及别项费用。倘满限不报者，应由地方官通知领事官传谕该名。若逾两月仍不呈报，即将该契注销，以便稽查，而有限制。

第九条　界内房屋应当迁让之时，中国地方官相助办理。至于坟墓，地方官极力开导迁移。其于坟墓多处，则应由地方官筑墙围护，以免践踏。再，界内未经日本人民承租之地，应听凭华人照常居住、耕种，以免失业。

第十条　界内不准建造草房以及板顶等房，致易引火贻害他人。倘有违犯者，立即禁止，勒令拆毁。

第十一条　界内不准收藏火药、炸药以及有害人身家性命、财产之物。倘有违犯者，各按本国律例办理。倘因工作必须应用炸药等物，须先开单呈报日本领事官，由领事官先行通知税关，查验明确，方准起岸。起岸后，应有一定收藏之所，并应从速用完，不得任意贮藏各处，或久宕不用。若有此等事故，应由领事官责令该名迁移界外，以安间阎。

第十二条　日本领事官应与中国地方官筹商界外一僻静空旷与居民无碍之地，自行向民租赁，作为日本葬坟之所。其地丈尺以十亩为率，倘将来不敷，随时与地方官妥商扩充。

第十三条　嗣后苏州别国居留地，倘中国另予利益之处，日本租界人民，亦须一体均沾。

第十四条　其余琐碎事宜未及备载章程者，彼此另行照会存案。

以上各条系两国委员各奉政府命令和衷商妥者，应缮中文、日文各二纸，彼此校对无讹，署名画押，各执二纸，候上宪全行批准后，方能盖用官印照行，以昭信守。

大清帝国钦命二品顶戴苏州承宣布政使司　聂缉椝

大清帝国钦命二品衔监督苏州关江苏督粮道　陆元鼎

大日本帝国钦命驻扎上海兼理苏州镇江等处通商事务总领事官　珍田舍己

光绪二十三年二月初三日　明治三十年三月五日

（本文收入《苏州史志》，2012 年年刊，苏州市地方志办公室、苏州市政协文史委合编。）

苏州衙门辞退"洋捕头"的一场抗争

　　1895 年 10 月 20 日，江海关税务司贺璧理（英籍）奉总税务司赫德（英籍）之命前来苏城，就苏州设立"洋关"与"租界"事宜，与苏州洋务局总办罗嘉杰商谈。商谈中，议及未来苏州租界地开设"巡捕房"以维持租界及周边地区治安一事。罗请贺在上海代为物色一名外籍捕头。回上海后，贺璧理把苏州的此一要求向赫德发电汇报。因当时中日双方代表围绕"苏州租界地"的谈判在苏城刚开始，之后又因日本强势逼要租界"专管"而处在激烈争执之中，"物色外籍捕头"一事暂时搁置下来。直到 1896 年 4 月 12 日，由南洋通商大臣、两江总督刘坤一，兵部侍郎、江苏巡抚赵舒翘专派江宁洋务局总办黄遵宪与日本驻苏州领事荒川次已在苏城举行租界第二轮谈判并拟议"办法六条"后，经赫德举荐，并经"总理各国通商事务衙门"（为清政府专司办理洋务而设立的中央机构，简称"总理衙门"）允准，安排铖尔德（英籍）来苏襄办此事。

　　铖尔德，何许人也？从后来被勒令"辞退"而由赫德直接出面为其辩护的照会中，此人底细浮出水面。原来，铖是戈登（英籍，焚毁北京圆明园的执行者和镇压太平天国军的刽子手）手下的一名副将职衔的带队官，身上也沾满了中国人民的血迹。不少苏州人都不会忘记，1862 年 4 月 13 日，忠王李秀成率太平军攻克苏州，着手建立以苏城为中心，辖常州、松江、太仓和苏州等州郡的"苏福省"。时任江苏巡抚李鸿章站在清政府立场上，接受前任"借师助剿"、"抚夷助剿"策略，勾结在华的所谓"常胜军"洋枪队首领戈登，于1863年春攻陷苏州，致使苏城大批民众被屠杀。事后，戈登被清帝授"提督衔"，赐"黄马褂"，戴"孔雀花翎"。钺尔德当时就是随戈登攻入苏州的一名"悍将"。戈登因与李鸿章在苏州"杀降事件"（李鸿章不顾戈登反对，进城后下令杀害太平军八名降将）上产生矛盾，以至严重对立，回到昆山防线后宣布解散"常胜军"，不久回国（1885年1月26日被苏丹起义军击杀）。而钺尔德仍留在中国，寻找新主。后被海关总税务司赫德（英籍）收留。1864年，钺进入江汉关（洋关），担任"头等总巡"（专司海关稽查缉私）。1896年4月5日，钺尔德抵达苏州，22日就任"总捕头"。

据当时正在苏城筹办建立苏州关（洋关）的孟国美（英籍，原任江海关额外副税务司。1896年7月1日，赫德任命孟为苏州关署理税务司）于时年7月3日向赫德发回的"第一份报告"称：

> （4月）5日，钺尔德先生自沪来苏。6日，我将他介绍给陆道台。8日，三等验货员豪斯登先生到达。11日，钺尔德先生和豪斯登先生迁入官方免费提供之宿舍，其位置在城内，距东南城门半哩，距觅渡桥一哩。12日，我去上海购买家具及备用品。在苏州期间，我还去拜会法官、知府和三位地方官。18日，从上海回来，宿于船上。22日，巡抚派出二十四名士兵作为未来租界地警察，他们在钺尔德先生面前列队经过。待建之营房，由钺尔德先生选定在东南城门外，临时营房稍作装置后，他和他的属下搬了进去。
>
> ［旧海关档案·全宗号六七九（2）第1809卷，周德华译。］

报告中的"陆道台"，指陆元鼎，时任江苏督粮道（二品衔），中日苏州租界谈判中方主要代表之一。6月8日，总理衙门任命陆兼任苏州关监督公署监督（首任）。与钺尔德签约和"解雇"，就是由陆主管的。钺被任命为"总捕头"，月俸两百银两。苏州关（洋关）于 10 月 1 日开关前，钺又被赫德任命为苏州关"头等总巡"，身兼两职。

不久，钺因行为不端被告发。苏州关监督和苏州租界委员联合照会海关总税务司赫德，具情：

> ……孰料此洋捕头自恃高傲，放荡不羁，在苏州任职短短半年间，常唆使下属捕员为其寻觅良家妇女，每于夜间招在捕房内住宿，一宵给洋十元、二十元不等；并邀各车行主到盘门、阊门各处妓院内嫖娼，匪伊朝夕，殊属不成事体。其下属捕员更是狐假虎威，时不时地到附近各店内，或借洋，或纠会，稍不合意，借公报私，各店受累无穷。当时苏、申各报，时有见闻……

钺的斑斑劣迹引起总理衙门关注。1896 年 11 月 30 日，总理衙门札文总税务司赫德，令他速将钺调回，"另行派差"。而赫德却罔顾事实，偏听偏信钺尔德编出的一套谎言，竭力为其粉刷、辩护。延至 1897 年 8 月 9 日，赫德在致总理衙门的咨文中称：

> 总巡钺尔德接苏州关监督暨租界委员照会，叙有人控告总巡不法各情。该总巡情不甘服。钺尔德自清同治三年到关当差，光绪七年升"头等总巡"。该员前在提督戈登"常胜军"中为带队官，副将职衔。该军遣散时，特将其留用，诚可靠之人。贵署李中堂（指李鸿章）所洞悉也。迨苏埠开办通商，上宪遴员管理租界道路、码头暨巡捕等事，是以饬令江汉关总巡钺尔德前往苏州襄办六个月。嗣因日界改归日本管理，遂于本年正月间拟调回江汉关本任。彼时苏省上宪欲挽留襄佐，以资臂助，曾由贵衙门允行。总税务司即令仍行襄办一切。忽于前数月接有匿名揭

帖……敝署税务司贺璧理由香港北旋时，便道赴苏密访……已饬苏关税务司挽留总巡，妥为了结。

［旧海关档案·全宗号六七九（2）第 1807 卷，周德华译］

赫德的此一照会传至苏州，地方官府为抵制铖的恶行，即于 1897 年 8 月 11 日发出照会，予以回复。文称：

> 查铖尔德本系江汉关总巡，上年四月间由赫德总税务司保送来苏，借用六个月，开办租界事宜。今借用早经满期，且不洽舆情，亟应裁撤。该捕头恃由总税务司保送，抗不交差……由关道另雇妥慎巡捕充当。

（引文来源同上）

赫德不得不做出退让。同年 9 月 13 日，赫德再次呈文总理衙门，表示"已饬苏州关税务司转知该总巡即应料理一切，于月底交卸"。

9 月 19 日，苏州关监督公署照会孟国美，宣布解除铖尔德"总巡捕"和苏州关"头等总巡"职务，"其薪水经费截至本月底止，七、八两月薪水四百七十关两，交送铖尔德。捕房事件应即交代后任办理"。照会中，陆元鼎还就铖解雇后由何人接替"捕头"一事，与孟税司商议：

> 所有租界巡捕事宜，本拟奉屈贵税务司暂时接管，惟念新关事繁，难以兼顾，只得暂饬租界总巡委员陆令嘉谷暂接。但捕务繁要，还望贵税司随时照料，以期妥协。至西捕头，应从速觅雇。贵税司交游甚广，即请一礼拜内代为费神，觅一方正、熟谙捕务之员来苏接办，是所拜恩。至薪水一层，前铖总巡系由总署电荐，且原议令兼管日本租界，是以薪水从优，月给二百金，兹仅管理沿河马路及各国租界。其新西捕头薪水拟仿"杭章"（指《杭州租界雇用洋捕头章程》），月给洋一百五十两。

如实在不敷，略增亦可商办。

[旧海关档案·全宗号六七九（2）第1822卷，第138号文]

1897年10月7日，孟税司照会陆元鼎，称："已觅得洋人马勒（法籍），自称在沪地已十余年，中国情形亦稍知晓，愿充总巡一职。"不知何因，此事未有结果。直至中旬，觅得鄂尔生（译音，也用"奥而生"，挪威国籍）。鄂于10月16日来到苏城。翌日由苏州关监督公署、苏州洋务局与鄂尔生三方签订雇佣合同，言明："以两年为期。到期前，可续亦可辞退。"自后续签五次。鄂任租界总巡捕一职累计长达十二年之久。

1909年，适值苏省巡警奉饬改章，改设"警务公所"，将租界巡务改隶公所管理。同时议决辞退鄂尔生。鄂对此并无异议，签字认可。未料驻沪各国领事公会从中作梗，照会苏州巡抚衙门和苏州警务公所，竭力反对中方辞退鄂尔生。

对此，苏州巡警道汪瑞闿于1910年8月呈文苏州巡抚瑞徵：

查苏州租界昔年开放商埠时，警察（署）尚未成立，权令海关派令本关巡长铖尔德充当捕头。旋即因"案"被控撤差。光绪二十三年，由关道雇用瑞威国人鄂尔生派充捕头，订立合同，于是年九月二十一日起，以两年为一期，至二十五年九月二十一日止。以后或续或停，均由彼此情愿，互相知照。并订明"认关道为正上司"等语扣。至宣统元年九月二十一日，届六次期满。适值省垣巡警奉饬改章，诸求完善。遂由关道暨洋务局按照合同知照，以期满为止，不再续延，彼此签字认可，并经前升抚瑞咨明民政、度支、外务部查照在案。所称"地契章程"第七款，职道衙门无卷可稽。即照来文，仅载明"巡捕事宜由中国地方官会同税务司办理"，并无"必须雇用洋捕头"字样，则近年不再雇用洋人，系中国自有主权，核与地契所载章程毫无违背。况租界巡警事宜，自元年八月十五日归并警务公所、接管辞退洋捕以来，迄今将及一年，外人侨寓苏州者均经警员、警长随时随处妥为保护，共享治安。是去一洋捕头，于外人并无损碍，此其明证。且昔年用洋人为捕头时，凡遇外事，警察仍归地方华官照章办理，并不因已用洋人，华官遂不负保护之责任，是洋捕头本属如口之赘，今为外人计，只需问巡警之能否切实保护，不必计及巡警曾否延用洋人，即使所引"地契章程"第七款有"会同税务司办理"一语，既无指出"必须任用洋员"，明文亦无指出税务司可得干预地方警官用人行政之权。缘"警务"与"税务"诚如宪谕质性权责迥乎不同，税务司虽为中国办事，断难令其兼顾。总之，警务本属内政，未便假手外人。职道惟有恪遵民政部奏办章程妥筹办理，督饬区长巡官、翻译各员率同巡长、巡警将租界巡警事宜加意整顿，严密巡防，俾中外商民均各安居乐业，决不稍分畛域，或任疏懈，致贻口实。在外人，尽可勿存疑虑之心。除详某宪并咨苏关道、洋务局一体查明原案切实驳复外，理合具文详复。仰祈鉴赐，汇核转咨批示。

（民国《吴县志》卷五十一《兵防考一》）

未料，驻沪领事公会轮值国、比利时驻沪薛总领事仍是固执己见。给苏州巡抚送递照会，以解雇鄂尔生"有损名誉"为由，并以苏州租界章程第七款内载有"所有商民在此界内往来侨寓，中国地方官自应按约保护；所有巡捕房事宜由地方官会同税务司设立管理"此语为"依据"，声称"上海领事公会均谓不当辞退"。

有后台撑腰，鄂本人更是有恃无恐，出尔反尔，拒不卸差，要求续用。鉴于此情，是年 10 月 11 日，江苏巡抚瑞征札开《照得辞退苏州马路洋总巡鄂尔生、酬给薪洋、巡警收回自办并照会领事事》：

查得城外开辟商场、租界，经前苏州关道于光绪二十三年聘用洋总巡（捕）奥国人鄂尔生管理巡捕事宜，一切用人之权均为所操。每月薪水二百元（杂费在外），订立合同，以两年为期满。迄今期满，已届六次。本部院以警务系属内政，未便假手外人。本是复届期满之时，当令关道及洋务局并派潘译前往，按照合同辞退。而鄂尔生借口多端，屡经辩论，始得就范。……按税司等员历过十年赏给一年薪水之例，由关道付给鄂一年薪水，并杂费洋二千六百元，议定辞退。驻沪领事公会比国（比利时国）薛总领事照会，以苏州租界章程第七款内载"所有商民在此界内往来侨寓，中国地方官自应按约保护，所有巡捕房事宜由地方官会同税务司设立管理"等语，领事公会均谓不当辞退，照请复等。以鄂当差十二年，业已六次，按合同辞退，与名誉无损，与领事公会无涉，又无约定必须雇用洋人之说……

〔旧海关档案·全宗号六七九（3）第 1911 卷〕

由于中方据理力驳，各国驻沪领事公会理屈词穷，无计可施，只得偃旗息鼓。中方在第二次辞退洋总巡捕一事上，不惧洋人脸色，且据理力争，毫不妥协，扬眉吐气，其事乃寝。

（收入《苏州史志》，2013 年年刊，苏州市地方志办公室、苏州市政协文史委合编。）

江南巨富沈万三研究

江南巨富沈万三"生卒年时"考

沈万三是元末"资巨万万"、"富甲天下"的一个传奇人物。此人虽非出身官宦世家，在等级森严的元、明两代王朝中又无官职可任，然其人其事却在江南一带广为流传，至今不衰。

有关沈万三的传闻轶事，记之于《明史》的，有《马皇后传》、《王行传》、《纪纲传》，凡三处；见之于明清文人雅士所著笔记小说的，不下二十余种，举其要者，有郎瑛的《七修类稿》、王肯堂的《郁斋冈笔尘》、孔迩的《云蕉馆纪谈》、董谷的《碧里杂存》、田艺蘅的《留青日札》、杨循吉的《蓬轩别记》等等；载之于明清官府所纂地方志书的，少说也有七八部，其中沈万三宅居地昆山《周庄镇志》记载尤详。至于民间传说，更是广而泛之。至今，苏州市属诸县、宁镇地区以及浙江、安徽一带仍流传着沈万三发家、豪奢、田产、经商及家庭生活诸方面的许多故事和传说。

沈万三的存在，决非子虚乌有，这是确信无疑的。但有关他的生卒年时，各种史料、笔记并无详记，加之明万历朝以来众说纷纭，使后人莫衷一是。近见纂成于1991年1月的《周庄镇志·人物篇》记载，沈万三的生卒年时为"（1360—？）"。对此，本人不敢苟同。笔者认为，弄清沈万三的生卒年时，对于搞清他以何致富，有着直接而又重要的联系。

有关沈万三致富缘由，本人在另一篇《沈万三致富缘由辨考》中作专题分析探讨，本文仅就他的生卒年时，从史料角度发表一点拙见。

一、沈万三的出生年时，当在元大德年间（1297—1307），而不是元至正二十年（1360）前后

这方面最有说服力的佐证，是清道光年间在周庄原秀南村杏村崇远庵右出土的沈庄墓碑。沈庄为沈万三之孙。墓志铭曰：

> 公讳庄，字伯熙，姓沈氏，苏人也。其先世以躬稼起家。曾大父佑，由南浔徙长洲，见其地沃衍宜耕，因居焉。大父富，嗣业弗替，尝身帅其子弟力稿事，又能推恩以周急难，乡人以长者呼之。父旺，丰姿庞厚，有二子，长曰至，季即伯熙也。伯熙为人持重和逊，衣冠步趋檐如也。平居，善事亲，喜接宾客，闾阎间礼容恂恂，不依富自矜，虽爱憎一人亦罔形乎词色，内外咸德之。尤克纪纲家事，好蓄书史奇玩……

墓志中的"大父富"，即沈万三。沈万三，原名沈富，字仲荣。元时，称人以郎、官、秀为第，秀为上等。明初，分民为哥、畸、郎、官、秀五等，每家给"户由"一纸，哥最下，秀最上。又因沈富排行老三，故时人以"万三秀"目之。联系到该墓志铭后段称：

> 洪武十九年春，兄至，以户役故，缧绁赴秋官，时伯熙亦获庚京师，适与兄同系狱。入，则抱其兄痛泣曰："吾兄素羸，不堪事，今乃至于斯耶！"既而，伯熙先出，遂得疾甚，药莫疗，竟以其年五月二十一日卒于京，春秋四十。以是月二十七日权厝于上元县之砺石冈。去年冬，兄子德全舁榇归，未克葬。今始营新邻于长洲二十六都影村景字之原，将卜以洪武二十一年十二月二十一窆焉。

联系其他史料中有关沈万三子嗣传承的记载，大致可以勾画出沈万三前后五世家谱，即：

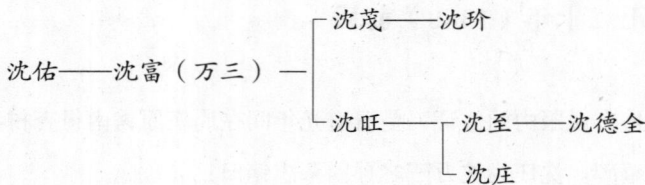

```
                              ┌─ 沈茂──沈玠
沈佑──沈富（万三）─┤
                              └─ 沈旺──┬─ 沈至──沈德全
                                        └─ 沈庄
```

按此墓志，沈庄病卒年为明洪武十九年（1386），享年四十，由此上推，则沈庄出生年应为元至正七年（1347）。以古代父子代传平均约30年计之，则沈万三的出生年当在元大德二年（1298）前后。以此推论，朱元璋建都金陵，于公元1368年称帝建号"洪武"时，沈万三已是一位年届七十岁的老人了。《周庄镇志》记沈万三生于1360年，足见是一个失误。

二、沈万三卒亡年时，当在元末或明初

关于沈万三的卒亡年时，可以说是扑朔迷离。大致有两种说法：

一说是在助明太祖朱元璋筑都城又请犒军之后。《明史·马皇后传》曰："吴兴富民沈秀，助筑都城三之一，又请犒军。帝怒曰：'匹夫犒天子之军，此乱民也，宜诛之。'后谏曰：'其富敌国，民自不祥。不祥之民，天将灾之，陛下何诛焉。'乃释秀，戍云南。"从其他史料中得知，朱元璋于称帝建号的前二年（即1366年）开始实施兴筑南京大城计划，直至洪武十九年（1386）竣工；马皇后卒于洪武十五年（1382），其时，都城尚未完工。以此推测，沈万三遭朱元璋迫害"戍云南"时，已年届八十余岁。

另一说是在助筑都城又请犒军之前。关于"助筑都城"一事，究竟是沈万三本人所为？抑或乃是其子沈茂、沈旺所为？历史上一直有不同说法。明

清小说笔记如《五杂俎》、《留青日札》、《云蕉馆纪谈》，记沈万三所为；《明史·马皇后传》所指"吴兴富民沈秀"，显然也是指沈万三。如是，沈万三卒年，当在明王朝建立以后。但也有一些明清笔记小说著者认为，"助筑都城"一事乃沈万三的两个儿子沈茂、沈旺所为。最早持此说的是杨循吉（1458—1546）。杨是吴县人，明成化二十年（1484）进士。他在《蓬轩别记》一书中，提到朱元璋定鼎金陵后，召之廷见的是沈万三的两个儿子沈茂、沈旺，以后因"胡蓝党案"被发配到辽阳从戎的又是沈茂，只字未提沈万三。前后文联系起来，沈万三已卒于元末或明初。笔者愚见，杨说似属可信。理由是：（1）杨循吉与沈万三，虽生不同时，但却是同乡（唐时，析吴县地，置长洲县，同属一境），杨循吉的生活时代距沈万三仅一百多年。时近则事清，传闻更符合史实。（2）杨循吉做过礼部主事，据《明人传记资料索引》（台湾"中央图书馆"出版），此人"善病，好读书"。弘治初，辞官返里，结庐支硎山（一名"报恩山"，在苏州城西十五里），其时，年方三十一岁，活到八十九岁，有著作十余种。杨对沈万三的传闻轶事很感兴趣，生前曾雇舟去周庄探古。他在《苏谈》一书中称："沈万三，家在周庄，破屋犹存，亦不甚宏壮，殆中人家制耳，唯大松犹存焉！"应该说，杨循吉有关沈万三的记述，比之其他后世轶闻更贴近史实。

笔者近日查阅古籍，在清同治《苏州府志·杂记》中觅得一段珍贵史料，全文抄录如下：

> 沈万三（秀），有宅在吴江二十九都周庄，富甲天下，相传因通番而得。张士诚据吴时，万三已死。二子茂、旺，密从海道运米至燕京。洪武初，龙角来献，侑以白金二千锭，黄金三百斤，甲士十人，甲马十匹，建南京廊房一千六百五十四楹，酒楼四座，筑城甃阶，造铁桥、水关诸处，费巨万万计。时方征用人才，茂为"广积库提举"，旺之侄玠为"户部员外郎"。洪武二十三年，莫礼过访之，见其家屏去金银器皿，

以刻丝作铺筵，设紫定器十二桌，每桌置羊脂玉二枚，长尺余，阔寸许，中有沟道，所以置筋，恐筋污刻丝故也。行酒用白玛瑙盘，盘有斑纹，乃紫葡萄一枝，五猿采之，谓之"五猿争果"。盏则赤玛瑙，有缠丝二物。光彩灿然，天然至宝。明日，其赘婿顾学文设宣和定器十二桌，每汤一套，酒七行，每行易一宝杯。其后，顾以奸淫事坐党祸，连及万三曾孙德全等六人及顾氏一门，同日凌迟。而礼亦连坐诛。

这段记载，笔者以为有可信之处。沈万三曾孙沈德全确因"胡蓝党"一案，于洪武三十一年（1398）二月二十四日被凌迟处死，这可以从时任锦衣卫镇抚司卫镇抚臣刘琠的奏本中得到佐证。提到的莫札这个人，亦因"胡蓝党案"而被诛连。其人于洪武二十三年（1390）过访周庄沈宅，目睹沈、顾两家豪奢情景，似也可信。如是，则这段"杂记"中所云"张士诚据吴时，万三已死"，谅也有根有据。张士诚（1321—1367），为元末割据江、浙一带的武装首领，出身盐户。元至正十三年（1353），在红巾军起义影响下，与其弟士义、士德、士信及李伯升等十八人，杀富户，招集盐丁起兵反元。至正十六年二月，攻占苏州，据以为都。至正十七年降元。至正二十三年自立为"吴王"。这说明沈万三在朱元璋 1368 年称帝之前即已作古。

有人提出疑问：《明史·马皇后传》指的"吴兴商民沈秀"难道就不是沈万三吗？笔者参酌多种史料后认为，此说非指沈万三，应该是指沈万三的两个儿子孙茂、孙旺。理由是：

1. 沈万三随父沈祐于元至顺元年（1330）于吴兴南浔举家东迁至长洲县（今苏州辖地）东蔡村，后又从东蔡村迁至周庄定居，距明初已有四五十年。何以马皇后以"吴兴富民"冠之？《明史》虽属正史，而非人们茶余饭后言谈的野史，然毕竟是在清康熙朝时由朝廷编修，距明初已有三百余年；何况沈万三又是一介平民百姓（当然，不是一般普通的平民百姓），正史不予立传，也是情理之中的。那么，仅是根据传闻所作的记述，难免产生不确切或错误之处。

2. 元、明时代称"秀"，是对有财之民的一种称谓，决非一人之专利。清人田艺蘅所著《留青日札》曰："今人言富者，必曰沈万三（秀）云。盖元末人云，沈姓，万三行。秀者，元时称人以郎、官、秀为第。"由此看来，沈茂、沈旺继承其父沈万三的巨额遗产，并出面助筑都城是完全可能的。把沈茂、沈旺称之为"沈秀"，丝毫无穿靴戴帽之嫌。古代，子承父业后，把积德义举冠以祖上名字，也是常见之事。现代社会中，也不乏此类孝悌之事，这也是受传统文化影响很深的中国人的一种美德吧！故不能仅凭马皇后一句"吴兴富民沈秀"，就断言是指沈万三，进而推断沈万三不是卒于元末，而是卒于明洪武中期。

总之，由于前人对沈万三的生卒年时记载不详，又加上传说众多，以致看法不一，说法各异。本人分析所得，并非真知灼见，只是抛砖引玉，以期引起广大专家学者的关注！

（本文收入《江南巨富沈万三》，苏州市历史文化名城研究会编，古吴轩出版社，1994年12月版。）

沈万三"致富缘由"辨考

元末明初以来，沈万三的名字一直在民间广为流传。如今，在江浙特别是苏州、南京一带，年纪稍稍大一点的人，一提起沈万三，几乎是无人不知，言谈中还能引出沈万三的许多带有传奇色彩的故事来。

一个力穑农事家庭出身的平民百姓，一生又未混迹官场，何以几百年来被人们津津乐道？追根究源，其源盖出在一个"富"字上。也许是巧合，沈万三的本名就是沈富，因在家中排行老三，又家资巨万，富甲天下，故时人改称他沈万三，本名反倒渐渐被人遗忘，沿沿相习，以至于今。《明史》又称沈万三为沈秀，也是事出有因。元王朝统治期间，把平民百姓分为"郎"、"官"、"秀"三等。延至明初，分为"哥"、"畸"、"郎"、"官"、"秀"五等。"哥"最下，"秀"最上。洪武初，由地方官府分发各家"户由"一纸，分别划定等第。每等之中，又各有等。沈万三家凭着"巨富"这个头衔，当属"秀"字之列。明弘治年间做过"学正"的田艺衡在所著《留青日札》一书中有这样一段话："今人言富者，必曰沈万三（秀）云。盖元末人云，沈姓，万三行。秀者，元时称人以郎、官、秀为第，至今人之鄙人者曰：不郎不秀，是言不高不下也。"但不论是本名沈富，还是雅名沈秀，都不如沈万三这个称谓听起来耳熟。中国近代民主革命的先行者孙中山先生，又叫孙逸仙、孙文，虽属同一人，但凡称孙中山的，从中国的党政要员到普通的小学生，乃至海外同胞，可以说是无人不晓。这或许是一种约定俗成吧！

提到沈万三家的富裕，确实非同一般。明成化年间进士、做过礼部主事的吴县人杨循吉称沈万三为"元季江南第一富家"。据史料记载。元王朝统治中国的九十九年间，江南地区特别是长江三角洲一带，冒出了一大批富豪。如云间（今上海松江）的富家许证，"纳粟犹如瓦砾"；永南的大贾元孚，"挥金不啻泥沙"；太仓的朱清、张瑄，"富过封君，珍宝、番货以巨万万计"；上海嘉定的沈氏，为"巨富之家"，等等。而沈万三属江南富家之魁，谅也不会言过其实。其他一些明清小说笔记作者，如：明至德十年（1516）中举，历任安义、汉阳两县县令的董谷称沈万三"资巨万万，田产遍天下"；《挑灯集异》和《五杂俎》的两位著者则称沈万三"富甲天下"。当然，言沈万三大富的，莫过于帮助丈夫创业守成、贤明仁慈的朱元璋的老婆马皇后。事情是这样的：元至正十六（1356）三月，朱元璋攻占集庆（今南京市），改集庆路为应天府，意欲以此作为建都之地。在兴筑故宫（今南京"明故宫"）后，想"广其外城"，但由于连年征战，府库虚乏，就在这个时候，沈万三家提出"愿助筑都城三之一"。自后，朱元璋开始实施筑城计划，先后征调全国各地工匠二十多万人，用了二十一年时间，洪武十九年（1386），外城方告竣工。据新中国成立后1954年实测，南京城垣周长33.676公里，城墙高度约在14—21米之间，基宽14米左右，顶部宽4—9米之间，城墙基础多半用花岗岩或石灰岩条石作成，内外壁用大砖垒砌，中间以碎砖、砾石和黄土层夯实。仅是造砖单位，涉及一部（工部）、三卫（驻军卫所）、五省二十三府（州）一百一十八县，另有三个镇。工程如此浩大，耗资何止万万？而沈万三家却能出资助筑从"洪武门"至"水西门"长约十公里的城墙，江南地区其他富家哪一家可以与之匹敌？真可谓财大气粗，富可敌国了！不仅如此，沈万三家还提出要代皇帝老子犒赏三军。朱元璋问："朕有军百万，汝能遍及之乎？"沈万三家竟然大言不惭地答道："愿每军（指'士卒'）犒金一两。"殊不知，疑心病很重的朱元璋对沈万三一家早存戒心，处心积虑欲杀之。亏了马皇后苦谏,曰:"其富敌国,民自不祥,不祥之民,天将灾之,陛下何诛焉?"沈万三家总算保住了性命。

物极必反,这是历史经验,也是一句朴素的真理。沈万三家因为太冒富了,以致结局很惨。有说沈万三家被充军发配到云南并客死他乡的,有说沈万三家后来还是被朱元璋"围而杀之"的。不过,此类证据仍嫌不足。但沈万三的女婿以及沈万三的孙子沈德全一家,在洪武三十一年(1398)二月二十四日被朱元璋以"蓝玉党案"处死,籍没财产,则是有史料可查的。

几百年来,人们感到疑惑不解的是,出身于农民家庭的沈万三何以富足到"富甲天下"的程度?他和他的家人是采取什么样的敛财手段,通过什么样的途径得以走上发家致富之路的?至今仍然是一个谜。考之于传说,对他和他的家人致富缘由,出现多种说法:一是"聚宝盆说"。《挑灯集异》一书说,沈万三贫时,见一位农夫携蛙百余,买而放生。翌日,见众蛙聚在一只瓦盆中不散。于是,他将瓦盆带回家中,作濯手用。他的老婆偶尔在洗手时不慎把一支银钗掉落盆中。不一会儿,只见银钗盈满,不可胜计,由此致富。此说后来还演绎成这样的故事,说朱元璋派兵抄了沈万三的家,得此盆,瘗在金陵城下,"以镇王气",因名其门为"聚宝门"。今南京市"中华门,古称"聚宝门",源出于此。二是"躬耕致富说"。说的是沈万三自小随父沈佑从事土地开发经营。佑死,子承父业,致力稿事,因以致富。三是"授财说"。说的是元季吴江汾湖一带有一位名叫陆德源的人,"富而好古"。沈万三曾为陆家治财(管账)。后来,陆德源看破红尘,离家云游,行前把万贯家产拱手送给沈万三,万三由此成为"江南富族之甲"。四是"经商致富说"。说的是沈万三后来做起买卖生意,"致金数百万,因以显富"。《吴县志》称:沈万三的巨富"相传因通番而得"。除此之外,还有说沈万三有"点金术",只要轻轻点石,立马可以成金。类似传说,不一而足。

上述种种"致富"缘由,笔者认为,除了"聚宝盆说"、"点金术说"纯属荒诞无稽外,其他几种说法都有某些可取之处。现在的问题是,弄清沈万三致富的真实缘由,仅凭明清小说笔记以及清康熙年间纂修而成的《明史》,仍然会使人"如坠雾中"而"不识庐山真面目"。而足以证明沈万三致富缘由的第一手材料又没有。在众说纷纭、莫衷一是的情况下,依笔者愚见,把沈万三这个带有传奇色彩的历史人物置于他当时赖以生存的社会历史背景中来加以考察、剖析,或许能理出点足以令人信服的头绪来。

在深入探讨这个问题前,有必要把沈万三的出生年份和大致死亡年份,先作扼要的交代,这对于弄清沈万三致富缘由至关重要。拙作《沈万三生卒年时辨考》一文,依据清道光年间在沈万三老宅地昆山周庄出土的沈庄(沈万三之孙)墓碑上的铭文,推算出沈万三当生于元大德年间(1297—1307),朱元璋于公元1368年在南京登基称帝时,沈万三已是年近七十的老头了。一般来说,青壮年时期是一个人一生中事业最为灿烂辉煌的时期,元王朝是中国历史上一个重要的朝代,它实行的政治制度和经济制度基本上是从前代封建政权继承而来。它所施行的经济政策的最大特色是"重农商,轻赋税",这项政策有助于社会生产力的恢复和发展,为沈万三家发家致富提供了宽松的社会环境。有理由相信,沈万三家致富是在元代后期,走的是一条从土地开发经营起家到辗转贸易发家的道路。

一、土地开发经营起家

沈万三原籍在太湖南岸的吴兴南浔(今浙江湖州市辖地)。《周庄镇志》记载:元至顺元年(1330),沈万三之父沈佑举家从南浔迁居到时属平江路(今苏州)长洲县的周庄东宅。明人田艺蘅《留青日札》称:沈佑一家迁来周庄后,"时人以污莱之地归之,佑躬率子弟服劳,粪治有方,潴泄有法,由是致富不资"。这也可从明洪武二十年(1387)昆山人卢充耘为沈万三之孙沈庄撰写的墓志中得到印证。此墓志中起首有这样一段铭文:"公讳庄,字伯熙,姓沈氏,苏人也。其先世以躬稼起家。曾大父佑,由南浔徙长洲,见其地沃衍宜耕，因居焉。大父富（即沈万三），嗣业弗替，尝身帅其子弟力穑事，又能推恩以周急难，乡人以长者呼之……"然则，田艺蘅和卢充耘笔下的沈万三，绝不是一般的中小地主，而是一个地地道道的名闻乡里的大地主。什么叫"时人以污莱之地归之"？说白了，就是沈万三一家通过盘剥、买卖等方式，从贫苦人家手中取得了大量的田地。

这种土地占有方式以及垦田做法，也是当时元王朝所积极提倡并予以鼓励的。元朝统治者在结束了宋末七八个政权并立割据局面并统一全国之后，迫切需要稳定民心，发展经济，创造一个能使各族人民在比较安定的条件下从事生产、经营的社会环境。为此，颁布了许多诏令，如鼓励军民开垦荒田，禁止改耕田为牧场，兴修水利，总结并推广农业生产经验，等等。江南一带虽然没有遭到大的战乱破坏，但由于受自然条件的制约，土地荒芜现象仍很严重。沈万三随父沈佑迁居的周庄，位于地势底下、湖荡密布的淀泖地区，东与今上海市青浦县的商榻乡隔湖为邻；西与今吴江市的金家坝乡、屯村乡接壤；东北与同属昆山市的陈墓镇相衔，为青浦、昆山、吴江三县的交界处。周庄镇四周，群湖环抱。港汊纷歧，向以舟楫与外界沟通，乡间多以河堤或田埂形成的曲折小道互相联络。就是在这号称"水乡泽国"之地，北宋元祐元年（1086），有一个官封"迪功郎"的周姓人士，在周庄收获，设"庄田"，周庄之名，始称于世。南宋景定元年（1260），太师贾似道于此推行"公田法"，在今周庄镇北围湖造田数千亩，史称"太史田"。后庄田淹没成湖，故又称"太史淀"。新中国成立后的1976年，当地政府组织劳力围湖复垦，在湖的东北纵1公里、横0.5公里的范围内，三处出土黑衣陶和印纹陶，六处发现水井。经南京博物院专家鉴定，确定"太史淀"为一个从原始社会至宋代先民聚居的村落遗址。又因周庄周围属太湖水网地区中的湖荡平原，全境成土母质多为湖泊沉积物，土地肥力较高，因而被沈万三的父亲沈佑看中，不惜在此从事土地开发经营，通过组织劳力围田、拓荒，从而占有大量田产。

沈万三一家究竟在周庄拥有多少田产？志书并无交代。只是明人孔迩所著《云蕉馆纪谈》，说沈万三家单是以供酿酒所需的田地就达数十顷（一顷约一百亩）之多。明人杨循吉（吴县人，官居苏州府教谕）的《蓬轩别记》，说沈万三家被朱元璋"籍其田至数千顷"，足见其土地经营规模之一斑。其实，当时苏州、松江、秀州（浙江嘉兴）一带因从事土地开发经营而致富的又何止沈万三一家！松江的一个名叫曹梦炎的大地主，就在与沈万三宅居地周庄一湖相连的淀山湖，"围田九十三围，得数万亩"，被北人称之为"北蛮子"；秀州斜塘一个姓宋的大户，"家富饶，田连阡陌"。难怪时人上书朝廷，称"江南豪家，广占土地，驱役佃户，无爵邑而有封君之贵，无印节而有官府之权"。卢充耘把沈万三说成是"能推恩以周急难"的"长者"，不过是一种溢美之词而已！但不管怎么说，土地开发经营实为沈万三及其家人初期积累财富的主要方式和重要途径。

二、辗转贸易发家

如果说，沈万三一家靠的是土地开发经营起家的话，那么，真正发家起来，笔者认为却是靠做商业买卖。

元王朝统治期间，富商买进土地，地主兼营商业，可谓司空见惯。元朝，幅员辽阔，水陆交通十分发达。元钞（纸币）的流通和政府推行的重商措施，大大地促进了商业尤其是海外贸易的发展。为了鼓励和发展商业，元王朝实行"轻商税"的政策。至元二十年（1283），诏令"上都商税六十分取一"；次年又诏改"商税"，对到民族地区做买卖的商人，甚至给予"置而不征"的免税待遇。至于对海外贸易，元王朝实行比唐、宋两朝更为宽松的政策。至元二十一年，朝廷颁布《官本船法》，实行"官自具船，给本，选人入番，贸易诸货。其所获之利，以十分为率，官取其七，所易人得其三"。至元三十年，又参酌宋代旧制，制定《市舶法则》二十三条，在加强对海外贸易管理的同时，鼓励中外互市，以充实国库。由于商民往海外互市获利丰厚，以致"商者益众"。元朝统治中国的九十九年间，虽有四次"禁商入海"，说明元王朝的海外贸易政策反复无常，但全面而论，元王朝实行的对外开放政策是超越前代的。沈万三家处于这个时代，又有理财、经营的本领，利之所趋，促使他和他的家人在经营土地的同时，涉足商业买卖，这完全是可能的。孔迩《云蕉馆纪谈》说沈万三"尝为海贾奔走徽、池、宁、太、常、镇豪富间，辗转贸易，致金数百万，因以显富"；《吴江县志》、《苏州府志》记述沈万三"富甲天下，相传因通番而得"，谅也不是空穴来风和无稽之谈！

笔者就沈万三及其子嗣"尝为海贾"和"相传通番"，为什么既可能又可信，联系沈万三及其家人当时所处的社会背景和历史条件，谈两点看法：

1. 元代的农业经济和商业经济都很发达，沈万三从事商业性土地经营而形成的巨额资本需要寻找新的市场，以获取高额的商业利润。

唐、宋以来，苏州地区与浙江杭、嘉、湖地区一直是名闻全国的"大粮仓"，有"苏湖熟，天下足"之说。到了元代，这一带的粮食亩产都在三四石左右，碰上好的年景，亩产可达五六石。沈万三宅居地周庄一带，多为圩田，土质肥沃，灌溉便利，稻米产量很高。沈万三一家拥有田产数千顷，如以三千顷、亩产平均四石计算，丰收年景可得稻米二十余万石。如此众多的粮食，沈万三一家除了耗用一小部分粮食用来酿酒、食用和用实物完纳官府规定的税赋之外，必然会把大量多余的稻米作为商品粮出售。而当时的北方，包括元大都（北京）所需的食粮，主要仰给于江南，江南地区每年都有大批粮食通过海陆联运，输往京师。为此，至元二十三年（1286），元王朝在今苏州太仓设立"行泉府司"。至元二十八年，在太仓建立"海运都漕运万户府"，终元之世，海运不绝。据《元史》记载：从至元二十年（1283）到天历二年（1329）的四十七年间，经太仓刘家港中转的海运粮食数量达 8079 万石，平均年运粮 172 万石。其中，1329 年，海运漕粮 352 万石，创最高纪录。像沈万三这类江南富豪，用现代的话说，几乎可以肯定也是一个"售粮大户"。事实上，江南富家不仅通过贩卖方式向北方提供粮食，而且还贩卖至内地缺粮地区和海外。对于贩粮至内地的商业活动，元王朝出于稳定社会考虑，始终给予鼓励，明令"江淮等处米粟，任从客旅兴贩，官司无得阻挡，搬贩物斛来船，并免递运"。至于出口，则规定"不得私贩下海，违者，舶商、船主、纲首、事头、火长各仗一百七，船物没官"。但由于沿海一带商民受利益驱使，私运米粮出口，一直禁而不止。富商大贾，仍"往往搬运前去海外占城（今越南）诸番出粜，营求厚利"。像沈万三这类积粟盈万的大地主，也是绝不会违背市场法则的。

2. 江南地区特别是苏州、杭州，在元代都是经济比较发达的城市，有良好的出海港口，沈万三家凭借天时、地利和厚实的经济实力，完全可能成为从事海外贸易的大商贾。

这里所说的"天时"，指的是元王朝所奉行的"重农商、轻商税"的社会大环境；"厚实的经济实力"，前文已作了交代。这里需要着重介绍的是"地利"。

唐、宋以来，苏（苏州）、松（松江）、湖（湖州）、嘉（嘉兴）、杭（杭州）一带，水上交通更臻便利。元初，由于疏导娄江（从苏州府城娄门通昆山、达太仓），修治平江（苏州）、松江等湖泖河港，使娄江和起于太湖、穿越苏境而过的吴淞江，江水通流，滔滔入海。位于娄江尾闾的刘家港（明代郑和七下西洋的起锚地）；位于吴淞江下游、穿越今上海市区的苏州河；位于今浙江海盐县的澉浦港、乍浦港；位于钱塘江的"旁连诸番，椎结卉裳"的杭州港；位于浙江甬江口的"南通闽广，东接日本，北距高丽，商舶往来，物货丰溢"的庆元（宁波）港；位于闽南、南粤的"物货浩瀚"的泉州港和"海舶蚁聚"的广州港，南北连成一片，为元代的内外通商贸易开创了一个崭新的局面。

特别需要指出的是，太仓刘家港自海盗出身的朱清、张瑄于元初被元王朝招降并向朝廷倡导海运漕粮得到元世祖忽必烈赞同后，江南地区五省漕粮由此改道入海，经东海、跨黄海，抵直沽（今天津），达京师（今北京）。

从此，太仓刘家港成了元、明两朝最大的漕粮转运基地，海外诸国因此得以交通市易。明弘治《太仓州志》记载："清、瑄因通海外番舶，凡高丽、琉球诸夷，往来市易，谓之'六国码头'。久而外夷珍货棋置，户满万室。"

明《昆山郡志》这样记述当时太仓海内外贸易盛况："今新治［元时，太仓属昆山州管辖。明弘治十年（1497），太仓建'州'，故称'新治'］，旧本墟落，居民鲜少。海道朱氏（朱清），翦荆榛，立第宅，招番客，屯聚粮艘，不数年间，凑集成市，番汉间处，闽广混居……自刘家河（港）至南熏关（今太仓城南，俗称'南码头'），筑长堤三十余里，名楼列布，番贾如归。"太仓进而成为繁荣的贸易港口城市，时有"天下第一码头"之誉。朱清、张瑄因拥有许多私人海舶，经营海内外贸易，而成为吴中声势显赫的豪门富户。其子、侄、婿等"皆为大官，下至厮养，佩金银符者动以百计"，"田园宅馆遍天下，库藏仓庾相望，俱艘大舶，帆交番夷中，舆骑塞门巷"。终元之世，像朱清、张瑄因通番而致富者甚多。如泉南巨贾回回佛莲，"其家富甚，凡发海舶八十艘。官没其家资，见在珍珠一百三十石，他物称是"；杭州张存，"起家贩舶"；上海嘉定大场沈氏，"因下番买卖，成巨富"，朱、管两家"利于海中，致资巨万"；浙江定海夏仲贤，"为之（指海外贸易）数年，泉余于库，粟与于廪"；而"定海之言富者归夏氏"；浙江四明一带，"环海之滨，民居积积，有资是万者"……

当时，国内商人经商所到的地方，有琉球、日本、新罗（朝鲜）、暹罗（泰国）、占城（越南）、真腊（柬埔寨）、缅甸等国，彼此贩运的商品有香料、药材、珍珠、象牙、犀角、玉石等。至于从日本、新罗、印度、波斯、大食（阿拉伯）以及南海诸国前来中国通商的海舶更是来往频繁。我国沿海一些城镇，不少成了国际性商业往来的贸易中心。为此，元王朝先后在广州、泉州、温州、庆元（宁波）、杭州、澉浦、上海、太仓设立市舶管理机构，负责征收进出口商税，处理商务活动。

笔者不吝笔墨，引用众多史料，无非想要说明：元代的社会环境，非常有利于商业尤其是海外贸易的发展,使地处吴中地区的如沈万三这类大地主,成为元时从事海外贸易,因而"家资巨万"的大商贾。

这一点,也可从苏州地方史志记载沈万三家奢侈生活的史料得到某些印证。《苏州府志·杂记》中有这样几段文字:

大豪沈万三伏法,高皇帝籍没其家。所漏资尚富。其子文度,为人把持其短。患之。因蒲伏见纪纲,进黄金百两,白金千两,龙文被一床,龙角一株,奇宝十具。异缯绮四十匹,愿得从御列为外府外厩……纲许之。

又,洪武二十三年(1390),被朱元璋看作税户人才而授予"户部员外郎"的吴江人莫礼,曾过访沈万三子、婿家,受到高规格的设宴礼遇。记有:

洪武二十三年,莫礼过访之,见其家屏去金银器皿,以刻丝作铺筵,设紫定器十二桌。每桌置羊脂玉二梅,长尺余,阔寸许,中有沟道。所以置筋,恐筋污刻丝故也。行酒用白玛瑙盘。盘有斑纹,乃紫葡萄一枝,五猿采之,谓之"五猿争果"。盏则赤玛瑙,有缠丝二物,光彩灿然,天然至宝。明日,其赘婿顾学文,设宣和定器十二桌,每汤一套,酒七行,每行易一宝杯……其后,顾以奸淫事坐党祸,连及万三曾孙德全等六人及顾氏一门,同日凌迟。而礼亦连坐诛。

万三宅,在周庄,所藏有玛瑙酒壶,其质通明,类水晶。中有葡萄一枚,如墨点,因号"月下葡萄"。籍没后,为吴江某假所得,以赠吏梅元衡。元衡死,其物不知所在。天顺间,邑人李铭,教童子为业。一夕于市中,见沟渠有光,私识之,诘旦往发,获此壶。有刘姓者曰:"若持此献镇守张太监,可得全嘉兴一郡盐钞。"李遂与之,夤缘果获所图,计利三千金,刘分其三分之一。李领钞渡江,舟覆,皆湿毁。太守杨继宗追捕前钞，李死狱中，刘废产与偿。

从家藏玛瑙珍宝、异缯、龙角（似为"象牙"）中，足见沈万三家与外域的关系。若非从事海内外贸易，焉能得此物货？又何以献媚取悦于朝廷命官？

另据有关史料称：元至正十四年（1354），出身盐户、以操舟运盐为业的反元武装首领张士诚，自称诚王，建号"大周"，改号"天佑"。至正十六年初，渡江南下。二月，攻下平江（今苏州）、松江、常州，改平江府为"隆平府"，据以为都。次年八月，张士诚降元。后数年间，曾助元王朝恢复江南漕粮海运，以接济元大都。明《太仓州志》记载：张士诚据平江府，于翌年筑砖城于太仓时"毁寺（隆福寺）像改市舶司"。其时，沈万三与张士诚过从甚密。据传，今苏州市区北寺塔内碑亭中的高 3.07 米、宽 1.47 米的"张士诚记功碑"，系由沈万三出资所建。而沈万三之子沈茂、孙旺则曾为张士诚督运漕粮，经营海内外贸易。沈万三"尝为海贾"、"相传因通番而得（富）"，由此也可以得到印证。

（本文收入《周庄走出沈万三》，"周庄走出沈万三编委会"编，屈玲妮主编，白山出版社，2004 年 6 月版。）

古兵家孙武研究

孙武其人其事研究叙录

　　齐人孙武（亦称孙子、孙武子）是我国春秋时期的一位杰出兵家。由于《孙子兵法》的传世和影响使他名扬于世。于是自古以来，围绕孙武本事（其人其事）及其兵书的整理、释注、研究乃至非军事领域的应用而形成一门专门学问——孙子兵学，简称"孙子学"。①

　　孙武本事研究是"孙子学"的三个重要组成部分之一，也是一个无法回避和毋庸忽视的课题。借用战国时儒家学派传承人孟子（约前372—前289）所言："以友天下之善士为未足，又尚论古之人。颂其诗，读其书，不知其人可乎？是以论其世也。"②然而，由于先秦典籍大多亡佚，存世的《战国策·齐策》、《尉缭子·制谈》、《韩非子·五蠹》》虽提及孙武，但都失之简略，或语焉不详；而专评先秦诸子百家的《庄子·天下篇》、《荀子·非十二子篇》、《淮南子·要略》等，在追溯先秦时期学术争鸣的重要学派及其代表人物中，恰恰没有提及孙武。

　　汉初，经过对传世的众多兵书、兵策三次校理和编订③，《孙子兵法》脱颖而出，列为"兵权谋"之首，受到朝廷重视。汉武帝刘彻时，司马迁（约前145—?）继承父业，穷其毕生心力，著成《史记》，成为我国首部纪传体通史。在《孙子吴起列传》中，约略地记孙武身世、事迹有六：（1）"孙子武者，齐人也"；（2）"以兵法（十三篇）见于吴王阖闾"；（3）吴宫教战，执法立斩吴王二宠姬，"于是阖闾知孙子能用兵，卒以为将"；（4）佐吴"西破强楚，入郢。北威齐晋，显名诸侯，孙子与有力焉"；（5）"孙武死后，后百余岁有孙膑。膑生阿、鄄之间，膑亦孙武之后世子孙也"，因同窗好友魏将庞涓嫉能，遭"以法刑断其两足而黥之"；（6）孙膑在齐国与魏国的两次战争中，"坐为计谋"，大破魏军，诱使庞涓自刎于马陵道，"孙膑以此名显天下，世传其兵法"。两千一百余年前的这些文字记载，无疑是古今学者研究孙武本事的首选史料。但太史公对孙武的生卒年、家世、故里、离齐入吴的动因和时间，以及孙武随吴王阖闾伐楚取得胜利后的去向和归宿未作任何交代，故稍后的西汉经学家刘向（前77—前5）在整理、校阅古代典籍时，不免发出"孙武、乐毅之徒，皆前世之贤将也，久远深奥，其事难知"④ 的感叹。

东汉时期，提及孙武本事的著作依次有三部：一是《越绝书》。撰者袁康、吴平。此书杂记春秋末年吴、越两国之事，是我国吴越地区最早的一部"方域志"，但所记孙武本事仅有"巫门外大冢，吴王客、齐孙武冢也。去县十里，善为兵法"二十一字。二是《汉书》。撰者班固（32—92），这是我国第一部纪传体断代史，记孙武本事有二：（1）"春秋之后，灭弱吞小，并为战国。……雄杰之士因势辅时，作为权诈以相倾覆。吴有孙武，齐有孙膑，魏有吴起，秦有商鞅，皆禽敌立胜，垂著篇藉。当此之时，合纵连横，转相攻伐，代为雌雄。齐愍以技击强，魏惠以武卒奋，秦昭以锐士胜。世方争于功利，而驰说者以孙、吴为宗。"（《刑法志》）（2）录有孙武、孙膑两人各有兵书传世，前者称《吴孙子兵法八十二篇，图九卷》，后者称《齐孙子八十九篇，图四卷》。并在《古今人表》中，称孙武为"吴孙武"。三是《吴越春秋》。撰者赵晔，汉建武年间人。所记孙武本事有五：（1）称孙武是"吴人"。（2）孙武见吴王阖闾前，"辟隐深居，世人莫知其能"。（3）吴阖闾三年（前512），伍子胥七荐孙武，阖闾"召孙子问以兵法"，孙武以兵法"小试于后宫之女"，当场执法"斩队长二人，即吴王之宠姬"。（4）

吴阖闾九年（前506），吴国联合唐、蔡两国，"举兵伐楚"，"入郢"（郢，楚都），"阖闾妻昭王夫人，伍胥、孙武、伯嚭亦妻子常、司马成之妻，以辱楚之君臣"。（5）吴阖闾十年（前505），"孙武曰：吾（我）以吴干戈，西破楚，逐昭王，而屠荆平王墓，割戮其尸，亦已足矣"。

由于受汉武帝（前140—前87在位）推行"罢黜百家，独尊儒术"等原因的影响，之后有关孙武本事研究鲜有学者问津。仅有：三国曹操（155—220）作《孙子略解》（又称《魏武帝注孙子》），"序"中曰："圣人之用兵，戢而时动，不得已而用之。吾观兵书战策多矣，孙武所著深焉。孙子者，齐人也，名武，为吴王阖闾作兵法一十三篇，试之妇人，卒以为将。西破强楚，入郢，北威齐晋。后百岁余有孙膑，是武之后也。"；隋炀帝时官至太府少卿萧吉（？—约501）作《孙子兵法注》，"序"中有孙武身世经历的记叙，惜原书已佚，未得其详。台湾学者刘青衫在《孙子的兵书与战法》（载台湾《军事杂志》复刊第27期）一文中，依据北宋沈立《古史拾遗》，透露出以下信息：（1）孙武生于公元前559年。（2）吴余祭四年（前544），吴公子季札历聘于鲁、齐、晋、郑、卫诸国，在齐国南史馆见到聪颖过人、年仅十五岁的孙武，彼此相识，孙武萌生长大后要作吴臣的愿望。（3）公元前539年，孙武被征入伍。其间，曾随齐景公到过晋国，退役后回乡过着耕读生活。（4）公元前530年后，孙武遍游鲁、宋、曹、周王室、卫、郑、晋、秦，考察崤函、鄢葛、召陵、柏城、泓水、城濮古战场。在楚国结识皇甫讷、伍尚、伍员（伍子胥）。（5）公元前512年，伍员力荐吴王用高车驷马礼聘孙武出山。⑤

宋代，"孙子学"研究进入重要时期。突出的成果是：兵书形成了两大版本系统，一是神宗年间刊印的《武经七书》⑥；二是孝宗年间刊印的《十家孙子会注》⑦，《孙子兵法》均被列为兵书之首。同时，开启《孙子兵法》纳入讲堂授士的先例。然而，此一时期对孙武本事研究则聚众纷纭，莫衷一是。仁宗嘉祐五年（1060），《新唐书》问世，书中增列《宰相世系表》，辑录唐代三百六十九位宰相、凡九十八姓自古至唐代中叶的家族世系。在"孙氏"项下记有：（1）孙武祖源系出"妫姓"，田完（陈国国君历公之子陈完）后裔；（2）自春秋时期至中唐时"妫姓孙氏"世系传承；（3）田书为孙武之祖，因"伐莒有功，景公赐姓孙氏，食采于乐安"；（4）孙武因齐国"田、鲍四族之乱"而"奔吴，为将军"；（5）孙武是孙膑祖父，其世系是"武生明，明生髌"。这些记载有一定的研究价值，但所记孙武家世，明显与《左传》、《世本》、《史记》不合，且错谬甚多。与此同时，随着辨伪学的兴起，疑古之风凸起，在有关孙武本事的问题上，出现歧见。《十家孙子会注》作注者之一的梅尧臣（1002—1060）称《孙子兵法》乃"战国相倾之说"[⑧]。叶适（1150—1060）在《习学记言序目》中，亦称《孙子兵法》乃"山林处士所为，其言得用于吴者，其徒夸大之说也"，并直言"故凡谓穰苴、孙武者，皆辩士妄相标指，非事实"。[⑨]引起时人共鸣。所持理由，主要有二：一是《左传》并未提及孙武；二是魏晋以降，《孙膑兵法》失传于世，时人遂以为《孙子兵法》的著者是孙膑，而非孙武。

明清时代，《孙子注》大量出现，表明《孙子兵法》一书已被视为"专学"加以整理研究，然而，孙武本事的研究者寥寥无几。清嘉庆年间，孙武第七十五世孙、经学家孙星衍（1753—1818）曾来苏州寻找孙武墓，无果而终，于是发动江、浙两地孙氏族人醵资，在苏州虎丘山建"孙子祠"。祠，毁于太平天国战火。

就是这样一位曾佐吴"西破强楚"，并以《孙子兵法》传世的古兵家孙武，在吴地渐被淡忘或消失。1828年，江苏巡抚陶澍、布政使梁章钜应苏城十二位绅士呈请，建"吴郡名贤总祠"于沧浪亭西侧，在所列春秋以来历代"俱忠孝节义、政事品学卓卓可传"并"敬摹真像"于石的五百七十位名贤中，属于春秋时代的"名贤"仅有季札、言偃、伍员（子胥）三人，并无孙武。[⑩]至于"二妃（应为"姬"）庙"，最早见明王鏊（1450—1524）（《姑苏志》）："吴王庙，在香山南址，庙貌，有二妃侍。相传即孙武所诛二队长也，或曰爱姬祠。今为土神。""孙武子宅"、"孙武子桥"，最早出现于冯桂芬（1809—1874）《（同治）苏州府志》；"二妃墓"、"孙武演兵场"，最早见清末吴县乡贤徐翥先《香山小志》。1933 年，苏州名家张一麐、李根源等纂修的《吴县志》，上述与孙武有关的"庙"、"墓"、"场"、"宅"、"桥"，皆弃而不录。

1947 年秋，以李浴日（1908—1955）为主的国民党一批兵学界名流发起并在南京成立《孙子纪念亭筹建委员会》，计划在苏州虎丘山建"孙子纪念亭"。1948 年 10 月下旬，举行开工仪式。[11] 后因"徐、蚌会战"[12] 失败，加上所募钱款不敷需要，不得不放弃建亭。现仅存遗物《孙子兵法十三篇全文碑》。

1972 年 4 月，山东临沂文物组考古人员从银雀山基建工地的两座汉墓中，出土竹简数千枚，其中有孙武、孙膑、尉缭子、六韬等兵法和一些"佚文"，早于《史记》的"简文"，为今人研究孙武本事提供了三大"实证"：（1）证明《史记》记载正确，即历史上孙武、孙膑各有其人，也各有其书。（2）证明孙武是以"外臣"的身份入吴驰说吴王，而非"避乱奔吴"。（3）简中的孙膑兵法，有"明之吴越，言之于齐，曰智（知）孙氏之道者，必合于天地"，证明孙膑先祖孙武的兵法，是"明"之吴越，而"言"之于齐，即孙武应用自己的军事学说于南方吴越之地，而其成书是在尚武崇智、兵家萃生和兵学理论主要发源地在齐国。

此一震惊中外的重大考古发现，为推动国内"孙子学"研究有重要意义和作用，一批学术团体应运而生。经国家民政部批准，1989 年 5 月，中国孙子兵法研究会在山东惠民县成立（学会设在北京。首任会长谢国良）；1992 年 2 月，中国孙子与齐文化研究会在山东广饶县成立（学会设在广饶。会长任继愈）。此后的二十多年间，国内一些地方和部分院校纷纷成立类似组织，标志着我国"孙子学"研究步入了前所未有的新阶段。大批专家学者在共同探讨《孙子兵法》的科学内涵及其文化渊源的同时，围绕孙武家世、故里、著书、入吴、隐居和隐居地展开深入研究，百家争鸣，观点纷陈，取得了一批研究成果。然而由于孙武本事疑点甚多，学风建设差强人意，导致研究中出现轻视实证、凿空臆断乃至弄虚作假、肆意炒作现象，引起学术界一些良知人士的忧虑。河南省社科院资深研究员杨丙安于1992年公开发表《论孙子兵学的科学理性》⑬，发出研究工作要坚持"科学理性"，要"重视实证"，要"必至十分"的呼声。指出："要坚持科学理性，就要充分掌握判断所赖以成立的确凿证据，而不要有主观随意性。"他引著名学者戴震（1724—1777）所言："所谓'十分之见'，必征之古而靡不条贯，合诸道而不留余议，巨细毕究，本末兼察。若夫依于传闻以拟其是，择于众说以裁其优，出于空言以定其论，据有孤证以信其通，虽溯流可以知源，不目睹渊泉所道，寻根可以达杪，不手披枝肆所歧，皆未至十分之见也。"并介绍近代学者梁启超总结的"实事求是，无征不信"的治学态度。台湾淡江大学教授钮先钟在自著的《孙子三论》⑭一书中说："最近'孙子学'的研究已经形成一种热潮，于是对于孙子的身世和事迹也就有了很多的新考证，不仅有人编成《孙子世系表》和与孙子有关的大事记，而且更有人对于孙子故里的位置进行新的探索。不过，严格来说，除了确认孙武为《孙子》一书的作者以外，其他有关孙武生平事迹的研究，还是有很多疑问和争论存在。简言之，我们对于孙武这个人所知道的还是很有限，而且有些记载只是无稽的传说，甚至也没有太大的意义。"

诚如一位学者所言："如今'文化热'兴起，'兵法'当然跟着沾光。不仅是一般的'热'，而是'热'得火冒，'热'得燎人……'兵法热'固然是好事，但热着热着就变了滋味，腻歪歪直冒酸。"指的虽然是另一件事，然而孙武本事研究中出现的此种怪现象，已成为社会生活中的公众视点。期待学界人士能够冷静反思，拨乱反正，共同努力，使"孙子学"研究得以持续健康发展。

注释：

①"孙子兵学"涵盖三个方面：《孙子兵法》的军事理论研究；孙子本事（其人其事）研究；《孙子兵法》在非军事领域的应用研究。

②引《孟子·万章章句下》。

③《汉书·艺文志》载："汉兴，张良、韩信序次兵法，凡百八十二家，删去要用，定著三十五家，诸吕用事而盗用取之。武帝时，军政杨朴捃摭遗逸，纪奏《兵录》，犹未能被。至于孝成，命任宏论次兵书为四种。"

④刘向《新序》，参见《新序全译》，李华年译注，贵州人民出版社，1994年第1版，第392页。

⑤吴如嵩《智慧孙子》，载《滨州学院学报》，2009年第5期。

⑥《宋本武经七书》，指《孙子》、《吴子》、《司马法》、《尉缭子》、《六韬》、《三略》、《唐太宗李卫公问对》七部兵书。北宋朝廷作为官方颁行的兵学丛书，也是中国古代的一部军事教科书。

⑦《宋本十家注孙子》的注家有曹操、孟氏、杜佑（一说杜牧）、李筌、贾林、陈皞、梅尧臣、何氏、王皙、张预。

⑧梅氏之说，见《欧阳文忠公全集》卷四十二《孙子后序》。

⑨叶氏之说，见《习学记言书目》卷四十六《孙子》。

⑩《吴郡名贤总祠》所祀五百名贤名录，详见《吴门表隐》（卷十三），清顾震涛撰，江苏古籍出版社，1986年8月版，刻石至今尚存于苏城沧浪亭内。

⑪见民国1948年10月24日《苏州明报》。

⑫即"淮海战役"，国民党称"徐（徐州）蚌（蚌埠）会战"。

⑬杨丙安《论孙子兵学的科学理性》，收入《〈孙子〉新论集萃——第二届孙子兵法国际研讨会论文集》，长征出版社，1992年版，第1—14页。

⑭钮先钟《孙子三论——从古兵法到新战略》，广西师范大学出版社，2003年版，第8页。

《左传》陈武子、《世本》陈武子开、《史记》田武子开，即古兵家孙武子

先秦至两汉的历史文献，对齐人孙武（亦称孙子、孙武子）的"姓"、"名"、"字"、"谥"的表述，最早分别见于载籍的有以下三部：

一、《左传》

《春秋左氏传》的省称，相传为春秋末期鲁国史官左丘明及其授受者所作。陈武子之名，见于该书昭公二十六年（前516）记事：

> （鲁）师与齐师战于炊鼻。……冉竖射陈武子，中手，失弓而骂。以告平子曰："有君子白晳，冀纁眉，甚口。"平子曰："必子彊也，无乃亢诸？"对曰："谓之君子，何敢亢（抗）之？"

说的是公元前516年鲁、齐两国军队在炊鼻（今山东宁阳一带）交战。鲁国大夫季平子的家臣冉竖用箭射中陈武子之手，使其手持的弓箭失落在地。陈武子随即破口大骂。冉竖回营后禀告季平子，称："被我射中的那位君子，皮肤白净明亮，胡子眉毛黝黑稠密，骂声不绝。"平子说："此人必是子彊。你不是已经与他对抗了吗？"冉竖回答："称他是君子，岂敢再与他对抗下

去？"

陈武子,何等人氏？依据《左传》前后所记"陈氏族系",其传承关系为：

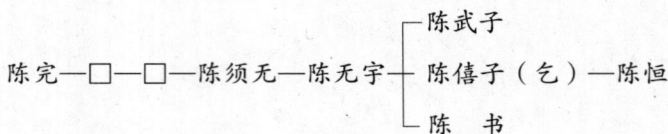

$$
\text{陈完—□—□—陈须无—陈无宇} \begin{cases} \text{陈武子} \\ \text{陈僖子（乞）—陈恒} \\ \text{陈 书} \end{cases}
$$

1. 陈完

陈国国君厉公之子,生于厉公二年（前705）。陈宣公二十一年（前672）,陈侯因欲立宠姬所生之子款,乃杀其大子御寇。御寇素爱厉公子完,完惧祸及己,乃奔齐。齐桓公欲使陈完为卿。完曰："羁旅之臣,幸得免负担,君之惠也,不敢当高位。"桓公使为工正。（《史记·陈杞世家》）

2. 陈须无

即陈文子,陈完三世孙。《左传》六次记其事迹。最末一次是在鲁昭公二十八年（前545）。是年,齐国栾、高、陈、鲍四族头领联合攻打齐相庆封。为了保护齐侯景公免遭伤害,"陈须无以公归,税服而如内宫"。意谓陈须无脱去祭服,保护齐景公安全躲入内宫。四族联合发起的这场争斗,迫使庆封出逃鲁国,后"奔吴。吴句余（吴王余昧）予之朱方（今江苏丹徒一带）,聚其族焉而居之,富于其旧"。（《左传·襄公二十八年》）

3. 陈无宇

即陈桓子,陈完四世孙,陈须无之子。《左传》八次记其事迹。最早一次是在鲁襄公六年（前567）。是年,"齐侯灭莱（莱,小国,位于今山东黄县东南）,莱恃谋也。无宇献莱国宗器（古代宗庙祭祀所用的礼乐等器物）于齐国襄宫"。最末一次是在鲁昭公十年（前532）。是年,"公（齐景公）于（赐予）桓子莒之旁邑,辞。穆孟姬（景公母）为之请高唐,陈氏始大"。

4. 陈武子

陈完五世孙，陈无宇之子。从所记昭公二十六年（前 516）鲁、齐两国炊鼻之战时鲁大夫季平子称"必子彊也"，可知"子彊"是陈武子之"字"。西晋学者杜预《春秋左氏经传集解》，在"陈武子"下，注曰："子彊，武子字。"

至于"陈乞"、"陈书"、"陈恒"（陈乞之子），出现在《左传》中的时间，依次都在陈武子之后，在稍后的文章中，将有专论，此处不再赘述。

二、《世本》

先秦重要史籍。西汉学者刘向《别录》称："《世本》，古史官明于古事者之所记也，录黄帝以来帝王诸侯及卿大夫系、谥、名、号，凡十五篇，与左氏合也。"东汉学者宋衷作《世本注》，北宋时失传。清代，王谟、孙冯翼、陈其荣、秦嘉谟、张澍、雷学淇、茆泮林、王梓材八位学者各自从古文献中辑佚、厘定，详加增校，各有辑本问世。1957 年，商务印书馆加以汇集、校勘、整理、出版，取名《世本八种》，2008 年 8 月由中华书局再版发行。其中：

秦嘉谟辑补本记"陈氏"：

敬仲生夷孟思，思生闵孟克，克生文子须无，须无生桓子无宇，无宇生武子开、僖子乞。①

（齐）陈完谥敬仲

陈须无谥文子

陈无宇谥桓子

陈开谥武子

陈乞谥僖子

陈恒谥成子②

子占氏：陈桓子生书，字子占之后（《士族略三》）。陈桓子生子占书，书生子良坚，坚子以王父字为氏。③

张澍补注本记"陈氏"：

澍案：《左传》无字子三，开、乞、书。开字子彊，是为陈武子。④

今人杨伯峻先生作《春秋左传注》，也云：

陈武子，陈无宇之子。名开，字子彊。无宇生三子：长曰开；次曰乞，即僖子；季曰书，见十九年传及哀公十一年传。

可见，陈武子确是陈无宇之子，即陈乞和陈书之兄。"开"，是陈武子之"名"，"子彊"为其"字"，明矣！

三、《史记》

西汉司马迁著。《史记·田敬仲完世家》记：

（陈）宣公（二）十一年，杀其太（《左传》作"大"）子御寇。御寇与完相爱，恐祸及己，完故奔齐。齐桓公欲使为卿，辞曰"羁旅之臣幸得免负担，君之惠也，不敢当高位"。桓公使为"工正"（管理百工之官）。……完卒，谥为敬仲。仲生稺孟夷（《世本》作"夷孟思"）。敬仲之如齐，以陈氏为田氏。田稺孟夷生湣孟庄（《世本》作"闵孟克"）。田湣孟庄生文子须无。田文子事齐庄公。晋之大夫栾逞作乱于晋，来奔齐，齐庄公厚客之。晏婴与田文子谏，庄公弗听。文子卒，生桓子无宇。田桓子无宇有力，事齐庄公，甚有宠。无宇卒，生武子开与釐子乞（唐张守节《史记正义》注："釐"音"僖"。故"田釐子乞"又作"田僖子乞"，下同）。田釐子乞事齐景公，为大夫……

证明《史记》所记陈（田）氏世系，采自《左传》和《世本》。

"陈氏"何以改称"田氏"？太史公只说"以陈氏为田氏"，未讲改"氏"原因。《史记》"三家注"⑤分别注云：（1）裴骃《集解》引徐广曰："应劭云：'始食菜地于田，由是改姓田氏。'"（2）司马贞《索隐》："敬仲奔齐，以陈、田二字声相近，遂以为田氏。"（3）张守节《正义》："敬仲既奔齐，不欲称本国故号，故改陈氏为田氏。"三注不尽一致，但共同点是"田氏"是从"陈氏"改易而来。故古籍记陈完及其子嗣，《左传》、《世本》用"陈氏"，即"以国为氏"；而《史记》用"田氏"，即"以采邑为氏"。

据此可知：《左传》中的"陈武子"和《世本》中的"陈武子开"（陈开）、《史记》中的"田武子开"为同一人。"田武子开"，"田"是其"氏"，"开"是其"名"，"子彊"是其"字"，而武子，则是陈（田）开的"谥"。

"谥"，是封建时代君臣死后按其生前事迹评定褒贬所给予的称号。古代，周天子与封国中的大国诸侯，如齐、鲁、晋、卫、郑等大国（南方的楚、吴、越三国并未施行"谥法"），对属下的卿、大夫，在他们死后，依照其一生业绩，按照封建道德的善恶、功过、职历等评议定"谥"，所谓"史臣定谥，必有所专取"。如生前做到"刚强理直"、"威强睿德"、"克定祸乱"、"刑民克服"、"夸志多穷"者，谥"武子"。采诸于《周书》的《世本·谥法》，列有"君谥"、"臣谥"、"妇人谥"三种。春秋时期，齐国的卿大夫中授谥为"武子"的，《世本》记有"国佐"、"崔杼"、"高偃"、"陈开"、"管鸣"五人。"陈开"，即《史记》中的"田武子开"，也就是《左传》记载的齐、鲁炊鼻之战中被鲁国季氏家臣冉竖用箭射中手而骂不绝口的陈武子。

那么,《左传》中的"陈武子"、《世本》中的"陈武子开"、《史记》中的"田武子开",与吴阖闾三年(前512)"以兵法见于吴王阖闾"的孙武是否是同一人?笔者确信是同一人,其文献依据最早出自战国时代成书的《尉缭子》。尉缭在《制谈》篇中记曰:

> 凡兵,制必先定。制先定,则士不乱;士不乱,则刑乃明。金鼓所指,则百人尽斗;陷行乱阵,则千人尽斗;覆军杀将,则万人齐刃,天下莫能当其战矣。……有提十万之众而天下莫当者,谁?曰桓公也;有提七万之众而天下莫当者,谁?曰吴起也;有提三万之众而天下莫当者,谁?曰武子也。

被誉称只需动用"三万之众"就能"天下莫当(挡)"的"武子",显然是指由齐入吴并佐吴伐楚的孙武。西汉刘向《新序》称:"孙武以三万破楚二十万者,楚无法故也。"

当今国内学术界多位人士肯定尉缭所指的"武子",就是孙武(孙武子)。如:

1.《〈孙子〉古本研究》的著者李零认为:

> 《尉缭子·制谈》提到"有提三万之众,而天下莫当者谁?曰武子也"。这大概是现存文献中最早提到孙武的一处。⑥

2.《孙子兵法辞典》的主编吴如嵩认为:

> 尉缭,战国时著名军事家,其所著《尉缭子》一书为我国古代《武

经七书》之一。此评语意谓自古以来天下名将，没有谁能胜过孙武子者，齐桓公必须统率十万大军才能无敌于天下，吴起必须统率七万大军才能无敌于天下，而孙武子则不然，只须统率三万军队就可以无敌于天下了。⑦

3.《尉缭子全译》的著者刘春生认为：

> 武子：孙武，春秋末期齐国人，约与孔子同时代。⑧

4.《孙子兵法研究与应用》的著者褚良才认为：

> 由此可知，陈无宇可称田无宇，陈书可称孙书，田开可称陈武子，亦可称孙武子。田敬仲奔齐，改陈姓为田姓，后陈武子奔吴，亦改陈姓为孙姓，其事因一也，其姓源亦一也。⑨

5.《孙子兵法研究史》的主编于汝波认为：

> 大约成书于战国中期的《尉缭子》中，也引有《孙子兵法》之言和载有孙子之事。……同书《制谈》篇中说："有提十万之众而天下莫当者，谁？曰桓公也；有提七万之众而天下莫当者，谁？曰吴起也；有提三万之众而天下莫当者，谁？曰武子也。"这里的"武子"当指孙武。作者对孙武的推崇溢于言表，说明他曾认真地研读过孙武的事迹及其兵法才得出这样的结论。⑩

6.《孙子学文存》的著者穆志超认为：

> 《尉缭子·将理》："兵法：十万之师出，日费千金。"就是引用

《孙子·作战》篇中的成文。尉缭又赞誉道："有提七万之众而天下莫当者，谁？曰吴起也；有提三万之众而天下莫当者，谁？曰武子也。"（同上，《制谈》）而作为"武之后世子孙"的孙膑，自然更是如此了。[11]

7. 为《孙子世系考述》作序的许威汉认为：

> 同为兵学名著《尉缭子·制谈》也写道："有提三万之众而天下莫当者，谁？曰武子也。"诸如此类，堪为孙武其人其事其书之有力佐证。[12]

8. "武子"之称亦散见于部分孙氏族谱。举七例为证：

> 粤稽孙氏之先，始出自周武王封妫满于陈，以奉舜祀，卒谥胡公。传至武子开，为齐大夫，食采于乐安。其弟釐子乞与鲍牧等谋危社稷，武子奔吴，更姓孙。自三代以来，其为名世也远矣。皎然翘然，天下知有孙氏也！
>
> ——《荆西孙氏宗谱》序

> 吾宗肇自虞舜。……至周武王封妫满于陈，以奉舜祀，遂为陈氏，卒谥胡公。九世而至厉公陀，为兄弟林所害，自立为庄公，故陀子完不得立，乃为陈大夫。庄公卒，弟宣公杵臼立。宣公后有嬖姬生子款，欲立之，乃杀其太子御寇。完素与御寇善，惧祸及，遂奔齐，因所食采邑，改姓田。……生稺孟夷。稺孟夷生湣孟庄。湣孟庄生文字须无，须无生桓子无宇，无宇生武子开与釐子乞。开字长卿，为齐大夫，食采于乐安。是时，田釐子乞与鲍牧等图危社稷，武子遂奔吴，更姓孙，以兵法十三篇见于吴王，用以为将。孙氏之姓自武子始。
>
> ——《孙氏得姓源流考》

吾族发源于黄帝，流脉于武公，以暨乐安、富春之所以异详者，其辨晰矣。是知武子者，富春之始祖也。而特是武子以下至惠蔚公，四十又八世。

————《竹园孙氏宗谱·孙氏外传世系图说》

吾祖孙武，望重齐鲁，而山东之国诸氏族，孙氏得与焉。汉灵帝初，武子之后孙钟同子坚由富春迁钱塘，以平江夏有功，授长沙太守，袭讨虏大将军。策弟权，遂分汉鼎。

————《德安孙氏宗谱》序，作于公元 1522 年

三世祖武公出奔吴，吴王阖闾拜为上将，西败强楚，五战入郢，北威齐晋，名显诸侯。著兵法十三篇，传学中外，为百世兵家之师。武子之裔。世居富春，是吴有孙氏也。

————《桃源乐安孙氏宗谱·重修宗谱序》，作于 1991 年

吾族之受姓也，自武子开始，避鲍牧之乱，奔吴更姓。而推本渊源，武子系出于陈，陈系出于虞。更溯而上之，则轩辕公孙姓也。其改姓孙，或本公孙之意欤？武子生明，以父功食采于富春，是为富春孙。

————《吴娄孙氏宗谱》原序

乐安孙氏，江南望族，吴下名家，知兵任将。武子佐吴王……

————《甲山北湾孙氏宗谱》序

（谱牒引文收入《中国孙氏世系源流》，白山出版社，1999 年 8 月版。）

至于孙武何以以"孙"为姓（氏）？迄今为止，有三种说法：一是《唐

表》称：孙武之祖父田书因"伐莒有功，景公赐姓孙氏"。二是《孙氏谱牒》称："（田）开，字子彊，谥武子，齐大夫，食采乐安。适吴，更姓孙。"

由此可知，《左传》中的"陈武子"和《世本》、《史记》中的"武子开"，与《尉缭子》以及部分《孙氏族谱》中的"武子"，指的是同一人，即以《孙子兵法》传世的古兵家齐人孙武。

对此，有著文提出质议和批评的说"孙武和武子开根本扯不到一起"，"二者之间有四不同、五不合"。所谓"四不同"是指："一是姓不同，孙武姓孙，武子开姓陈（田）；二是名不同，孙武名武，武子开名开；三是字不同，孙武为长卿，武子开为子彊；四是谥不同，孙武无谥，武子开有谥。"所谓"五不合"是指："一是与《左传》不合；二是与《史记》不合；三是与《晏子春秋》不合；四是与《吴越春秋》不合；五是与大多数孙氏族谱不合。"⑬

上述意见是否正确，有待读者评议。

（本文收入《孙武研究再探》，文汇出版社，2013 年 11 月版。）

注释：

①②③《世本八种》秦嘉谟辑补本，中华书局，2008 年 8 月版。

④《世本八种》张澍补注本，中华书局，2006 年 8 月版，第 114 页。

⑤"三家注"，引《史记》标点本，第六册《世家（二）》，中华书局，1959 年 9 月版。

⑥李零《〈孙子〉古本研究》，北京大学出版社，1995 年 7 月版，第 278 页。

⑦吴如嵩主编《孙子兵法辞典》，白山出版社，1993 年 3 月版，第 165 页。

⑧刘春生《尉缭子全译》，贵州人民出版社，1993 年 8 月版，第 18 页。

⑨褚良才《孙子兵法研究与应用》，浙江大学出版社，2002 年 9 月版，第

447—457 页。

⑩ 于汝波主编《孙子兵法研究史》，军事科学出版社，2001 年 9 月版，第 41—42 页。

⑪ 穆志超《孙子学文存》，白山出版社，2010 年 10 月第 1 版，第 201 页。

⑫ 陈秋祥《孙武世系考述》，许威汉序。

⑬ 吴如嵩、霍印章《论孙子研究中的几个问题》，收入《孙子与吴文化研究（上卷）》，中央文献出版社，2006 年 4 月版，第 13—16 页。

孙书非陈书，也非孙武之祖

一

关于陈（田）完之后的家世，《左传》、《史记》、《新唐书·宰相世系表》（简称《唐表》）、《古今姓氏书辩证》（简称《姓氏书》）四部古籍都有记载。前两部古籍问世距今已有两千余年，后两部古籍问世距今近一千年。

把上述四部古籍所记陈（田）完之后、八代（世）以内的世系传承作一比较，可以清楚地看出，从陈（田）完至陈（田）桓子无宇五代的世系传承是一致的，而对桓子无宇之后的三代世系却出现很大差异。后两部古籍完全摒弃《左传》、《史记》对陈（田）完四世孙桓子无宇之后世系传承的记述，提出新的世系传承，当今的几位学者又囿于《唐表》和《姓氏书》的说法，使"陈（田）桓子无宇—（孙）书—凭—武"此一世系传承成了"定论"。

然而，依笔者看来，《唐表》和《姓氏书》对陈（田）桓子无宇至孙武的这段世系传承是有违史实的，而问题的症结出在"孙书"与"陈书"身上。

孙书，见于《左传·鲁昭公十九年》记事：

> 秋，齐高发帅师伐莒（小国，今山东莒县一带）。莒子（莒国君主）

奔纪鄣（今江苏赣榆县北），使孙书伐之。初，莒有妇人，莒子杀其夫，已为嫠妇（寡妇）。及老，托于纪鄣，纺焉以度而去之。及师至，则投诸外。或献诸子占。子占使师夜缒而登。登者六十人。缒绝，师鼓噪，城上之人亦噪。莒共公惧，启西门而出。七月丙子，齐师入纪。

陈书，见于《左传·鲁哀公十一年》记事：

为郊战故，公（鲁哀公）会吴子（吴王夫差）伐齐。五月克博。壬申，至于嬴。中军从王，胥门巢将上军，王子姑曹将下军。展如将右军。齐国书将上军，高无丕将上军，宗楼将下军。陈僖子（陈乞）谓其弟书："尔（你）死，吾必得志。"陈书曰："此行也，吾闻鼓而已，不闻金矣！"……王卒助之，大败齐师，获国书、公孙夏、闾丘明、陈书、东郭书，革车八百乘，甲首三千，以献于公。

前段说的是：公元前523年，齐国大夫高发奉齐景公之命，帅师伐莒，莒国君主被迫从都城出逃至纪鄣。高发派孙书带领六十人组成的小分队，趁着夜色，攀垣登上纪鄣城，迫使莒国君主再次出逃，齐师胜利入城。后段说的是：公元前484年，鲁国与吴国组成联军，攻打齐国（史称"艾陵之战"）。战前，齐国的陈僖子（即陈乞，陈完五世孙，桓子无宇之子）对其弟陈书说："你要是战死，我一定能够达到愿望。"此战的结果是，齐师大败。鲁、吴联军俘获陈书在内的五名将领，并缴获"革车八百乘，甲首（头颅）三千"，献于鲁哀公。

参加伐莒的孙书（字"子占"）与参加"艾陵之战"的陈僖子之弟陈书，究属是一人，还是两人？先秦、两汉时期，无人做过判断。直至西晋，学者杜预作《春秋左氏经传集解》，对《左传》中先后提到的"孙书"、"陈书"作注。在"孙书"二字下，注曰："孙书，陈无宇之子，子占也。"在"陈书"二字下，注曰："书，子占也。"显然，杜预把孙书、陈书视为一人。清代著名经学家、阳湖孙星衍作《孙子兵法序》，采用杜预此说。云：

> 孙子，盖陈书之后。陈书见《春秋传》，称孙书。《姓氏书》以为景公赐姓，言非无本。又，泰山新出孙夫人碑，亦云与齐同姓。史迁（司马迁）未及深考。吾家出乐安，真孙子之后。愧余徒读祖书，考证文字，不通方略，亦享承平之福者久也。

今人也有附会称：

> 孙武是齐国人，出身于陈（田）氏家族，他的祖父陈书（孙书）是一位战将。这三点决定了孕育《孙子兵法》的基因是齐文化。齐国是兵法之国。陈（田）氏家族是齐国新兴力量的代表。陈书因为在伐莒战争中立下了战功而获得赐姓封采的殊荣。①

> 西汉司马迁写《史记·孙子吴起列传》时，即已不能详知孙武之身世。直到西晋杜预注《春秋左传》，才首次指出孙书即陈书，但未引起社会关注。后至唐代孙逖撰《宋州司马先府君墓志铭》，再次重申并强调孙书即陈书，犹未能于天下同宗完全达致共识。最后到北宋欧阳修撰著《新唐书·宰相世系表》时，痛下苦功，逐人逐代详考乐安孙氏始祖孙书至唐初宰相孙茂道、唐末宰相孙偓的全部世系，一一得以落实。终至真相大白，拨乱反正，将孙茂道墓志及其宗谱所自认的姬姓之孙改为妫姓之孙，解决了长期以来姬姓之孙与妫姓之孙混淆不清的历史难题。②

然而，笔者愚见：孙书、陈书非一人，而是两人。理由是：孙书参加伐莒与陈书参加"艾陵之战"，两人活动年份相隔整整三十九年。假设孙书伐莒时的年龄约三十岁，那么参加"艾陵之战"时的年龄已是六十九岁。如此老翁还能上战场？可见，孙书即陈书，陈书即孙书，显然是古人的一点小小失误。今人由于未辨真伪，导致以讹传讹。至于附会者说唐代孙逖为其父孙嘉之作的墓志中再次"重申并强调孙书即陈书"，经核对墓志铭原文，没有类似这样的话，显然是随意所为。

二

孙书与孙武究属是何种关系？这是研究孙武本事中的一个无法回避的课题。

《唐表》对孙武家世传承作如下表述：

> （孙氏）又有出自妫姓：齐田完。字敬仲，四世孙桓子无宇。无宇
> 二子：恒、书。书字子占，齐大夫，伐莒有功，景公赐姓孙氏，食采于
> 乐安。生凭，字起宗，齐卿。凭生武，字长卿，以田、鲍四族谋为乱，
> 奔吴为将军。三子：驰、明、敌。明，食采于富春，自是世为富春人。
> 明生膑……

《唐表》的这段表述，用图表显示如下：

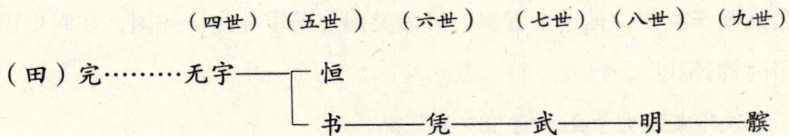

（四世）（五世）（六世）（七世）（八世）（九世）

（田）完………无宇——┬ 恒
└ 书——凭——武——明——膑

《唐表》由此认为：公元前 523 年随齐大夫高发伐莒，并得到齐景公所谓"赐姓封采"殊荣的"孙书"，就是著兵法十三篇的孙武的祖父。笔者以

为：此一说法与史实不符。

孙武之名，最早出现于《史记》。在《孙子吴起列传》和《伍子胥列传》中，史迁称：

> 孙子武者。齐人也。以兵法见于吴王阖庐（间，下同）。……于是阖庐知孙子能用兵，卒以为将。西破强楚，入郢（楚国都城），北威齐晋，显名诸侯，孙子与有力焉。

> 阖庐立三年（前512），乃兴师与伍胥、伯嚭伐楚，拔舒，遂禽（擒）吴反二将军。因欲至郢，将军孙武曰："民劳，未可。且待之。"乃归。……九年（前506），吴王阖庐谓伍子胥、孙武曰："始子言郢未可入，今果如何？"二子对曰："楚将囊瓦贪，而唐（小国）、蔡（小国）皆怨之。王必欲大伐之，必先得唐、蔡乃可。"阖庐听之，悉兴师与唐、蔡伐楚……五战，遂至郢。己卯，楚昭王出奔。庚申，吴王入郢。

孙武生于何时？至今为止，历代所有文献，包括《史记》、《汉书》或小说、笔记，均无记载。由此引起当今学者的关注。就笔者目前所见，学术界有多种不同的推测：

1. "孙武生于公元前569年"说

此说出自隋代官至太府少卿的萧吉。在《孙子兵法注》一书中，他认为"公元前544年，孙子十五岁，恰逢吴国公子季札出访齐国，在南史馆见到少量时的孙武"。③

2. "孙武约生于公元前567年"说

此说出自山东大学历史研究所所长、教授田昌五。在《孙子兵法全译》一书中，他认为："田武子开（孙武）的生卒年不详。过去多以为他与孔子同时而略晚。据我考察，他当生于齐国灭莱（小国）之役前后，大约在公元前 567 年左右。他被迫奔吴的时间如以公元前 518 年计算，这时他已接近五十岁了。"④

3. "孙武约比孔子生年（公元前 551 年）略晚或略早"说

此说出自两位先生；一位是《孙子兵法浅说》的作者吴如嵩，他在《孙武的生平》一节中称："公元前 532 年夏季，田氏联合鲍氏，趁执政的旧贵族栾氏、高氏宴饮方酣的时候，突然包围了他们……这就是所谓的齐国'四姓之乱'。'四姓之乱'，田氏、鲍氏取得了胜利，大约就在他们弹冠相庆的时候，孙武——或许还有孙氏家族的其他成员——却离开了故土齐国，踏上了新的里程，去到南方新兴的吴国。年青的孙武何曾想到……"⑤ 以此推论，孙武生年约当在公元前 551 年前后。另一位是军博学者王辉强，他在《孙武形象的探索》一文中认为："孙武的年龄可以选定两个：孙武著述十三篇时的年龄在二十岁左右至四十岁左右。从十三篇如此成熟看，第一个年龄选在中年四十岁上下是比较合适的，第二个年龄，是孙武任将的年龄，应选在五十岁上下。"⑥

4. "孙武生于公元前 541 年 9 月 12 日"说

此说出自《孙武故里新考》（作者郭克勤）的"引言"称："根据吴如嵩、霍印章先生的考证，孙武出生于公元前 541 年 9 月 12 日。二十五岁时（公元前 517 年），奔吴，公元前 512 年三十岁时以'兵法十三篇晋见吴王'，被任命为将。"⑦

5. "孙武约生于公元前 537 年"说

此说出自《孙子评传》（作者杨善群），在第三章《孙武生平及其著述》中说："大约在齐景公三十一年（前 517 年），当孙武正值十八岁的青春年华，他毅然从老家古称'乐安'之地出发，长途跋涉，投奔齐国而来。"⑧

6. "孙武生于公元前 530 年"说

此说出沈宝顺《孙武入吴的年代及年龄的推测》一文。他认为："假定陈书在艾陵之战时（前 484 年）的年龄正好是八十岁，又假定陈书与孙武的年龄相差三十四岁（古人早婚，富有的贵族尤其如此，以按每代隔十七周岁计），那么，孙武入吴为将时（前512年）的年龄就是十八岁。⑨

对于孙武的生年，可谓众说纷纭，莫衷一是。但对于研究孙武生平事迹都有一定的参考价值。笔者愚见，孙武生年"约比孔子生年（前551）"略早为宜。

在深入探讨"孙书与孙武是不是祖孙关系"前，笔者觉得有一点需要确定下来，就是家族成员之间的代（世）差（具体来说"父子"或"祖孙"之间的年龄差）。《礼记·曲礼》曰："人生十年曰幼，学；二十曰弱，冠；三十曰壮，有室；四十曰强，而仕。"所谓三十"有室"，就是娶妻，成家。唐宋以来，直至明清，民间修谱大都遵循三十年一修，也是这个道理。

以此推测，孙武如生于公元前551年（见吴王时年龄约四十），其父孙凭约生于公元前581年，其祖孙书约生于公元前611年。换言之，孙书伐莒时的年龄该是八十八岁。有先生认为，古人早婚，祖孙年龄一般相隔五十岁。即便如此，其祖孙书伐莒时的年龄也要在七十八岁上下。《礼记·曲礼》又称："六十曰耆，指使；七十曰老，而传；八十、九十曰耄。"孙书（陈书）如此高龄，还能"伐莒"？如果"孙书"就是"陈书"，还能驰骋战场，参加"艾陵之战"，当了俘虏吗？

河南省社会科学院资深研究员、首届中国孙子兵法研究会副会长杨丙安认为：

> 如果我们根据《唐表》与邓名世《姓氏书》所载谱牒，即认定武乃书之孙、膑之祖，行不行呢？怕也有问题，因其所载较之《史》、《传》出入很大，且矛盾百出。如据《传》，陈书伐莒在（鲁）昭公十九年（前523），艾陵之战被俘在（鲁）哀公十一年（前484），也即吴王夫差十年；而据史，武见阖闾在其即位后三年（前512）。若谓武必书之孙，则按一般生育年龄，孙武此时尚在襁褓，或甚至尚未出世，何能"破楚入郢"？

再据武、膑所生年代推之，则上下悬隔约一百六十年，史迁也说"百余岁"，世上岂有如此祖孙哉？连史迁也只说他是武的"后世子孙"，吾辈岂敢认定其必为武之孙哉？[10]

上海社科院历史研究所研究员、《孙子评传》作者杨善群认为：

> 《左传·哀公十一年》记齐"陈书"参加艾陵之战，杜预注："书，子占也。"以为此"陈书"就是孙武的祖父、字"子占"的孙书。这是不对的。孙书既然在昭公十九年（前523）已姓孙氏，不得到哀公十一年（前484），过了三十九年之后，复姓陈氏。且以年代推算，艾陵之战那时，孙武也已五六十岁，其祖父还能参怎么加战争呢？[11]

著名《孙子兵法》研究家、文献收藏家穆志超认为：

> 在《新唐书·宰相世系表》、《古今姓氏书辩证》上出现了古代文献上未曾有过的孙武的世系。汉代人所不知道的孙武的世系，宋代人却奇怪地开列得很清楚！然而，这个世系谬误百出，经不起推敲，拙文《孙武世系之我见》已较详细地论辩了。[12]

北京大学教授、《孙子》研究者李零认为：

> 近年来在《孙子》研究中，人们经常引用宋代的《新唐书·宰相世系表》和邓名世《古今姓氏书辩证》所记孙武世系，把它当作一种重要史料，然而从以下两点看，这种材料的可靠性是值得怀疑的。上引两书对孙武世系的排列与《左传》、《史记》所记田齐世系不合……"因乱奔吴"的说法存在问题……总之，关于孙武的谱牒材料是不可靠的，引

用这种材料来考证孙武的历史是不妥当的。"⑬

中国社会科学院历史研究所研究员陈可畏认为：

> 既然孙书（或陈书）和孙武是祖孙关系，那么他们相隔应该四五十岁。然而如上所述，孙书伐莒之日，正是孙武奔吴之时；而陈书在艾陵之战被俘牺牲时，孙武已经亡故。可见，孙武与孙书（陈书）不可能是祖孙关系。⑭

学者陈汉平先生认为：

> 孙书伐莒时，当在二十七岁以上；艾陵之役（公元前484年）时，当在六十六岁以上。古人寿命较短，孙书以六十六岁以上老翁而赴艾陵之役可能性甚小。故若《左传》孙书与陈书同为一人，则孙武恐非孙书之孙。故《新唐书》所载孙书生孙凭，孙凭生孙武世系，颇有刻意之处。⑮

全国高校孙子兵法研究会会长褚良才认为：

> 孙书伐莒依《左传》当在公元前523年，而《左传·哀公十一年》云："为郊战故，公会吴子伐齐……陈僖子谓其弟书：'尔死，我必得志。'"杜预注："书，子占也，欲获死事之功。"两战相距达三十九年。若伐莒时孙书仅二十岁，至此亦已五十九岁老翁矣。若此时确为花甲老翁，则与《新唐书·宰相世系表三下》云孙书为孙子之祖父之记载发生严重矛盾。因《史记》详有"阖闾三年"（前512），孙子"以兵法见于吴王阖闾"并"以为将"，而此年距孙书伐莒仅十二年，三十二岁的孙书岂会有孙辈——孙子？况且是一个"以兵法见于吴王阖闾"并"以为将"

的孙辈？故"赐姓"之说、"孙书之孙为孙子"之记，皆误。因孙子实乃孙书之长兄，炊鼻之战（前516）时约四十岁，四年后即阖闾三年（前512）时撰成伟大的《孙子兵法》亦合情合理。柏举之战（前506）时，约五十岁，其后不再见其事迹记载。至北宋阮逸乃云其"脱然高引。不知所往"。⑯

国防大学前副校长贾若瑜老将军认为：

孙武参加的吴楚江南大战发生于公元前506年，距离艾陵之战已有二十二年。如果以公元前512年孙武到吴之时计，则为二十八年。那么，艾陵之战时孙武至少有五十岁左右了。以此而论，陈书与孙武两人年纪只相差十来岁。祖孙的血缘关系只差十来岁是无法成立的。⑰

李兴斌、黄朴民两位学者认为：

综合《史记》和《左传》的记载可以看出，桓子无宇有三个儿子，其中之一即是田书，众所周知，孙武是早在吴王阖闾时代就"奔吴"并建功于吴的，而田书却是在阖闾之子夫差时代才战败于艾陵的。假若孙武系田书之孙，从时间上看显然是十分荒唐的。至于《左传》所记孙书与田书究竟是不是一个人，其实对于孙武在田氏家族世系中位置的确定，并没有多少实际意义。因为从时间上看，孙书与田书无论是不是一个人，他们都不可能是孙武的祖父。⑱

（本文收入《孙武研究新探》，白山出版社，2004年11月修订版。）

注释:

① 吴如嵩、霍印章《论孙子研究中的几个问题》,收入《孙子与吴文化研究》(上卷),苏州孙武子研究会编,主编黄俊度,中央文献出版社,2006年4月版,第36页。

② 吴如嵩、霍印章《乐安孙氏通谱》序,此谱由山东省惠民县孙子研究会编,中国文史出版社,2010年10月版。

③ 引自吴如嵩《智慧孙子》一文,载《滨州学院学报》,2009年第5期,转引台湾学者刘青衫《孙子的兵书与战法》一文。

④ 引田昌五《孙子兵法全译》附录《孙武子评传》,齐鲁书社,1998年4月版,第112页。

⑤ 引吴如嵩《孙子兵法浅说·孙武的生平》,解放军出版社,1983年12月版,第2页。

⑥ 引王辉强《孙武形象的探索》,载《孙子新探——中外学者论孙子》,解放军出版社,1990年2月版,第242页。

⑦ 郭克勤《孙武故里考》,军事科学出版社,2007年5月版,作者"引言"。

⑧ 杨善群《孙子评传》,列入匡亚明主编的《中国思想家评传丛书》。南京大学出版社,1992年3月版,第87页。

⑨ 沈宝顺《孙武入吴的年代及年龄的推测》一文,载《孙子研究新论——孙子学术讨论会论文集(一)》,主编李祖德,新华出版社,1992年1月版。

⑩ 杨丙安《论孙子兵学的科学理性》,载《孙子新论集萃——第二届孙子兵法国际研讨会论文选》,长征出版社,1992年3月版,第4页。

⑪ 杨善群《孙子评传》,南京大学出版社,1992年3月版,第81页"注"。

⑫ 穆志超《孙子学文存》(此为穆先生"遗集",白山出版社,2010年10月版),《孙武世系之我见》一文,载《孙子学刊》1994年第2期,山东省社会科学联合会主办。

⑬ 李零《关于银雀山简本〈孙子〉研究的商榷》,载入《孙子古本研究》,北

京大学出版社，1995 年 7 月版，第 221—223 页。

⑭ 陈可畏《孙子故里考》，载《管子学刊》，1991 年第 4 期。

⑮ 陈汉平《孙书采地与孙武故里考辨》，载《孙子探胜——第三届孙子兵法国际研讨会论文精选》，军事科学出版社，1993 年版，第 221 页。

⑯ 褚良才《兵圣孙武子乃齐将田开》，原刊于《浙江大学学报》1999 年第 4 期。收入《孙子兵法研究与应用》一书，浙江大学出版社，2002 年 9 月版，第 455—456 页。

⑰ 贾若瑜《孙子探源》，国防大学出版社，2000 年 10 月版，第 463 页。

⑱ 李兴斌、黄朴民《孙武与〈孙子兵法〉》，收入《齐鲁历史文化丛书》，2000 年出版，第 120—130 页"身世之谜"。

"孙武非孙书之孙"再考

笔者曾作《孙书非孙武祖父之新证》一文，从陈完奔齐改姓"田"后的世系作了纵向陈述。现以《唐表》所列"田无宇—孙书—孙凭—孙武"此一世系传承，与《史记·田敬仲完世家》所列"田无宇—田乞—田常（恒）—田盘"此一世系，两者的对应关系作一番横向比较，孙书与孙武之间辈分不符的矛盾更加突显。

按《新唐书·宰相世系表》：

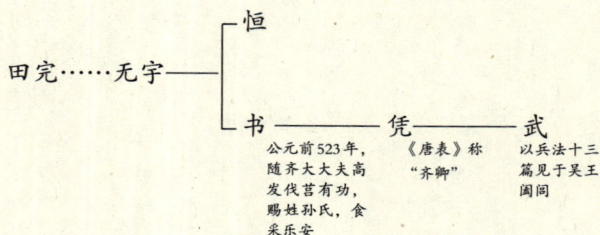

```
              ┌─ 恒
田完……无宇 ──┤
              └─ 书 ──────── 凭 ──────── 武
                 公元前523年，  《唐表》称   以兵法十三
                 随齐大夫高     "齐卿"      篇见于吴王
                 发伐莒有功，               阖闾
                 赐姓孙氏，食
                 采乐安
```

而按《史记》：

```
                    ┌── 开
                    │    《史记》称"武
                    │    子开"公元前
                    │    516年参加齐、
                    │    鲁炊鼻之战
田完……无宇 ─────┤
                    │
                    └── 乞 ────── 恒 ────── 盘
                         《史记》称"僖   《史记》称   《史记》称
                         子乞"公元前   田常父卒代   "襄子盘"
                         488年代相    相。公元前   父卒代相。
                                      485年卒     公元前452
                                                  年卒
```

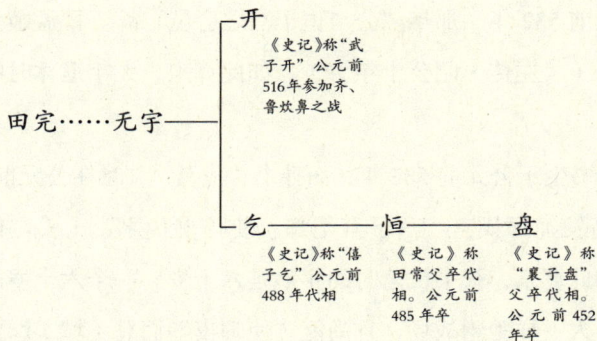

由此可见，田（孙）书与田乞、孙凭与田恒、孙武与田盘，成了同辈堂兄弟关系。而史实是，早在田盘于公元前 452 年父卒代相之前六十年（即前512），孙武已出现在南方吴国，"以兵法见于吴王阖闾"。如此说来，《唐表》所记孙书是孙武祖父的世系传承，明显存在颠倒，所列孙武与《史记》提到的"田盘"岂不成了同辈兄弟？故笔者认为：《唐表》和《姓氏书》对春秋时期田氏这段族系的记述是存在诸多问题的。

多年前，笔者觅得《孙武生平考论》（简称《考论》）[①]。这是一部系统研究孙武本事的专著。这位著者以《左传·昭公十年》齐国发生陈（田）、鲍、栾、高"四姓之乱"为节点，考证出时年孙武家庭主要成员的年龄为：

1. 陈无宇　生于鲁宣公十年（前 599），这年六十八岁
2. 孙　书　生于鲁成公八年（前 583），这年五十二岁
3. 陈　乞　生于鲁襄公十八年（前 555），这年二十四岁
4. 孙　武　生于鲁襄公二十四年（前 549），这年十八岁，
　　　　　　比他的爷爷孙书小三十四岁

笔者以为，此番考论值得商榷。

第一，说陈无宇生于公元前 599 年，而齐景公赐采邑给无宇，让他颐养

天年，时在公元前 532 年。那年"公与桓子莒之旁邑，辞。穆孟姬为之请高唐，陈氏始大"（《左传·昭公十年》）。如此算来，无宇退休时的年龄是六十八岁。

第二，说孙书生于公元前 583 年，而孙书"伐莒"，时在公元前 523 年。那年"秋，齐高发帅师伐莒。莒子奔纪鄣。使孙书伐之"（《左传·昭公十九年》）。如此算来，孙书伐莒时的年龄是六十岁。一个六十岁的花甲老翁，岂能如壮年人一样驰骋战场，且尚能"使师夜缒而登（城）"？

第三，说陈乞（陈僖子）生于公元前 555 年，而"艾陵之战"发生在公元前 484 年，那年陈僖子谓其弟书："尔死，吾必得志。"……陈书曰："此行也，吾闻鼓而已，不闻金矣！"（《左传·哀公十一年》）。如此算来，陈乞在战前与其弟对话时的年龄是七十一岁。按《左传》、《世本》所记，陈乞与陈书是亲兄弟，两人之间的年龄差距不会很大，即使他与其弟陈书相差十岁左右，陈书还能驰骋战场吗？

第四，说孙武生于公元前 549 年，与当今多数学者赞同孙武"约与孔子同时"相吻合（孔子生于公元前 551 年）。也有学者称"孙武约降生于齐景公十三年（前 535）"。多年前，笔者又觅得《孙武故里新考》一书，著者在引言中说：

> 孙武，又被称为孙子或孙武子，字长卿。春秋末期齐国人（今山东省惠民县人）。司马迁的《史记》有其传略。他的事迹可概括为"著书、破楚、以谋伐齐，奇谋败越"。关于他的生平事迹，中国军事科学院的吴如嵩、霍印章先生，上海社会科学院历史研究所研究员杨善群先生均有专门的考证。根据吴如嵩、霍印章先生的考证，孙武出生于公元前 541 年 9 月 12 日。二十五岁时（前 517），奔吴，公元前 512 年三十岁时，以兵法十三篇晋见吴王，被任命为将。②

正是依据此一"考证"结果，山东省惠民县人大常委会作出决定："根据现有史料记载，公元前 541 年，孙武子祖父由齐景公赐姓封采。权威专家建议，这一年应为孙武诞辰年。本着尊重历史和千百年来故里孙氏后裔祭祖的习俗，惠民县人大常委会确定了孙子诞辰纪念日。"③

对此，《东方兵圣——孙子生平及其军事思想新解》一书的著者廖超作此评论：

> 郭克勤先生在《孙子故里新考》一书的引言中论述：古籍史料对孙子出生年代无任何记载，后代史学家对孙子出生年代在公元前 540 年至公元前 550 年的推测所依据的是《史记》"以兵法见于吴王阖庐"和《新唐书》"因田、鲍四族谋为乱奔吴"史料。而把孙子的出生年代不但明确为公元前 541 年，而且具体到 9 月 12 日，这可以说是历史研究的奇迹。笔者虽然并不了解上述"考证"所持证据和理由，但仍然坚持认为对孙子出生年代的所谓"考证"是不能成立的（理由将在后文中加以论述）。无中生有的杜撰历史和牵强附会地解释历史，如果不是为了哗众取宠，那就是对历史研究的极不严肃。④

至于《考论》著者说"孙武比他的爷爷孙书小三十四岁"，也就是"祖"与"孙"之间相隔只有三十四年，这也是值得研究的。为此，笔者谈些看法。

世上任何事物，其发生、发展直至消亡都有一定的规律可循，人口的繁衍生息也是如此。从一个个家庭的子嗣传承而言，三十年左右为一代（世），可以说是汉民族世系传承的一般规律，如：

1. 孔子

生于鲁襄公二十二年（前 551）。《山东省志·孔子故里志·孔氏家族》载：由清慈禧赐婚的孔令贻为孔子第七十六世孙，生于清同治十一年（1872）。

从孔子生年到孔令贻出生，历时 2423 年，平均 31.9 年一代（世）。

2. 孙惠蔚

儒学大师，生于北魏兴安元年（452），十传至工部侍郎孙拙（唐汀州刺史孙瑝次子），生于唐大中十一年（857）。从孙惠蔚生年到孙拙出生，历时 405 年，平均 40.5 年一代（世）。

3. 孙万登

金吾上将军，生于唐太和元年（827），二十三传至清顺治会试一甲一名（状元）孙承恩（江苏常熟人），生于明泰昌元年（1625）。从孙万登生年到孙承恩出生，历时 798 年，平均 34.7 年一代（世）。

4. 包拯（民间习称"包公"）

其始祖申包胥与孔子生年（前 551）同。包拯生于宋咸平二年（999）。安徽合肥"忠肃祠"珍藏的《包氏宗谱》，排为第三十四世。从申包胥生年到包拯出生，历时 1552 年，平均 45.6 年一代（世）。

5. 孙星衍

经学家，生于清乾隆十八年（1753），其追封为乐安郡公的先祖孙文虎，生于南宋淳祐十二年（1252）。十七传至孙星衍，历时 501 年，平均 29.5 年一代（世）。

6. 孙中山

中国民主革命先行者，生于清同治五年（1866）。其五世祖，即迁居于今广东省中山市翠亨村的孙殿朝，生于清乾隆十年（1754）。四传至孙中山，历时 121 年，平均 30.3 年一代（世）。

出现平均三十年左右为一代（世）的主要原因，就是一族一房的传承大都出现兄夭弟承、子亡侄继的接嗣现象，使得代（世）与代（世）之间的年龄间隔距离拉大、拉长。而就每一代（世）的传承而言，并不都是三十年左右，父与子的年龄间隔，有的（如长子）可能在二十年左右，有的（如第四、第五子），与长兄可能相差十年或二十年，而若干代（世）的传承时间一平均，则基本上都在三十年上下。就以孙中山家世为例：中山先生之父孙达成生于清嘉庆十八年（1813），膝下子女五人，中山先生排行第四。他的大哥孙眉生于清咸丰四年（1854），此时其父孙达成四十一岁；中山先生生于清同治五年（1866），此时其父五十三岁。而从其五世祖孙殿朝算起，到孙中山，代（世）间隔平均为 30.2 年。

再以每一代（世）都以嫡长相传，其传承的平龄也大体如此。例如：

1. 孔子

他的后代奉祀官爵始于西汉。直到宋至和二年（1055），朝廷封其四十六代（世）嫡长孙孔宗愿为"衍圣公"。之后，"衍圣公府"成为孔子嫡长孙世袭的衙署，孔子嫡长孙成为中国历时最久、世袭最长、世系记录最详、氏族档案保存最为完整的贵族世家。从孔宗愿到曾任台湾地区"考试院"院长的第七十七世嫡长孙孔德成，生于民国九年（1920），历时 850 年，则嫡长孙传承的年龄间隔为 28.8 年一代（世）。

2. 孙旭

南宋吏部官员，据《溧阳孙氏宗谱》记载，孙旭生于嘉定十二年（1219），以嫡长孙传承为序，十四传至孙有庆，生于清康熙十二年（1673），历时 454 年，则嫡长孙传承的年龄间隔为 30.4 年一代（世）。

3. 孙永寿

据《棠山孙氏宗谱》记载，孙永寿生于明洪武二年（1369），以嫡长传承为序，十二传至孙文家，生于清康熙四十九年（1719），历时 341 年，则嫡长孙传承的年龄间隔为 28.4 年一代（世）。

可见，以三十年左右为一代（世），实为汉民族人口繁衍生息的一般规律。若以此来考析陈完（生于公元前 705 年）—稺孟夷—潘孟庄—文子须无—桓子无宇—武子开（孙武）的世系传承，平均也是三十年左右一代（世）。武子开（孙武）的生年约在公元前 552 年。从人口学的角度考察，武子开（孙武）为陈（田）完的五世孙更贴近于史实。

书非武之祖，武非书之孙，明矣！

（本文收入《孙武研究再探》，文汇出版社，2013 年 11 月版。）

注释：

① 吴名岗《孙武生平考论》，军事科学出版社，2009 年 11 月版，第 88 页。

② 郭克勤《孙武故里新考》，军事科学出版社，2007 年 5 月版，引言。

③《吾喜杂志》"孙子标准像通过专家评审团认定，惠民县确定每年 9 月 12 日为孙子诞辰纪念日"。

④ 廖超《东方兵圣——孙子生平及其军事思想新解》，新华出版社，2012 年 5 月版，第 30—31 页。

孙书"伐莒"辨正

孙书"伐莒"见于《左传·昭公十九年》：

> 秋，齐高发帅师伐莒，莒子①奔纪鄣②。使孙书伐之。初，莒有妇
> 人，莒子杀其夫，已为嫠妇（寡妇）。及老，托于纪鄣，纺焉以度而去
> 之。及师至，则投诸外，或献诸子占。子占使师夜缒而登。登者六十人。
> 缒绝，师鼓噪。城上之人亦噪。莒共公惧，启西门而出。七月丙子，齐
> 师入纪。

文中的高发是齐国大夫，出身贵族家庭。孙书，西晋学者杜预注："孙
书，陈无宇之子子占也。"

山东大学安国先生依据《左传》此一记载，作《孙武家世考》③。认为：
"孙书伐莒、赐姓，时在公元前523年，孙武奔吴为将不得晚于吴阖闾三年
（前512），以十二岁幼童，再聪颖过人，也断无奔吴为将的可能。"笔者
赞同此说，因为直系祖孙之间活动年代如此接近是不可思议的。对此，《论
孙子研究中的几个问题》一文的著者也难以否定《左传》，称"孙书的赐姓
不是在此战之后，而是在此战之前"，为此从《左传》中找出鲁宣公四年（前
605）、鲁宣公十三年（前596）、鲁襄公二十三年（前550）、鲁昭公元年

（前541）四次"齐伐莒"，说：

> 　　前三次都与孙书的赐姓无关，因为齐景公尚未即位。后一次已是齐景公七年（前541），不能排除有孙书参加和赐姓的可能。……如果孙书的赐姓就在这年，孙武的出生也恰在此年前后，那么他的童年不刚好在乐安度过吗？奔吴时不刚好是而立之年吗？破楚、归隐不刚好是近不惑吗？孙武的年龄以及孙书与孙武的祖孙辈分还能有什么疑团解不开呢？④

　　两位先生用"不能排除"、"可能"、"如果"、"那么"此类揣测之词把孙书参与"齐伐莒"的时间整整提前了十九年，即由公元前523年提前至公元前541年。以此为据，对孙武生年、故里、奔吴、破楚、归隐时间以及孙书与孙武的祖孙辈分等等作了新的解读。

　　今以《左传》所记，对文中四次"齐伐莒"作一辩证：

鲁宣公四年（前605）：

> 　　春，公（鲁宣公，下同）及齐侯（齐惠公）平莒（莒，小国，在今山东莒县一带）及郯（郯，小国，在今山东郯县一带），莒人不肯。公伐莒，取向（莒国一地名，在今莒县南）。

鲁宣公十三年（前596）：

> 　　春，齐师伐莒，莒恃晋而不事齐故也。

鲁襄公二十三年（前550）：

> 　　齐侯还自晋，不入。遂袭莒，门于且于（莒国一邑名），伤股而退。明日。将复战，期于寿舒。杞殖、华还载甲，夜入于且于之隧，宿于莒

郊。明日……莒子亲鼓之，从而伐之，获杞梁。莒人行成。齐侯归。

鲁昭公元年（前541）：

（鲁）季武子伐莒取郓，莒人告于会（盟会）。楚告于晋，曰：寻盟未退，而鲁伐莒，渎齐盟，请戮其使。……赵孟闻之，曰："……莒之疆事，楚勿与知。诸侯无烦，不亦可乎？莒、鲁争郓，为日久矣，苟无大害于其社稷，可无亢（抗）也。去烦宥善，莫不竞劝。子其图之！"固请诸楚，楚人许之，乃免叔孙。

从上引可知：

1. 公元前605年的那次，虽是鲁、齐两国参加，但"伐莒"、"取向"是鲁国单方面的军事行动。是"鲁伐莒"，而不是"齐伐莒"。

2. 公元前596年的那次，是"齐伐莒"，起因是莒国"恃晋而不事齐"。

3. 公元前550年的那次，是"齐伐莒"。结果是齐侯腿部遭受重伤，败退而归。

以上三次，都发生在齐景公即位之前，故可称与孙书"无关"。

4. 公元前541年的那次，《左传》明指是"鲁伐莒"，根本就不是"齐伐莒"。是年，鲁昭公派季武子攻打莒国，占领莒地郓。莒子派人向"盟会"报告。楚国对"鲁伐莒"一事强烈不满，派使者向晋国通报此事，认为"鲁伐莒"此举亵渎盟约，提出要处死鲁国派来说情的使者叔孙。晋国予以劝阻，乃免。

在此，笔者尚需补充三点：

一、列出的所谓四次"齐伐莒"中，并没有出现"孙书"此人。

二、公元前541年，《左传》记有："莒展舆立，而夺群公子秩。公子召去疾于齐。秋，齐公子钼纳去疾，展舆奔吴。"说的是莒国公子展舆即位后，减少了其他公子的俸禄，引起诸公子强烈不满。他们私下商议后，决定

219

派人去齐国把公子去疾请回来，图谋废立。秋，齐景公派齐公子钽护送去疾返莒，展舆迫于压力，逃亡吴国。对此，文中解释说：

> 这一次虽然没有激烈的战斗发生，但军事行动的效果极佳，由齐公子钽率兵，赶走了莒君展舆出奔去吴，拥立了久居于齐的莒公子去疾为莒君，使莒国进一步从属于齐。

而按《左传》记载，此次齐公子钽护送去疾（莒公子）回国，对即位不久的莒子展舆构成压力，不得不出逃异国他乡。然而，齐国此举并非是"军事行动"，且此次护送队伍中也没有孙书的身影。

三、把孙书说成是"齐卿"，说"其采食依制应为二百八十八人"。按《文献通考》卷六十五："古制，诸侯之下士，禄食九人；中士，食十八人；上士，食三十六人；下大夫，食七十二人；卿，食二百八十八人。"孙书于齐景公二十五年（前523）随齐大夫高发伐莒时，其身份还够不上"大夫"呢！

（本文收入《孙武研究再探》，文汇出版社，2013年11月版。）

注释：

①"子"为古代爵位名，为公、侯、伯、子、男五等爵位的第四等。《左传》称吴、楚二国君主为"吴子"、"楚子"。

②纪鄣，莒国一邑名，一说在今山东莒县，一说在今江苏赣榆县北。

③安国《孙武家世考》，收入《孙子月刊》1992年第3期，山东社会科学联合会主办。

④吴如嵩、霍印章《论孙子研究中的几个问题》，收入《孙子与吴文化研究（上卷）》，中央文献出版社，2006年4月版，第28页。

陈（田）恒是陈（田）乞之子，
而非陈（田）乞之兄

陈恒，《左传》称"陈成子"、"成子"，《世本》称"成子恒"，《史记》称"田常"、"田常成子"、"田成子"、"成子"。此人是由陈奔齐，落籍齐地并改姓"田氏"的陈完后裔陈乞之子，是齐国由"姜齐"易帜"田齐"历史过程中的一个重要人物。那么，陈（田）恒究属陈（田）完的几世孙？他是不是陈（田）桓子无宇之子？这成了研究孙武家世和对《新唐书·宰相世系表》（简称《唐表》）记载是否正确的一个颇有争议的问题。

按《唐表》所记"田完家世"，称：

> 齐田完，字敬仲，四世孙桓子无宇。无宇二子：恒、书。书，字子占，齐大夫，伐莒有功，景公赐姓孙氏，食采于乐安。

《古今姓氏书辩证》（简称《姓氏书》）采用《唐表》所记，仅改动一字，即把"恒"改为"常"。《唐表》和《姓氏书》的此一记载，与《世本》、《史记》所记完全不合。

《世本八种》秦嘉谟辑补本录为：

> 无宇生武子开、僖子乞。乞生子士、瓘、成子恒、昭子庄、简子齿、

宣子其夷、穆子安、廪邱子意兹、芒子盈、惠子得。恒生襄子班，班生庄子伯，伯生和。

《史记·田敬仲完世家》记为：

> （齐简公）四年（前481），田乞卒，子常代立，是为田成子。……田常卒，子襄子盘代立，相齐。常谥为成子。……襄子卒，子庄子白立。庄子卒，子太公和立……

《世本》、《史记》两部古籍所记说明：陈（田）恒是陈（田）乞之子，陈（田）无宇之孙。就是这位陈（田）恒，在其父陈（田）乞死后代立为相的第四年，即公元前481年，弑齐简公，"立简公弟骜，是为平公。平公即位，田常为相"（《史记》语）。

对于陈（田）恒弑君一事，《左传·哀公十四年》记有：

> 甲午，齐陈恒弑其君壬于舒州。孔丘三日斋，而请伐齐三。公曰："鲁为齐弱久矣，子之伐之，将若之何？"对曰："陈恒弑其君，民之不与者半。以鲁之众，加齐之半，可克也。"公曰："子告季孙。"孔子辞，退而告人曰："吾以从大夫之后也，故不敢不言。"

对于陈（田）恒弑君一事，司马迁在《齐太公世家》、《鲁周公世家》、《田敬仲完世家》三篇传记中都有记载。甚至《论语·宪问》亦称："陈成子弑简公，孔子沐浴而朝，告于哀公曰：'陈恒弑其君，请讨之。'"

但有观点坚持：

> 其实，《唐表》中唯一难解的疑窦是"无宇二子：恒、书"。《左传》

的陈恒即《史记》中的田常，他是无宇之孙而非无宇之子，这是肯定无疑的，但是，《唐表》中的田恒是不是《左传》中的陈恒或《史记》中的田常呢？这是《唐表》与《左传》、《史记》之间最关键的疑点。……经过认真研读一些相关史料，认为《唐表》中的田恒并不是《左传》中的陈恒或《史记》中的田常，而应是诸子中的长子，其本姓本名很可能叫作陈常。①

在此，笔者提请以下讨论：

1. "陈"与"田"两姓的关系

按《左传》所记，因避祸及身而逃奔齐国、落籍改姓为"田氏"的陈完及其子嗣，仍然以"国"为氏，即以"陈氏"记称；《史记》则以"敬仲之如齐，以陈氏为田氏"，而记称陈完及其子嗣为"田氏"。故文献中所称的陈完与田完、陈须无与田须无、陈无宇与田无宇、陈武子与田武子开、陈乞与田乞、陈恒与田常，均为同一人。

此一世系传承与《世本》一致。《世本八种》的辑佚者秦嘉谟辑补本在"陈氏"项下的"按语"中并记："《世本》'恒'作'常'，盖汉人沿写所改。"足见（陈）成子恒实为陈（田）桓子无宇之孙、陈（田）僖子乞之子，这是毋庸置疑的。

2. "恒"何以改"常"

这涉及古代避讳的事。避讳，是我国历史上存现两千多年的一种社会文化现象，也是封建王权和宗法制度在文字上的体现。《公羊传·闵公元年》记："《春秋》为尊者讳，为亲者讳，为贤者讳。"史讳的常识揭示，其方法有改字、空字、缺字、改音等。宋代，还有把一字拆分成二字。"恒"改"常"，是因避汉文帝刘恒之名而改，《汉书·文帝纪》颜师古注引荀悦曰："讳'恒'之字曰'常'。"司马迁正是依据古代避讳的先例，在《史记·田敬仲完世家》中，把"田恒"改为"田常"、"田成子"。

《史记》的原文是：

> 悼公既立，田乞为相，专齐政。四年（前481），田乞卒，子常代立，是为田成子。……于是田常复修釐（僖）子之政，以大斗出贷，以小斗收。齐人歌之曰："妪乎采芑，归乎田成子！"……田常卒，子襄子盘立，相齐。常谥为成子。

综上所述，认为陈（田）恒是"陈（田）桓子无宇之子"，是毫无道理的。试问：陈（田）恒若是"陈（田）无宇"诸子中的"长子"，那岂不是说，恒、书两人与"武子开"、"僖子乞"、"陈书"成了亲兄弟？

（本文收入《孙武研究再探》，文汇出版社，2013年11月版。）

注释：

① 吴如嵩、霍印章《论孙子研究中的几个问题》，收入《孙子与吴文化研究（上卷）》，中央文献出版社，2006年4月版，第9—13页。

孙膑、孙膑是一人，而非两人

外地一位先生曾发来两篇文章：一篇题名《孙膑并非孙膑》（作者：霍印章。简称"霍文"），另一篇题名《我谈〈孙膑并非孙膑〉》（作者：孙祖长。简称"孙文"），征询于我。盛情难辞，只得应命。

细读两文均见于互联网，"霍文"认为《新唐书·宰相世系表》中的孙膑，与《史记》中的孙膑，两者之间存在着"辈份"、"出生地"、"生平业绩"、"名号"四个不同；孙膑是孙武的隔代之孙，孙膑是孙武的后世之孙。由此把"孙膑"与"孙膑"断定为两人，且说："将孙膑与孙膑明确分开，实乃拨云见日之举。""孙文"对此提出疑问。笔者反复求索，赞同孙先生的质疑，于是坦陈己见，以求国内方家尤其是海内外孙氏族人评说匡正。

"霍文"与"孙文"观点迥别，其源出自 2010 年 9 月中国文史出版社出版的《乐安孙氏通谱》（中国惠民孙子文化研究院和滨州孙子研究会编修。以下简称《通谱》）。谱中，列"五世祖孙膑公"和"兵家亚圣膑公"两幅"先祖赞像"；而在该谱的《世系表》中，把"名显天下，世传其兵法"（司马迁语）的孙膑剔除在外，由此引起山东、广东、江苏等地孙氏族人的强烈抨击。霍先生意欲平息争论，特作此文，为自己辩解，岂料事与愿违。

一、从"训诂学"的层面考察

"髌"、"髕"、"膑"、"臏",是同一字。"髕"是古写,或称正字;"膑"是 20 世纪 50 年代推行文字改革简化而成。而自汉唐至明清乃至民国时期,大都用"臏"字。也有用"髕"或"髌"字的,但并不多见。辨析其"形"、"音"、"义",完全相通。

先说字的结构。"髌"、"髕"、"膑"、"臏","六书"(为古人所说的文字造字原则:指事、象形、形声、会意、转注、假借)属"形声"。"骨"或"月"是含义的形态。"骨"下的"月"和"宾"左的"月",是小篆"肉"的隶书楷化。"骨"和"肉",古代在许多情况下是可以互写的,如"骨"的字可写为从"肉",如:膀、膊。"髌"与"膑"正属此类。右边的"宾",是表音的,是声符。

次说字的读音。古来字书、字典都有注音。"膑",《广韵》、《康熙字典》、《佩文韵府》、《说文解字约注》均作"毗忍切",为旧时的拼音方法,称"反切"。上字的声母为 b,下字的韵母为 in。近代《辞源》和当代《辞海》,对"髌(髕)"、"膑(臏)"四字的注音均作 bin,与《广韵》等相同。

再说字的含义。《说文·骨部》云:"髕,膝岜也。"段玉裁《说文解字注》云:"膝,胫头节也。古者五刑:膑、宫、劓、墨、死。膑者,髕之俗,去膝头骨也。……引《尚书大传》,皆作'髕'。"阮元《经籍籑诂》云:"膑,本作髕。"张舜徽《说文解字约注》云:"去膝盖骨之刑,亦谓之髕,字亦作膑。"《辞海》同。

"髕"、"臏",古代可互易使用。汉文帝时,贾谊作《过秦论》,写"孙膑"(引自《文选》,中华书局 1977 年版)。司马迁作《孙子吴起列传》,亦写"孙膑"。在《太史公自序》则写成:"孙子膑脚,而论兵法。"班固作《司马迁传》,称:"孙子膑脚,兵法修列。"(中华书局 1969 年版,标点本)。

林宝《元和姓纂》写"孙膑"。之后的《新唐书·宰相世系表》（简称《唐表》）和《古今姓氏书辩证》（简称《姓氏书》），写成"孙髌"。以上数例，足证"髌"、"膑"两字相通。我国汉字自古至今经历了由"繁"化"简"的演变过程。"骨"字偏旁改为"月"字偏旁，正好符合这一变化趋势。事实如此清楚，没有什么可以深文周纳的。

至于孙膑之名"膑"，非这位古兵家的真名。《史记·孙子吴起列传》附有"膑传"称："孙膑尝与庞涓俱学兵法。庞涓既事魏，得为惠王将军，而自以为能不及孙膑，乃阴使召孙膑。膑至，庞涓恐其贤于己，疾之，则以法刑断其两足而黥之，欲隐勿见。"后来齐使入魏，孙膑以刑徒身份阴见。"阴见"，当然是秘密相见。为的是麻痹庞涓，免遭再次加害，自然就隐去真名。孙膑后由齐使"窃载与之齐"，先取得田忌信任，后在齐与魏两国交战中，齐威王"以田忌为将军，而孙子为师，居辎车中，坐为计谋"，先后取得"桂陵之战"和"马陵之战"的胜利，诱使庞涓自刭于马陵道，孙膑以此名显天下。这充分说明孙膑因受"髌（膑）刑"，遭此奇耻大辱，以致真名从此湮没于世。

二、从"文献学"的层面检核

众所周知，对于史料的运用，不能是盲目照搬，捡到篮里就是菜，而是必须作认真细致的考查核实。"霍文"命题的缘由出自《唐表》所记"（孙）武生明，明生髌"，其"髌"字与《史记》所记"膑"字有异。然而，"霍文"并未把《唐表》、《姓氏书》和《史记》作一番比较，而是把两者的价值等同起来。研究两书的史料价值，须先考察作者的才、学、识以及所引史料是否征信，而后鉴别书中的记叙是否完整，是否具有可信度。《史记》作者司马迁和《唐表》作者吕夏卿（《新唐书》署名编纂者是欧阳修、宋祁，其实是由一个群体共同编撰），两人的学术素养是不能同日而语的。

历来史学界人士评价《史记》，虽有指出内中之不足，但总体的评价是很高的。班固于《汉书·司马迁传》的"赞论"中说："自刘向、扬雄……皆称迁有良史之材，服其善序事理，辨而不华，质而不俚，其文直，其事核，不虚美，不隐恶，故为之实录。"而对《唐表》的评价，则贬之者居多。

清代乾嘉学派和近代严谨的学者有一种共识，就是对唐以后记载先秦事迹而没有充足理由，且无先秦与汉魏时的文献乃至考古发现的，则不予采信。因此，今人使用宋代以后的材料（包括《唐表》），须慎而又慎，以免以讹传讹，传为笑柄。

至于"武"与"膑"之间存在"代差"，国内谱学界和兵学界人士早有察觉。2009 年 4 月，山东省史志办公室编纂出版的《孙子志》有此记述：

> 据《新唐书·宰相世系表》，孙武三子：驰、明、敌。明食采于富春，自是世为富春人。明生膑，膑生胜，字国辅，秦将。依此叙说，由孙武至孙膑仅三世，而至孙胜也仅四世，其时间却跨越了由春秋末至秦约两三百年，故此间必有疏落。而在陆允昌先生所搜集的《孙氏族谱》中，由武至膑有四世者，其顺序为：开（武子）—明—汧—膑；有六世者，其顺序为：（昌国君）武子—明—顺—机—操—膑。这些族谱，未必准确，然而由武至膑为四至六世，则与司马迁"百余岁"之说还是大致相合的。

然而，"霍文"把"髌"、"膑"视为两字，由此认为"孙髌"、"孙膑"是两人。并说"孙髌与孙膑之间的关系很可能是非直系的祖孙"，指出两人"辈分不同"、"出生地不同"、"生平业绩不同"、"名号不同"四个不同，使人如坠雾里，难辨真伪。

1. 关于孙武的后裔

《史记》本传曰："孙武既死，后百余岁有孙膑。膑生阿、鄄之间，膑亦孙武之后世子孙也。"《唐表》则记成"武生明，明生膑"。显然与《史记》不合。"霍文"为填补"武与膑"之间的"代差"，给《通谱》添加了一个"有名无号"的"髌"的一代，而把"兵家亚圣孙膑"逐出谱系之外，还要孙氏族人承认这个谱系，普天下的孙氏族人能任人摆布，接受"孙髌"才是他们的"先祖"这样一个事实吗？

2. 关于"明，食采富春"

按照《通谱》的记叙，孙明是孙武的第二子，应是春秋晚期出生的人。笔者认为，公元前476年吴国被越国灭亡之前，今浙江境内富春江一带仍是越国疆土，怎么成了吴国的属地？而且，作为郡县之一的富春，秦置，属会稽郡（见《汉书·地理志》）。东晋太元十九年（394），为避郑太后（小名阿春）讳，更名为富阳。

3. 如何理解司马迁"膑亦孙武之后世子孙也"这句话

《史记·孙子吴起列传》记述孙武、孙膑事迹的上下文中，未见有"孙膑"之外还有一个"孙髌"。太史公用"后百余岁"四字，表明"武"与"膑"之间还有若干代未列名的子孙，或因这些未被列名的孙武之后的子孙没有事迹可记而从略，这在古代史籍里也是常见的。毕竟司马迁写的是《史记》，而非谱牒。"亦"字，用今人的俗话，就是"也是"的意思。"霍文"却说："这句话表明，司马迁既知道孙武有隔代之孙孙髌，又有个后世之孙孙膑，所以才用这个'亦'字。否则这个'亦'字岂不成了太史公的败笔？"司马迁作古已两千余年，霍先生何以得知"司马迁既知道孙武有个隔代子孙孙髌，又有个后世子孙孙膑"，且这两人都受过"髌刑"的呢？依据在哪里？

4. 关于十二余部古籍"都没有把孙髌与孙膑混同起来"

"霍文"称：

> 从先秦至秦汉以降的大量历史文献，诸如《战国策》、《吕氏春秋》、《韩非子》、《史记》、《汉书》、《过秦论》、《荀子叙录》、《通

典》、《新唐书》、《资治通鉴》、《武经总要》、《十一家注孙子》等等，都没有把孙髌与孙膑混同起来……孙髌的称谓源于《唐表》，《唐表》源于古代孙氏族谱，反映了族人的真实姓名与是否受过髌刑（亦称"膑刑"、"髌罚"）无关。

这种说法存在不少问题。

第一，霍先生列举的上述十二种古籍，经查证，除《新唐书》把"孙膑"写成"孙髌（髌）"外，其余十一种古籍，凡提到兵家"孙膑"的，都写成"孙膑（膑）"，根本不存在 "把孙髌与孙膑混同起来"的事。这一点，霍先生自己也承认"孙髌的称谓源于《唐表》"，前言与后语不是自相矛盾吗？至于《韩非子》一书，则通篇没有提到"孙膑"。

第二，把"孙髌（髌）与孙膑（膑）混同起来"，倒是有一例。清孙星衍编纂的《孙氏谱记》（共九卷），在"世系"项下，与《唐表》一样，写成"髌"，而列入"谱记"的《齐军师孙子膑墓》、《孙子祀典考》、《虎丘新建吴将孙子祠堂碑记》，都写成孙"膑（膑）"。可见，无论是写成"髌（髌）"还是写成"膑（膑）"，指的是同一人，不存在孙髌与孙膑是两人。

（本文收入《孙子兵学年鉴》（2010—2011））总第 6 卷，山东孙子研究会主办，山东省地图出版社，2013 年 2 月版。）

孙武墓址考

兵家孙武由齐入吴，与楚人伍子胥、伯嚭一起佐吴伐楚，为吴国谋取霸国地位做出了贡献，这是史实。至于吴伐楚取得"五战入郢"的重大胜利后孙武的去向，史界公认是一个历史之谜。《越绝书》卷二《越绝外传记·吴地传第三》有"巫门外大冢，吴王客齐孙武冢也，去县十里。善为兵法"二十一字，对于研究孙武功成身退后的归宿，有一定的参考价值。

苏州古城为吴国公子光（阖闾）于公元前 515 年弑王僚后所造。按《越绝书》记载，城的规模是：

吴大城，周四十七里二百一十步二尺。陆门八，其二有楼。水门八。南面十里四十二步五尺，西面七里百一十二步三尺，北面八里二百二十六步三尺，东面十一里七十九步一尺。阖庐所造也。吴郭周六十八里六十步。[①]

关于"陆门八"的名称，《越绝书》及《吴越春秋》无记载。唐陆广微《吴地记》，引晋左思《吴都赋》称"八门"为："西阊、胥二门，南盘、蛇二门，东娄、匠二门，北齐、平二门。"在"平门"条中，记云："平门北面，有水陆通毗陵（今江苏常州），子胥平齐，大军从此门出，故号平门。东北三里，有殷贤臣申公巫咸坟，亦号巫门。"元高德基《平江纪事》云："吴城平门，旧名巫门。至大庚戌（1310），古濠中得石扁，上有篆书'巫门'二字。"按《吴门表隐》[②]："平门亦名巫门，自桃花坞直北为平门，北宋时已塞。"以此而论，孙武冢应在原平门以北十里许。然而，自《越绝书》问世以来，到清代后期的近一千六百余年间，孙武墓址出现多种说法，以致古冢湮佚。

清嘉庆五年（1800）冬，自称孙武第七十五世孙、经学家孙星衍专程来苏城买舟访墓，无果而终。七年后，孙星衍联络王昶（右刑部侍郎，孙氏外甥），发动江、浙两地族人在苏州虎丘山东麓建造的"孙子祠"落成。祠成，孙星衍作《吴将孙子墓考》：

> 《越绝书》："巫门外大冢，吴王客、齐孙武冢也，去县十里。善为兵法。"《郡国志》："吴县刘昭注《皇览》曰：'县东门外孙武冢。'"唐陆广微《吴地记》："巫门西北二里，有吴偏将军孙武坟。"王象之《舆地纪胜》："平江府有孙武冢，引《东汉志》。"元卢熊《苏州府志》："《吴地记》云，孙武冢在平门西北二里，吴俗传其地名'永昌'。"按《吴地记后集》"永昌北仓在子城西北六里五十步"，又按"平门当为巫门之误"。《明一统志》："孙武冢在苏州府城东一十里。武，吴将。"明曹学佺《天下名胜志》："平门外水陆并出毗陵，近城有吴偏将军孙武坟。"《大清一统志》："孙武冢在长洲县西北，引《越绝书》、《吴地记》。"

> 星衍按："孙子墓在苏州府东门外十里，历代地志记载甚明，惟范成大《吴郡志》缺载，而有孙策墓，由滕寅以'周瑜、吕范赴丧于吴'一语定之。"考王象之《舆地纪胜》云："策墓在丹徒，明不在吴郡，疑是孙子大冢，然按地理又不合。星衍曾因卢熊'在永昌'之说，访墓至一处，名'雍仓'，水道去城可三十里，有古冢，上有古柏树卧地，土人名为'弯柏树坟'，又名'孙墩'。'雍仓'之名亦似与'永昌'相近，惟道里太

远，又无碑志，不敢定之，俟再访。《吴地记》所谓子城西北永昌北仓者，其地未知有大家可指识否？吴中文物之邦，不应听此墓湮伕也。"③

20世纪80年代，浙江一位"孙子学"研究者曾多次来苏州吴县寻找孙武墓，后在平门外东北十里许原吴县化肥厂偏北"虎啸桥"附近（地属吴县陆墓镇，今归属苏州市相城区元和镇），访得一村庄，名"孙墩浜村"。村中有隆起地面三至六米的南北向土墩四处。紧挨"浜"（小河）南的一处称"孙墩"，因临浜之南，村民又称"河南坟"。据这位先生称：一位村老告诉他，"据上辈人说，那里埋的是一个古代很会打仗的元帅"。依据他对古文献资料的研究和曾从"孙墩"浅层拣到的碎陶片，判定此"孙墩"与《越绝书》所称"孙武冢"方位吻合。苏州市孙武子研究会于1994年7月成立后，协同陆墓镇人民政府开展调查。事后，由该镇民政助理查震南于1995年8月29日写出《访问"孙墩浜"情况汇报》，并无定说，也无村民"传说"。后由吴县市陆墓镇人民政府出资，在紧靠孙墩浜南侧土墩处立二碑，碑名"吴王客齐孙武冢"和"重修孙武冢记"，以资纪念。

21世纪初，因路网建设需要，孙武墓西迁至文陵村孙家门自然村，更名"孙武墓园"，规模扩大。园内镌刻"孙武生平"：

孙武先祖春秋时陈厉公之子陈完，因故奔齐，改姓田氏，其五世孙田书，伐莒有功，齐景公赐姓孙氏，食采乐安（今山东惠民），书生凭，凭生武，字长卿，后人尊为孙子，吴孙子，青年时期，避乱奔吴（今江苏苏州）隐居吴地（今苏州穹窿山区），潜心著述，为吴王阖闾作兵法十三篇。公元前512年，经伍子胥七荐，以兵法见吴王，吴王知孙子能用兵，卒以为将，辅佐吴国，经国治军，西破强楚，北威齐晋，南服越人，功成身退，终老吴地。孙武是我国古代杰出的军事家和军事理论家，被誉为"兵圣"、"兵学鼻祖"。所著《孙子兵法》，古今中外，推崇备至，被誉为"兵经"、"兵学圣典"、"人类智慧的宝库"。

苏州市孙武子研究会　二〇〇五年五月

2010 年 8 月 20 日，《姑苏晚报》发表《"兵圣"孙武纪念园西移扩容》一文，称：

> 孙武纪念公园，是相城区为纪念"兵圣"孙武修建的，由于年代久远，史料记载模糊，孙武究竟葬于何处一直是一个历史之谜。经苏州市历史文物专家长期考察证实，"雍仓"其地为相城区陆慕孙家门村。1800 年孙武后裔也曾来此寻访。由于孙武纪念公园是一个纪念性的现代建筑，经专家鉴定，没有达到文物保护的条件，因此不列入文保单位。

报纸所称"1800 年孙武后裔也曾来此寻访"，此说不确，显然是听人误传所致。文中所说的"孙武后裔"，当指孙星衍。然而在他写的《吴将孙子墓》中，明言"访墓至一处，名雍仓，水道去城可三十里，有古冢，上有古柏树卧地"。尽管当地村民称此一古冢为"弯柏树坟"，又名"孙墩"，孙星衍终因"地里"不合（今相城区文陵村孙家门自然村，南距古城"平门"仅四里），又无"碑志"，而"不敢定之"，打算以后"再访"，可见其治学之严谨，堪为今人之楷模。由此证明，孙星衍当年来苏买舟寻访孙武墓，并未去"孙家门村"。

"雍仓"之地在哪里？吴县陆墓镇（今称相城区元和镇）当地文史学者张春法曾作《孙武墓址考》："笔者到永昌考察，当在今吴县市黄埭镇北，蠡湖之南，该村东西聚落，但永昌距平门不是二里，而是三十里。"[④]

2010 年前后，因商业开发，孙子墓园被拆除，引起一些网民不满。对此，相城区文保部门一位工作人员于 2011 年 5 月 6 日在网上发帖作了回应：

　　"孙武墓园"不是文保单位。目前人们所知的"孙武墓园"，甚至连衣冠冢都算不上，它只是一座纪念园。那么为什么要建这样一座墓园呢？真正的孙武墓又在哪里呢？根据《陆慕镇志》中的记载，孙武墓最早见诸典籍的是《越绝书》。《越绝书·吴地传》上记载："（吴县）巫门外大冢，吴王客齐孙武冢也，去县十里。"巫门即如今的苏州平门，文物工作者由此推算出了孙武墓的大概位置。但是，除《越绝书》之外，再无史料明确记载孙武墓的地址。⑤

（本文收入《孙武研究再探》，文汇出版社，2013 年 11 月版。）

注释：

　　① 按秦汉古制，1 里为 300 步，合今制 415.8 米；一步为六尺，合今制 0.231 米。"去县十里"，即距吴县县衙（其时县衙在今苏州古城内白塔东路）8.316 市里。

　　②《吴门表隐》，清顾震涛撰，江苏古籍出版社，1986 年 8 月版。

　　③《吴将孙子墓考》，载孙星衍所作《孙氏谱记》卷四，清嘉庆十五年（1810）三月刊成，金陵五松祠藏版。

　　④ 张春法《孙武墓址考》，载 1996 年 1 月 7 日《苏州日报》。此处所引采自《陆慕镇志》第十六章《文物、名胜》，第 317 页。

　　⑤ 引文见网络，标题为《"兵圣"孙武墓遭损毁》。

孙武庙考辨

一

2010年3月26日，中国新闻网驻苏州记者站发布一篇新闻稿，题名《"兵学圣山"苏州穹窿山将重建孙武庙》。称：

> 据介绍，孙武庙规划建设方案已敲定，资金也已落实，目前进入实施阶段。孙武庙将坐落在穹窿山下的苍坞，工程总投资概算达1.5亿元，规划用地面积超过10万平方米。建筑面积近3万平方米。南北向中轴线布局，从正门、孙武殿、祭祖殿，顺山势由低至高，最高的智慧殿为三层建筑，气势不凡……

重建"孙武庙"的依据是什么？新闻稿这样写道：

> 两千五百多年前，孙武为避战乱奔吴国，结草建庐于苏州穹窿山，写下了经典之作《孙子兵法》，对后世产生深远影响，穹窿山也因此成为"兵学圣山"和"世界智慧第一山"。据宋代李宗谔诏修的《苏州图经》记载："盘门双庙，一为永昌武大王，一为福顺贤德王，岁时祭享

甚盛。""永昌武大王"即孙武，"福顺贤德王"即伍子胥。岁月变迁，庙内供奉的孙武被孙坚所代替，孙武庙无形中消失。

对此，苏州大学历史系教授陆振岳作《子虚乌有的古孙武庙》①提出异议：

第一，宋李宗谔奉诏纂修的《苏州图经》②，早在元末修《明史》时已经亡佚。查考明以来的公私目录著作、《四库全书总目》以至《史志》、《中国丛书综录》，均不见著录。近人张国淦的《中国古方志考》在"苏州图经"条下，汇录旧志引自李修《苏州图经》的有三十六条，也都未涉及"孙武庙"。由此可证，说李宗谔诏修的《苏州图经》载有"孙武庙"的记述，完全是不实之词。再说李宗谔怎么可以下诏修志？

第二，新闻稿所引《苏州图经》记载的双庙祀主文字，最早见于宋范成大《吴郡志》卷十二《祠庙》。范志的原文是：

> 南双庙，在盘门里城之西隅。二庙：左英烈王伍员也，右福顺王陈果（杲）仁也。果仁，又称武烈帝。或云：五代初，常、润尚属淮南，果仁庙在常、润间。钱氏得常、润，遂移庙于苏。按吴志，孙权既称尊号，谥坚曰武烈皇帝，帝号与果仁同。况坚墓，《西（吴）地记》谓在城南二里许，去盘门密迩，疑此庙恐是祠坚尔。建中靖国中，太守吴伯举重修。是时蔡京自翰长罢过吴门，为作记，并书题。

双庙祭祀的对象说得具体明白：一是英烈王伍员（伍子胥），没有疑义；二是福顺王陈杲仁。陈氏，隋代人，谥"武烈帝"。范志另存一说，疑为祀三国孙坚的祠庙。《吴郡志·祠庙·南双庙》中根本就没有"永昌武大王即孙武"之语。

第三，"永昌武大王"即"孙武"之说，完全是杜撰所致。"永昌武大王"之称，仅见于蔡京应苏州知州吴伯举之请而作的《南双庙·附蔡京记》：

今天子即位元年，爱重黎庶，慎柬牧守。诏以左史吴公为直秘阁，知苏州。公至期岁，政化大治，奸盗屏斥。牒讼疏简，民用康靖。公曰："噫嘻！先成民而后致力于神，古之善经也。今俗且治矣，其录境内神祠废坏者，以公帑所余毕修之。使安定休止，无有祟厉为吾民忧。"吏白："城西南隅有旧庙二，荒陟当完。按《图经》暨州县版祝所称，一为永昌武大王，一为福顺贤德王，而邦人由闾阎市井及学士大夫自昔相传，皆以为伍子胥庙，岁时祭享甚盛，杂然同辞，莫可夺也。……至永昌之称，杳邈不可稽考，不知为何时人？"③

蔡京的这篇记，明确地称"双庙"祭享人物，一是"永昌武大王"；二是福顺贤德王，而"福顺"之号，为陈呆仁无疑。至"永昌"之称，已"杳邈不可稽考，不知为何时人"，没有说"永昌武大王"就是"孙武"。蔡记进一步明言："邦人由闾阎市井及学士大夫自昔相传，皆以为伍子胥庙。"蔡京的记作于宋徽宗建中靖国元年（1101）十二月二十二日。明杨循吉纂修的《吴邑志》卷六《境内坛庙祠宇》，从蔡记。由此可见，说"永昌武大王"就是"孙武"，完全是出于臆造。

陆教授援引元卢熊《苏州府志·祠庙》，作了切实的验证。卢志的原文是：

南双庙

在盘门内里城之西偶。二庙：左英烈王伍子胥，右福顺王陈果（呆）仁也。建中靖国初，知州吴伯举修庙，蔡京撰记云："按《苏州图经》，一为永昌武大王，一为福顺贤德王，相传为子胥庙，岁时祭享其盛。或言隋将陈果仁，尝以阴兵助钱氏伐淮南有功，奏封福顺王，使诸地皆建庙，则所祀果仁也。其永昌之称不可考矣！今福顺虽有功，异代事迹仅存，宜正子胥之祀，以承民志。其大略如此。或云，果仁庙在常、润间，南唐册为'武烈帝'。吴孙坚亦谥'武烈皇帝'。今坚墓去盘门密迩，恐此庙祠坚尔。"今考李宗译（谔）《苏州图经》云："庙在吴县西南四里，一为安邦武大王，一为福顺贤德王。但'永昌'与'安邦'二不同。嘉熙元年（1237）八月，知府王遂改福顺王归常州，立吴相伍君、汉破虏将军孙君二祠于此，仍为文以祭，伍、孙双庙谓此。"

卢志的这段文字，系融合了范志、蔡记，历陈"南双庙"的祀主为伍子胥和陈杲仁。

此文发表后，戈春源先生作《苏州古时存在孙武子祠庙》④称：

> 苏州历来建有孙武子的祠庙，由于种种原因，至今或废圮不存，或埋没无闻。为了弘扬孙子文化，吴中区（原为吴县，现属苏州市区）提出并已着手重建文化性的孙武庙。我们认为，吴中区的这一做法十分及时，很有必要，应大力弘扬。而陆振岳先生不知出于何种原因，不惜故意掩没这一宝贵的文化蕴储，硬行反对孙武庙的重建。……吴中区重建孙武庙，言之有根，行之有据，完全可以建造，这只能增加地方党政的声誉与公信力，为苏州文化争光添彩。退一万步说，即使过去没有孙武的祠庙，今天新造一个，也完全为国家法律所允许，不存在"作假"的问题。孙子文化是苏州十分重要的品牌之一，具有世界影响。作为苏州人，有责任捍卫这一重要的文化资源。我们不能为了个人的什么而否定它。否则，有将这一宝贵的文化资源送给别地的危险。

据此，陆振岳教授特作《再谈"孙武古庙"——评戈春源教授〈苏州古时存在孙武子祠庙〉》⑤，进一步从"文献学"的角度，有据有理地指出"戈文"的错误。本人亦有同感。

二

有鉴于此，笔者依据正史、相关文献及清阳湖（江苏武进）孙星衍纂修的《孙氏谱记》⑥等史（资）料对戈文提出五点不同看法。

第一，关于元末明初卢熊提出"永昌武大王即是孙武"。
戈氏称：

> 很显然，卢志中对"永昌武大王"作了考证，依吴地风俗，以人的名字称王，伍子胥被称作胥王（至今犹然），因而"武大王"当是孙武，且孙武葬于"永昌"，故称"永昌武大王"。卢熊所疑仅是《越绝书》上所说的"永昌"与"今永昌"离城的距离有所不同而已，并没有否定永昌武大王就是孙武的说法。……因此，古有孙武庙，不是穿凿附会，而是有据可寻，这说明双庙所祀人物之一为孙武。

对于此说，需要辨正：

1. 卢志双庙所祀，从《吴郡志》。即一为伍子胥，一为陈杲仁。又从蔡京记，称"其'永昌'之称，不可考矣"。显然，卢熊并没有说"永昌武大王"就是孙武。

2. 卢志在"伍（伍子胥）、孙（孙坚）双庙谓此"句后接着称：

> 《续志》又云："梁开平四年（910）敕封杲仁为福顺王，与吴江曹王同封。"永昌，孙武葬地也。吴俗多以名字称，如以子胥为胥王之类。按《越绝书》，武葬巫门外，去县十里，今永昌去县非十里，宜证诸洽闻者。⑦

戈氏又从卢志"永昌，孙武葬地也"而认为"武大王"当是孙武，且孙武又葬于"永昌"，由此认为"永昌武大王就是孙武"。这完全是望文生义！判断的"前提"错了，得出的"结论"也就南辕北辙了。

戈氏进一步说：

> 而能与伍子胥相配的，只有孙武其人。孙武由伍子胥的七次力荐进于吴王阖闾。"吴王问以兵法，每陈一篇，王不知口之称善，其意大悦。"（《吴越春秋·阖闾内传》）孙武被用为将，与伍子胥齐名而列，在西破强楚、北威齐晋中立下战功，因而吴地人民建庙祭祀两人，当在情理之中。但随着岁月的流逝，使"永昌"之称，"杳邈不可稽考"，"武氏名字功德，阙然埋没"。

此说也有违明杨循吉纂修的《吴邑志》卷六《境内坛庙祠宇》。志称：

> 吴相伍大夫庙，在本县盘门内。旧在县西南三十二里胥山上，即子胥死处。俗云"胥王庙"，自汉以来皆祭于此。其神甚灵，酒尽杯举。宋元嘉（南朝宋武帝刘裕年号）三年（424），吴令谢询始徙庙入城。岁久迷其处所。惟城西南隅永昌武大王祭享甚盛，自昔相传以为伍公庙。建中靖国元年（1101），直秘阁吴伯举知苏州，乃率吏民营缮，未几告新。又以名号未正，奏赐额曰"英烈"。

伍子胥在吴地享有一定的声誉，这是事实。《史记·伍子胥列传》记"伍胥死，吴人怜之，为立祠江上，名曰胥山"。千百年来，官府藉民众之力建庙以祀，饱含吴地民众对这位历史人物的悯惜和思念。按照戈氏的逻辑，似乎只要伍子胥称"王"，孙武也得称"王"；伍子胥有"庙"，孙武必然亦有"庙"，如此才能"相配"。历史岂能如此篡改？

第二，关于孙子祠"建"与"废"的时间。

戈氏称：

> 苏州古有孙武子祠，一名沪渎侯庙，在虎丘东山浜内，为孙武后裔
> 孙星衍在乾隆年间购得一榭园所改建。……祠宇规模壮观，可供人游览
> 瞻仰。清顾日新作《孙武子祠》一诗……诗中提到孙武子祠即孙武遗庙，
> 可见"庙"、"祠"之不分。……从这些诗文可见，在清代前期的乾隆
> 年间已有孙武子祠的存在。……到孙星衍的乾隆时代已湮灭了。

苏州历史上确曾建有"孙子祠"，那是清孙星衍来苏买舟寻访孙武墓不
得后，发动江、浙两地族人醵资而建。祠建于虎丘山，距苏州古城仅七里之遥。

《孙氏谱记》详细记有吴县官府核发的"公牒"和"孙子祠"的方位、
规模：

> 孙子祠
> 吴将孙子祠在苏州府阊门外虎丘山东南麓，旧为一榭园。南向正堂
> 三间，房屋三间，东厢三间。迤西北，内房两大间。南楼，上下六间。
> 大门一大间。后西水阁三间。从房、露台、廊屋十余间。池塘、山冈，
> 前后院悉具。沿河向东租房十间。向南楼房、酒楼十二间。共基地四亩
> 二分二厘四毫。曾孙刑部右侍郎王昶、山东督粮道孙星衍合江浙族人醵
> 分建立。

> 立孙子祠公牒石刻
> 吴县正堂舒 为捐产易田等事。蒙本府正堂周宪牌，据灵鹫寺僧一
> 彬禀：将一榭园房屋与孙武子嗣孙易换粮田，议明立契交银，请将存

卷、契券给发等情，蒙饬交契成交等因。下县奉此合行饬遵。为此，仰役即将发来契议转给孙宦收领，并令与该僧立契成交，将价给领取，具各收领呈县，以凭申送去役毋得刻延干咎，速速须牌。嘉庆十一年八月二十八日差吉祥行。

石在东廊，计开四至：北至东塔院界，南至塔影桥河边，东至上岗外官河，西至薛祠墙界。

"祀祖"是我国西周时代实行宗法制度的产物。其建筑物称"宗祠"，亦称"家祠"，南方一带又称"家庙"，俗称"祠堂"。一般都是春秋两季由族人相约，集体祭扫，对外人并不开放。"宗祠"与"神庙"两者是有区别的："宗祠"，祭祀的是同一血统的祖先；"神庙"则是祭祀奉为"神"的祀主，建造庙宇之人不必是祀神的后裔。"孙子祠"祭祀的是孙武、孙膑，配享的多为族中有声望的先辈。孙子祠建成一年后，祠内又建"旌节专祠"，专祀孙星衍祖母许太夫人，"以报太夫人七十余年苦节教子孙之德"。

孙子祠建成于清嘉庆十一年（1806），毁于咸丰十年（1860）太平天国战火。如今，戈先生说成是"在清代前期的乾隆年间已有孙武子祠的存在。……到孙星衍的乾隆时代已湮灭了"，岂不怪哉？

孙子祠现存唯一遗物是"孙子画像碑石"，青石质。碑长103.5厘米，宽35厘米。右刻有"吴将孙子像"和"齐将孙子像"，阴刻，线条清晰。左刻有孙星衍书写的题记原迹：

吴将、齐将两孙子像，传自明景泰时代广灵王所藏《列代将鉴图》，而宣和内府有孙武子像，是其传有本。孙氏别谱又有吴将籫笏半身像，即塑在堂皇者。曩予游吴门，伍太守许以一榭园建孙子祠，旋又中止。后数年，乃与江浙族人等酿资共成其事。考《礼记·大传》云："适为大夫，亦有大祖迹。"引《师说》云："大夫有始祖者，鬼其百世祭法。"

法施于民，以劳定国，俱应祀典。则祠祭孙子于吴，不得谓之私祠。星衍先得"道藏本"《十家注孙子十三篇》，刊印于世，又得孙子私印，藏为宗器。至嘉庆十一年（1806）立祠始成。若有灵感。因置沿河从屋，取租息以为修祠、祭享之费。春秋俩少牢庶羞，申请官为致奠。其南阁旧祀吕仙君岩，复塑家真人思邈像配之。拓西北废屋为"清介堂"，设明薛文清瑄及家文介公、礼部尚书慎行粟主。惟雍仓古墓不可识，俟好古者访求云。

赐进士及第，山东督粮道，前翰林院编修，刑部郎中，山东兖、沂、曹、济兵备道，署山东按察布政使，授通奉大夫，阳湖曾孙星衍记。

1860 年祠毁后，此碑散落民间。1985 年，吴县文管会姚勤德先生在该县北桥乡石桥村作文物普查时，从一户农家发现，古碑失而复得。此一遗物，由吴县文管会妥善收藏。2005 年，被移至穹窿山所谓"孙武子隐居地"内。

第三，关于"武成王庙"就是"孙武庙"。

戈先生有感于孙星衍诗中有"阖闾冢侧祠巍峨，武成王庙废不举"的诗句，而认为"武成王庙"就是"久废不举"的"孙武庙"。称：

诗中对孙武的功业与及时退隐的作风，作了高度赞扬，并记叙了寻找孙武墓的经过与墓圹的现状，有感于孙武庙久废不举，淫祠众多的事实，而奋起筑祠于阖闾墓（虎丘）之旁，以作纪念。……古有孙武庙，不是穿凿附会，而是有据可寻。清朝大学问家、精通文字音训之学的孙星衍，曾至雍仓（永昌）寻孙武之墓，对孙墓碑记的佚失与武成王庙的废湮表示深深的感叹（见《桐桥倚棹录》卷四）。这说明双庙所祀人物之一为孙武。

这可是一个难以让人置信的错误了！孙星衍在清嘉庆五年（1800）来苏买舟寻访孙武墓不得后，作有《巫门访墓》⑧。全文如下：

> 吴将孙子武墓在吴县，见刘昭注《郡国志》引《皇览》。元卢熊府志谓在永昌镇。至《吴郡志》失载。后人遂不知其处。嘉庆庚申岁冬，予偕董文学（国华）、家茂才（延）买舟访墓，至巫门外，地名"雍仓"。得古冢，有柏树甚古，土人呼"孙墩"，惜无碑识定之。越七年，乃建祠虎丘东麓，立碑蒙象云："吾家吴将高绝伦，功成不作霸国臣。春秋三传佚名姓，大冢却在吴东门。吴人耕种少闲地，访墓雍仓一舟系。弯环惟见古柏存，徧览平畴失碑记。传家私印不可磨（宋藏孙子铜印，方不及寸。文云'孙武私印'），阖闾冢侧祠巍峨，武成王庙废不举，东南淫祠何其多。君不见乌啄之邻施间谍，内壁忽然消霸业。西施可惜入宫迟，不付将军教兵法。"

戈氏说的已经"废湮"的孙武庙，与孙星衍说的"武成王庙"是不是一回事？这就需要从"史料学"的角度作一验证，以明是非，辨真伪。

1.《新唐书·礼乐志五》载：

> （唐）玄宗开元十九年（731）始置太公尚父庙。……上元元年（760），唐肃宗尊太公为武成王，遂改太公尚父庙为武成王庙，祭奠与文宣王（孔子）比，以历代良将为十哲像坐侍。

2.《唐会要·武成王庙》载：

> 武成王庙　开元十九年四月十八日，两京及天下诸州各置"太公庙"一所，以张良配享，春秋取仲月上戊日祭。仍简取自古名将、功成业著

245

弘济生人准十哲例配享。……上元元年九月十二日，稽诸古昔爰崇电礼，其太公望可追封为武成王。有司依文宣王置庙，仍委中书门人择古今名将，准文宣王置亚圣及十哲等。享祭之典，一同文宣王……⑨

3. 孙星衍作的《孙子祀典考》亦云：

《唐会要》：上元元年（760）敕太公望可追封为武成王。有司依文宣王置庙。仍委中书门下择古今名将准文宣王置亚圣及十哲等。享祭之典，一同文宣王。建中三年（782），准开元十九年（731）四月敕，宜拣取自古名将充十哲，有吴将军孙武。七十二弟子有齐将孙膑。唐《礼乐志》云："十哲像坐侍。"又云："凡六十四人图形焉。"《宋史·礼志》："梁废。从祀之典，后唐复之。建隆三年（962）申修。乾德（宋太祖年号）、庆历（宋仁宗年号）时，俱幸武成（脱'王'字）庙。宣和五年（1123），封吴大将军孙武沪渎侯，齐将孙膑武清伯。辽金遵制不废。"《元史·祭祀志》："武成王立庙于枢密院公堂之西，以孙武子以下十人从。每岁春秋仲月上戊，以羊一、豕一、牺尊、象尊、豆俎爵，枢密院遣官行三献礼。至洪武（明太祖朱元璋年号）时始罢武成王，从祀帝王庙。"⑩

在《虎丘新建吴将孙子祠堂碑记》一文中，孙星衍再次记有：

孙子有功于吴，自当庙食此土，后且失其墓，岂称东南士大夫声名文物、好古兴废之志。唐肃宗祀太公望为武成王，以孙、吴十人配享，如孔子之有十哲。国家令甲，以《孙子》十三篇发题试士，尤宜令武学诸生有瞻拜像设之处。

证明"武成王庙"的祀主是西周时期齐国的缔造者姜尚（即"太公望"，姓吕，名望。民间俗称"姜太公"）。唐宋以前，姜尚被历代帝王封为"武圣"。唐肃宗时，始封太公望为"武成王"，令各地置"庙"祀之。孙武、孙膑仅是配享于"武成王庙"，配享的人，不是"庙主"，这是常识！孙星衍所说的"武成王"，非指"孙武"，明矣！戈先生又何以把"武成王"说成是"孙武"，把"武成王庙"说成是"孙武庙"呢？

第四，关于"苏州历来有孙武子祠庙，且不止一处"。

清嘉庆年间孙氏族人在苏州虎丘山东麓建造"孙子祠"之前，是非诚如戈先生所言"苏州历来有孙武子的祠庙，且不止一处"，并非常肯定地说"古有孙武庙，不是穿凿附会，而是有据可寻"呢？非也！孙星衍的《孙子祠典考》，文后有这样一段"按语"：

> 星衍按：祭法，法施于民则祀之。《曲礼》：凡祭，有其举之，莫敢废也。孙子著兵法十三篇，列于学宫以之课试，可谓"法施于民"。自唐已来，配享武成王，所谓"有其举之，合于祀典"。洪武之草创，礼臣无能议礼，以为别立武学是建文、武为二，遂罢其祀，甚违"有举莫废"之义。今直省多有孙子膑庙祀，而孙子武，乐安、富阳俱无祀典，墓在吴门。亦且迷失，岂称国家咸秩无文兴废继绝之意。故星衍立庙吴门，再申请有司复春秋致奠之礼，拟请立奉祀以永传祀典云。

文中的"直省"，指明清时期设立的地方行政区划名的简称。孙星衍于乾隆乙卯年（1795）任兖、沂、曹、济兵备道（巡道。管辖三府、一直隶州），地域范围甚广。"乐安"，地域何在？孙星衍作《魏吏部尚书孙邕传》[⑪]记"孙邕，字宗儒，乐安青州人"，并引《论语集解疏》"青州，在（山东）济水南"。"富阳"，系指浙江富春江一带的富阳，三国吴主孙权的故里。

孙星衍（1753—1818），清乾隆丁未科殿试一甲第二名进士，著名经学家，自称孙武第七十五世孙。他的"按语"证明：苏州虎丘山建造"孙子祠"以前，上述各处以及苏州（包括吴县）都没有祭祀孙武的"祠庙"。戈先生说"苏州历来有孙武子的祠庙，且不止一处"，根据又在哪里？

第五，关于"即使过去没有孙武的祠庙，今天新造一个，也完全为国家法律政策所允许"。

戈氏此言涉及到"国家法律法规"的层面，故有必要作一些剖析。我国是一个有数千年文明史的国家，炎黄子孙始终有着寻根溯源、敬奉祖先的传统，这是中华民族具有强大凝聚力的所在。孙星衍有感于吴地民众没有保护好他们的先祖孙武的墓，因而发动江浙两省孙氏族人醵资在苏州虎丘山建"孙子祠"，成为孙氏族人祭祀之处。这是一种家族所为。如今有人发起在穹窿山"重建"孙武庙，完全是一种政府行为。前者占地四亩二分二厘四毫；后者占地 150 亩，如果加上广场面积 35948 平米（折合 54 亩），合计占用山林土地 204 亩，是虎丘山"孙子祠"的 48 倍。仅此一项工程，耗资 1.5 亿元。

对于此项巨大工程，苏州（包括吴中区）民间颇有异词。而戈氏却说"吴中区重建孙武庙，言之有根，行之有据，完全可以建造，这只能增加地方党政的声誉与公信力，为苏州文化争光添彩"。还称："孙子文化是苏州十分重要的品牌之一，具有世界影响。作为苏州人，有责任捍卫这一重要的文化资源。我们不能为了个人的什么而否定它，否则有将这一宝贵的文化资源送给别地的危险。"

对于戈先生说的"退一万步说，即使过去没有孙武的祠庙，今天新造一个，也完全为国家法律所允许"。笔者以为此话有违 2010 年 7 月 9 日国家文化部、国家文物局联合发出的《关于把握正确导向，做好文化遗产保护和开发工作的通知》[⑫]。而更值得一提的是，如今"重建"的孙武庙庙址竟然建在自然生态良好又是"国家 4A 级风景名胜区"内，明显违反国务院、江苏省、苏州市三级制定的风景名胜管理区条例；也违反了苏州市人大常委会 1999 年 12 月 1 日制定并经江苏省人大常委会批准于 2000 年 2 月 1 日施行的《苏州市禁止开山采石条例》。

戈先生作为一名长期从事历史教学的史学工作者，又是孙子学会的一位负责人，应该坚持以审慎、严谨、对历史负责的治学态度，掌握征信可靠的"史（资）料"，作为立身、行事的基础，那种"凭感觉"、"想当然"而编造的有违史实的说法是不可取的。

（本文收入《孙武研究再探》，文汇出版社，2013 年 11 月版。此次出版，文字有所增益。）

注释：

①陆振岳《子虚乌有的古孙武庙》，后载《苏州大学学报》第 574 期（2011 年 10 月 30 日）。

②"图经"，又称"图志"，指文字以外附有地图的地理志，《通志·艺文略·地理类》有"图经"一门。

③《蔡京记》，全文见《吴郡志·南双庙》。

④戈春源《苏州古时存在孙武子祠庙》，载网络。

⑤陆振岳《再谈"孙武古庙"》，载入《孙子兵学年鉴（2010—2011）》总第 6 卷，山东孙子研究会主办，山东省地图出版社，2013 年 2 月版，第 75—79 页。

⑥《孙氏谱记》九卷，清孙星衍纂修，嘉庆十五年三月刊成，金陵五松祠藏版。上海、常州、南京图书馆有藏。

⑦《续志》，全称《续吴郡志》（存二卷），明李诩纂修。

⑧《巫门访墓》，孙星衍撰，收入《续修四库全书》本，第 1477 册，《孙渊如先生全集·芳茂山人诗录卷七》，第 637 页。

⑨《唐会要》，宋王溥撰，收入《钦定四库全书》唐会要卷二十三《武成王庙》。

⑩《孙子祀典考》，孙星衍撰，收入《绍兴孙氏宗谱》卷六，民国甲子（1924）垂裕堂刻本。

⑪《魏吏部尚书孙邕传》，清孙星衍撰，收入《续修四库全书·集部·别集类》，第 1477 册第 548 页《平津馆文稿卷下》。

⑫ 文化部、国家文物局的通知，公开发表在互联网上。

《新唐书·宰相世系表》"妫姓孙氏世系"校释

一

　　《新唐书》是一部纪传体唐代史，北宋欧阳修、宋祁等撰。书成于宋嘉祐五年（1060）。与《旧唐书》相比，《新唐书》增加不少新的史料，如《选举志》、《兵志》、《方镇表》、《宰相世系表》（简称《唐表》）等。其中，《唐表》是我国二十四史中唯一记载帝室皇族以外显官世族的谱系集成，依据大量公、私（民间）谱牒，共辑存唐代三百六十九位宰相、凡九十八姓自古至中唐时期的世系，成为后人了解并研究这些显官世族家世传承的重要资料，有一定的史料价值。但《唐表》所载的"宰相世系"是否准确无误，历来是有疑问的。

　　早在《唐表》问世之前，唐颜师古注《汉书·眭孟传》云："私谱之文，出于闾巷，家自为说，事非经典，苟引先贤，妄相假托，无所取信，宁足据乎？"进入宋代，随着"辨伪学"的兴起，有学者对《唐表》提出质疑。南宋左朝请郎、前知蜀州军州事吴缜作《新唐书纠谬》二十卷，计四百六十条，分二十门，题目有《以无为有》、《似实而虚》、《书事失实》、《自相违舛》、《年月时世差互》、《官爵姓名谬误》等等，并于绍圣元年（1094）九月上表朝廷。洪迈《容斋随笔》称其"皆承用逐家谱牒，故多谬误"。迨至清代，著名学者钱大昕于《十驾斋养新录·家谱不可信》称："师古精于史学，于私谱杂志，不敢轻信，识见非后人所及。唐书宰相世系表虽详赡可喜，然记近事则有征，溯远胄则多舛，由于信谱牒而无实事求是之识也。"沈炳震作《唐宰相世系表订讹》十二卷，称："《新唐书·宰相世系表》大端纰戾，已发凡于例。就其所列官爵、谥号，或书或否，或丞尉而不遗，或卿贰而反阙，或误书其兄弟之官，各载其褒赠之能，更或其生平所偶，历及曾未尝居是官者。庞杂淆乱，不可究诘，合之史传，不胜究摘……要之，此书不足征信，适以滋谬，举可废也。"今人顾超作《新唐书宰相世系表集校》，也有类似的评析。

清乾嘉学派和当代治学严谨的学者有一种共识，就是对唐以后记载先秦事迹而缺乏充足理由，且无先秦和汉魏时期的文献乃至考古发现的所谓"史料"，则不予采信。因此，今人使用唐、宋以来所引先秦时代的材料（包括《唐表》），须慎而又慎。

二

"妫姓孙氏"传承至唐代，出了孙处约（603—672）、孙偓（约840—？）两位宰相级人物，由此其家族世系，上溯受姓始祖，下至唐代中叶，被收入《唐表》，使人们得以了解妫姓孙氏的世系源流，成为后人研究孙武家世的官方史料，也成为唐代以后历代妫姓孙氏族人纂修族谱的依据。然而，笔者多年来通过搜采和研究孙氏谱牒、墓志，确信宋、元以来学者对《唐表》的批评是有据有理和切中要害的，《唐表》确实存在"庞杂淆乱，不可究诘；合之史传，不胜究摘"的问题。

以"妫姓孙氏"而论，举凡有四：

（一）《唐表》称：齐田完，字敬仲，四世孙桓子无宇。无宇二子：恒、书。书字子占，齐大夫，伐莒有功，景公赐姓孙氏，食采于乐安。生凭，字起宗，齐卿。凭生武，字长卿，以田、鲍四族谋为乱，奔吴为将军。

此一世系，为南宋学者邓名世、邓椿父子全盘采用。邓氏所著《姓氏书辩证》（简称《姓氏书》）仅改动一字："恒"改"常"。这段世系的问题在于：

第一，世系传承与《左传》、《世本》、《史记》不合。

《唐表》和《姓氏书》中的田桓子无宇后世世系，如图所示：

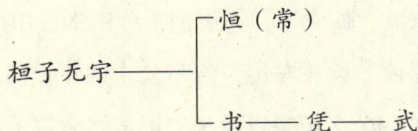

```
                    ┌─ 恒（常）
桓子无宇───────┤
                    └─ 书 ── 凭 ── 武
```

而《左传》记载，如图所示：

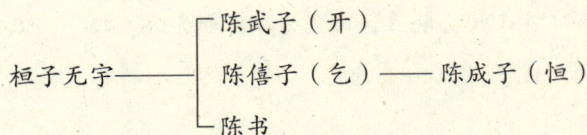

```
                    ┌─ 陈武子（开）
桓子无宇───────┤─ 陈僖子（乞）──── 陈成子（恒）
                    └─ 陈书
```

《世本》记载，如图所示：

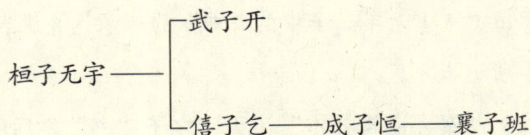

```
                    ┌─ 武子开
桓子无宇──────┤
                    └─ 僖子乞──成子恒──襄子班
```

《史记》记载，如图所示：

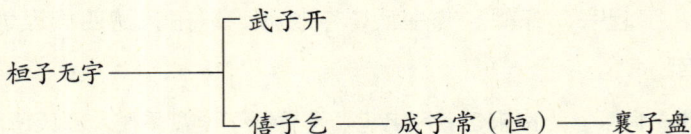

```
                   ┌── 武子开
   桓子无宇 ────────┤
                   └── 僖子乞 ── 成子常（恒）── 襄子盘
```

显然，田完后世世系中，"完"至"桓子无宇"的记载，《唐表》、《姓氏书》采用《左传》、《世本》、《史记》。区别在于无宇之后的世系，则明显不合。

第二，"恒"（常），实为乞之子、无宇之孙。

"恒"，《左传》称陈恒、陈成子，《史记》称田常、田成子，他是否是陈（田）无宇之子，只要读一读《左传》鲁哀公十四年（前481）、十五年（前480）、二十七年（前468）记事以及《史记》就清楚了。《史记·田敬仲完世家》载：

> 田桓子无宇有力，事齐庄公，甚有宠。无宇卒，生武子开与僖子乞。……（齐）悼公既立，田乞为相，专齐政。四年，田乞卒，子常代立，是为田成子。

可见，田常（恒）是田乞之子、桓子无宇之孙，这是史实，笔者已在前文《陈（田）恒系陈（田）乞之子，而非陈（田）乞之兄》作了专论，故不赘述。

第三，关于田（陈）无宇三子中的"书"的传承，《唐表》、《姓氏书》与《世本八种》所记也不同。

《世本八种》"秦嘉谟辑补本"记无宇之子"书"之后的世系为：

> 子占氏：陈桓子生书，字子占之后。陈桓子生子占书，书生子良坚，坚子以王父字为氏。

以《世本》所记，"书"为"桓子无宇"之子。然而，书（字子占）生坚（字子良），坚之子以王父之字为氏，则其后嗣应称"子占氏"。宋代史学家郑樵《通志》卷二七《以字为氏》，亦称："陈桓子生书字子占之后也。""子占"成为中华姓氏中的一个复姓，就像"司马"、"诸葛"、"欧阳"等复姓一样。如此说来，书之子、坚之后，已从大宗（田氏）中分出，自立门户（子占氏），又何来"以孙为氏"？

第四，孙书—孙凭—孙武的世系，明显地存在着无法自圆其说的矛盾。

（1）孙书参加伐莒与孙武以兵法十三篇见吴王，间隔只有十一年，说明两人活动年代大体相同。

（2）孙凭位居齐卿，年龄不会低于四十岁。孙武以兵法十三篇见吴王，在阖闾面前自称"外臣"，说明孙武入吴前原本就是齐国的一位将士。从兵法如此成熟看，孙武向吴王献兵书时的实际年龄要超过不惑之年。

（3）三十年左右为一代（世），是我国汉民族世系传承的一般规律。孙武见吴王时的年龄如定为四十岁（取最低年龄），再上推至孙凭、孙书两人的年龄，矛盾就更加凸现：

①如以孙武生于公元前552年，孙凭生于公元前582年，按《礼记·曲礼》"四十而强，而仕"，则孙凭任齐卿（卿，为一国之最高长官）之年约在公元前542年，孙武见吴王时，孙凭已是七十岁左右的老翁了。

②以孙武生于公元前552年，孙凭生于公元前582年，则孙书生年约在公元前612年。而孙书参加伐莒是在公元前523年。也就是说，孙书参加伐莒时的年龄约在八十岁。三十九年后又参加艾陵之战，并被吴、鲁联军俘获，其时的年龄超过百岁，岂不成了天方夜谭？

（二）《唐表》称："武，字长卿。三子：驰、明、敌。明食采于富春，自是世为富春人。"明生膑。按此表所称，孙膑为孙武之孙。这段世系更成问题。

如图所示：

（田）完——□——□——□——无宇——书——凭——武——明——膑

《史记》记载："孙武既死，后百余岁有孙膑。膑生阿、鄄之间，膑亦孙武之后世子孙也。"说明，孙膑是孙武的"后世子孙"，太史公未言明两人之间的世次。孙武生活在我国春秋晚期，以兵法十三篇见于吴王是在吴阖闾三年（前512），据此推测，孙武约生于公元前552年；而孙膑生活在我国战国中期，由他精心谋划的"围魏救赵"的桂陵之战和"减灶赚庞涓"的马陵之战，分别发生在齐威王三年（前354）和十五年（前342），据此推测，孙膑生于公元前380年前后。孙武、孙膑的年龄差一百六十余年。《唐表》把孙武、孙膑断为祖孙关系，显然与《史记》记载"后百余岁"不合。

多年前，笔者在上海图书馆觅得《云阳孙氏宗谱》六卷。谱尊孙武为富春一世祖，孙膑为六世祖，其世次为：武—明—顺—机—操—膑。按古时以三十年左右为一代（世）推算，此谱记载的孙武至孙膑的世次较为可信，与《史记》"孙武既死，后百余岁有孙膑"的记载基本吻合。再说，孙武之子孙明食采富春（今浙江富阳），而明子膑却生于阿、鄄之间（今山东东阿、鄄城一带），于理也不通。《唐表》的差谬，又明矣！

（三）《唐表》在列出妫姓孙氏祖源世系之后，对唐代发迹于京城洛阳的同宗共祖的孙嘉之四支子嗣的世系记载尤详，其中列入表中的孙氏计一百零二人。按理说，宋人作《唐表》，时距唐代并不远，所谓"记近事则有征，溯远胄则多舛"，然而让人难以置信的是，《唐表》竟然有十余处错误。

笔者从天津古籍出版社1992年出版的《隋唐五代墓志汇编》中，找出了表中列名的二十三位孙嘉之的后裔墓志碑拓影印件，并参考上海古籍出版社1992年出版、由周绍良主编的《唐代墓志汇编》，经比勘，《唐表》差谬凸现，简直让人难以置信。

其一，官居汝州司马的孙审象（781—841），为孙嘉之的曾孙。《唐表》列其子嗣有：履度、方绍、簧、尚复、赞、俐六人。而由其房侄、中大夫检校礼部尚书兼河中尹孙简撰写的《唐故汝州司马孙府君墓志铭》记："公讳审象，字近初，姓孙氏。其先乐安人也。……大父府君讳逊……烈考府君讳成……有子四人，府君即第四子也……以会昌元年闰九月十七日终于郡之官舍，享年六十有一。有子四人：长曰尚复，次曰胜，次曰璩，幼曰黑儿。有女二人：长曰众娘，次曰臊娘。"孙方绍、孙俐两人墓志也证明，他们两人均非孙审象之子。孙方绍（812—865），是孙审象之兄、官居沔州刺史孙微仲之次子，官至登州刺史。由其长子孙邺撰写的《唐故承议郎使持节都督登州诸军事守登州刺史孙府君墓志铭》记："府君讳方绍，字比璇，魏郡武水人也。曾讳逊，皇唐刑部侍郎，赠尚书右仆射，谥文公。大王父讳成，皇桂管观察使，赠太子太保，谥孝公。烈考讳微仲，皇沔州刺史。府君即沔州刺史次子也。"可见，孙方绍为孙审象之房侄，而非父子。孙俐（837—855），是大理评事兼监察御史孙向之子。由其父孙向撰写的《唐故乡贡进士孙府君墓志》记："府君讳俐，字可器，河南巩人也。……曾王父讳遘，历左补阙内供奉。大王父讳起，滑州白马县令，赠尚书工部侍郎。……生向，即府君之父焉。"孙遘与孙逊是亲弟兄，由此可见，孙俐亦为孙审象之房侄，也非父子。孙璩，明明是孙审象之子，而《唐表》则列为亳州长史孙遘之孙、睦州长史孙公彦之长子，反倒成了孙审象的堂兄弟。

其二，官居滑州白马县令的孙起（744—812），《唐表》列其子嗣有非熊、景商、清三人。而由其房侄、前试秘书省校书郎孙保衡撰写的《唐故滑州白马县令乐安孙府君墓志铭》记："府君讳起，字晋卿，乐安人。……亳州长史讳遘之第二子也。……夫人赵郡李氏，生长子非熊，前蕲州黄梅县尉；夫人陇西李氏，生次子汝砅及三女。……今夫人河东裴氏，卿族华胄，公宫令范，奉丧字孤，称家均养。"再考由其房侄、京兆府鄠县主簿孙毅为孙起侧室河东裴氏撰写的《唐故滑州白马县令赠尚书刑部郎中乐安孙府君继夫人河东县太君裴氏墓志铭》记："会昌元年十一月丁酉，毅堂叔祖、赠尚书刑部郎中、府君讳起继室河东县太君裴氏年七十一，背代于上都亲仁里。……孤叔尚书度支员外郎景商、右清道率府兵曹向哭命于珏……初，刑部娶赠陇西县太君姑臧李夫人，生度支（即孙景商）；继室以太君，生兵曹（即孙向）。"由此可知，孙起有妻妾三人，各育一子，即：非熊、景商、向。《唐表》则把孙起第三子列名为"清"，显然有错。

其三，官居东都留守、太子太保的孙简，《唐表》列其子嗣有景蒙、绎（本名景章）、谠、景裕、纾、徽、续、继八人。而由光禄大夫令狐绹撰写的《唐故银青光禄大夫检校司空兼太子少师分司上柱国乐安县开国男孙府君墓志铭》记："公讳简，字枢中。其先，有妫之后。……有子九人：长曰景蒙，前奉先令；次曰景章，前太子□□；次曰谠，前河南府□□；次曰景裕，前河南府兵曹；次曰纾，前渭南县尉、集贤校理；次曰徽，前河东节度推官，□□□□□□□；次曰续，举进士；次曰幼实；次曰弘休，并河南参军……"墓志记孙简有九子，而《唐表》记八子。孙简第八子为"幼实"，由其兄孙徽为孙幼实撰写的《唐故河南府长水县丞乐安孙府君墓志》记："烈考府君讳简，皇检校司空、太子少师，累赠太尉。长水府君即太尉第八子也。讳幼实，字鼎臣……"而《唐表》记孙简第八子为"继"，无"幼实"之名，且漏第九子"弘休"。

其四，官居邕府经略兼御史中丞的孙公器，《唐表》列其子嗣有华清、正、简、范、褧、晏六人。而由渭南县尉充集贤校理孙纾撰写的《唐故前左武卫兵曹乐安孙府君墓志铭》载："府君讳笪，字秘典，其先即吴大夫孙武孙书是也。……烈考府君讳公器，皇朝邕管经略招讨等使，御史中丞，赠司空。邕管府君娶河东裴氏，府君即裴太夫人第七子也。"说明孙公器有七子，而《唐表》把孙公器第七子孙笪（788—860）给漏了。

其五，官居蓝田县尉的孙婴（745—801），《唐表》列有一子"圆"，而由其房侄、乡贡进士孙保衡撰写的《唐故宣义郎京兆府蓝田县尉乐安孙府君墓志铭》记："府君讳婴，字孺子，乐安人也。……以贞元十七年八月十六日倾背于集贤里之私第，享年五十七。……有一子二女。子曰集庆。"可见，孙婴之子为"集庆"，而非《唐表》所称之"圆"。

其六，官居睦州刺史的孙公义（772—851），《唐表》列其子嗣有顼、毂、玙、碧、瑝五人。而由大理评事冯牢撰写的《唐故银青光禄大夫工部尚书致仕上柱国乐安县开国男食邑五百户孙府君墓志铭》记："公讳公义，字□，其先魏之乐安人。……当大中三年秋，以工部尚书致仕。是岁仲冬月，有河南意外之丧，不胜其恸，因得风痓，由四年至于五年。……以其年四月二十五日薨于陶化里之私第，享年八十。有子十六人，三子先公而殁。今长子顼，前任东都留守推官、检校尚书屯田员外郎；第四子珺，登进士第，以校书郎为浙右从事；第五子璘，前弘文馆生。女长者适京兆杜氏；次适范阳卢氏；次适陇西李氏；次适长乐冯氏，早亡；次适河东裴氏；次未及笄，已下又五人。"如此说来，孙公义生有六男十女，亡故时，有四男九女在世。四男中，有一子名"瑝"。由朝散大夫、守□散骑常侍李都撰写的《唐故御史中丞汀州刺史孙公墓志铭》记："公讳瑝，乐安人。……烈考讳公义，皇大理卿，礼部尚书致仕，赠太尉。"而《唐表》所列五男的名谓中，没有墓志提到的第四子珺和第五子璘。

其七，官居苏州长洲县令的孙士桀，《唐表》列其子嗣有嗣宗、嗣初、奭、尧四人。而由朝议郎守国子春秋博士分司东都的孙顼（孙公义长子）为其先叔母吴郡张氏（孙士桀妻）撰写的《大唐故苏州长洲县令孙府君夫人吴郡张氏墓志铭》记："我先叔父，其在元和二年（1807）初，命为苏台官，始有室。庚寅（810），生苏州司兵参军嗣初；乙未年（815），生进士爽；乙巳年（825），生荆门观察支使协律克；戊申年（828），生进士瓛。有女四人，自长及季，皆得良配。"孙士筅与其妻张氏所生四子人数虽同，但《唐表》所列四子名谓中，有两人名谓与墓志对不上号。

其八，官居天平军节度使的孙景商（793—856），《唐表》列其子嗣有备、储、伾、俭、偓、伉、俏七人。而由翰林学士蒋伸撰写的《唐故天平军节度郓曹濮等州观察处置等使朝请大夫检校礼部尚书使持节郓州诸军事兼郓州刺史御史大夫上柱国赐紫金鱼袋赠兵部尚书孙府君墓志铭》称，孙景商"有子七人"：备、侑、伉、俊、伾、俨、攸。又考孙瑝为孙备撰写的《唐故河南府洛阳县尉孙府君墓志铭》记："君之弟曰储、潫、伉、倚、铎、埴，皆修词立诚，能自强以进者。"说的也是七人，但名谓有差异。其原因是孙景商于四十二岁得子，六十六岁亡故时，长子备以下六子，年纪尚小，用的或许是乳名，而孙备亡故时，其后六个弟弟已能"自强以进"，且孙备墓志是由其房兄孙瑝所撰，孙瑝与孙备又过从最密。墓志中有"瑝于君为群兄弟间最相爱"句，足见孙瑝所列的孙备六个弟弟之名谓，更为准确。《唐表》所列孙景商七子名谓明显有缺漏并淆乱之处。

（四）《唐表》除了在妫姓孙氏世系上出现不少淆乱现象外，对表中所列孙氏的官职、爵位也有诸多不实之处。

例如：孙处约之子孙俊名下，《唐表》注"荆府长史，乐安子"。而按1991年河南孟津县出土的《大唐故荆府长史孙府君之碑》，孙俊受爵"乐安县开国伯"。

孙逖之子孙成名下，《唐表》注"桂州刺史、中丞、乐安孝男"。而按由其仲兄、尚书户部郎中兼侍御史孙绛为孙成撰写的《唐故中大夫守桂州刺史御史中丞充桂州本管都防御经略招讨观察处置等使上柱国乐安县开国男赐紫金鱼袋孙府君墓志铭》记，孙成受爵"乐安县开国男"。"乐安孝男"的说法有误。

孙景商之子孙备名下，《唐表》注"直弘文馆、蓝田尉"。而由其再从兄、朝散大夫守御史中丞、上柱国、赐紫金鱼袋孙瑝为孙备撰写的《唐故河南府洛阳县尉孙府君墓志》，孙备一生中曾任校书郎、直弘文馆、渭南尉、洛阳尉，从未任"蓝田尉"。

孙景商之子孙储名下，《唐表》注"京兆尹，乐安郡侯"。而按《旧唐书》记载：唐昭宗光化初年（约898），孙储为秦州节度使，封爵"乐安郡开国公"。

孙俐名下，《唐表》注"江都尉"。而按其父、试大理评事兼监察御史孙向为孙俐撰写的《唐故乡贡进士孙府君墓志》，孙俐卒时，年仅十九岁，其身份为"乡贡进士"，未仕。

综上所述，说明《唐表》尽管有较高的史料价值，但确实存在着诸多不容忽视的问题，这是铁的事实。且笔者所举人物，仅占《唐表》所列一百零二位孙氏人士的一半左右，出现如此之多的舛错，着实令人匪夷所思。

《唐表》何以会出现如此多的问题？是一个值得探讨的问题。笔者愚见，原因有二：第一，材料来源于大量民间谱牒，由编修官吕夏卿拼凑组合，集成时又校核不力，致使表中出现失误之处较多。第二，民间谱牒，特别是一些官宦人家的谱牒，追溯其祖源世系本身存在着失实的问题。从墓主卒葬年代到吕氏搜集整理，时隔近两百年。按子嗣传承规律，这两百年中至少繁衍七代左右，孙氏族谱续修或辗转传抄过程中，焉知不出差错。其祖源世系失实，这是造成《唐表》庞杂淆乱、谬误甚多的主要历史原因。

谱牒，是我国传统史学的一个门类。其中记载一姓一族世系及其先人事迹的谱牒，源远流长。据专家考证，河南安阳殷墟出土的甲骨文和国内一些地方出土的青铜器上，发现我国商、周时代已有谱系记录。辑成于战国时期，记录古代帝王、诸侯、大夫世系的《世本》，成为后人了解并研究先秦以前古代氏族世系的重要史料。然而，由于秦灭六国，原先活跃于我国政治舞台上的大大小小几十个诸侯国国亡族散，许多谱系材料荡然无存，大量官宦人家的家世已不可稽考。起自布衣的西汉王朝，不重氏族，故以后的两三百年中，谱学不兴，除皇室世系不绝于世外，其他氏族世系大都因缺乏文字记录而难以保存传世。魏晋南北朝初，推行"九品中正制"（亦称"九品官人法"），选举官吏，必先稽谱牒，后考真伪，造成以矜门第者必穷极姓源，甚至不惜攀援华胄，附会牵引。与之相呼应，氏族世家修谱之风开始盛行。宋代史学家郑樵《通志略·氏族序》有"自隋、唐而上，官有薄状，家有谱系。官之选举，必由于薄状；家之婚姻，必由于谱系"之说。唐、宋时代是我国谱牒学发展史上的一个重要时期。唐太宗贞观年间编就的《氏族志》（亦称《贞观氏族志》）、武则天执政年间编就的《姓氏录》、唐玄宗时编就的《大唐姓族系录》、唐宪宗元和年间编就的《元和姓纂》以及一些学者撰著的有关谱系的书籍纷纷问世，这无疑为后人进一步了解并研究我国氏族发展的历史提供了十分宝贵的资料。但毋庸讳言，无论是官修的氏族谱系，还是民间修成的谱牒，追溯系源时，出现"攀援华胄，附会牵引"的现象不在少数。加上民间谱牒与官修谱书又是相互参引，"史"以"谱"为源，"谱"以"史"为据，在这种情况下，《唐表》出现众多差错也就不奇怪了。今人研究孙武家世，如果不加辨析，依然囿于《唐表》或《姓氏书》所云"书生凭"、"凭生武"、"武生明"、"明生膑"的说法，就难免以讹传讹。

（收入《孙子兵学年鉴（2006）》，山东孙子研究会主办，泰山出版社，2007年2月版。）

孙子故里"惠民说"科学依据质疑

早在 1992 年，吴如嵩、霍印章两位先生就联名发表《孙子故里"惠民说"不可动摇》，受到国内学术界人士的广泛关注和质疑。时过十余年后，两位先生重申"孙子故里'惠民说'是科学的合理的结论，因而是不可动摇的"。并继当年力排"博兴说"、"广饶说"后，又力排"临淄说"。称：

前些年孙子故里"临淄说"提出以来，学术界一直投以冷漠的目光，漠然处之，不屑一顾。

破与立相辅相成的，"惠民说"是在小心假设中逐步求证的，也是在争论中愈辩愈明、愈争愈坚的。①

然而，事情并非如此，笔者先引用孙其海《武圣疑案》一书中的一段文字。

1999 年，一批《孙子兵法》研究专家相聚在一起。他们过去虽然曾是某种"说"法的拥护者，有的还为此发表过文章。但是，当大家冷静下来，认真分析了十几年来各种观点的是非短长之后，在科学和理智的基础上，终于统一了认识，归结起来就是这样一句话：孙武以上祖辈八代，世居齐国首都临淄。②

对此，坚持孙子故里"惠民说""不可动摇"的认为：

> 而"临淄说"完全不顾唐朝孙子后裔自己认定而又经官修史书考订的孙子故里在乐安这一历史事实，却以孙子父辈在齐都临淄做官云云，提出所谓"临淄说"。如果这种逻辑能够成立，那么，人们也可以依据孙子的先祖是陈国公子陈完，而陈国国都是宛丘（今河南淮阳），从而提出"宛丘说"。它岂不比"临淄说"更合理得多吗？③

《武圣疑案》一书的作者，时任山东省地方史志办公室副主任，是一位著论颇丰的学者，得出孙武故里"临淄说"的此番结论，并非个人行为。书中写道：

> 山东省地方史志办公室自接到编修《孙子志》的任务后，当即成立了由专家、领导、编辑人员组成的编委会，由分管副省长牵头，开始了艰苦细致的编修工作。从 1996 年 3 月起，编委会中负责执行编纂的几位同志便进入了调查研究阶段。一次次实地考察，一批批地听取汇报，一遍又一遍地邀请专家座谈，不辞辛劳地多次登门求教，竭尽全力搜集有关资料，深入细致地求证分析。经过两年的努力，终于在孙子故里问题上理出了一点头绪。④

在山东，孙子故里自"惠民说"首创后，继之而起的有"博兴说"、"广饶说"、"高唐说"、"莒邑说"、"临淄说"。其中，"惠民说"宣传力度最大。即便如此，学术界人士本着"求真"、"务实"的理念，经过多年调查研究和求证分析，最终排除了"惠民说"，而孙子故里"临淄说"开始得到越来越多的专家学者的认同。2009 年 4 月，由山东省史志办公室组织编纂并出版的《齐鲁诸子名家志·孙子志》问世。志中对"孙武故里"作了如下表述：

> 关于孙武的出生地点，一般来说，当指孙武父、祖所居地。以上面的时间判断，孙武出生时，既没有孙书的"乐安"采邑，也没有为无宇请封之高唐，只有无宇请求安度晚年的"莒"。此"莒"在何处，杜预只讲了个"齐邑"，近人亦认为在齐国东部。依无宇当时的地位，大致当在齐都附近。又，孙武出生之时，父、祖大约都在任职之时，其所居处，亦当为齐都或其附近。《史记·孙子吴起列传》曰："孙子者，齐人也。"既泛称"齐"而未明其县邑，一是大致当指齐都及其附近，二是司马迁未知其详。要而言之，孙武的出生及其幼年时代的生活环境，认定为齐都附近最为相宜。⑤

显然，自称"在小心假设中逐步求证"、"愈辩愈明、愈争愈坚"的孙武故里"惠民说"受到了前所未有的挑战。

持续近二十年的孙武故里之争，并非坏事，关键要持之有故，言之成理，以理服人。

一、对"故里"定义的理解

"故里"，《辞海》释为"故乡"、"家乡"，有的辞书又释为"父母之邦"，有的解释为"生于斯，长于斯"之地，按今人的理解，即某人"出生并长期生活的地方"。两位先生在《论孙子研究中的几个重要问题》（简称《问题》）一文中提出：

> 必须强调指出的是，我们今天研究孙武故里，或者说研究古人的故里，绝不能用陆先生所提出的定义，"按今人的理解"，而必须按古人

的理解，这是一个重要的前提，这个前提不明确下来，便无法进行讨论。那么，古人关于故里的理解与确认有哪些条件呢？必须具有三个条件：一是得姓之源，二是祖籍所在，三是郡望由来。失去这三个条件，便失去了讨论孙武故里的前提。⑥

这是一个奇诞的命题！在此，笔者举一例，以明了古人对"故里"的理解究竟是怎样的。

白居易，唐代大诗人，字乐天。王拾遗先生所著的《白居易传》称：白姓，源于春秋时期芈姓楚国。远祖白起（秦朝名将）受谗赐死。始皇帝嬴政知其冤，念其功，封其子白仲于太原，子孙遂为太原人。先祖白建（白居易二十九世祖）因官迁徙韩城（今陕西韩城市）。曾祖白温移家下邽（今陕西渭南县东北）。祖父白锽，在今河南做官，爱河南山川之美，最后在新郑县（今属郑州市）定居。白居易生于新郑，直至十二岁随父母迁至符离（今安徽宿县）。唐太和元年（827），白居易从苏州知府卸任途经河南时，特地绕道去新郑探视，抚今追昔，作诗曰："去时一十二，今年五十六。追思儿时戏，宛然如在目。旧居失处所，故里无宗族。"后又归，作诗曰："二疏返故里，四老归旧山。"为纪念这位大诗人，后人在他出生和童年生活生长之地，即今新郑县城西东郭寺村，制"乐天故里"匾，悬于村内"福胜寺"内，又刻"白居易故里"碑，立于村口。可见对故里的理解，今人与古人并无差别。

如按《唐表》所言，（田）书因伐莒有功而赐姓"孙氏"，食采"乐安"，可是不到十一年，孙武出现在吴国，"以兵法见于吴王阖闾"，并"受命为将"，那么，讨论孙武故里的"前提"或"三个条件"又在哪儿呢？如以吴先生早先所著《〈孙子兵法〉浅说》所言"孙武是在公元前532年齐国发生'四姓之乱'不久，就离开了故土齐国，踏上了新的里程，去到南方新兴的吴国"，那么，孙武离齐入吴的时间是在他的所谓"祖父"（田）书因随齐大夫高发伐莒有功而赐姓锡采以前，岂不更有悖常理？

两位先生提出的确认古人"故里"必须具备"得姓之源"、"祖籍所在"、"郡望由来"三个条件，以此设定为"讨论孙武故里的前提"，究竟是一个怎样的命题呢？

1. 关于"得姓之源"

两位先生以《唐表》所云"（田）无宇二子：恒、书，书字子占，齐大夫，伐莒有功，景公赐姓孙氏，食采于乐安"，而认为这是"孙氏"的得姓之源。然而，对于"景公赐姓"一说，疑点不少。笔者遍览《左传》全书，在长达二百五十五年的记事中，由周天子和诸侯国君对属下有功之臣"赐采（食邑）"的事例，记载甚多，"赐姓"则绝无仅有。"命氏"倒有一例，发生在东周初年。《左传·隐公八年》，鲁卿无骇死，大夫羽父为之求"谥"和"族"。隐公不明事理，也不知所措，只得问大夫众仲。众仲答道：

> 天子建德，因生以赐姓，胙之土而命之氏。诸侯以字为谥，因以为族，官有世功，则有官族。邑亦如之。

意思是：周天子对有德行的人立为诸侯，依照此人的出生地，赐姓并封地；诸侯以字为"谥"，后人则以此为"氏"；世代做官又建有功绩的，后人可以官名为氏，也可以以封邑为氏。鲁隐公弄明白这段"赐姓"、"命氏"的古制后，才以无骇祖父的"字"命为"展氏"。可见，"赐姓"是要由周天子点头同意的。鲁国是一个崇尚礼制的国家，春秋初期的鲁隐公对"赐姓"、"命氏"制度已不甚了了，过了近两百年的齐景公却给随齐大夫高发伐莒有功的田书，赐以"孙氏"，岂不怪哉？

南宋史学家郑樵《通志》称：

> 又有妫姓之孙氏，陈敬仲四世孙桓子无宇之后也。或言桓子之子书戍（伐）莒有功，齐景公赐姓孙氏。以字为氏，何用赐为？

这话显然是冲着《唐表》说的。在"齐伐莒"的军事行动中，齐景公何以不嘉奖帅师出征的主帅齐大夫高发，而独独对高发属下还不是大夫的田书厚赏有加，既"赐采"，又"赐姓"？"赐采"，古代有之；"赐姓"，看来齐国尚无先例。

2. 关于"祖籍所在"

说到"祖籍"，"祖"的概念颇有弹性。狭义的祖，系指生父之父，上延有曾祖、高祖。高祖以上概称"祖先"，以至一族一姓的"始祖"。据《左传》等记载，先秦时的礼制，高祖以上就淡化了。按《世本》所记，书（还有"开"、"乞"）之父为"无宇"，祖为"须无"，曾祖为"闵孟克"（《史记》作"湣孟庄"），高祖为"夷孟思"（《史记》作"穉孟夷"）。高高祖，即田完，原系陈国国君厉公之子，因陈宣公"杀其太子御寇。御寇与完相爱，恐祸及己，完故奔齐……桓公使为工正……以陈字为田氏"（《史记》语）。由此可知，自田完奔齐落籍至田书，六代（世）都在齐都临淄做事。对田书来说，祖籍自然是在临淄。

3. 关于"郡望所在"

"郡望"，《辞海》释为："魏晋至隋唐时每郡显贵的世族，意即世居某郡为当地所仰望。""郡望"之称，实为当时的士大夫为"标榜门第"而产生。清钱大昕《十驾斋养新录·郡望》称："自魏晋以门第取士，单寒之家，屏弃不齿，而士大夫始以郡望自矜。唐宋重进士科，士皆投牒就试，无流品之分。而唐世犹尚氏族，奉敕第其甲乙，勒为成书。五季之乱，谱牒散失。至宋而私谱盛行，朝廷不复过而闻焉。士既贵显，多寄居他乡，不知有郡望者盖五六百年矣。唯民间嫁娶，名帖偶一用之，言王必琅琊，言李必陇西，言张必清河，言刘必彭城，言周必汝南，言顾必武陵，言朱必沛国，其所祖何人，迁徙何自，概置弗问，此习俗之甚可笑者也！"不管怎么说，"郡望"与"得姓"，两者了不相涉。

由此观之，用"得姓之源"、"祖籍所在"、"郡望由来"三个所谓"缺一不可"的条件来解释"故里",并称"失去这三个条件,便失去了讨论孙武故里的前提",实在令人捉摸不透。

在此,笔者引用《东方兵圣——孙子生平及其军事思想新解》一书著者廖超的一段话:

> 孙学专家吴如嵩、霍印章先生认为古人对故里的理解是与今人不同的,古人关于故里的理解和确认必须具备"得姓之源"、"祖籍所在"、"郡望由来"三个条件。一个简简单单的"故里",却被专家们生出高深莫测的"姓"、"籍"、"郡"三个条件,确实令人啼笑皆非,如果历史研究人为故弄玄虚,那必将陷入进得去、出不来的死胡同。由于吴、霍两位专家的说法无据可查,所以史学界始终存有争议。退一步讲,即便古人对"故里"是如是理解的,但也是不切实际和难以理喻的。而今人在研究历史时,有责任"去伪存真",而不是一味地接受和全盘继承。⑦

诚者斯言!廖先生经过综合分析,得出这样的观点:"临淄是孙子的祖居地,孙子的少年和青年时代都是在临淄度过的,所以要说孙子的'故里'在哪里,应该是不言自明。"

二、对"采邑"(封地)的理解

两位先生说:"孙书是该支孙氏的始祖。只有始祖的首采之地才是决定得姓之源、祖籍所在、郡望由来的关键。"此说就更难以让人理解。前一句"孙书是该支孙氏的始祖",显然是引用《唐表》"(田)书伐莒有功,景公赐姓孙氏,食采于乐安"而来。对此,笔者已在《〈新唐书·宰相世系表〉"妫姓孙氏世系"校释》一文中,指出其不可信,故不重复。后一句倒是值得探讨:"首采",就字面而言,"首",可以理解为"首次";"采",

是"采邑",亦名"采地"或"封地"、"食邑"。唐颜师古注《汉书·刑法志》,解释采地为:"采,官也,因官食地,故曰采地。"

"采邑",作为一种制度,肇始于周。考之史籍,西周时期,周人名天子之地曰"畿",诸侯之地曰"国",大夫之地曰"采"。《礼记·礼运》云:"大夫有'采'以处其子孙。"诸侯对属下赐"采"的目的,在于作为属下的"邦家之基",以"庇荫公室"。

春秋时代,一些大国诸侯也推行此制,作为对属下卿、大夫、士以及立有军功的将士的赏赐,以供养家人。而采邑的大小,则由受赐人的爵位、官职或军功大小而定。《礼记·王制》云:"诸侯之上大夫卿、下大夫、上士、中士、下士,凡五等。……其制:诸侯之下士,禄食九人,中士食十八人,上士食三十六人,下大夫食七十二人,卿食二百八十八人,君食二千八百八十人。"可见,"采邑"实为我国古代天子、诸侯赐予属下卿、大夫等作为俸禄的田邑,包括土地上的劳动者在内。卿、大夫等在采邑内享有统治权,并对诸侯乃至周天子承担义务。因为采邑大都在边地,故受采之卿、大夫在位之时,不必也不会举家迁至采地,只需指派家臣代其管理而已。战国时齐国孟尝君派门下食客冯谖前往采地薛(今山东滕州)收租的事很能说明问题。

田(孙)书有没有"采地",这是一个谜。田(孙)书参加伐莒时,军职不明。《左传·昭公十九年》记事,只说"齐高发帅师伐莒,莒子奔纪鄣,使孙书伐之",说明其时田(孙)书是齐大夫高发手下的一名军士。此次"伐莒"取胜,既不见齐景公嘉奖高发,也不见齐景公奖励田(孙)书。而事过一千五百年后,《唐表》中出现"书字子占,齐大夫,伐莒有功,景公赐姓孙氏,食采于乐安",难怪古今学者提出质疑。然而,奇怪的是,两位先生在《问题》一文的"孙子故里'惠民说'的根据"一节中说:

　　孙书的地位是齐卿,在历史上并无赫赫之名和赫赫之功,也不是当时齐国的"铁腕"人物，其采食依制应为二百八十八人，也就是小小的一邑或一乡、一亭，绝不是像有些同志所反复设想的那样是一"广袤地面"。⑧

卿，是诸侯国中地位仅次于"公"的大人物，两位先生说孙书是"齐卿"，《唐表》又称孙书之子孙凭也是"齐卿"，依据何在？

再说，"采邑"与"故里"，两者概念不同。"采邑"是"爵禄之地"；"故里"，简单地说就是"故乡"（《辞海》）。当然，也不排除"采邑"成为受禄卿、大夫子嗣的故里，出现这种情况的条件，一是卿、大夫去职后作为颐养天年之地，子嗣随之一同迁往采邑，成为后世子孙出生的故里；二是采邑应是世袭，当受赐采邑的卿、大夫老死之后，子孙承袭这份领地，而把家安置在采邑之地，之后就成为子孙出生的故里。

但是，这种"世禄"制度并非一成不变。春秋战国时代，诸侯之间征伐频仍，大夫之间兼并不断。征伐也好，兼并也罢，说到底，除了夺取"权力"而外，还有另一个目的，就是争夺宝贵的土地资源和附属于土地之上的劳动者。如鲁昭公十年（前532），齐国发生"四族之乱"，田、鲍二姓贵族结成联盟，打败栾、高二姓贵族，把栾、高二族的首领赶出齐国，"陈、鲍分其室"（《左传》语）。后来，田桓子无宇接受齐相晏婴劝告，把夺得的一份栾、高家产（包括采邑）"尽致诸公，而请老于莒"（《左传》语）。大夫兼并，败者的封邑或是被胜者瓜分，或是仍归公室，成为诸侯赐予其他卿、大夫的采邑。采邑的变动性，也成为后嗣故里的不确定性。总之，"故里"与"采邑"之间不能随心所欲地画上等号。

再说，孙书随齐大夫高发伐莒之事，记载于《左传·昭公十九年》，而孙武却在十一年后"以兵法见于吴王阖闾"，说孙书采邑乐安就是武故里，岂不有违常理？

三、"惠民说"五条"科学依据"质疑

在《问题》一文中，两位先生提出了"惠民说"的五条"科学依据"。这五条"依据"是否科学，还得以现存的史料作一番认真细致的辨析才是。

第一条"科学依据"是："新莽乐安亭远有端绪，与孙书食采之地乐安是一致的。"

"新莽乐安亭"，是指西汉末大臣王莽篡汉建"新"国后，把富平县改名为"乐安亭"。《汉书·王莽传》称："郡县以亭为名者三百六十，以应符命文也。"而实际改"亭"数仅一百多，详见《汉书·地理志》。改郡、县为"亭"的时间是在新王莽始建国四年（12）前后。不久，王莽在赤眉、绿林两支农民起义军攻入都城时被杀，"新"朝灭亡。两位先生说："王莽迷信符命，乱改地名固不足称，但其中也存在地名更改与历史遗迹相关的个例。"此说缺乏依据。《新莽职方表》的撰者、复旦大学历史地理研究所所长谭其骧教授在文中这样说道：

> 莽之改易汉郡县名，其取义于当地之历史、山川、风土者仅极少数。大半皆著意于字面之音训：有以音义通而更名者，有以义同而更名者，有以音通而更名者，有以义相反而更名者。⑨

两位先生在《问题》一文中接着又作了一个大胆的假设，说：

> 我们把目光投向了新莽的乐安亭（即古厌次、今惠民，唐宋棣州乐安郡）。乐安亭离齐都临淄较远，地近齐国的北境，与孙书的采地可以相合。乐安亭非先秦重镇、名城、大邑，与孙书采地的大小也能相合。乐安亭名称的由来"远有端绪"，很有可能就是孙书的采地乐安。乐安

亭是王莽托古改制时才出现于历史文献的名称……因王莽确定要在全国的郡县中改出三百六十亭，以应周天三百六十度；在西汉富平县（即今惠民县）必改成一亭，而此地又恰恰有一个乐安亭（或乐安乡、乐安聚），故可便而用之。⑩

但是，又拿不出"可便而用之"的史料依据。至于"乐安乡"、"乐安聚"之名，《汉书》、《后汉书》以及后人编撰的各种历史地名辞典皆无记载。倒是西汉高祖（刘邦）时所置的"乐安县"（位于今博兴、广饶两县境内），王莽改郡县为"亭"时并未废止，王莽甚至还把"济南郡"更名为"乐安郡"，与"乐安亭"并存。

两位先生又称"新莽乐安亭"存在时间有五十四年，此言又差矣！"新"朝灭亡，光武帝（刘秀）登基后，被王莽改得乱七八糟的地名均予废止，富平县名恢复如故。汉明帝永平五年（62），富平复称厌次。故富平更名"乐安亭"的历史，按《中国历史纪年表》，新莽立"国"只有十六年（公元9—24年）。正因为如此，尽管《汉书·地理志》记有"富平，侯国，莽曰乐安亭"，而后人编修的明嘉靖《武定州志》、崇祯《武定州志》、清雍正《武定府志》、乾隆《惠民县志》、光绪《惠民县志》及民国《续修惠民县志》六部旧志，在"建置"或"沿革"中，都只字未提"新莽乐安亭"这段短暂的历史。只有1997年由齐鲁书社出版的新编《惠民县志》，在"建置沿革"中，出现了"王莽篡汉后改富平为乐安亭"十二字。

至于所云"新莽的乐安亭，即古厌次、今惠民、唐宋棣州乐安郡"之说，那是妄说。对此，笔者特作《从"古厌次"六迁，考"今惠民"地望》一文（详见后文）。

两位先生说"新莽乐安亭远有端绪"，意思是在此之前的富平县，与"孙书采邑"即所谓"孙武故里"总有一定的渊源。然而，又拿不出"远有端绪"的任何史料。于是，搬出《旧唐书·地理志》"棣州上——后汉乐安郡"，似乎厌次县在后汉曾称乐安郡，且为郡治所在。这也与史实不符。笔者在《新探》第一、第二版的《读解一"地"两"志"》一文中，依据《晋书·地理志》、唐《元和郡县图志》、宋《太平寰宇记》、元《齐乘》以及明崇祯《武定州志》五部志书所记史实，证明：厌次在汉末曹魏时，归属乐陵郡，而非乐安郡。"陵"与"安"，一字之差，恰又引出一番争议。在《问题》一文中，两位先生说：

> 我们不认为这里有一字之差，因为"陵"与"安"的形、义、音、韵皆不同，不可能互乙，问题很可能是历史时空的不同。曹魏是先于厌次置乐陵郡而后才改成乐陵国的，那么，在置乐陵郡之前是否已置乐安郡而后才改称乐陵郡呢？这是完全可能的，因为这里自新莽之后称过五十四年的乐安亭，而乐安亭在历史上又"远有端绪"，所以汉魏之际这里先称乐安郡，后称乐陵郡，再改称乐安国是极有可能的。……陆先生之所以要否定汉末分置于厌次的乐安郡，目的就是要把"惠民说"排斥在他所谓的"青州"之外，而事实恰好相反，厌次正处在东汉刺史部之内。[⑪]

两位先生一连用了"不可能"、"很可能"、"完全可能"、"极有可能"来解释这段认"非"为"是"、认"是"为"非"的建置沿革，耐人寻味。随后又称：

> 乐安亭名称的由来"远有端绪"，很有可能就是孙书的采地乐安。

兜了一圈，最终还是回到了原地。

把"古厌次"、"乐安亭"、"孙书采邑之地"三者画上等号，得出"孙武故里在今惠民"的结论。两位先生把"今惠民"与"古厌次"这两个不同历史时期的地理名称捏在了一起。要知道"古厌次"与"今惠民"两者之间的地理距离有两百余里呢！

对照文献和地方志书，两位先生的上述这段话明显有三处错误：

1. 汉献帝建安十八年（213）所建之"乐陵郡"，乃曹操析"平原"、"渤海"两郡之地所置。而"乐安郡"是在东汉本初元年（146）废"乐安侯国"所置。清经学家洪亮吉所著《三国疆域表》和《三国郡县表附考证》对"乐陵郡"和"乐安郡"的建置时间、地理方位（即东、南、西、北"四至"）以及辖县名称，都有明晰的记载（见拙作《〈贞观氏族志〉残卷中的"乐安地望"》）。从中可知，两汉时期的"古厌次县"一直属平原郡管辖，直到汉末，改属"乐陵郡"管辖，而非"乐安郡"。

唐代史学评论家刘知几所著《史通》，在"邑里"一章中，记夏侯湛所撰《东方朔画赞》中的一段话：

> 朔字曼倩，平原厌次人。魏建安中，分厌次为乐陵郡，又为郡人焉。

又如：上海辞书出版社出版的《辞海》，对"东方朔"故里注释的修正，也是基于上述史实而作的更正。

东方朔（前154—前93）西汉文学家。平原厌次（今山东惠民）人，字曼倩，武帝时，为太中大夫…… ——1979年《辞海》第48页	东方朔（前154—前93）西汉文学家。平原厌次（今山东陵县东北）人，字曼倩，武帝时，为太中大夫…… ——1989年《辞海》第54页

东方朔，西汉文学家，生于汉景帝三年（前154），卒于武帝太始四年（前93）。汉武帝（刘彻）时，任太中大夫（掌"论议"之职）。《画赞》的撰者夏侯湛是西晋乐陵郡太守夏侯庄之子，时任散骑常侍，来平原郡探亲时，游历"东方朔祠"，见画抒情，作《画赞》，此文收入《昭明文选》中。从

赞文中可知：汉末曹魏建安年间所置的郡名为"乐陵郡"，而非"乐安郡"。如此说来，何来"在置乐陵郡之前"已置"乐安郡"而后才改称"乐陵郡"呢？

2. 王莽篡汉，建"新"国，时在公元9年，"新"国亡于公元24年，只存在十六年，其间五次下令更改地名，其中，把"富平县"改名为"乐安亭"。光武帝（刘秀）于公元25年灭"新"国后，立即把王莽所改的地名予以废止。如此说来，何来"自新莽之后称过五十四年的乐安亭"呢？

3. 两位先生说的"厌次正处在东汉刺史部之内"，这没错。汉武帝元封五年（前106），始设"部刺史"，除近畿七郡外，分全国一百多个郡、国为十三部。每部设"刺史"一人，其职责在于以"六条察问郡县"。其时，青州刺史部察问"六郡"、"三国"，即：齐、济南、千乘、平原、北海、东莱、菑川、胶东、高密。辖境辽阔，今山东省德州市、齐河县以东，马颊河以南，济南市、临朐、安丘、高密、莱阳、栖霞、乳山等市县以北、以东和河北吴桥县地，都属青州刺史部察问的范围之内。"厌次"，时为平原郡的属县，当然归入青州刺史部。但这对于研究所谓"孙书采邑"即孙武故里，又能说明什么问题呢？总不能把"青州刺史部"说成是孙武的故里吧！

由此可见，《旧唐书》所记"棣州上——后汉乐安郡"，显然是传抄中把"乐陵郡"的"陵"误写为"安"了。故《新唐书·地理志》并未采用《旧唐书·地理志》。两位先生未作认真辨误，反倒把《旧唐书·地理志》的这一误记用来作为"史证"而加以引用，也就容易出问题了。

明嘉靖《武定州志》曾为旧志中的此一笔误而愤愤不平地说：

> 夫郡邑之有建制沿革，犹人族之有谱牒也。武定，祖曹魏之乐陵郡，宗隋之棣州。旧志只知宗棣州而不知乐陵郡，见唐有乐安郡也，反于汉之乐安暨千乘，事物俱猥收入，岂不类郭崇韬之拜子仪墓耶？既失己祖为不仁，又妄认他人之祖为非孝，遂令两千年间，阅图志者茫茫不见原委，亦诚可悲夫！肆今觅其真，系而正之，以俟后之博雅君子也。

两位先生在研究孙武故里中重蹈了"只知宗棣州而不知宗乐陵，见唐有乐安郡也"的覆辙。由此可见，第一条"科学依据"，与史实不符。

第二条"科学依据"是："'乐安亭'也称'安乐亭'，与孙氏谱牒中也称'乐安'为'安乐'是一致的。"

对此，笔者有三点疑问：

1. 翻遍各种地名辞典，皆无"安乐亭"名称。两位先生说："北魏郦道元所见的《汉书》就叫'安乐亭'。"还说："《水经注·河水》中有明确记载。"两位先生又错了。郦道元《水经注》中明明白白地这样记道：

> 商河又东北径富平县故城北。《地理志》曰："侯国也。王莽曰乐安亭。"应劭曰："明帝更名厌次。"

无论是古本或今传的点校本、注释本，皆无"王莽曰安乐亭"一说。《汉书·地理志》记"富平，侯国，莽曰乐安亭"，也没有称"安乐亭"。两位先生在《问题》一文中解释"安乐亭"时，说：

> 商水经过厌次的时候，郦道元说了一句"莽曰安乐亭"。之所以又叫安乐亭，这可能与当地自古以来地名传说的不同有关，也可能与王莽五次反复更名有关。但不论叫什么，所指的地方是一个，就是古厌次今惠民，也就是新莽时的安乐亭。[12]

一连用了"可能"、"也可能"，能算是"科学依据"吗？再说，郦道元（约470—527），北朝北魏地理学家，距今一千四五百年，吴、霍两位先生何以如此肯定"莽曰安乐亭"乃郦道元亲口所言？这明明是篡改《水经注》。

2. 孙氏墓志中确有称"乐安"为"安乐"的，但这仅是个例。两位先生引用《唐幽州内衙□将中散大夫试殿中监乐安郡孙府君神道碑》，此碑确有两处提到"安乐"，两处提到"乐安"。提到"安乐"的两处是："府君讳壬林，字茂卿，其先安乐人也"；"齐宣王将□魏将□□，于马陵虏魏太子名□护子孙遂居齐安乐□"。提到"乐安"的两处：一处在碑额，称"乐安郡孙府君"；另一处在铭词，称"乐安□族"。同一篇碑文前后出现两种不同的地名称谓，这是极为罕见的。两位先生据此在《问题》一文中说：

> 《唐幽州内衙□将中散大夫试殿中监乐安郡孙府君神道碑》两次提到"乐安"，两次提到"安乐"。两次提到"乐安"在碑题和碑尾，指的是孙氏郡望；两次提到"安乐"在碑文之中，指的是祖先里籍和定居之地。两次提到"安乐"之词仅隔一百八十四字，证明不是误刻。⑬

那么，此碑铭词中的"□王高□，乐安□族，百代联芳，千年令续"中的"百代"、"千年"，指的就不是孙氏祖先的里籍和定居之地？

两位先生在分析了"乐安亭"和"安乐亭"所谓二者"若合一契"后，得出这样的结论：

> 只有历史上既称乐安又称安乐的地方，才是孙书的采邑所在，这个地方就是今天的惠民县，别的地方其地名目前所知是没有这两种叫法的。

遍查《后汉书·地理志》、《王莽传》和《惠民县志》及之前的《武定府志》、《武定州志》，都找不出类似的记载。

第二例是《宋州司马先府君墓志铭》。这是唐代中书舍人孙逖为其父孙嘉之（657—739）撰写的墓志铭。起首曰："府君讳嘉之，字某，魏郡武水人，故属安乐，盖齐大夫书之后……"对此，著名历史学家岑仲勉作《〈元和姓纂〉附四校记》，已将"安乐"校为"乐安"，并注"二字乙"。两位先生应该知道岑先生已校核，却又说"像孙逊这样身份的人，给父亲刻墓志如果刻错了必须重刻，不能马虎"。这就需要指出：两位先生所举的这份墓志，目前仅见于清嘉庆十九年（1814）由董浩等人以清内府所藏旧钞《唐文》为蓝本，并采辑《永乐大典》、《文苑英华》、《唐文粹》等书而成的《全唐文》，并未见之于刻石，凭现有材料还不能断言是"刻错"。倒是有一方唐代墓志碑石为我们提供了孙武家世的重要信息。

唐故前左武卫兵曹参军乐安孙府君墓志铭
第十四侄、前京兆府渭南县尉充集贤校理纾撰

　　府君讳筥，字秘典，其先即吴大夫孙武孙书是也。尔后分为数派，居吴者为富春氏，居宋者为乐安氏，府君即乐安氏也。曾祖府君讳逖，皇朝刑部侍郎，谥文公。大父府君讳宿，皇朝中书舍人、华州刺史。烈考府君讳公器，皇朝邕管经略招讨等使、御史中丞，赠司空。邕管府君娶河东裴氏，府君即裴太夫人第七子也。府君少孤，又多疾疹，诗书礼乐，仅乎生知。逮于中年，心力减耗。后以荫第再调，遂授东宫卫佐。虽有官叙，常求分司，冀遂便安，以就颐养。大中十四年春，东都闲居，抱恙累月，凡所医药，靡不征求，仅于十旬，烛火相守，神理茫昧，以至弥留。属纩之时，顾犹子曰："吾平生虽不享高位重禄，然爰自龆年，以至白发，常荷覆育，每获安逸，未尝一日不饱食暖衣，天之所钟亦谓至矣。今则瞑然枕上，岂有慊耶？尔辈无至凄恸，过有悲苦。"言讫，以其年三月廿日终于会节里之私第，享年七十三。以其年五月十一日，犹子景蒙、景章等护奉归窆于河南府河南县杜郭村，祔于大茔，礼也。犹子纾奉诸兄之命，令纪年月，衔哀执笔，殆不胜情。铭曰："噫欤府君，傲然居世，冠冕荣华，未尝流涕。高位卑秩，尽归泉源，府君处心，不为物牵。生也有涯，归于下土，安此幽穸，以永终誉。"

此一刻石，民国时期于河南洛阳邙山杜郭村出土。碑文辑入《芒洛冢墓遗文》和《唐代墓志汇编》。碑文中的墓主孙筥（788—860），是孙逖的曾孙。碑文称"府君讳筥，字秘典，其先即吴大夫孙武孙书是也"。这是明明白白地刻在碑石上的文字。是志文写错，还是碑石刻错？都不是！理由是：此墓志非外人代笔，而是由其第十四侄、前京兆府渭南县尉充集贤校理孙纾所撰。"刻石"不可能"误刻"！

由此可见，两位先生的第二条"科学依据"，错谬多多，自然不能成立。

第三条"科学依据"是："唐代改棣州为乐安郡，与孙子故里确定为乐安是一致的。"

"棣州"之名，始于隋。开皇十七年（597），割沧州之阳信，置棣州，十年后废。唐武德四年（621），重置棣州，州治阳信。两年后废。贞观十七年（623）再置棣州，州治乐陵。直到天宝元年（742），棣州始更名"乐安郡"，郡治设在厌次。乾元元年（758），废乐安郡，复称棣州。这就是棣州之由来和棣州一度更名"乐安郡"，且此郡名只存在十七年的历史沿革。

而早在棣州改名乐安郡以前的数百年间，乐安县名和乐安郡名已多次出现于史籍，地域范围大体在今博兴、广饶、高青等境内。今人研究孙书"采邑"、"故里"，何以不从隋、唐以前已置的"乐安县"或"乐安郡"中去探寻、去研究呢？两位先生在《问题》一文中认为，早在棣州改名乐安郡前的所有乐安郡，"都没有资格"。为此举《元和姓纂》（简称《姓纂》）和《新唐书·宰相世系表》（简称《唐表》）为证。其实，早在这两部史籍问世之前，孙武后裔早已把"乐安"作为郡望所在。孙逖"故属乐安"的提法，就比《姓纂》成书早七十三年，比《唐表》成书早三百三十年。又如《古志石华续编》中收录的《唐故魏州昌乐县令孙君墓志铭》，墓志记述墓主孙义普（583—675）为"乐安人"，铭文叙其先祖"兵法修列，武流称于强吴"，年代就更早。再如孙权（182—252）为《玉牒》所撰的自序，序文中有"孙氏宫音，原郡乐安"和"采食乐安，其郡号焉"之语，那又要比《姓纂》早五百八十三年，比《唐表》早八百三十五年。两位先生凭什么说唐改棣州为乐安郡之前数百年间存在的"乐安县"或"乐安郡"都没有资格呢？如果诚如其言，孙武故里是在"唐代"提出来的，又经唐代孙武后裔和宋朝人"公之于世"的，那么请问：从明清直至 20 世纪 80 年代的六百多年间，武定州、府乃至惠民县何以没有把孙书"伐莒赐姓"以及"孙武"与当地联系起来，在历代纂修的地方志书中浓墨重彩地记上一笔，反倒让广饶人在民国《乐安县志》中记上"推是，（孙）武或邑人"呢？

可见，两位先生提出的第三条"科学依据"，也是站不住脚的。

第四条"科学依据"是："《元和姓纂》的编写体例，与唐以棣州乐安郡为孙子故里是一致的。"

两位先生大谈了一通"乐安孙氏"名称的由来，称先秦、西汉乃至魏晋南北朝时期还未出现此一称谓，说：

> 到了唐代，这个问题越来越明了，孙氏族谱一致认为，孙子故里在乐安，乐安孙氏已在《贞观氏族志》中得到确认，只是还未与孙武联系到一起。最后到唐代改州为郡时，终于确认了孙子故里即棣州乐安郡。这是历史上第一次以孙子故里命名的"乐安"。……唐改棣州为乐安郡之后，孙子故里被完全明确下来并统一起来，所以孙氏之族开始有大量的"乐安男"、"乐安子"、"乐安郡公"、"乐安郡侯"等爵号出现，一直延续到元末明初。[14]

然而，对照棣州改名乐安郡以前出土的唐代孙氏墓志和历史文献，这种说法又得打上一个问号。20 世纪 80 年代，在河南洛阳邙山出土一方志石，碑额为《唐故中书侍郎弘文馆学士同中书门下三品乐安孙公夫人陆氏平原郡君墓志铭》，碑额上的"乐安孙公"，即官居司成、相唐高宗的孙处约。此一提法表明：早在"棣州"改名"乐安郡"之前五十一年，已经有了"乐安孙氏"的称谓。陈寿《三国志·钟繇华歆王朗传》中有"时乐安孙叔然，受学郑玄之门，人称东州大儒"，则"乐安孙氏"的称谓，又比"棣州"改名"乐安郡"早四百五十余年。这又作何解释？

两位先生又说：

> 《元和姓纂》正是通过自己的体例反映了这一事实，表明"乐安"是唐人依据孙氏谱牒所确认的新郡望，而不是过去已有的旧郡望，该望的所在就是唐代乐安郡，亦即先秦孙书的食采之地。[15]

这里有必要指出三点：

1. 编撰《元和姓纂》的本意在于"条其原系，考其郡望，子孙职位，并宜总辑，每加爵邑，则令阅视，庶无遗谬"（唐宪宗语，见林宝《原序》）。既然是"条其原系"，那么，《元和姓纂》何以把伐莒有功赐姓孙氏、食采乐安的田（孙）书这位所谓妫姓孙氏的受姓之祖宗给漏了，通篇只字未有田（孙）书之名？

2. 两位先生在《孙子故里"惠民说"不可动摇》一文中说"《元和姓纂》把乐安排在首位，最根本的原因就在于它是孙武的故里"，而事实是，《元和姓纂》所列孙氏九处"郡望"，恰恰把"乐安"列在"太原中都"之后。对此，又该作何解释？

3. 《元和姓纂》所列"乐安"、"富阳"、"清河"、"洛阳"四望，都称"孙武之后"，而非"孙书之后"。按字面理解，"孙武之后"当指散处国内各地的孙武后裔，而这些孙武后裔已在上述四地成为当地仰望的世族。而两位先生说"《元和姓纂》所列之郡望'乐安'，就是'先秦孙书食采之地'，就是'唐代乐安郡'"，进而认为"孙武故里是唐代人提出来的，是唐代孙武的后裔以及宋朝人公之于世的，是唐人和宋人历三百年之久艰苦研究取得的成果。这个成果就是孙武故里在乐安"。这只能说又是一种臆测！

第五条"科学依据"是："唐以后长期以乐安爵号封孙氏，与唐以后长期以棣州为乐安郡是一致的。"

这条"科学依据"，与史实又明显不符，笔者已在《孙武研究新探》（第二版）指出其不实之处。今重申如下：

1. "封爵"，是古代的一种礼制。《礼记·王制》曰："王者之制，禄爵公、侯、伯、子、男，凡五等。"唐贞观十一年（637）起，爵分九等：一曰王，二曰嗣王，三曰国公，四曰开国郡公，五曰开国县公，六曰开国县侯，七曰开国县伯，八曰开国县子，九曰开国县男。[16] 以受爵者系源之地为爵秩之名，正是古代封爵的通例。在唐改"棣州"为"乐安郡"之后，直到明初，确有一批"乐安孙氏"不论出生于何地，确有受封为"乐安县男"、"乐安县伯"、"乐安县侯"、"乐安郡公"。清经学家孙星衍也正是从明初大学士宋濂为其十五世先叔祖孙兴祖（1338—1370）所撰《燕山侯忠愍公神道碑铭》中，记其先祖被追封"乐安郡公"，得出"吾族郡望乐安"。在为魏吏部尚书孙邕所作的传中，孙星衍记"孙邕，字宗儒，乐安青州人"，并注："青州，在济水南。"两位先生又何以有意避开早在"棣州"改名"乐安郡"以前"乐安孙氏"受封的先例？

又如：

孙伏伽（？—658），《旧唐书》和《新唐书》皆有传：

> 孙伏伽，贝州武城人。大业末，自大理寺累补万年县法曹。初以三事上谏。高祖览之，大悦。……太宗即位，赐爵乐安县男。贞观元年，转大理少卿。……永徽五年，以老致仕。显庆三年卒。[17]

孙伏伽，贝州武城人。仕隋，以小吏累补万年县法曹。高祖武德初，上言三事。帝大悦。太宗即位，封乐安县男。迁大理少卿。……久之，出为陕州刺史，致仕。显庆三年卒。[⑱]

贝州武城，即今河北清河一带。《元和姓纂》记孙伏伽为"孙武之后"。如此说来，孙伏伽早在唐天宝元年（742）"棣州"更名乐安郡之前一百十六年，已受爵"乐安县男"。

孙俊，是孙处约（603—671）第四子，生年不详。卒年在唐改"棣州"为"乐安郡"之前七十一年无疑。且按出土碑石额题《故荆州大都督长史上柱国乐安县开国伯孙公之碑》，可知孙俊封爵为"乐安县开国伯"，而非《唐表》所说，两位先生又不加甄别地记为受封"乐安子"。

《孙子故里"惠民说"新证》一文中说：

> 自唐代中期开始，孙氏得封"乐安子"、"乐安孝男"、"乐安郡侯"、"乐安郡公"者屡见不鲜，到五代时孙氏甚至还有人得了"乐安郡王"的封号。这一历史现象不是偶然的，是由于唐人揭开了孙子故里之谜，所以孙武的后世子孙自唐代开始不断地得到"乐安"的封号。[⑲]

以此推理，孙伏伽赐爵"乐安县男"和孙俊封爵"乐安县开国伯"的时间都是在唐天宝元年（742）改"棣州"为"乐安郡"以前。对此，又该如何解释？

两位先生又说"唐以后长期以棣州为乐安郡"，此种说法与史实也不符。事实是，唐乾元元年（758）废"乐安郡"、复名"棣州"后，直到明永乐年间，一直使用"棣州乐安"之名。

有关唐乾元以来"棣州"之沿革，清光绪《惠民县志》这样记载：

（唐）天宝初改为乐安郡，乾元初复为棣州。……五代俱为棣州。……宋太祖分天下为路，棣州隶河北东路，上，乐安郡，领县如周。……金为厌次县，属山东东路，棣州防御郡地。……元为厌次县，属济南路。棣州初，滨、棣自为一道，中统三年，改置滨棣路安抚司，至元二年仍分棣州，与滨俱隶济南路，领县四，以厌次为治所。明洪武元年，省厌次县入棣州；永乐初，避讳改乐安州；宣德元年，平汉庶人高煦，改武定州，隶济南府。皇清国初因之，雍正二年分为直隶州；十二年，升州为府，置附郭县，曰惠民。

这就清楚地表明，唐以后无从找出"长期以棣州为乐安郡"的依据。只有明永乐初，为避明成祖朱棣讳，棣州一度改名"乐安州"，但前后也只有二十三年。至于宋初既称棣州，下文又出现"上，乐安郡"，似乎历史上曾州名与郡名并举。然而，事实也非如此。"郡"是春秋至隋、唐时的地方行政区划名。唐乾元元年（758）后，"郡"名已废。岑仲勉在《隋唐五代史》第二十章《隋唐五代政治制度》一节中指出：

唐武德元年，改郡为州。天宝元年，改州为郡。至德二载，又改郡为州。通计唐代称郡者仅十五（七）年，然前后虽称为州，论其实则皆古之郡也。《旧书·地理志》惟列州名，《新（唐）书》及《通典》、《元和郡县志》皆州、郡名并举，盖明其中间曾为某郡，非谓其同时名州又名郡也。……宋承唐，以州统县，而仍留郡名，以备王公封号，故《宋史·地理志》每州亦兼著郡名，其用意与唐志又异。《旧书》韦安石传，言其子陟为吴郡太守，其时只有苏州，则作史者措辞之不当耳。说详《十七史商榷》、《廿二史考异》。

综上所述，吴、霍两位先生为坚持孙子故里"惠民说"而摆出的种种"理由"和"科学依据",都是经不起推敲的。

《孙子故里"惠民说"不可动摇》是一篇史学论文,而作为史学论文的最基本要求就是要"实事求是",也就是必须最广泛地占有各种史料,掌握充分的、系统的、信而可征的史料,这是史学工作者的最起码的要求和责任。诚如恩格斯所言:"不论在自然科学或历史科学的领域中,都必须从既有的事实出发。"

（本文收入《孙子兵学年鉴（2006）》,山东孙子研究会主办,泰山出版社,2007 年 2 月版。）

注释:

①⑥⑧⑩⑪⑫⑬⑭⑮ 吴如嵩、霍印章《论孙子研究中的几个问题》,收入《孙子与吴文化研究（上卷）》,中央文献出版社,2006 年 4 月版。

②④ 孙其海《武圣疑案》,华艺出版社,2001 年版。

③ 吴如嵩《徜徉兵学长河》,解放军出版社,2002 年版,第 44 页。

⑤《齐鲁诸子名家志·孙子志》,山东省史志办公室编,谢祥皓主编,山东人民出版社,2009 年版,第 45—46 页。

⑦ 廖超《东方兵圣——孙子生平及其军事思想新解》,新华出版社,2012 年 5 月版,第 17—20 页。

⑨ 谭其骧《新莽职方表》,收入《二十五史补编》,二十五史刊行委员会编,中华书局,1956 年版。

⑯《新唐书·百官志》。

⑰《旧唐书》卷七十五。

⑱《新唐书》卷一三〇。

⑲ 霍印章、李政教《孙子故里"惠民说"新证——惠民县出土北宋乐安吴尧墓志铭考》,收入《孙子故里》,解放军出版社,1992 年 3 月版,第 66 页。

《贞观氏族志》残卷中的"乐安"地望

一

迄今为止，研究孙武故里的学者所依据的史料主要来自以下三部古籍：

（一）《元和姓纂》

简称《姓纂》。书成于唐宪宗元和七年（812）。作者林宝。《四库全书·元和姓纂》提要称："其论得姓受氏之初，多原本于《世本》、《风俗通》；其他如《世本族姓记》、《三辅决录》以及《百家谱》、《英贤传》、《姓源韵谱》、《姓苑》诸书不传于今者，赖其征引，亦皆班班可见。"同时指出："宝以二十旬而成书，援引间有讹谬，但当矜尚门第之时，各据其谱牒所陈，附会攀援，均所不免。"

（二）《新唐书·宰相世系表》

简称《唐表》。书成于北宋嘉祐五年（1060）。依据存世的公私（民间）族谱，首创《宰相世系表》，由吕夏卿完成。辑存包括孙氏在内计九十八姓自古至中唐时期宰相家世的世系，有一定的史料价值。然而，由于《唐表》涉及姓氏众多，编纂仓促，以致错误甚多，故屡遭后人诟病。

（三）《古今姓氏书辩证》

简称《书辩证》。书成于南宋绍兴四年（1134）。清孙星衍称此书："邓名世上其书，胡松年称其学有渊源，多所按据。"然而，由于此书所录内容不少取自《新唐书·宰相世系表》，故不免有以讹传讹的现象。

上述三书中，成书最早的是《元和姓纂》。《唐表》比之晚出两百四十八年，《书辩证》又比《唐表》晚出七十四年。现将三书有关"妫姓孙氏"中涉及"乐安"地名的来由辑录如下。

《姓纂·孙姓》"乐安"条载：

> 孙武之后，汉有宾硕，魏有清河太守孙焕，晋有孙颛，避地于魏，故属乐安。

《唐表·孙姓》条载：

> （孙氏）又有出自妫姓：齐田完，字敬仲，四世孙桓子无宇。无宇二子：恒、书。书字子占，齐大夫，伐莒有功，景公赐姓孙氏，食采于乐安。

《姓氏书·孙姓》条载：

> （孙氏）又出自妫姓：齐田完，字敬仲，四世孙无宇，二子：常、书。书字子占，齐大夫，伐莒有功，景公赐姓孙氏，食采于乐安。

三书都提到"乐安"。然而"乐安"的地望又在哪里？研究孙武故里的学者各执一词。其中，力主"惠民说"的认为：

经过林宝、欧阳修、邓名世等人多次考辨，才一致肯定了孙子故里为乐安。正当孙子故里之迷（谜）初步揭开之时，恰逢唐代改州为郡。在唐代的棣州、青州、淄州、齐州境内，自汉以后都有过"乐安"的名称（郡、县、亭、国等等），但孙子故里是"故属乐安"，而"故属乐安"的唐址是棣州，所以棣州才被改成了乐安郡，而青州、淄州、齐州则失去了改称乐安郡的资格。①

对此，国内有二十余位学者先后发表文章，对孙子故里"惠民说"公开提出质疑。其中，山东历史学会顾问王汝涛教授于 1992 年发表《孙子故里不在今惠民说新证》，以早于《姓纂》、《唐表》、《姓氏书》问世前的唐《贞观氏族志》（简称《氏族志》）残卷为据，对孙武故里"惠民说"提出质疑。他的结论是：

《氏族志》、《元和姓纂》、《太平寰宇记》及后出的《世系表》，四书皆云孙姓出自乐安，但《世系表》、《姓纂》、《寰宇记》皆未言明此乐安郡是唐之乐安还是唐以前的乐安郡、乐安国、乐安县（新莽时的乐安亭，正如他所乱改的一大堆地名一样，从未受到史学界重视，故予排除），只有《氏族志》明言孙氏郡望为乐安郡，而唐高祖、太宗两朝都没有乐安郡的建置。因此可以肯定地说，《世系表》所说"食采于乐安"中之"乐安"并非唐天宝后领有厌次县的乐安郡，这是有过硬的、足以信赖的文献资料证明的。而现在的唐乐安郡说，只不过是主观臆测而已，既没有可靠的文献资料依据，又缺乏严密的逻辑推理，因而也就无法取信于人。②

据此，笔者从范文澜所著《中国通史简编》第三编第一册中，找到《氏族志》残卷书影件，惜与原件比例缩窄，辨字吃力。后分别从国立北平图书馆 1932 年《馆刊》第六卷第六号和台湾新文丰出版公司 1986 年出版的《敦煌古籍叙录新编》中，找到了原件放大的影印本。此外，又找出岑仲勉于 1936 年著成的《重校〈贞观氏族志〉敦煌残卷》。笔者确信《氏族志》残卷是研究隋、唐以前姓氏郡望的一份极具史料价值的材料，对研究孙子故里和考证乐安孙氏郡望弥足珍贵。

二

关于《氏族志》的纂修年代和背景，北宋学者司马光所撰《资治通鉴》卷一九五记有：

> （贞观）十二年（638）春正月乙未……吏部尚书高士廉、黄门侍郎韦挺、礼部侍郎令狐德棻、中书侍郎岑文本撰《氏族志》，书成，上之。先是山东人士崔、卢、李、郑诸族，好自矜地望，虽累叶陵夷，苟他族欲与为昏（婚）姻，必多责财币，或舍其乡里而妄称名族，或兄弟齐列而更以妻族相陵。上恶之，命士廉等遍责天下谱牒，质诸史籍，考其真伪，辨其昭穆，第其甲乙，褒进忠贤，贬退奸逆，分为九等。士廉等以黄门侍郎崔民干为第一，上曰："汉高祖与萧、曹、樊、灌皆起间阎布衣，卿辈至今推仰，以为英贤，岂在世禄乎！高氏偏据山东，梁陈僻在江南，虽有人物,盖何足言！况其子孙才行衰薄，官爵陵替而犹印然以门第自负，贩鬻松槚，依托富贵，弃廉忘耻，不知世人何为贵之！今三品以上，或以德行，或以勋劳，或以文学，致位贵显，彼衰世旧门，诚何足慕？选而求与为昏（婚），虽多输金帛，尤为彼所偃蹇，我不知其解何也？今欲厘正讹谬，舍名取实，而卿曹犹以崔民干为第一，是轻我官爵而徇流俗之情也。"乃更命刊定，专以今朝品秩为高下。于是以皇族为首，外戚次之，降崔民干为第三，凡二百九十三姓，千六百五十一家，颁于天下。

这段记载道出唐太宗李世民对氏族排列次序的态度，其用意在于"刊定姓氏"，"考其真伪"，把虽已沦落但仍自我标榜门第族望、以婚姻相尚的山东士族降低等级，提高皇族及外戚的地位。

这部重新序列氏族高下的首部官修谱牒，计一百卷，比《元和姓纂》成书早一百七十四年，比《唐表》成书早四百二十二年，比《姓氏书》成书早四百九十六年。时代愈早，其史料价值和研究价值尤为可贵和重要，这是不言而喻的。可惜，《氏族志》在南宋时即无传本，现今存世的"残卷"是在清光绪二十五年（1899）于甘肃敦煌鸣沙山千佛洞的一个石窟中与其他经卷一起被发现，现珍藏于国家图书馆。学者向达先生参证史籍后认为，抄者是受遣由敦煌入朝陈情的寺僧。如今我们看到的《氏族志》残卷，已经不是全貌，且抄写中又有多处明显的脱漏和笔误，如"吴郡四姓"下，注"豫州"，应是"苏州"；"济阴郡"误作"济阳郡"；"钜鹿郡"误作"锥鹿郡"等等。对此，岑仲勉已著文一一校核。

《论孙子研究中的几个重要问题》一文的著者对此提出三条质疑：

第一，说"称其为'残卷'并不确切，充其量可以算作是《贞观氏族志》提纲或初稿的目录"。

其实不然。1932 年国立北平图书馆首次披露时，标题就是《贞观氏族志残卷》。之后的学者，如岑仲勉作《重校〈贞观氏族志〉敦煌残卷》，牟润生作《敦煌唐写姓氏录残卷考》，王仲荦作《〈唐贞观八年条举氏族事件〉残卷考释》，汪声作《敦煌唐写姓氏录残卷考》，毛汉光作《敦煌唐代氏族谱残卷之商榷》，都称之为"残卷"，唯有范文澜称"残页"。

第二，说"读懂《贞观氏族志》并非易事"。

那么怎样读得通呢？

首先，笔者先介绍一下这部《氏族志》残卷的内容。"残卷"共存郡（州）

姓望六十六，姓氏二百五十七，反映出了唐贞观初国内氏族郡望的一些面貌。"残卷"所列的姓望，体例一致。如：

乐安郡	七姓	青州	孙任高元薛门蒋
①	②	③	④

①③指的是世族郡望所在，前者是唐初"改郡为州"之前某姓世族所在的郡名；后者是唐初"改郡为州"之后某姓世族所在的州名，以明其历史上曾为某郡某国。②④指的是郡（州）所在地被列为世族的族姓数量和族姓姓氏。以"乐安郡"此条为例，人们一看就知道，孙、任、高、元、薛、门、蒋七姓的郡望是在唐初改称"青州"以前的"乐安郡"。应该说，读懂它是很容易的事。

那么，怎样才能读懂呢？吴、霍两位提出三条读懂的方法，说：

> 其一，各条的"州"字要实看，将其看作唐代实实在在的州。其二，各条的"郡"字要虚看，即不能看作某朝某代具体的郡，那样看就会有许多郡根本不存在。其三，各条"郡"字前面的地名要远看，要与得姓之源或得望之源相联系。③

这就把本来并不复杂也不难读懂的事，陡然变得既复杂又难懂了。按照两位先生的方法，再用"乐安郡"作例：

乐安	郡	七姓	青州	孙任高元薛门蒋
①	②	③	④	⑤
（要远看）	（要虚看）		（要实看）	

分歧凸现！

原来是把"乐安郡"三字作了肢解，把"乐安郡"分为"乐安"和"郡"。说"乐安"，指的是"得姓之源"；"郡"，指的是"姓望符号"。这显然是背离《氏族志》编修本意的题外之义。此外，两位先生并把《氏族志》理解为"目的是要解决氏族之间婚姻纠纷"的一部氏族谱牒。而事实是，唐太宗下诏修《氏族志》的本意在于降低山东崔、卢、李、郑等姓旧望，提高当朝权贵的社会地位，以确立世族和新贵的姓望所在。

第三，认为《氏族志》残卷中所列之六十六个郡名，要"虚看"，"即不能将其看作某朝某代具体的郡，那样看就会有许多郡根本不存在"。

事实是，《氏族志》残卷中所列的六十六个郡名，历史上都存在过。唐耕耦先生作《敦煌唐写本天下姓望氏族谱残卷的若干问题》，依据历代地理志书、史籍，逐一作了考查，得出这样的结果：

> 州郡之名，隋唐时已无其称，或与隋唐之制不合，而沿袭隋唐以前旧称的，为二十八郡州。
>
> 郡州之名，既见于隋唐之前，又与隋或唐建置相合，因而可算隋唐以前，又可算隋唐时期的，为二十一郡州。
>
> 郡或州名，隋唐以前所无，而为隋或唐时建置的，为十七郡州。
>
> 其中，仅仅果州和临海郡台州，因始置于武德四、五年，可说是唐朝新置的，其余六十四郡州可以说都是唐以前的。[④]

对于《氏族志》中何以出现州、郡沿用旧称如此普遍的问题，唐先生在文中作此解释："由于摘录的材料，时代有先后，编撰时又未予加工统一，因而同一卷子所列郡、州的时代，有唐初的、隋代的、魏晋南北朝时期的、魏晋以前的。"

吴、霍两位又说《氏族志》所列"乐安郡"三字中的前两字"乐安"要"远看","要与得姓之源或得望之源相联系"。笔者要问：孙氏的得姓之源何在？如依《唐表》所云"孙书伐莒有功，景公赐姓孙氏，食采乐安"，再按此观点主张的"首采之地才是决定得姓之源"，那么孙氏得姓应该源于"乐安"，然而"乐安"与孙氏得姓一点也没有因果关系。

此外，下面两种现象又该作何解释：

——某姓在多个郡中出现。如：张姓，出现于弘农郡、清河郡、沛郡、梁国郡、南阳郡、吴郡六郡；孔、吴、盛、夏、黄、高、宋七姓，出现于三郡；曹、丁、刘、孙、鲍、戴、姚、周、朱、许、曲、左、徐十三姓，出现于二郡。

——许多世族大姓的郡望并非"得姓之源"之所在。以吴郡"朱"、"张"、"顾"、"陆"四姓而言，除"顾姓"有一支姓源出自南方（越王勾践之支庶，封于顾邑）外，其他三姓都是汉、唐之际从北方或中原地区迁徙而来。

三

就研究孙氏郡望而言，《氏族志》残卷所记六十六个姓氏郡望中，有以下两个可资研考：

高平郡五姓　兖州　五姓　却、檀、徐、曹、孙

乐安郡七姓　青州　七姓　孙、任、高、元、薛、门、蒋

1. 高平郡

据《中国历史大辞典·历史地理》载：西晋泰始元年（265），改山阳郡为高平国，治所昌邑（今山东巨野县南），属兖州，辖境相当于今山东巨野、

嘉祥、金乡、鱼台、邹城、兖州等市（县）地。十六国后赵（319—351）改称高平郡。隋开皇三年（583）废。孙姓为该郡世族，位列第五。此孙姓是否是"食采于乐安"的孙氏支裔，目前尚无明证，待考。

2. 乐安郡

据《中国历史大辞典·历史地理》载：东汉永元七年（95）改千乘郡置乐安国，治所狄县，不久改治临济（今山东省高青县高苑镇西北），辖境相当于今山东博兴、高青、桓台、广饶、寿光、滨州、利津等市（县）地。东汉本初元年（146）国除，改称乐安郡。西晋复为乐安国，治所高苑县（今邹平县东北）。南朝刘宋时，改置乐安郡，并移治于千乘县（今广饶县北）。自东汉后，皆属青州。隋初废。至于唐天宝元年（742）改棣州为乐安郡，则是《氏族志》问世一百零四年后的事。而棣州"乐安郡"，只存在十七年，于唐乾元元年（758）被废止，又复称"棣州"。

《氏族志》残卷"乐安郡七姓"提供给我们最有价值的信息有二：

第一，孙姓是乐安郡的第一大姓，也是乐安郡的望族所在。

郡望，是指世代居住于某郡并为当地所仰望的名门望族。如清河崔氏、太原王氏、平原陆氏、吴郡顾氏等等。按一般常识，一个姓氏要能成为一地（或县、或州、或郡、或国）的名门望族，起码要具备两个条件：

1. 要有数百年的氏族繁衍时间

按我国古时汉族人口繁衍平均以三十年左右为一代（世）推算，从受姓始祖起，没有十代乃至更多代的子孙繁衍，无论如何也成不了某郡的世族。拙编《中国孙氏世系源流》一书中，平均乃至超过三十年为一代（世）的孙氏族系很多。就以孙颛为例，他的生卒年月不详，但从其因避"赵王伦之乱"而"避地河朔"，可知约生于晋武帝时。从孙颛至其十五代（世）孙孙拙，历时 580 余年，平均 39 年一世。从孙颛前推至孙武，按《唐表》所列的世系，计 21 世，历时 810 余年，平均 30.5 年一世。正是经过几百年乃至上千年的子孙繁衍，孙姓才成了乐安郡的第一大姓。

2. 要有根深叶茂的官宦历史，族中出现过一批显贵人物

《元和姓纂》"乐安"条，指的就是"孙武之后"，而孙武之后，历代名人辈出，仅以《唐表》所列，就有：

孙胜（膑子），字国辅，秦将。

孙盖（胜子），字光道，汉中守。

孙知（盖子），字万方，封武信君。

孙念（知子），字甚然。

孙益（念次子），字玄器。

孙卿（益子），字伯高，汉侍中。

孙凭（卿子），字景纯，将军。

孙询（凭次子），字会宗，安定太守。

孙骐（询次子），字士龙，安邑令。

孙通（骐长子），子孙世居清河，后魏有清河太守孙灵怀；灵怀曾孙孙茂道（即孙处约），唐高宗时为相。孙茂道五子：伾为延州刺史；二子侑；三子俊，荆府长史；四子儆，济州刺史；五子佺，幽州都督。

孙夐（骐次子），字子远，天水太守。

孙厚（夐子），字重殷，大将军掾。

孙瑶（厚子），字良玉，中郎将。

孙邃（瑶子），字伯渊，清河太守。

孙儵（邃子），字士彦，洛阳令。

孙国（儵子），字明元，尚书郎。

孙耽（国子），字玄志，汉阳太守。

孙钟（耽长子），吴先主权即其裔也。

孙旃（耽次子），字子之，太原太守。

孙炎（旃长子），字叔然，魏秘书监。

孙历（旆次子），幽州刺史。

孙俭（炎子），字仲觚，太官令。

孙道恭（俭子），字雅逊，晋长秋卿。

孙颖（道恭之子），避地河朔。其后更是名闻朝廷，炫耀当世。正是因为孙氏家族出现如此众多的达官显吏，才使孙氏成为乐安郡的望族之一。

第二，《氏族志》所指的"青州乐安郡"，是指唐贞观初年改"郡"为"州"以前的乐安郡，而非百年后唐玄宗天宝元年（742）所置的棣州乐安郡。

《氏族志》中所列诸郡，大都不是唐初地名。《旧唐书·地理志》记有"及（隋）大业季年，群盗蜂起，郡县沦陷，户口减耗。高祖受命之初，改郡为州"，《新唐书·地理志》亦记"唐兴，高祖改郡为州"。可见，《氏族志》所列郡名，多为隋及隋以前所置之郡，其中不少郡名可以上溯到南北朝、晋、三国乃至东汉、西汉、秦。

1.《氏族志》残卷中的"乐安郡"，地域明指"青州"，而青州的地域范围，历代有所不同

青州，为古九州之一。《禹贡》有"海岱惟青州"句。因土色为青，故名。

秦并天下，为齐郡地，又为琅琊郡之东境。

西汉，置青州部，统千乘郡、齐郡、淄川国、北海郡、高密国。其中千乘郡领千乘、博昌（今博兴）、狄、乐安、高苑、琅槐等十五县，齐郡领临淄、昌国、利、钜定、广、广饶、临朐等十二县。

东汉，青州部统乐安国、北海国、齐国。其中乐安国领临济、千乘、高苑、乐安、博昌、蓼城、利、益、寿光九城（县）。

晋，青州部统济南郡、乐安国、齐国、城阳郡、东莱国、长广郡。其中乐安国领高苑、临济、博昌、利益、蓼城、邹、寿光、东朝阳八县，齐国领临淄、西安、东安平、广饶、昌国五县。

南朝刘宋时，青州部统乐安郡、高密郡、齐郡等郡。其中乐安郡（太守）领千乘、博昌、临济三县，治所千乘（后移今广饶县北）。

北魏，青州部统北海郡、齐郡、乐安郡、渤海郡等郡。其中乐安郡领千乘、博昌、安德、般四县。

隋，青州部统北海郡、齐郡等郡。其中，北海郡领益都、临淄、千乘、博昌、寿光、临朐、营丘、都昌、北海、下密十县。《隋书·地理中》"千乘县"下，注有"旧置乐安郡，开皇初，郡废"；"博昌县"下，注有"旧曰乐安，开皇十六年（596）改焉"。

唐初，分天下为十道，青州属河南道。武德四年（621），置青州总管府，管青、潍、登、牟、莒、莱、密、乘八州。其中青州领益都、临朐、临淄、般阳、乐安、时水、安平七县；武德八年（625），省乘、潍、牟、登四州，以废潍州之北海、废乘州之千乘、寿光、博昌来属，省般阳、乐安、时水、安平四县；贞观元年，罢都督府；天宝元年（742），改青州为北海郡；乾元元年（758），复为青州，领益都、临淄、博昌、寿光、千乘、临朐、北海七县。

以上就是自秦至唐、长达近千年历史的"青州"建置沿革状况。

持孙武故里"惠民说"的由于对隋以前乐安郡的建置沿革未加详察，故而著文称：

> 又据《惠民县志》载，汉献帝设置乐安郡时，"徙厌次属焉"，治所也在今惠民。由此可见，唐以厌次为乐安郡治是远有端绪的。到了明代洪武六年与永乐六年所设乐安州，州治都在今惠民县，足见惠民县与乐安在历史上是有着深远的历史渊源的。总之，今山东省惠民县是兵圣孙武的故里，可以刀断斧削地确认了。[⑤]

通过上述分析和考证，我们可以确有把握地得出结论：孙子故里"惠民说"是合理、正确的，没有什么矛盾和疑点，因而得到中外绝大多数学者的认同，是不可动摇的。⑥

这些说法，显然有违史实。

首先，其中所指《惠民县志》，系指清光绪十二年（1886）由时任惠民县知县沈世诠主修的《惠民县志》。所引"汉献帝设置乐安郡时，'徙厌次属焉'"，就出自该志"建制沿革"；而"治所也在今惠民"以及"由此可见"以下那段话，显然为作者所言。然而该志的此一记载，并不符合史实。

惠民县之名，始于清雍正十二年（1734），以县南有沟名"惠民沟"而名。之前称"武定府"、"武定州"。再之前称"厌次县"，明洪武元年（1368）废。而修成于明嘉靖二十七年（1548）的《武定州志》，记为：

> 东汉和帝改千乘郡为乐安国。（唐章怀太子《后汉书》注云："千乘故城在今淄州高苑县北，乐安故城在今青州博昌县南。"）时又为乐安国、平原、渤海郡地。逮曹魏建安中，始置为乐陵郡（武定有治自此始）领县三：曰乐陵（带郡），曰阳信，曰厌次。晋为乐陵国（武帝改郡为国），领县五：曰厌次，曰阳信，曰新乐，曰乐陵，曰漯沃。晋末，地归北魏，仍称乐陵郡。

此一记载，与《惠民县志》迥然有别。区别有二：（1）曹魏建安中所置的郡名，《武定州志》记为"乐陵郡"，而《惠民县志》记为"乐安郡"；（2）《武定州志》记"厌次县"为"乐陵郡"所属，且乐陵郡郡治所在地是在"乐陵县"，而非"厌次县"。

清学者洪亮吉著《三国疆域表》和《三国郡县表附考证》⑦对曹魏建安中置乐陵郡，以及当时就已存在的乐安郡，作如下记述：

乐陵郡

汉建安中魏武置。北界渤海，南界平原、济南、乐安，东际海。有今山东武定府之惠民、滨州、利津、乐陵、阳信、海丰、沾化，直隶河间府之宁津。五县：乐陵县王国（今武定府乐陵县南二十里）、厌次县（今武定府阳信县东南三十里）、阳信县（今武定府海丰县东北十里）、漯沃县（今武定府蒲台县河北）、新乐县（今河间府宁津县北）。

乐安郡

汉置。北界乐陵（郡），南界齐郡，东界北海，西界济南。有今山东青州府之寿光、乐安、博兴、高苑，济南府之新城，武定府之蒲台。十县：高苑县（今济南府新城县治）、临济县（今青州府高苑县北二里）、博昌县（今青州府博兴县南二十里）、利县（今博兴县东南四十里，跨乐安县界）、益县（今青州府寿光县东二十里）、蓼城县（今高苑县西北）、邹县（今武定府青城县境）、寿光县侯国（今寿光县东）、千乘县（今高苑县东北二十里）、乐安县（今青州府乐安县北）。

山东现存最早的由元代学者于钦撰修的一部省志《齐乘·棣州（上）》，亦云：

府东北二百四十里。禹贡青、兖之交。周封齐履之北境。齐属齐郡，汉兼平原、渤海、千乘郡邑。魏建安中，分为乐陵郡。

这进一步证明：《惠民县志》所载"汉献帝设置乐安郡时，'徙厌次属焉'"，与史籍记载相悖。

2. 关于"棣州"的建置沿革

棣州之名，始见于隋。开皇十七年（597），割沧州之阳信县置棣州，大业二年（606）废入沧州。武德四年（621），析沧州之阳信、乐陵、商河、厌次四县，重置棣州，州治初设于阳信。六年（623），州废，县还隶沧州。唐贞观十七年（643），复以沧州之厌次，德州之商河、阳信，置棣州，治所设在乐陵。后又割淄州之蒲台隶棣州，而乐陵改属沧州。天宝元年（742），改棣州为乐安郡，领厌次、商河、阳信、蒲台、渤海五县，治所设于厌次。乾元元年（758），废乐安郡，复称棣州，领县如前。之前，该地春秋为齐地；秦时为齐郡地；西汉、东汉为平原郡地；三国、晋为冀州乐陵国地；南朝刘宋时，为冀州刺史所统之乐陵太守领地；北魏为沧州乐陵郡地；隋初为渤海郡地，开皇十七年（597）重置棣州。

从"棣州"建置沿革，可知棣州改名乐安郡是在唐天宝元年（742）；废郡名、复州名，时在乾元元年（758），历时十七年。与唐初《氏族志》残卷中的青州乐安郡相比较：青州乐安郡置在前，棣州乐安郡置在后，且青州乐安郡为孙氏世族所居之地望。而从现有的传世史料，包括谱牒、墓志等，还缺乏当时孙氏在棣州乐安郡形成名门望族的史料。

在此，笔者尚需特别补充两点：

其一，《旧唐书·地理志》在"棣州"条下，有"棣州上——后汉乐安郡"。

据此，坚持孙子故里"惠民说"的认为："'厌次'早在后汉时，不仅徙属于乐安郡，而且还一度是后汉乐安郡的郡治。'殊不知，在同一部《旧唐书·地理志》"青州上——隋北海郡"所辖"千乘县"条下，也记有"后汉改为乐安郡"。一书中出现了两处"后汉乐安郡'，很明显两处记载必有一错。对照《晋书·地理志》、唐《元和郡县图志》、宋《太平寰宇记》、元《齐乘》、明崇祯《武定州志·古迹卷》以及清经学家洪亮吉所著《三国疆域志》和《三国郡县表附考证》，均记"厌次县"在东汉末为乐陵郡辖地，故而《新唐书》"棣州"条，并未采用《旧唐书》一说。《旧唐书·地理志》所记，显然是后人传抄刻印过程中把"乐陵郡"的"陵"字，写成了"安"

字所致。如未加详察，又以此反复作为坚持"惠民说"的"重要"史证，导致传误。

其二，《太平寰宇记》为宋初编纂的一部地方志书。此书沿用唐朝分天下为十道之别，记载各地自前代至宋初的州县沿革、山川形势、人情风俗、交通、人物姓氏、土产等。由于广泛引用历代史书、地志、碑刻等，故有"可补史籍缺略之功"一说。《太平寰宇记》在"河南道·青州·姓氏"条下，记有：

乐安郡九姓　　孙、任、高、薛、阙、仲、蒋、房、亢

此条可与《氏族志》残卷"乐安郡七姓，青州，孙、任、高、元、薛、门、蒋"互为印证。两则史料的差异仅在于"七姓"、"九姓"之别，但毕竟有五姓相同，且讲的都是青州乐安郡。宋初距唐初三百多年，人口繁衍、世族变动，都属正常，而孙姓依然列为首姓，这绝非巧合！然而在《太平寰宇记·河南道·棣州》中，则无"姓氏录"。再以清咸丰年间纂修的《武定府志》为例：当时的武定府，领州（即"武定州"）一；县十，即：惠民、青城、阳信、海丰、乐陵、商河、滨州、利津、沾化、蒲台。此志卷二十三"人物篇"，列出"名臣"、"忠节"、"清介"、"循良"四类人物，按朝代分：汉代四人，晋代一人，北魏二人，唐代四人，宋代五人，元代二人，明代五十六人，清代二十八人。总计一百零二人，其中，孙姓六人（明代五人，清代一人），而这六人的里籍分别为：商河县二人，滨州、海丰、沾化、青城四县各一人。无一是惠民人。

由此可证，唐天宝元年改棣州所置的乐安郡，与孙氏世族无涉，作为当时郡治所在的厌次县并非孙氏世族系源之地，与田（孙）书"食采于乐安"更无缘。"孙武故里在惠民"的这个结论靠不住。

持"惠民说"的先生由于立论的依据是《唐表》，并以《通典》中唐乐

安郡的地理方位和《旧唐书》中"棣州上——后汉乐安郡"的记载作为论据，而忽略了早在棣州乐安郡置立之前已有青州乐安郡的存在。且运用的上述史籍，只能证明唐天宝元年至乾元元年（742—758）仅有十七年历史的棣州乐安郡的存在以及"厌次县"时为唐棣州乐安郡的郡治所在。故而靠后期史料作出"乐安指的是唐代乐安郡"，"孙武故里在惠民"的结论，只能是"缘木求鱼"，也就不能说明问题了。

（本文收入《孙武研究新探》，白山出版社，2002年7月版。）

注释：

① 霍印章、李政教《孙子故里"惠民说"新证——惠民县出土北宋乐安吴尧墓志铭考》，收入《孙子新论集萃——第二届孙子兵法国际研讨会论文选》，长征出版社，1992年版，第441页；又收入《孙子故里》一书，解放军出版社，1992年3月版，第65页。

② 王汝涛《孙子故里不在惠民县说新证》，收入《孙子与齐文化——海峡两岸孙子与齐文化学术讨论会文萃》，石油大学出版社，1993年版，第175—176页。

③ 吴如嵩、霍印章《论孙子研究中的几个问题》，收入《孙子与吴文化研究（上卷）》，中央文献出版社，2006年4月版，第21—26页。

④ 唐氏一文收入《魏晋隋唐史论文集（二）》，中国社会科学出版社，1983年版。

⑤ 吴如嵩、陈秉才《孙武故里考疑》，收入《孙子故里》，解放军出版社，1992年版，第51—52页。

⑥ 霍印章、吴如嵩《孙武故里"惠民说"不可动摇》，载《中国史研究》，1991年第3期；收入《孙子故里》一书，解放军出版社，1992年版，第90页。

⑦ 洪亮吉《三国疆域表》和《三国郡县表附考证》，收入《二十五史补编》。

孙逖家族墓志能否证实"孙武故里是唐朝乐安"

2010 年 8 月，中国文史出版社出版《乐安孙氏通谱》。谱中收有《孙逖家族墓志证实孙武故里是唐朝乐安》一文。文中所说的"唐朝乐安"，指明是指唐天宝元年（742）改"棣州"之名的"乐安郡"。"厌次县"时为乐安郡郡治所在。乾元元年（758），废"乐安郡"，复称"棣州"。今"惠民县"为清雍正二年（1724）所置，隋唐时称"厌次县"，隶属"棣州"。这篇文章的要旨在于重申"孙武故里在惠民"。

作者以《元和姓纂》"乐安"条所说的《孙逖家族墓志》，指的是晋惠帝时孙颁（孙逖十一世祖）"避地河朔"，其子嗣后来落籍"武遂"（今河北武强县一带）、"武水"（今山东聊城沙镇）以至京东洛阳而形成的一批孙氏家族墓志。

为便于读者对此支孙氏家世有一个直观的了解，笔者依据河南洛阳北郊邙山出土的大量唐代孙氏墓志碑文和正史中的列传以及相关族谱资料，将"避地河朔"这支乐安孙氏族人的前后世系列表于下。

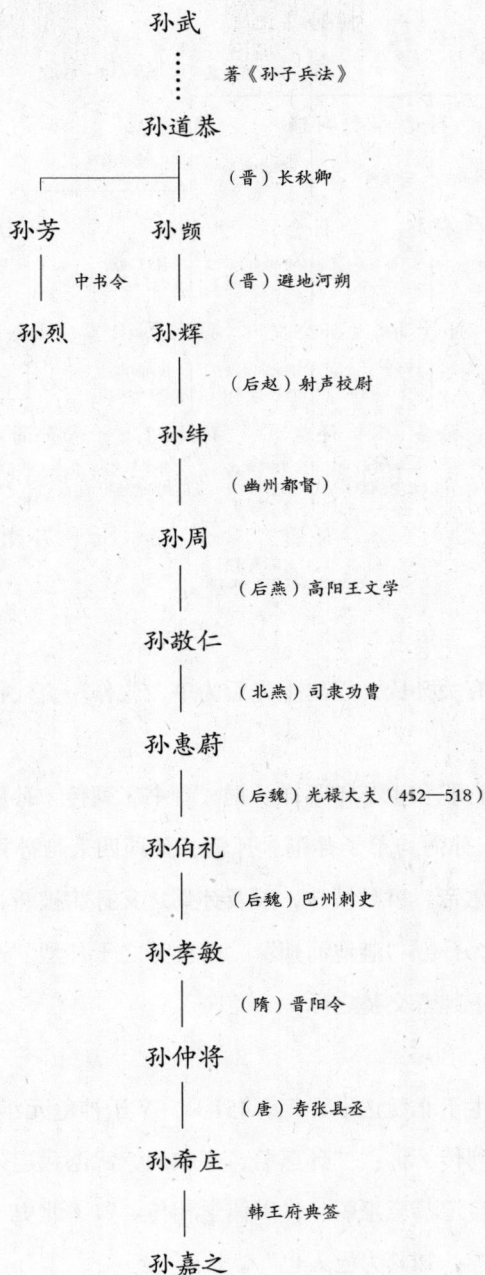

孙武
: : : : 著《孙子兵法》

孙道恭
（晋）长秋卿

孙芳　　　孙颀
｜中书令　（晋）避地河朔

孙烈　　　孙辉
（后赵）射声校尉

孙纬
（幽州都督）

孙周
（后燕）高阳王文学

孙敬仁
（北燕）司隶功曹

孙惠蔚
（后魏）光禄大夫（452—518）

孙伯礼
（后魏）巴州刺史

孙孝敏
（隋）晋阳令

孙仲将
（唐）寿张县丞

孙希庄
韩王府典签

孙嘉之

（孙嘉之）
曲周、襄邑县令（657—739）

孙造	孙遘	孙遹	孙逖
詹事府司直	右补阙	兵曹参军（700—？）	中书舍人（696—761）

孙婴	孙起	孙会	孙成	孙宿
蓝田县尉（744—812）	白马令（737—789）	常州刺史	桂州刺史（737—789）	华州刺史

孙景商	孙公义	孙审象	孙公器
天平军节度使（793—856）	睦州刺史（772—851）	汝州司马（781—841）	邑管经略使

孙备	孙瑝	孙方绍	孙简	孙筥
洛阳县尉（834—873）	汀州刺史（818—871）	登州刺史（812—865）	东都流守（745—826）	东宫卫佑（788—860）

孙拙	孙谠
工部侍郎（857—926）	蓬州刺史

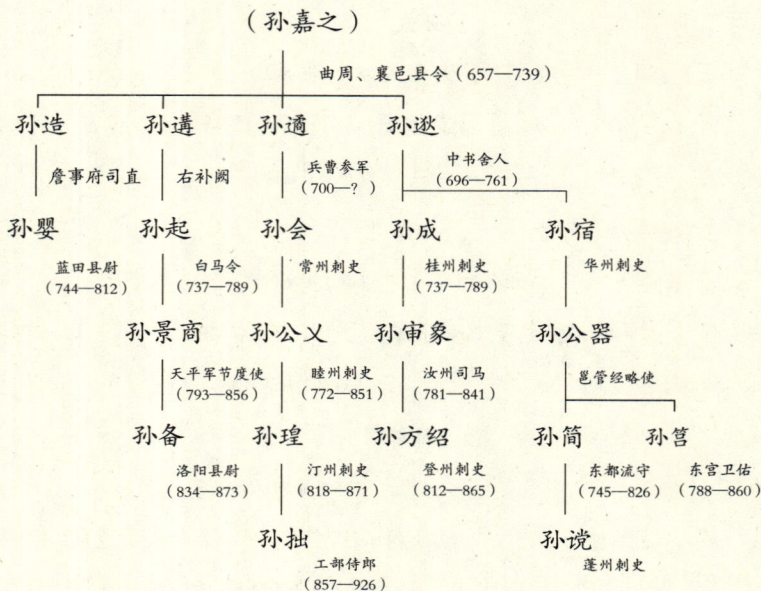

对表中所列的有关孙氏，以出生先后为序，先作一交代：

1. 孙颛

孙道恭之子，官职和生卒年不详。据《晋书·列传·孙旂》称：晋永宁元年（301），族人孙弼与弟子孙髦、孙辅、孙琰四人与孙秀合谋，助赵王司马伦杀贾后，废惠帝。事败被诛，殃及孙弼之父孙旂被斩，"夷三族"。由此造成族人外逃，孙颛"避地河朔"，弟孙芳之子孙烈"避居昌黎"。据此推测，孙颛约生于魏晋交替之际。

2. 孙惠蔚

孙颛五世孙，生于北魏正平元年（451），卒于神龟元年（518）。官至秘书监。《魏书·列传》称："孙惠蔚，字叔炳，武邑武遂人。自言六世祖道恭为晋长秋卿。自道恭至惠蔚，世以儒学相传。"《北史·列传》记孙惠蔚"归葬于世邑武遂，知其为邑人也"。

3. 孙嘉之

孙惠蔚五世孙，魏郡武水人。生于唐显庆二年（657），卒于唐开元二十七年（739），历官洺州曲周、宋州襄邑二县令。后以子孙逖贵，授朝散大夫、宋州司马。

4. 孙逖

孙嘉之长子，生于武周万岁登封元年（696），卒于唐宝应元年（762）。《旧唐书·列传》称其"潞州涉县人"，《新唐书·列传》称"博州武水人，后魏光禄大夫惠蔚，其先也"。唐玄宗朝时，任中书舍人、刑部侍郎，曾掌诰八年，"制敕所出，为时流叹服"。

5. 孙成

孙逖子，生于唐开元二十五年（737），卒于聿贞元五年（789）。其墓志称："君讳成。孙氏之先，盖齐大夫书之后。晋有长秋卿道恭生颛，避地于魏之武水，武水故属乐安，后世居焉。"

6. 孙公义

孙逖胞弟孙遹之孙，生于唐大历七年（772），卒于唐大中五年（851）。其墓志称："公讳公义，字□，其先魏之乐安人。曾祖嘉之，徙河南，因而贯焉。"

7. 孙审象

孙成子。孙逖之孙，生于唐建中二年（781），卒于唐会昌元年（841）。其墓志称："公讳审象，字近初，姓孙氏。其先乐安人也。至后魏迁于魏之武水，因家焉。六代祖府君讳孝敏，仕隋，为并州晋阳令，唐封为晋阳公，今武水有晋阳里，盖因其所封署里门也。"

8. 孙筥

孙逖曾孙，生于唐贞元四年（788），卒于唐咸通元年（860）。其墓志称："府君讳筥，字秘典，其先即吴大夫孙武孙书是也。尔后分为数派，居吴者为富春氏，居宋者为乐安氏。府君即乐安氏也。曾祖府君讳逖……"

9. 孙景商

孙逖胞弟孙遘之孙，生于唐贞元五年（787），卒于唐大中十年（856）。其墓志称："公讳景商，字安诗，乐安人也，其先陈大夫田完之后。完之玄孙曰书，为齐大夫，伐乐安有功，封乐安，赐姓孙氏。及晋，有长秋卿曰颙。颙五代孙惠蔚，后魏光禄大夫……"

10. 孙方绍

孙逖曾孙，生于唐元和七年（812），卒于唐咸通六年（865）。其墓志称："府君讳方绍，子比琏，魏郡武水人也。"

11. 孙备

孙景商长子，孙逖胞弟孙遘之孙，生于唐大和八年（834），卒于唐咸通十四年（873）。其墓志称："孙氏，出于齐大夫书后，在晋时尝避地乐安，因世居焉。"

12. 孙拙

孙公义之孙，孙逖二弟孙遹之玄孙，生于唐大中十一年（857），卒于后唐天成元年（926）。其墓志称："公讳拙，字几玄，武水乐安人也。"

可以看出，这些乐安孙氏对孙颙"避地河朔"前后里籍的说法既有同处，也有差异。在上述十二位孙氏中，最值得关注的是孙惠蔚的传记、墓碑和孙嘉之的墓志。不妨摘引如下：

孙惠蔚传和墓碑

孙惠蔚，字叔炳，武邑武遂人也，小字陀罗。自言六世祖道恭为晋长秋卿。自道恭至惠蔚，世以儒学相传。惠蔚年十五，粗通《诗》、《书》及《孝经》、《论语》；十八，师董道季讲《易》；十九，师程玄读《礼经》及《春秋三传》。周流儒肆，有名于冀方。……（太和）二十二年，侍读东宫。……世宗即位之后，仍在左右敷训经典，自冗从仆射迁秘书丞、武邑郡中正。……延昌二年，追赏侍讲之劳，封枣强县开国男，食邑二百户。□□初，出为安东将军、济州刺史，还京，除光禄大夫。……神龟元年卒于官，时年六十七。赐帛五百匹，赠大将军、瀛洲刺史，谥曰戴。子伯礼，袭封。①

右后魏孙公墓志，其名字、乡里、年寿皆不载，独其末载赠官制书云：故安东将军、银青光禄大夫、枣强县开国男孙蔚，知其名蔚。又曰：归葬于世邑武遂，知其为邑人也。按《魏书·儒林传》有孙惠蔚，其所书事迹与志皆合。传云：先单名"蔚"。正始中，侍讲禁内，夜论佛经，有惬帝旨，诏使加"惠"，号惠蔚法师焉！②

孙嘉之墓志（全称《宋州司马先府君墓志铭》）

府君讳嘉之，字某，魏郡武水人也。故属安乐（岑仲勉已校改为"乐安"），盖齐大夫书之后。至晋长秋卿道恭有子曰颐，避地河朔，后世居焉。颐五世孙、魏光禄大夫惠蔚，为本朝大儒。自时厥后，不陨其业。公即光禄玄孙也。曾祖孝敏，隋大业中并州晋阳县令，所居之聚，聊设衡关，至今称为晋阳里。祖仲将，皇朝郓州寿张县丞。父希庄，皇朝韩王府典签。自晋阳至府君，四世而传一子，故五服之内无近属焉。府君四岁而孤，无所怙恃，外祖刘士杰因官居于潞之涉县，府君自幼及长，外族焉依。……皇上以府君有义方之训，特授朝散大夫、宋州司马，仍听致仕，手诏《褒美亲族》荣之。享年八十三，以开元二十七年四月二十四日弃背于东都集贤里之私第。……夫人，广平宋氏，蒲州安邑县令斌之孙、滑州司士参军郁之女淑德贤行，深慈至柔，有子四人，皆著名于词学；有女六人，俱涉迹于图史，非独府君之善训，亦有夫人之内则焉。享年六十，以开元十年十一月二十三日先弃背于河阳别业。……即以府君违世之年八月十二日，迁厝于邙山涛村之西源合祔，礼也。③

孙嘉之墓志由其长子孙逊撰写。这篇墓志之所以引起人们的特别关注，是因为志中记道："府君讳嘉之，字某，魏郡武水人也。故属安乐，盖齐大夫书之后。至晋长秋卿道恭有子曰颛，避地河朔，后世居焉。"持孙武故里"惠民说"的人士据此认为：

> 《元和姓纂》二十三魂部的"孙姓"条下，首列"乐安，孙武之后。汉有宾硕，魏有清河太守孙焕，晋有孙颛，避地于魏，故属乐安，因家焉"。这是一条十分重要的根据，也是迄今我们所能见到的关于孙武故里的最早记载。它成书于唐元和七年（812），比成书于公元1060年的《新唐书》早二百四十八年，比成书于公元1154年的《古今姓氏书辩证》早三百四十二年。……那么，《元和姓纂》所说的乐安，是指春秋时有一个乐安，还是指唐代的乐安呢？这是问题的要害。从它的编写体例可以断定，这个乐安乃是指的唐代的乐安。……因此，我们可以肯定地说，其所载"食采于乐安"也是指唐代乐安，而不是在春秋时代齐国有一个什么乐安的地名。……由此可见，林宝对孙子故里考辨的功绩是不可抹杀的，企图通过贬低《元和姓纂》的价值否定"惠民说"也是徒劳的。④

我们从"乐安"条下"孙颛避地于魏，故属乐安，因家焉"的记载可以得到充分的证明。孙颛是孙武的第二十三代孙，其历代先人皆散处四方为吏，他本人为了避西晋的赵王伦之乱才从晋都洛阳"避地于魏"，并把自己的宗族迁回祖籍——"故属乐安"。所谓"故属乐安"，就是说此地从前属于"乐安"，到了西晋已不属"乐安"。什么地方从前属于"乐安"而西晋时不属"乐安"呢？显然不是指西汉的乐安县，西汉的乐安县虽然在西晋时曾一度县省而城存，但仍属西晋的乐安国，不能说是"故属"，而且，如果是指西汉的乐安县，则郡望的名称就不能单叫"乐安"，而应像"吴郡富春"、"平原厌次"、"长乐信都"等一样，叫作"千乘乐安"，也显然不是指东汉或曹魏的乐安国，乐安国至西晋犹存，更谈不上"故属"二字。而且，如果是指乐安国，则郡望名称也不能单叫"乐安"，而应像"沛国"、"鲁国"、"赵国"等郡望一样，叫作"乐安国"。能够符合从前属于"乐安"而西晋时不属"乐安"这一条件的地方在当时只有一个，即西晋乐陵国的治所厌次（今山东省惠民县）。厌次本是平原郡的属县，在东汉末年从乐安国中分置乐安郡时将其徙属于乐安郡，不仅徙属于乐安郡，而且还一度成为东汉乐安郡的郡治。所以《旧唐书·地理志》说："棣州上——后汉乐安郡，隋渤海郡之厌次县。"这是指厌次为东汉乐安郡的郡治而言。到了三国和西晋时期又发生新的变化，乐安郡变成了乐陵国，厌次由郡治变成了国治。这恰好与孙颛的"故属乐安"相吻合，即厌次在东汉末年属于乐安郡，在西晋时属于乐陵国，因而说"故属乐安"。⑤

迄今为止我们还没有见到比《元和姓纂》更早的关于孙武故里的记载。因此，《元和姓纂》就成了考析孙武故里最早和最重要的史料依据。……《元和姓纂》、《新唐书·宰相世系表》、《古今姓氏书辩证》所说的"乐安"是唐代地名，即唐代的"乐安郡"，而今天的惠民恰是唐代"乐安郡"的郡治，因而惠民是孙武的故里。⑥

其理由，简而言之有三：（1）孙颛避地于魏，而魏地"故属乐安"，"因家焉"，与田（孙）书采邑"乐安"相印证；（2）"汉末从乐安国分置乐安郡，厌次不仅徙属乐安郡，且一度成为乐安郡的郡治，这恰好与"孙颛避地于魏，故属乐安"相吻合；（3）能够符合从前属"乐安"而西晋时不属"乐安"这一条件的地方，就是厌次，即今惠民县。

《孙逖家族墓志证实孙武故里是唐朝乐安》一文的作者认为：

　　孙逖家族墓志，向我们提供了《元和姓纂》、《新唐书·宰相世系表》和《古今姓氏书辩证》成书的重要依据，特别是有关孙子故里的依据，能补诸家谱牒之失。如果把这些墓志和上述书籍联系起来读，对孙武故里问题就比较清楚了，无论是孙武后人的孙逖家族，还是《元和姓纂》、《新唐书·宰相世系表》、《古今姓氏书辩证》，都向我们表明：孙书的封邑——孙武故里，就是唐朝的乐安郡，又称棣州，即今惠民县。孙逖家族墓志文石俱在，确凿可信。⑦

　　有鉴于此，笔者以史、志为据，谈些浅见，供读者鉴别。

一、《元和姓纂》所云"晋有孙颛，避地于魏，故属乐安，因家焉"，与《孙嘉之墓志》所记"府君讳嘉之，字某，魏郡武水人也。故属乐安"不合

　　《元和姓纂》是我国唐代谱牒姓氏学的一部专著，由太常博士、沔王府长史林宝修撰，唐元和七年（812）书成。《中国大百科全书·中国历史》第三册"元和姓纂"条指出："该书详载唐代族姓世系和人物，于古姓氏书颇多征引，因而也保存了一些佚书的片段。……《姓纂》取材包括私家谱牒，故所述族姓来源未必都翔实准确。原书久已失传。清乾隆间纂修《四库全书》时从《永乐大典》辑出，再用宋邓名世《古今姓氏书辩证》等补缺。……《永乐大典》采录的《姓纂》已不完整，而且割裂原文。《四库》辑本，也有遗漏。"故总纂官纪昀、陆锡熊、孙士毅作提要，称："其论得姓受氏之初，多原本于《世本》、《风俗通》，其他如《世本族姓记》、《三辅决录》以及《百家谱》、《英贤传》、《姓源韵谱》、《姓苑》，诸书不传于今者，赖其征引，亦皆班班可见……但宝（林宝）以二十旬而成书，援引间有讹谬。且当矜尚门第之时，各据其谱牒所陈，附会攀援，均所不免。"

《元和姓纂》列"孙氏郡望"九处，依次为："太原中都"、"乐安"、"东宛"、"吴郡富春"、"富阳"、"清河"、"河东"、"华原"、"洛阳"。

关于"乐安"，《元和姓纂》记为：

乐安

孙武之后。汉有宾硕，魏有清河太守孙焕，晋有孙颙，避地于魏，故属乐安，因家焉。五代孙惠蔚，魏光禄大夫。五代孙希庄，唐韩王典签，始居上党涉县。生嘉之，襄邑令，宋州司马致仕。生逖、遹、遘、造。逖，中书舍人、刑部侍郎，生宿、绛、成、视。宿，中书舍人，华州刺史，生公器，邕州经略使。绛，检校郎中。成，桂府观察兼中丞。视，生替否。遹，生会，常州刺史。遘，右补阙、河内司马，生公辅，诚大理评事。

此一记载与撰成于唐开元二十七年（739）的孙嘉之墓志作一比较，有关"故属乐安"的表述，两者并不一致。

从孙嘉之墓志所云"府君讳嘉之，字某，魏郡武水人也。故属乐安。盖齐大夫书之后，至晋长秋卿道恭有子曰颙，避地河朔，后世居焉"的行文看，孙逖前句中的"魏郡武水"，是指其父孙嘉之的居所所在；后句中的"故属乐安"，显然是指孙颙"避地河朔"之前其先祖郡望乐安。而《元和姓纂》记成"晋有孙颙，避地于魏，故属乐安，因家焉"。"因家焉"三字列在"故属乐安"四字之后，词义就成了孙颙避地于"魏"，而"魏"地从前属于"乐安"，于是"因家焉"。两则"说法"，差异凸现。持孙子故里"惠民说"的先生没有细细审察《元和姓纂》与"孙嘉之墓志"两者表述"里籍"或"郡望"之间的差异，说"他（孙颙）本人为了避西晋的赵王伦之乱才从晋都洛阳避地于魏，并把自己的宗族迁回祖籍——'故属乐安'"。而所谓的"故属乐安"，就是"此地从前属于乐安，到了西晋已不属乐安"。由此引申并得出结论："从它（指《元和姓纂》）的编写体例可以断定，这个乐安乃是指的唐代的乐安。"

令人诧异的是，孙逖为其父孙嘉之所作的墓志以及孙逖子嗣的墓志中竟然出现不同的说法。如：

1. 孙成，孙逖的第三子。由其兄孙绎为孙成撰写的墓志称："晋有长秋卿道恭，生颛，避地于魏之武水。武水故属乐安，后世居焉。祖讳嘉之……烈考刑部侍郎、赠右仆射、文公讳逖。"

2. 孙审象，孙成的长子，孙逖之孙。由其房侄孙简为孙审象撰写的墓志称："公讳审象，字近初，姓孙氏。其先乐安人也。至后魏迁于魏之武水，因家焉。""六代祖府君讳孝敏，仕隋，为并州晋阳令，唐封为晋阳公，今武水有晋阳里，盖因其所封署里门也。曾祖府君讳嘉之……列考府君讳成。"

父子二人墓志记载就迥然不同。愚以为，对"故属乐安"四字的诠释，应以"孙嘉之墓志"和"孙审象墓志"为准。

二、《元和姓纂》记孙嘉之其父孙希庄"始居上党涉县，生嘉之"，与"孙嘉之墓志"相悖

孙嘉之墓志记："父希庄，皇朝韩王府典签。自晋阳至府君，四世而传一子，故五服之内无近属焉。府君四岁而孤，无所怙恃，外祖刘士杰因官居于潞之涉县，府君自幼及长，外族焉依。"其意谓：自曾祖孙孝敏至孙嘉之，四世"而传一子"。孙嘉之四岁时，父母都已离世，成了孤儿，遂由因官居于潞州涉县的外祖父刘士杰接往涉县（今河北省邯郸市所辖之县），抚养长大。故称"府君自幼及长，外族依焉"。潞州之涉县既不是孙希庄的居处，更不是孙嘉之的里籍，明矣！

《元和姓纂》的撰者林宝又未加详察，把孙嘉之依外族而居的涉县套在其父孙希庄名下，此实为《元和姓纂》的又一错例。由此又误导后世学者，

以致对孙嘉之子嗣的里籍说法不一。《旧唐书》修于公元 940—945 年，列传称孙逖为"潞州涉县人"；《新唐书》，修成于宋嘉祐五年（1060），列传称孙逖为"博州武水人……父嘉之，少孤，依外家，客涉、巩间"。博州，系唐武德四年（621）以魏州之聊城、武水、堂邑、高唐四县置。

今人编制的《中国古今名人大辞典》所列孙氏籍地，把孙逖胞弟孙通之子孙会、孙逖之孙孙公器、孙公器之子孙简、孙简之子孙说，都说成是"潞州涉县人"，真是"一误"引"百出"！

三、孙颙避地无论是"河朔"，还是"武邑武遂"、"魏郡武水"，都与唐"厌次（今惠民）"无关

1. 考"河朔"

商务印书馆香港分馆 1937 年出版的《中国古今地名大辞典》："河朔，谓黄河以北之地也。"《书泰誓》："惟戊午，王次于河朔。戊午，渡河而誓。既誓而止于河之北。"《三国志·袁绍传》："据一郡之卒，撮冀州之众，威震河朔，名重天下。"可知河朔非指一县、一郡之地，而是泛指黄河以北即古属冀州的大片区域，大致在今河南省北部、山东省德州以西、河北省中南部。而今山东省惠民县，地处山东北部，虽属黄河以北之地，但西距古冀州至少在四百里以上。

2. 考"武邑武遂"

《魏书》和《北史》列传记孙惠蔚（孙嘉之五世祖）为武邑武遂人。

武邑，古县名。汉高祖五年（前 202）置，治所在今河北省武邑县一带。晋太康十年（286）置武邑郡，以武邑、观津、武强、武遂四县归郡管辖。

武遂，古县名，西汉置，初称"武隧"，东汉改称"武遂"。晋初，属武邑郡。北齐天保七年（556）废，并入武强（县治在今河北省武强县一带）。武邑或武遂与今惠民县，空中直线距离三百里左右。

3. 考"武水"

武水，古县名，位于今山东聊城市西南，县治在今"沙镇"。1994 年由齐鲁书社出版的新编《聊城市志》，志中有一篇题名《武水故城考略》（简称《考略》）称：

> 武水县，596 年（隋开皇十六年）置，属博州。《元和志》载：武水县，本汉阳平地，属东郡。586 年（开皇六年）改乐平故城为阳平县。588 年（开皇八年）又改阳平县为清邑。596 年（开皇十六年）分清邑置武水县。《续山东考古录》载："开皇十六年，于聊城置博州，又析清邑置武水县。"《寰宇记》载："武水，即今博州武水县也。"
>
> 武水县建制于 955 年（后周显德二年）撤销，其境域划归聊城县。《续山东考古录》载："周显德二年，省武水县入聊城为镇。"《寰宇记》载："后周广顺二年，武水被河水冲没。显德二年割属聊城。"
>
> 武水为其县治所，故城在聊城市沙镇镇。《九域志》载："聊城有沙家镇，即故武水。"《金史·地理志》载："聊城有武水镇。"《续山东考古录》载："武水县故城在聊城西南五十里，宋大观三年置武水巡司于此。"
>
> 武水县故城即武水镇，今为沙镇镇。从公元 596 年置武水县，到公元 955 年入聊城县，共为县治 359 年。

文中所云"武水县，（隋）开皇十六年（596）置，属博州"。按《新唐书·地理志》载：博州博平郡为唐武德四年（621）以魏州之聊城、武水、堂邑、高唐置。说明在此之前，武水原属魏州。而魏郡之称，隋代以前已置。由此可见，孙逖称其父孙嘉之为魏郡武水人，武水即今山东聊城市沙镇，也即唐时孙嘉之的出生地。武水，历史上从未称过"乐安"。从今山东省地图所标的地理位置，聊城市地处鲁西南，而今惠民县地处山东西北部，两地空中直线距离四百里，说"武水"就是"故属乐安"之地；又说今惠民县"恰好与孙颛的'故属乐安'相吻合"，真叫人百思不得其解。至于说"能够符合从前属于'乐安'而西晋时不属'乐安'这一条件的地方在当时只有一个，即西晋乐陵国的治所厌次（今山东省惠民县）"，更是"南辕北辙"，不知所以了。

四、"孙嘉之墓志"所记"故属乐安"的"乐安"，决非唐天宝元年（742）改"州"为"郡"时所称的"棣州乐安郡"

孙嘉之墓志称：孙嘉之"享年八十三，以开元二十七年四月二十四日弃背于东都集贤里之私第"，"夫人广平宋氏，享年六十，以开元十年十一月二十三日先弃背于河阳别业"，"即以府君违世之年八月十二日，迁厝于邙山陶村之西源合祔"。可见孙逖为其父撰写的这篇墓志，是在其父母合祔落葬的当年，即开元二十七年（739），时间是在唐天宝元年（742）改"棣州"为"乐安郡"之前两年。其时，"棣州"尚未改称"乐安郡"。如此说来，说"孙逖家族墓志证实孙武故里是唐朝乐安，而这个唐朝乐安就是指唐玄宗天宝元年所置的乐安郡"，显然不能成立。

（本文收入《孙武研究再探》，文汇出版社，2013 年 11 月版。）

注释：

① 《魏书》列传七十二《儒林》。

② 《金石录》卷二十一《后魏安东将军孙公墓碑》。

③ 《全唐文》卷三一三孙逖撰《宋州司马先府君墓志铭》。

④ 吴如嵩、陈秉才《孙武故里考疑》，收入《孙子故里》，解放军出版社，

1992 年版，第 49 页。

⑤霍印章、吴如嵩《孙子故里"惠民说"不可动摇》，初载《中国史研究》，1991 年第 3 期，第 153 页。后收入《孙子故里》，解放军出版社，1992 年版，第 74—94 页。

⑥张锦良《孙武故里今何在》，收入《孙子故里》，解放军出版社，1992 年版，第 67—71 页。

⑦吴名岗《孙武生平考论》，军事科学出版社，2009 年版，第 299 页。

从"古厌次"六迁，考"今惠民"地望

持孙武故里"惠民说"的几位先生在著论中，还提出一条"理由"，就是："古厌次"即"今惠民"。说：

> 唐朝在今惠民县设置乐安郡也不是一种简单的行政区划的归并。《汉书·地理志八》颜师古注富平县（即今惠民县）云："莽曰乐安亭。"又据《惠民县志》载：汉献帝设置乐安郡时，"徙厌次属焉"，治所也在今惠民，由此可见，唐以厌次为乐安郡治是远有端绪的。①

> 唐代乐安郡治厌次，新莽时称乐安亭，在今惠民县境。而乐安亭的历史渊源，可上溯到春秋战国时期，恰与孙武的祖父孙书"食采于乐安"相合，故孙武故里应为今惠民。②

乐安亭也称安乐亭，与孙氏谱牒中也称乐安为安乐是一致的。乐安亭是现在所见《汉书·地理志》中的名称，但《汉书》自古至今有很多版本，北魏时郦道元所见的《汉书》就叫安乐亭。《水经注·河水》中有明确记载，滴水经过厌次的时候，郦道元说了一句"莽曰安乐亭"。之所以又叫安乐亭，可能与当地自古以来地名传说的不同有关，也可能与王莽五次反复更名有关。但不论叫什么，所指的地方是一个，就是古厌次今惠民，也就是新莽时的安乐亭。③

十多年前，笔者拜读上述诸文时，对几位先生所云"古厌次"即"今惠民"，也曾信以为真。后来通过查照历代地理志书和山东省平原、陵县、乐陵、商河、惠民、阳信等县（市）地方志书，发觉此"说"不确。

清咸丰《武定府志》卷十《古迹志》记云：

厌次古城

秦始皇东巡厌气，次舍于此，因名其地。汉置为厌次县，今在陵县名神头镇者，西汉之厌次也。东汉明帝更平原郡之富平县为厌次县，今在阳信县东南三十里，此东汉之厌次也。晋厌次，治马岭城，元魏因之，今在阳信县东十里，此晋及元魏之厌次也。北齐废。隋复置。唐贞观中，置棣州于厌次县，于是县为附郭，随州以迁：一徙于陷棣州，为唐之厌次；再徙于古城，为五代之厌次；三徙于乔家庄，为宋、元之厌次。城内东察院，本厌次故治。中有《史良臣县厅题名记》。明制：凡州，不设附郭。厌次省入武定州，名遂废。按此，《一统志》、《山东通志》、《济南府志》悉载之。《说本》采之刘氏继先，征考为最详。其唐迄宋、元三徙之说，详后"棣州故城"下。厌次虽古，然既为附郭，自当统于棣州。盖附郭，则厌次无专城矣。

商务印书馆香港分馆 1931 年出版的《中国古今地名大辞典》记称：

厌次县

秦置。汉改曰富平。厌次自古凡六迁。《大明一统志》载："厌次在陵县东北三十里，即今神头镇，此秦及西汉之厌次也。汉明帝更富平为厌次县。"《山东通志》云:"富平在阳信东南三十里,乃今桑落墅,此东汉之厌次也。晋厌次治马岭城,元魏因之。"《山东通志》云:"马岭城在阳信东十里,此晋暨元魏之厌次也。北齐废厌次。隋开皇间复置。唐贞观间,置棣州于厌次,而厌次为州之附郭县,即五代之棣州,此隋唐之厌次也。后梁华温琪徙棣州于今之古城,厌次即为附郭,即随州以徙,此五代之厌次也。宋大中祥符再徙棣州于阳信之乔氏庄,而厌次又随州徙。洪武元年,省厌次入州,今武定东察院,乃宋、元以来之厌次也。"

从"厌次自古凡六迁"一语以及"厌次故城"的地理位置和多次变迁,道出了厌次县从两千余年前由秦代置县以来地望的六次变化,勾画出了厌次县建、废、更名及地望所在的大体轮廓。现辅以相关史料予以辩证:

1. 秦(始皇帝)(前 246—前 206)

置县。《元和郡县图志》称:"厌次县,相传以秦始皇东游厌气至碣石,次舍于此,因名之。"考《史记·秦始皇本纪》:"始皇帝三十二年(前215),嬴政东巡,至于碣石。"山东《陵县志》记:"秦始皇三十七年(前210),在本县神头镇置厌次县。"《陵县志·文物古迹·古遗址》记:"厌次故城在今陵县神头镇,是秦汉厌次县的县治。1980 年考古时发现神头镇后石庄村西约二百米处,有一断崖,内含大量碎砖瓦片,有明显的灰土层,从中挖出新莽币'大布黄千'及汉陶罐。据考察,这一断崖系厌次故城遗址。"

2. 西汉(前 206—前 8)

《中国历史大辞典·历史地理卷·厌次县》称:"高帝六年(前201),封功臣爰类为厌次侯,即此。"《陵县志》称:"汉宣帝元康四年(前62),废厌次县,改为富平侯国,治所在神头镇。"

3. 新(前 9—24)

王莽始建国年间,富平县更名"乐安亭"。《水经注·河水》称:"商河又东北径富平县古城北。"《地理志》曰:"侯国也。王莽曰乐安亭。"

4. 东汉（25—220）

光武帝刘秀灭"新"复"汉"后，废"乐安亭"。《水经注·河水》称："明帝永平五年（62），改曰厌次矣。"

5. 三国魏（220—265）

清代学者洪亮吉所作的《三国郡县图表》称："（汉献帝）建安十八年（213），魏武（曹操）分平原、渤海置乐陵郡。"厌次，一度为乐陵郡郡治所在。

6. 晋（265—316）

1986年新编《陵县志》称："公元265年，厌次县治由神头（镇）迁至马岭城。"《山东通志》称："马岭城在今山东阳信县东十里。"

7. 北齐（551—577）

北齐天保七年（556），废厌次县。

8. 隋（589—618）

《隋书·地理中》："厌次，后齐废。开皇十六年（596）复。"《中国历史地名辞典》称："治所移至今山东惠民县东南六十里。"

9. 唐（618—907）

《旧唐书·地理志》记："厌次，郭下。汉富平县。隋属沧州。武德四年（621），改属棣州。六年（623），省棣州，复隶沧州。贞观十七年（643），复置棣州，厌次还属。"天宝元年（742），改棣州为乐安郡，厌次时为乐安郡治所在。肃宗乾元元年（758），废乐安郡名，复称棣州。《新唐书·地理志二》称："棣州乐安郡上。武德四年（621）析沧州之阳信、滴河、乐陵、厌次置。八年（625）州废，县还隶沧州。贞观十七年（643），复以沧州之厌次，德州之商河、阳信置。"

10. 宋（960—1279）

大中祥符八年（1015），徙棣州于阳信县乔家庄，厌次县治随之移至阳信县乔氏庄，即今惠民县乔子镇八方寺。

11. 明（1368—1644）

太祖（朱元璋）洪武元年（1368）废厌次县，省入武定州。厌次县名自此不复存在。

12. 清（1644—1911）

雍正十二年（1734），升武定州为武定府，始设"惠民"为附廓。以城东南二十里有"惠民沟"，因地名之。惠民县名由此而始。

自秦代置厌次县至明初废厌次县的六次地望变化中，最值得关注的是新编《陵县志》所云"公元265年，厌次县治由神头（镇）迁至马岭城"一句，因为这牵涉到"古厌次"与"今惠民"两者地望是否一致和"今惠民"是否是"孙武故里"这个争议很大的问题。这个问题弄清楚了，那么"采邑"之谜或"故里"之谜亦能迎刃而解。

厌次县治于晋初由陵县（一度称"安德县"）"神头（镇）"首迁，除了《地理志》所记以外，有颜真卿《东方先生画赞碑阴记》④可作佐证。此文收入《钦定全唐文》卷三三八"颜真卿"条下。文字不长，移录如下：

东方先生画赞者，晋散骑常侍夏侯湛之所作也。湛，字孝若。父庄，为乐陵太守。因来觐省，遂作斯文。赞云："大夫讳朔，字曼倩，平原厌次人。魏建安中，分厌次为乐陵郡，又为郡人焉。"厌次今移属乐安郡，东去祠庙六百里。故厌次城，今在平原郡安德县东北二十二里，庙西南一里。先生形象，今则捏素为之，并二细君侍焉。郡尝为德州。其赞："开元八年，刺史韩公思复刻于石碑。"真卿去岁拜此郡，属殿中侍御史平公列、监察御史阎公宽、李公史鱼、右金吾胄曹宋公謇，咸以河北采访使东平王判官巡按狙至，真卿候于境上。而先生祠庙，不远道周，亟与数公皋家兄淄川司马曜卿、长史前洛阳令萧晋用、前醴泉尉李伯鱼、徵君左骁卫兵曹张璥麟、游尉韦宅相、朝城主簿韦夏、有司经正字毕燿、族弟浑前参军郑悟初，同兹谒拜。退而游于中唐，则韩之刻石存焉，金叹其文字纤靡，驳藓生金，四十年间已不可识。真卿于是勒诸他山之石，盖取其字大可久，不复课其工拙，故援翰而不辞焉。至若先生事迹，则载在《太史公书》、《汉书》、《风俗通》、《武帝内传》、《十洲记》、《列仙》、《神仙》、《高士传》，此不复纪焉。

有唐天宝十三载季冬辛卯朔建

颜真卿，唐大臣，著名书法家。作记时，任平原郡太守，陵县为郡治所在。东方先生，指西汉文学家东方朔，汉武帝时为太中大夫，平原厌次人，神头镇是其故里。从颜记以及"厌次"县治地望的变化过程，说明自秦代至晋初，厌次县治一直在今陵县东北三十里许的"神头"（地名，至今尚存），距"今惠民"县约三百里。因此，把"今惠民"说成即"古厌次"或王莽篡汉后改称的"乐安亭"，并由此得出"今惠民"就是"古厌次"，就是"孙书采邑，即孙武故里所在"，显然与史实不符。

由此可见，"古厌次"与"今惠民"，两地直线距离两百余里，实为"名有更易，地有迁改"，两者并非属于同一地望。

（本文收入《孙武研究再探》，文汇出版社，2013 年 11 月版。）

注释：

① 吴如嵩、陈秉才《孙子故里考疑》，收入《孙子故里》，解放军出版社，1992 年 3 月版，第 51 页。

② 吴如嵩主编《孙子兵法辞典》，白山出版社，1993 年版，第 119 页。

③ 吴如嵩、霍印章《论孙子研究中的几个问题》，收入《孙子与吴文化研究（上卷）》，中央文献出版社，2006 年 4 月版，第 29 页。

④唐颜真卿《东方先生画赞碑阴记》，收入《钦定全唐文》卷三百三十八"颜真卿"条下。

从孙星衍"认祖归宗"谈封爵"乐安"

　　孙星衍，江苏阳湖（常州武进）人。清乾隆十八年（1753）生。幼有异禀，读书过目成诵。三十四岁时，以殿试一甲进士授翰林院编修。历官山东按察使、督粮道，操守廉洁，多有政绩。公务之暇，深究经史及文字音训、金石之学，旁及诸子百家，一生著作颇丰。嘉庆二十三年（1818），病逝于江宁（南京市江宁区）孙氏祠屋。

　　阳湖孙星衍一族肇始于明。十四世祖孙继达和十五世叔祖孙兴祖为濠州（安徽凤阳）人，元末归附朱元璋反元。元至正十七年（1357），孙继达率部连克江南诸州、县，升行省都督抚，受命守御常州。朱元璋称帝后，大封开国元勋，赐孙继达第宅、土田一千六百亩于常郡武进，遂占籍武进。孙继达九子二女。九子：任军职者五，贤良宝卿者一，诰授冠带者一，不仕者二；二女：一聘为肃庄王正妃，一聘为庆靖王正妃。孙继达本人后来擢升濠梁卫指挥使。洪武九年（1376），改任凉州卫指挥同知。因乌蒙蛮叛，不奉赋役，奉命往治，奏绩召还，客死途中。明太祖朱元璋特遣官谕祭，赐葬于钟山（南京中山门外紫金山）之阴。

　　孙继达子嗣落籍武进，自后绳绳继继，支分派别。孙星衍为孙继达第六子孙介之后。此支于常最为发达：十世祖孙俨，官汉中府知府；九世祖孙銮，官刑部主事；七世祖孙杲，官翰林院编修；六世祖孙慎思，官蓝山县知县；

四世祖孙自仪，官桂阳同知；曾祖孙谋，官江西万载县知县；祖孙枝生，官山东督粮道；父孙勋，官山西河曲县知县。可谓一门显贵，常郡望族。然而，因元、明兵燹，家谱流失，孙星衍对十四祖孙继达之前的家世茫然不知，后从明初大学士宋濂为孙兴祖（1338—1370，孙继达之叔）所撰的《燕山侯孙忠愍公神道碑铭》中，才获知一二。碑文称：

> 侯讳兴祖，字世安，姓孙氏，世为濠州人。祖六一府君，赠中奉大夫、中书参知政事、上护军，追封乐安郡公。祖母陆氏，追封乐安郡夫人。父遇仙，封骠骑上将军、副大都督府军、上护军、乐安郡公；母谢氏，封乐安郡夫人。配王氏，亦封乐安郡夫人……①

孙星衍正是依据碑文中追记其先世封爵"乐安"这一记载，得出"吾家为乐安孙氏，系陈子占后，明矣"。之后，他又从常郡塘洋孙氏处得一旧谱，并参照《新唐书·宰相世系表》（简称《唐表》）、《古今姓氏书辩证》（简称《姓氏书》）以及兰溪王氏谱②，方始弄清系源，自称："自（孙）武至星衍为七十五世。"并于嘉庆五年（1800）到苏州买舟寻访孙武墓，未果。之后，与刑部侍郎王昶（孙氏外子）一起，联络江、浙两地孙武后裔，发起在苏州虎丘山东麓建"孙子祠"，专祀孙武、孙膑及孙星衍母亲许太夫人等，以寄托对祖先的缅怀之情。

孙星衍的先祖孙文虎（讳"英"，即"六一府君"）、孙遇仙，何以受封乐安郡公？原因就在于这支孙氏系源"乐安"之故，而"乐安"是妫姓孙氏的发祥地。

封爵，是古代帝王对有功绩的官吏赐予爵禄的一种制度。爵位，按《礼记·王制》："王者之制，禄爵公、侯、伯、子、男，凡五等。"以受爵者其系源祖先之发祥地作为爵秩之名，更是古代封爵的通例，受爵者不仅可以是本人，还可以荫及父母、祖父母。爵，是封号；禄，则为食禄。唐时，由于度支（赋税）耗竭，则专以官爵赏功，欧阳修称之为"军功之官"。《文献通考》载："自唐肃宗、代宗以后，诸将出征，皆给空名……其后听以信牒，授人官爵。及清渠之败，复以官爵授散卒，由是官爵轻而货重。"

孙武之后，名史辈出，故受爵者不在少数。不论其里籍何处、在何处为官，只要政绩、军功卓著，都有可能取得"乐安县男"、"乐安郡伯"、"乐安郡侯"、"乐安郡公"乃至"乐安郡王"的封号。③封爵虽有县、郡之别，但实际上都成了虚名。笔者仅从部分史籍、私人文集所见，自唐初至明初的近千年间，受爵的孙氏有二十多人。

1．孙伏伽（605—658）

贝州武城（今河北清河县西北）人。隋以小吏劳，补万年县法曹。后归顺唐王朝。因敢于指陈得失，无所回避，得到唐高祖李渊赏识。太宗李世民即位（626），赐爵"乐安县男"。④

2．孙俊（生卒年不详）

郏城（今河南郏县）人。唐中书舍人、高宗时任相的孙处约（603—671）第四子。⑤千牛出身，历任嘉州刺史、灵州都督、邢州刺史、左羽林卫将军、荆州大都督府长史。封爵"乐安县开国伯"。⑥

3．孙成（737—789）

武水（今山东聊城）人。唐中书舍人孙逖第三子。乾元初，授荆州江陵县尉，后历任云阳县尉、长安县尉、京兆少尹、信州刺史、苏州刺史，以桂州刺史兼御史中丞致仕。封爵"乐安县开国男"。⑦

4．孙荣义（？—806）

京兆泾阳（今陕西泾阳）人。唐开府仪同三司、行右领军卫大将军孙知吉之子。贞元十七年（801），任右神策护军中尉判官，后任内常侍副使、右骁卫将军，进右武卫大将军，封爵"乐安县开国男"。永贞元年（805），升骠骑将军，晋封"乐安县公"。⑧

5．孙简（745—826）

其先乐安人。唐邕管经略使兼御史中丞孙公器第三子。以进士授职于秘书省。秩满，调补京兆府鄠县尉，后以才名充任运官幕僚，迁谏议大夫、中书舍人、兵部尚书，以东都留守致仕。封爵"乐安县开国男"。⑨

6．孙公义（772—851）

武水（今山东聊城）人。唐郴、温、庐、宣、常五州刺史孙会第二子。幼而嗜学，长能属文，历授京兆府户曹、咸阳令、高平郡太守、吉州刺史、饶州刺史。会昌二年（842），改授睦州刺史，政绩卓著，声震河洛。后以工部尚书致仕。封爵"乐安县开国男"，食邑五百户。⑩

7．孙素朱（生卒年不详）

乐安人。唐魏州马军大将（军）。因功授开府仪同三司、试太常卿兼左金吾卫大将军。封爵"乐安郡开国公"。⑪

8．孙储（生卒年不详）

武水（今山东聊城）人。唐河南府洛阳县尉孙备（834—873）之胞弟。中和四年（884），任湖州刺史，旋改任左散骑常侍。光化初（约898），授秦州节度使，封爵"乐安郡开国公"，食邑一千五百户。⑫

9．孙偓（生卒年不详）

武水（今山东聊城）人。《世系表》列为孙备、孙储之胞弟。性通简，不矫饰。唐昭宗时，任户部侍郎同中书门下平章事，迁门下侍郎、凤翔四面行营都统。俄兼礼部尚书、行营节度诸军都统招讨处置等使。封爵"乐安县侯"。⑬

10．孙彦思（865—916）

合肥（今安徽合肥）人。温州司马孙乃之子，三国吴主孙权第十九世孙。及长，弃文习武，屡屡建功，授黄州处置使，寻任黄州刺史。封爵"乐安县开国男"，食邑三百户。⑭

11. 孙儒（？—892）

河南人。初，隶忠武军为裨校。唐文德元年（888），破扬州，自为淮南节度使。昭宗时，授检校司空。后遣人卑辞厚贿荐于朝，诏授淮南节度使，陷常、润、苏等州，所至焚掠。驱丁壮妇女渡江，杀老弱以给军。后与杨行密相攻，被俘，刑于市。及马殷据湖南，表儒赠司徒、乐安郡王，并立庙以祀。⑮

12. 孙汉韶（生卒年不详）

太原人（一称振武人）。幼有器局。初仕后唐庄宗，为指挥使。后仕明宗，为武定军节度使。后降前蜀，以功累迁永平军节度使，历兴元、遂州两镇连帅，兼中书令。封爵"乐安郡王"。⑯

13. 孙汉筠（907—973）

太原人。后唐振武军节度使、朔州刺史孙存进第五子，孙汉韶之胞弟。少为文士，经、史、子、集无不精通。历官后唐、后晋、后汉、后周、北宋五朝，颇着勤绩，以和州团练使致仕。封爵"乐安郡开国侯"，食邑一千户。⑰

14. 孙守彬（923—995）

汴京（今河南开封）人。富家出身。历右领军、屯武骁卫，官至左屯卫大将军，其女册封皇室贵妃。封爵"乐安郡侯"，食邑一千户。⑱

15. 孙继邺（979—1037）

其先金陵（今江苏南京）人。宋左藏库使孙承睿之子。因破广獠叛，升左侍禁、端州兵马监押。后荐为阁门祗侯，献御戎策。擢步军都督侯，使持节端州诸军事兼端州刺史。生前封爵"乐安郡开国侯"，食邑一千八百户，食实封二百户。⑲

16. 孙抃（996—1064）

眉州眉山（今四川眉山）人。北宋赠太子太师孙著明之子。三十四岁时，登进士第。历官翰林学士、吏部郎中、谏议大夫、御史中丞。嘉佑五年（1060），擢升枢密副使，参预朝政，以"敢于言事，不为矫激，久居侍从，澹然自如"

而博得赞赏。后以太子少傅致仕。生前封爵"乐安县开国男"，后又进封"乐安郡开国公"，食邑三千三百户，食实封六百户。[20]

17. 孙永（1019—1086）

颖昌府长社（今河南许昌）人。北宋集贤院学士孙冲之孙。庆历二年（1042），举进士。历知宜城、确山、陈州、秦州、瀛州、开封、颍州等地。后擢升河东路经略安抚使、太原府知府；后又进通议大夫、资政殿学士。封爵"乐安郡开国侯"，食邑一千六百户，食实封三百户。[21]

18. 孙伯颜（1284—1347）

赣之雩都（今江西宁都）人。元中大夫、上都骑尉孙正臣之子。年十五，游于京师，得备扈从。后授承务郎、京畿运粮同提举。至正三年（1343），改授朝列大夫、广东市舶提举。后任中大夫、肇庆路总管。生前封爵"乐安郡侯"，死后又进封"乐安郡公"。并荫及上辈三代：其父孙正臣"爵自乐安郡侯进封乐安郡公"；祖孙兴礼、曾祖孙德诚"爵皆追封乐安郡伯"；妻卜氏、母陈氏、祖母曾氏、曾祖母李氏皆为"乐安郡君（妻、母两人后又进封为乐安郡夫人）"。[22]

19. 孙文虎（1252—？）

濠州（今安徽凤阳）人。即孙星衍之十七世祖。其孙孙兴祖随朱元璋反元，屡建军功。明洪武三年（1370），孙兴祖诏戍北平（今北京市），出塞征讨，与元兵酣战，力战死。明太祖朱元璋追封孙兴祖为燕山侯，谥忠愍。并追封其祖父孙文虎、其父孙遇仙为"乐安郡公"；其祖母、母、妻三人为"乐安郡夫人"。[23]

20. 孙虎（生卒年不详）

寿州（今安徽寿县）人。败双刀赵于枞阳，与三弼攻取婺源，从定婺州，为海宁卫指挥使；平嘉兴盗，从副将军文忠北征战死，追封"乐安伯"。[24]

以上二十一位孙氏中，五人封爵为"乐安县男"：孙伏伽、孙成、孙简、孙公义、孙彦思；两人封爵为"乐安县伯"：孙俊、孙虎；五人封爵为"乐安县侯"：孙偓、孙汉筠、孙守彬、孙继邺、孙永；七人封爵为"乐安县（郡）公"：孙荣义、孙素朱、孙储、孙抃、孙伯颜、孙文虎、孙遇仙；两人封爵为"乐安郡王"：孙儒、孙汉韶。

按里籍地划分：乐安一人，即孙素朱。其余尽管里籍分别为贝州武城、京兆泾阳、郏城、武水、合肥、河南、太原、汴京、金陵、河南许昌、江西宁都、安徽濠州、山东寿州等，然从笔者已获得的许多孙氏家谱史料中，可以判定这些受爵人的先世系源均为"乐安"的史证：

——里籍为魏之武水（今山东聊城）的孙成、孙简、孙公义、孙储、孙偓，均为西晋时避地河朔的孙颀的后裔。而孙颀，《元和姓纂》确指为"乐安，孙武之后"。

——里籍为郏城（今河南郏县）的孙俊，系唐司成孙处约的第三子。孙处约墓志铭称"公讳处约，字茂道，本千乘乐安人"，孙处约之父孙子起"因官汝颖，又编贯于襄城郡之郏城县"，说明孙俊系源乐安，为孙武之后。

——里籍为贝州武城［贝州，州名，北周宣政元年（578），分相州置，治武城，隋改"清河"，即今河北清河县］的孙伏伽，按《元和姓纂》"清河，孙武之后"，"户部侍郎孙伏伽，清河人"，说明孙伏伽系源乐安，亦为孙武之后。

——里籍为太原（今山西太原）的孙汉韶、孙汉筠两人，系后唐朔州刺史孙存进之子。孙汉筠墓志称："乐安即汉安定太守之裔矣。近世徙太原，今为太原人也。"按《元和姓纂》"太原中都"条称，"汉西河太守会（宗）……会宗裔子福，为太原太守，遇赤眉难，遂家焉"。又考孙壬林神道碑文[25]称："齐宣王将□统将□□，于马陵掳魏太子名□，护子孙遂居齐安乐。"[26]神道碑额题为《唐幽州内衙□将中散大夫试殿中监乐安郡孙府君神道碑》，可见太原中都孙族世系出孙武之后。

——里籍为合肥的孙彦思，其墓志铭称："实吴主权十九代孙矣。迄于周，随家于京洛，降及唐代，因避安史之乱，族寓合肥。"孙权，富春（今浙江富阳）人。《元和姓纂》"吴郡富春"条称："孙武子世居富春，坚、策、权。权为吴帝。"可见孙彦思亦系孙武之后。

——里籍为眉州眉山（今四川眉山县）的孙抃，其墓志称："孙氏自吴将武后，世居富春，其族盛于江东，且历千年，未尝去吴籍，至公之七世祖朴，乃徙居长安，仕唐……"其行状称："（抃）其子曰长孺，摄彭山县令，既以秩满罢，因家眉山，大治居处……自尔子孙不复东归，遂占眉山名籍。"可见孙抃也系孙武之后。

——里籍为赣之雩都（今江西宁都）的孙伯颜，其墓志称："其先自太原徙居青齐间。唐凤翔少尹瑝生，刑部侍郎揆、中书侍郎，拙刑部，《史》有列传；中书，避地南迁，家于虔之虔化。虔，今为赣州路，而虔化为雩都县。雩都之有孙氏自中书始……"又据《唐表》，孙拙为孙瑝之子、孙公义之孙，系宋州司马孙嘉之后裔。可见孙伯颜也系孙武之后。

——里籍为金陵（今江苏南京）的孙继邺，由孙抃撰写的墓志称："公之子五人，曰宗旦，□毅□□，有伟人称，今为崇仪副使。……崇仪君于抃为宗盟，且兄弟行……"可见里籍金陵的孙继邺一族也系孙武之后。

——里籍为濠州（今安徽凤阳）的孙文虎，即孙星衍之先祖。由孙星衍纂修的《孙氏谱记》，载其系源出自孙武。上文已证，此不赘述。

——里籍为京兆泾阳（今陕西泾阳）的孙荣义，世系不详。唯其墓志铭有"大君御极，修理百职，抑抑乐安，逢时竭力"之句，当可证其系源出自乐安。

尚存孙儒、孙守彬、孙永、孙虎四人，其系源是否出自乐安，尚无文字证明。

那么，这些被封爵的孙氏，他们所指的"乐安"又在哪里呢？是隋唐之前有地名名称的"乐安县"、"乐安国"、"乐安亭"、"乐安郡"，还是唐天宝元年（743）改"州"为"郡"，仅存在十二年的"乐安郡"？

一些学者以孙星衍从其先祖孙文虎封爵"乐安郡公"以及《唐表》所举

孙俊、孙成、孙储封爵三例，作为"孙武故里在惠民"的论据之一。吴如嵩、陈秉才两位先生著《孙子故里考疑》一文称：

> 后世的学者，之所以肯定乐安是孙武的故里，也是以唐代乐安郡为考证依据的。例如辨伪大师孙星衍自谓乃孙武的后裔。……他从其祖父（应为"祖先"）封"乐安郡公"作为推断自己是孙武后裔的重要证据，正是因为他依据了唐人的说法。因为《新唐书·宰相世系表》所列孙氏宰相后裔的爵位即有孙俊为乐安子（孙俊墓志铭称"乐安县开国伯"）、孙成为乐安孝男（无"乐安孝男"之称，按孙成墓志铭，称"乐安县开国男"）、孙储为乐安郡侯（《旧唐书》称乐安郡开国公），以祖籍为爵秩之名正是古代封爵的通例之一。
>
> 以上所述与我们的判断完全吻合。我们既证明了《元和姓纂》、《新唐书》、《古今姓氏书辨证》所指乐安乃唐代的乐安，而不是春秋时有什么乐安，现又证明唐代当时确有一个原属齐国之地的乐安。因此，查明这个乐安的今地，孙子的故里问题就迎刃而解了。㉗

由此得出结论：乐安郡的治所在厌次，厌次即今山东惠民县，惠民县就是当年孙书的采邑所居。

对于这样的推断，笔者不敢苟同。理由有二：

1. 如果说孙成封爵乐安县开国男、孙储封爵乐安郡开国公的时间是在唐天宝元年（742）改棣州为乐安郡之后，尚勉强可以与厌次挂上关系。那么，早在唐乐安郡设立之前一百多年，孙伏伽就封爵乐安县男、孙俊封爵乐安县开国伯，那又作何解释？而且，这两人的受爵时间都在唐王朝建立的初期，而非"自唐代中期，孙氏得封'乐安子'、'乐安孝男'"。再说，以"乐安"地名封爵的受爵者，既非始于唐代，也非始于孙姓人氏。《汉书》、《后汉书》均载：西汉元帝（刘奭）建昭五年（前34），封丞相匡衡为乐安侯，后匡衡因受"多取陌界"事牵连，被免去封爵；东汉成帝（刘骜）永始元年（前16），封东平思王之子刘禹为乐安侯，在位八年，免；东汉安帝（刘祜）延光元年（122），封夷王刘宠的儿子刘鸿为乐安孝王。《后汉书·章帝八王传·千乘贞王伉》曰："永元七年（95）改国名乐安。立二十八年，薨，是为夷王。……子鸿嗣。安帝崩，始就国。鸿生质帝。质帝立，梁太后下诏，以乐安国土卑湿，租委鲜薄，改鸿（封）勃海王。"之后，东汉朝又曾封齐王刘梓之子刘贤烓为乐安王。这说明以乐安侯、乐安王为爵禄，至少在两汉时代已经推行。

2．说孙星衍推断自己是孙武后裔，是"依据了唐人的说法"，这是《孙武故里考疑》作者的臆测。之前，笔者已对孙星衍的才学作了简略介绍，他是经学家，也是辨伪大师，他不可能仅凭《姓纂》、《唐表》、《姓氏书》三书，就作出"吾家为乐安孙氏，系出陈子占后，明也"的结论。在他的所有著论中，也从来没有提到这个"乐安"是指唐天宝元年由棣州改置的乐安郡；相反，倒是可以从孙星衍在山东做官时为魏吏部尚书孙邕所作的传记，说明这个"乐安"，是指"青州乐安"，而非"棣州乐安"。

《魏吏部尚书孙邕传》前后有这样几段文字：

孙邕，字宗儒，乐安青州人也。

《论语集解疏》云："孙邕，字宗儒，乐安青州人也。"

按《论语集疏》："邕为乐安人。"《孙夫人碑》及《典论》谓："为济南人者。青州，在济水南。"

其先与齐同姓，出自田完四世孙无宇。生二子：常、书。书字子占，齐大夫，伐莒有功，景公赐姓孙氏。书子冯（凭），生吴将武。武生明，明生膑，《史记》有传。自膑至邕，无世数可纪。

　　赞曰：孙邕不负死友，殉以遗囊，奉诏纳室，义形于色，所为志节之士也。及司马景王之行大事，虽名列奏牍，而封拜无闻，殆耻居其功者，君子犹有取焉！传不见于《魏志》。千秋之后，金印出土，予忝同族，因辑录事迹补传，以存家乘云。

　　这篇传纪，收入孙星衍《平津馆文集》。传中提到的《孙夫人碑》即题额为《晋任城太守夫人孙氏之碑》。此碑现藏山东省泰安市岱庙内。所指孙夫人，为孙邕之女，生年不详，卒于晋泰始八年（272），从碑文"夫人为妇四十余载"，知死时年龄在六十岁左右。以传中"邕少儒雅。汉光和中，从北海王至许昌"一句，可以推知孙邕约生于东汉桓帝在位年间（147—167）。再从传末"予忝同族，因辑录事迹补传，以存家乘"一句，可知孙星衍经考证，确认孙邕与他同宗，系源青州乐安。并明确青州的地理位置是在"济水南"。同时，也可以证明这样一点，孙星衍从其宋末先祖孙文虎被明王朝追封为"乐安郡公"作为推断自己是孙武后裔的重要证据，除了参考《姓纂》、《唐表》、《姓氏书》外，还更多地依据成书年代更早的《典论》㉘、《论语集解》㉙、《论语集解疏》㉚、《魏志》㉛。由此，说孙星衍"从其祖先封'乐安郡公'作为推断自己是孙武后裔的重要证据，正是因为他依据了唐人的说法"，显然与史实不符。

　　这里，笔者还想多说几句。在孙武故里出现激烈争议的过程中，有两位先生根据1982年4月在今山东省惠民县梁家乡庵里吴村出土的一方墓志刻石，撰写了一篇文章，题名《孙子故里'惠民说'新证——惠民县出土北宋吴尧墓志铭考》㉜，断言"孙子故里即乐安，乐安即棣州，棣州即今山东省惠民县"。这样的推理未免牵强附会，既不合志文，也不合其时的地理状况。碑文称：

吴氏占乐安曰尧者，字伯高。家有书万卷，始学裁（才）十数岁，心志已通。好古，能文章，尤善歌诗，往往记诵入口。事母孝谨，拊幼弟亦以爱闻。与寒俊交，喜资其不足，而亡所靳啬。精棋弈，又饮斗酒，卒不乱。平常感激有大志，里中誉之。咸平三年举进士不第，退归所居，忽忽自念。明年秋八月以疾卒，年二十六……没后四十年，赠大理丞。以庆历四年十一月庚申，葬于阳信县归德乡之原，以从其先……

可知，墓主吴尧生于宋太平兴国元年（976），卒于咸平四年（1001），庆历四年（1044），归葬阳信县归德乡祖茔。清咸丰《武定府志》卷二十二《选举封赠·人物》载："吴尧，棣州人，以子鼎臣贵，赠屯田员外郎。"碑文说吴尧"占乐安"，其意是说，吴尧占籍于棣州，这与清咸丰《武定府志·人物》所言其子吴鼎臣为"棣州人"一致。然从吴尧"葬于阳信县归德乡之原，以从其先"，则可知吴尧的父亲、祖父、曾祖父乃至高祖以上，出自阳信县。而宋时阳信县（今山东阳信县，与惠民县为邻）与厌次同属棣州管辖。所不同的是，厌次是当时棣州的郡治所在。以历史地理而言，昔日的阳信县归德乡，其地域已是今日的惠民县梁家乡庵里吴村。如此说来，说吴尧占籍乐安，此乐安即为宋代棣州。其时，棣州领厌次（今惠民）、商河、阳信三县。宋大中祥符八年（1015）前，棣州郡治在厌次，之后，移治阳信县。说"棣州即今山东省惠民县"，这是"以州代县"、"以县称州"，显然是说不通的。原本在宋代时地属棣州阳信县的归德乡，因为后来其地改属惠民县梁家乡，而把吴尧及其上几代人视作惠民县人，这恐怕也是说不通的。退一步说，即使是"乐安即棣州"、"棣州即今山东省惠民县"，连唐天宝元年于厌次（今惠民县，下同）所置的乐安郡都非孙武故里所在，那么，宋初棣州所辖的厌次县又怎能说成是孙武故里所在呢？

由此笔者又联想起李浴日先生所说的"孙子是从唐代之乐安郡，即清代之山东省武定府，今之惠民县附近奔吴为将是可信的"这句话。李氏的"惠民县附近"五字，耐人寻味。从地理学角度考虑，"附近"两字，有很大的不确定性。按照清咸丰《武定府志·惠民县舆图》，惠民县北境与阳信县南境相连，说阳信县为"惠民县附近"，从道理上讲，也说得通。当然，如今还没有任何史料能证明孙武是从阳信县"奔吴为将"的。总之，在笔者看来，吴尧《墓志》并不能成为孙武故里"惠民说"的一个"新证"。

（本文收入《孙武研究新探》，白山出版社，2002 年 7 月版。）

注释：

① 引《宋学士文集》卷四。

② 孙氏子从妻王姓，其谱续唐世系表者十余世。

③ 在爵前加"开国"字样，始于唐太宗贞观十一年（637），表示尊贵，古称"开国爵"；不加"开国"字样的，称为"散爵"。

④《旧唐书·列传第二十五》和《新唐书·列传第二十八》。

⑤《新唐书》误为第三子。

⑥《千唐志斋藏志》五十四。墓志碑石 1991 年 9 月 12 日出土于河南省孟津县，额题为《故荆州大都督长史上柱国乐安县开国伯孙公之碑》，《新唐书》作"乐安子"，错矣。

⑦《隋唐五代墓志汇编》"洛阳卷"卷十二。

⑧《权载之文集》孙荣义神道碑铭。

⑨《隋唐五代墓志汇编》"洛阳卷"卷十三；孙简墓志碑文中，在"封乐安县开国男"，又有"又进乐安□□"六字，由于字迹漫漶，进封为侯、为伯，难以判读。

⑩《隋唐五代墓志汇编》"洛阳卷"卷十四。

⑪《匋斋臧石记》卷二十九。乐安孙素朱圹志，碑石刻于唐元和四年（809），由此推算，孙素朱约生于唐玄宗至肃宗在位年间。

⑫《旧唐书·本纪第二十二·昭宗》和《嘉泰吴兴志》卷十四。

⑬《新唐书·列传第一〇八》。

⑭《隋唐五代墓志汇编》江苏卷。

⑮《新唐书·列传第一一三》

⑯《六国春秋》卷五十三，又见《五代史·人名索引》。

⑰《千唐志斋藏志》。

⑱《河东集》卷十五。

⑲《山右石刻丛编》卷十三。

⑳《名臣碑传琬琰文集》。

㉑《苏魏公文集》卷五十三。

㉒《黄学士文集》卷三十三。

㉓《宋学士文集》卷四。

㉔《古今图书集成·明伦汇编氏族典·孙姓部》。

㉕《全唐文·唐文续拾》卷十四。

㉖"安乐"两字误倒。碑铭有"□王高□，乐安□族，百代联劳，千年令续"可证。

㉗吴如嵩、陈秉才《孙武故里考疑》，收入《孙子新探——中外学者论孙子》，解放军出版社，1990年版，第51页。

㉘三国魏文帝曹丕（187—226）撰。

㉙三国魏玄学家何晏（？—249）撰。

㉚南朝梁经学家皇侃（488—545）撰。

㉛西晋史学家陈寿（233—297）撰。

㉜霍印章、李政教《孙子故里"惠民说"新证——惠民县出土北宋乐安吴尧墓志铭考》，收入《〈孙子〉新论集萃——第二届孙子兵法国际研讨会文选》，长征出版社，1992年版，第436—442页；又收入《孙子故里》，解放军出版社，1992年版，第60—66页。

三国吴主孙权《玉牒·自序》考

一

20世纪90年代中期，笔者先后赴上海、北京、浙江、安徽、福建、山西、山东、河北、江苏等九省（市）搜求孙氏谱牒，并去函请江西、广西、云南、安徽等地亲戚或战友协助从当地图书馆、博物馆查询有关孙氏族谱信息，数年下来，收获颇丰。

其间，欣接浙江富阳市历史学会孙北强先生来电，告知他在搜集孙氏谱牒时，在场口镇上沙村意外地发现三国东吴玉牒史料，其中有吴帝孙权为玉牒撰写的自序（后人冠名《天子自序》）。闻讯后，特地赶往富阳，由孙老陪同实地访问，翻阅村中珍藏的孙氏谱牒，见到这份珍贵史料，欣喜万分。由于村中并无复印设备，两人只得伏案抄录，带回住地。翌日，孙老又陪同访问富阳市档案馆，又从馆藏档案中看到保存完好的民国己未（1919）由敦睦堂重修的《富春孙氏宗谱》，收有几份玉牒材料，内载《玉牒·自序》。回苏不久，笔者赶赴上海图书馆，在孙秉良和胡德两位先生鼎力相助下，从尘封于市郊的一座书库中，又觅得两部《富春孙氏宗谱》：一部为清康熙四十四年（1705）钞本，一部为乾隆五十四年（1789）钟德堂钞本。至此，先后觅得的东吴玉牒材料有以下五种：

1. 孙权为玉牒撰写的自序；

2. 自舜至孙权儿辈的历代世系；

3. 建都建业立太庙祀享帝殿朝堂宫宇；

4. 始祖庙、太庙、祖庙、王庙、帝庙等七庙祭享牌位列名；

5. 吴大帝受贡实录。

这些珍贵材料至今已有近一千八百年，对于今人研究妫姓乐安孙氏世系以及澄清孙权之祖孙钟和孙武世系、里籍、郡望，都具有一定的史料价值。

（一）《玉牒·自序》的真伪考析

在富阳市场口镇上沙村发现的这篇《玉牒·目序》，被辑入清咸丰八年（1858）由孙权后裔续修的《富春瓜邱孙氏宗谱》之中。谱长三十八厘米，宽二十七厘米，为木活字本，分上、中、下三卷。惜经战乱，仅存上卷，计九十七页。由村中看护"吴大帝庙"的一位年过七旬的老人珍藏，不肯轻易示人。

《玉牒·自序》成文于黄龙元年（229），即孙权称帝之年，时在四月登基之后，同年九月由湖北武昌迁都建业（南京）之前。全文八百零六字。抄录如下：

> 予小子权承予祖鸿绪，得有南土鼎分，医溯先公以上受姓源流，述辅臣等庄奏指予实珍曰：孙氏宫音，原郡乐安，出于尧妻舜两妃，居于沩汭，两姓曰妫。舜传天下于大禹而商均封国，不尚虚名，没齿无许，以祖父讳声含愧一十六世，犹恐有玷于虞君，故不传世。当殷代中兴，得虞君之后虞遂公光，耄年为诸侯，特继商均封国，即虞遂以号称。光生泰，泰生覆，覆生频，频生庸，庸生表，表生环，环生岩，岩生灵，灵生希。希于殷末失国。武王克殷后，得虞遂公希之子曰遏父，征为陶正，悦其能，以元女大姬妻之，此王姬之配主遏父。配姬而生满，封于

陈，以奉虞帝舜祀，卒谥胡公。满生申公郡侯，侯生孝公突，突生慎公圉，圉生幽公宁，宁生厘公孝，孝生武公灵，灵生平公申燮，燮生文公幸，幸生厉公陀。陀生完，字敬仲，为陈大夫。及宣公杵臼立，杀其太子，完惧祸及身，奔齐，食采于齐，改姓田氏，懿仲以女妻之。完生穉孟夷，夷生湣孟庄，庄生文子须无，无生桓公无宇。宇生书，字曰孙占，为齐大夫，伐莒而功成其大，即以孙占之字受姓孙氏。予大父之所姓，由祖占发始者也，采食乐安，其郡号焉。占生冯（凭），为上卿。冯（凭）生武，字长卿，以兵机动吴主阖庐，著书陈策，吴得志焉。武生明，字之元，以父功袭荫，复以孝廉封富春侯，子孙及弟侄等各治业于富之江南，居宅繁盛。独明子膑，仕魏，因庞涓刖足，齐使复载于齐。膑生胜，字国辅；胜生盖，字道光；盖生知，知生念；念生益，字元飞，封东吴侯；益生卿，卿生凭，凭生询，询生骥，骥生夐，夐生覆，覆生仁，仁生皋，皋生通，通生厚，厚生淳，淳生瑶，瑶生邃，邃生儵；儵生国，字元明，为郎；国生耽，国祖与耽祖，父子种德以至生予皇祖，居长讳钟。皇祖性孝，肆闻南北，生予皇考坚。予兄策，予命名曰权。予今于己酉岁四月之吉敢袭大帝位，群臣咸集。予受贺外，追尊皇祖钟为孝懿王，追尊皇考为武烈皇帝，兄策为长沙桓王，长子为皇太子。皇祖孝懿王，汉顺帝甲戌生；皇考武烈皇帝，孝桓永寿乙未生；兄策，孝灵熹平乙卯生；予，孝灵光和壬戌生；太子登，建安癸未岁生。太祖皇后、太后、后、嫔妃未有尊号，并众子以俟一统大定，另行追尊实封。凡君臣最亲信，入庙以嗣配享，若周公瑾、鲁子敬、吕子明、陆伯言，百世不更。今将予序示诸诸葛卿、顾卿、张卿、陈卿、谢景、范慎诸卿，谨选九月，迁都建业，定文渊翰阁之后，付史官录垂玉牒之上。黄龙元载，新改年号，自序始姓，以表本源之嘉。

这篇序文真是孙权自撰，还是后人托言伪造？又何以流落民间？这是需要着重探讨的两个问题。对前一个问题，笔者细细研究，确信《玉牒·自序》当为吴帝孙权命史官代笔，经孙权认可而成，非后人伪造。理由有三：

1. 孙权为《玉牒》撰序，于情于理都合

《玉牒》，俗称"皇族谱牒"，始于我国商周时代，终于清末，源远流长。《玉牒》既是记载皇族世系和先人事迹的史类文献，又是维系皇族神权地位的象征，故备受历代帝王重视。据《三国会要·职官》记载，吴国承袭汉制，设"宗正卿"，专掌皇族谱牒的编修与保管。序文"谨选九月迁都建业，定文渊翰阁之后，付史官录垂玉牒之上"，印证了吴国确曾设置史官，负责吴帝孙权家世谱牒的收集与编修。而孙权撰序的动因，用他自己的话说，是因为他"承予祖鸿绪"，才"得有南土鼎分"，如今孤微发迹，成了一代帝王，理所当然要"自序始姓，以表本源之嘉"，其崇尚祖德宗功之情，可谓溢于言表。因此，孙权作《玉牒·自序》，是情理之中的事。

2.《玉牒·自序》在孙权故里发现，绝非偶然巧合

富阳市场口镇上沙村一带，位于杭州市西南富春江南岸一侧，为古代江沙冲积而成，古称"洋涨"，孙姓聚族而居。相传孙权之祖父孙钟隐逸于此，以种瓜为业。孙权之父孙坚趋府为郡吏，临行前父老乡亲饯之沙上，告曰："此沙狭而长，君当为长沙太守。"后果如其言，遂名其地为"孙洲"。孙权于黄武元年（222）自号吴王，黄龙元年（229）称帝后，更名"王洲"，意为"帝王之洲"。王洲之名，至今尚见于图籍。因此，《玉牒·自序》在孙权故里发现，也就不足为奇了。无独有偶，之后在富阳市档案馆和上海图书馆又从馆库收藏的孙氏族谱中觅得同样的史料。足见，首在场口镇上沙村发现的这篇《玉牒·自序》，并非孤证，也绝非偶然。

3.《玉牒·自序》的遣词用语，明显出自吴帝孙权之口

《玉牒·自序》采用直叙式文体，言简意赅，不加半点文字修饰，"称谓"均用第一人称。文中用"予"（即"我"）达十二处。如，"予小子权"；"承予祖鸿绪"；"皇祖性孝，肆闻南北，生予皇考坚"；"予今于己酉岁

四月之吉敢袭大帝位"；"予，孝灵光和壬戌生"；"今将予序示诸诸葛卿、顾卿"，使人不得不信《玉牒·自序》确系出于孙权之口。尤其是序文起句，孙权以"小子"自称，可以说既符合孙权作为孙氏子嗣的身份，又符合我国长幼尊卑的传统礼教。这类称谓唯有孙权自称，他人无论是史官还是孙权后裔，是绝不敢越俎代庖的。

当然，《玉牒·自序》在长期流传过程中，不免有几处刻板或抄录之误，而让人产生某些疑点，如"敢袭大帝位"一句。孙权称帝，在"告天"一文中，自称"汉世已绝祀于天，皇帝位虚，郊祀无主，休征嘉瑞，前后杂沓，历数在躬，不得不受，权畏天命，不敢不从。谨择元日，登坛燎祭，即皇帝位……"①文中未曾自称"大帝"、"大皇帝"。另据西晋陈寿所著《三国志·吴主传第二》记载："黄龙元年春，公卿百司皆劝权正尊号。……丙申，即皇帝位。是日大赦，改年，追尊父破虏将军坚为武烈皇帝，母吴氏为武烈皇后，兄讨逆将军策为长沙桓王。吴王皇太子登为皇太子。将吏皆晋爵加赏……"②《三国志·吴主传第三》记："夏四月，权薨，时年七十一，谥曰大皇帝。秋七月，葬蒋陵。"③显然，"大帝"、"大皇帝"为孙权死后之"谥"。序文出现的"大"字，以及自序中的"天子"二字，明为孙权后嗣子孙续谱时添加所致。又如"出于尧妻舜两妃，居于沩汭，两姓曰妫"，"两"疑为"而"字。此外，序文个别之处，语句不甚连贯，笔者疑为序文经历代辗转传抄所造成的缺漏。至于所记"世系"是否准确，有待后人进一步考证。尽管如此，自序系孙权为《玉牒》所撰，应是可信的。

另一个问题是，《玉牒》是皇族谱牒，平时锁之宫阁，秘藏不宣，自序又何以会流落民间？这是一个历史之谜。三国东吴历三代四主，前后在位五十九年。末帝孙皓是孙权之孙，专横暴戾，奢侈荒淫，导致国亡。孙皓在位时，于建衡元年（269），立孙瑾为太子，前后封淮阳王、东平王。天纪四年（280），孙皓穷逼归降。其时，太子孙瑾正统兵固守边地，及闻国亡，悲痛不已。从场口镇化竹村孙氏族人珍藏的《富春仪凤双溪孙氏宗谱》中，见有孙瑾传记一则，记述孙瑾闻父降晋后，"欲兴兵以图报复。晧知之，以书力止，曰：'天命靡常，事已去矣，尔今不谅，欲陷父于无地而自取灭绝乎！'瑾得书大恸，曰：'今若兴兵，父必死矣！'即辞去部下，仅带近侍百人，归瓜邱以存先祀。晋主闻之，敕为中郎将，受封，卧不起"。孙晧自己，虽未成为刀下鬼，然其命运多舛。受降后，被迫举家西迁，过着软禁生活，不久客死洛阳。由此观之，自序连同其他玉牒材料，为孙晧之子孙瑾带回富春先祖故里的可能性极大。

（二）《玉牒·自序》的史料价值

孙权为《玉牒》撰写的这篇序文，可以说是迄今为止国内发现的有关妫姓乐安孙氏家世的最早记载，距今一千七百余年。其史料价值，笔者以为主要有两个方面：

1. 有关孙权祖上世系，可补史阙

我国古代氏族中，孙氏称得上是名门望族。春秋末期和战国中期出现的军事家孙武、孙膑，三国吴的建立者孙权，都是杰出的历史人物。因而，千百年来史学界很重视对孙氏世系的研究。由于古代记载氏族世系的史籍如《姓苑》、《百家谱》乃至唐贞观年间纂修的《氏族志》、武则天当政时纂修的《姓氏录》等等，皆已亡佚，故后人只能从《史记》中，得知陈完自齐桓公十四年（前672）由陈国出奔齐国，改"陈氏"为"田氏"后的家世世系，再从《新唐书·宰相世系表》（简称《唐表》）中，得知妫姓孙氏自古至中唐时期的家世世系。按《玉牒·自序》，孙氏受姓之前的世系与《史记》所记大体一致，而受姓孙氏之后直到权祖孙钟，其世系所记，多出了"覆"、"仁"、"皋"、"通"、"淳"五世。《唐表》成书于宋嘉祐五年（1060），比自序成文晚八百三十年。人们有理由相信，孙权自序所记述的孙氏世系，相对而言，比较可信，可补史阙。

2. 有关孙权祖上里籍、采邑，可望澄清

长期以来，史学界人士以及广大妫姓乐安孙氏后裔对孙钟里籍和孙书采邑，说法颇不一致。

关于孙钟里籍，有"武宁"（今江西武宁）、"云阳"（今江苏丹阳）、"盐城"（今江苏盐城）、"富春"（今浙江富阳）四说。孙钟是孙权之祖父，传说遭时之变，以种瓜为业，遇白鹤仙示地葬母而生坚，遂守长沙，分汉室。孙权称帝后，追尊其祖孙钟为孝懿王，入宗庙祭享。然四地皆有"孙钟种瓜遇仙"传说，并名其地为"瓜邱"或"瓜埠"，传述轶事，语出雷同。据残存《玉牒》史料记载：孙钟，字德音，汉顺帝阳嘉三年（134）生，汉灵帝中平六年（189）卒。孙钟卒时，孙权已是七龄幼童；而权父孙坚，陈寿《三国志》云："吴郡富春人，盖孙武之后也。"自序也云："武生明，以父功袭荫，复以孝廉封富春侯。"此后，"子孙及弟侄等各治业于富之江南，居宅繁盛"。由此看来，权祖孙钟的里籍在富春（即今浙江富阳），最为可信。"武宁"、"云阳"、"盐城"三说显然系分脉于上述三地的孙钟后嗣为追念先祖而附会所致。

关于孙书采邑。20 世纪 80 年代，随着国内孙子学研究热的兴起，孙书采邑乐安的地域归属成了学术界研究的一个热门话题。由于对"乐安"地望的不同解读而引出"惠民"、"广饶"、"博兴"、"莒邑"、"高唐"、"临淄"（皆在山东）六说。其中，争议最为激烈的是"惠民"和"广饶"。

争论的焦点在于：乐安，是指春秋或秦汉乃至魏晋南北朝之前的"乐安"，还是指唐代的"乐安"？持"惠民说"的学者认为，《唐表》所说的孙书"食采于乐安"，这个"乐安"指的是唐代的乐安，而唐时曾改棣州为乐安郡，治所在厌次，厌次即今山东惠民县，由此得出结论：惠民县就是当年孙书的采邑，进而认定孙武故里在今惠民县。持"广饶说"的学者认为，这个"乐安"并不是指唐代的乐安，而是指先秦齐国乐安，而今广饶县的部分地面为齐国乐安所辖。由此得出结论：广饶县就是当年孙书的采邑，进而认定孙武故里在今广饶县。

查"乐安"地名，未见于存世的先秦典籍，而记载"乐安"地名，最早见于东汉班固所撰《汉书·地理志》。大量史实表明：自汉初至明清，山东历史上曾先后出现"乐安县"、"乐安国"、"乐安亭"、"乐安郡"、"乐安州"五种不同的行政区划和地理区域，然则因历史时代和行政管辖范围不同，乐安地名所指地点、地区和地域范围，确已大不相同。《玉牒·自序》中，两处提到"乐安郡"，一处在文前："孙氏宫音，原郡乐安"；一处在文中："予大父之所姓，由祖占发始者也，采食乐安，其郡号焉。"孙权是东汉人，《玉牒·自序》中提到的乐安郡，显然指的是汉代乃至先秦的齐国乐安，而绝不是时过八百年以后唐代设置的棣州乐安郡。故笔者认为，《玉牒·自序》的发现，对弄清孙书采邑地域归属的历史之谜，进而为重新研究并认定孙武故里提供了新的思考。

二

拙文于2002年发表在拙书《孙武研究新探》后，有提出质疑的。学术争论，是件好事，见仁见智，有益进步。对此，有必要以"史实为据"，作一回应。

（一）关于《玉牒·自序》是否是"后人伪托"

这个问题，笔者已从三个方面作了考证，即：（1）《玉牒》的产生和三国东吴设立"宗正卿"一职，专掌皇族谱牒的编修与保管。（2）《玉牒·自序》在孙权故里发现，且有多部孙氏谱牒保存至今。（3）自序采用直叙式文体，言简意赅，尤其是孙权以"予小子"自称，既符合其作为孙氏子嗣的身份，又符合我国长幼尊卑的传统礼教。如果仅仅因为自序中出现某些差池，就给《玉牒·自序》判为"假古董"，未免太武断了吧！

孙权《玉牒·自序》是不是"假古董"，是不是"伪托之文"？笔者在这里引用三国以后宋代两位名人学士各自撰写的诗和文：

一位是孙权后裔、二十六世同源孙傅为《孙氏宗谱》撰写的《先世源流补要》。按《宋史》："孙傅，字伯野，海州人，登进士第。初任秘书省正字校书郎，后任监察御史至中书舍人、太子少傅。金人进犯中原，护太子避难而亡。绍兴中，追赠'开府仪同三司'（官名。'开府'，意为建公府，自选僚属；'仪同三司'，意为非三公而得享受三公待遇）。"孙傅所引先祖孙权以上家世渊源，均采自东吴《玉牒·自序》。明言："自皓（孙皓，为孙权之孙，东吴末代皇帝）以上之世体，统备载天子玉牒。"④

另一位是南宋理学家、教育家朱熹，在游富阳龙门时为"孙氏忠烈祠"所作的七绝诗一首。诗曰：

> 保障功多爵进王，云礽追远荐蒸尝。
> 行祠独占溪山胜，玉牒流传百世芳。⑤

可见，自三国东吴灭亡至宋代的近八百年间，包括孙权自序等在内的吴国《玉牒》，一直作为孙氏"家宝"而得以流传下来。

（二）关于行文表述是否"不合体例"的问题

有以《玉牒·自序》行文表述"不合体例"提出质疑的说：

开篇第一句话"予小子权"就不对，就这句话的个人称谓来讲，如果是对列祖列宗讲还可以；如果是对上天讲就不应自称小子，应该称"权"；如果是对文武大臣、天下百姓讲，只会称"朕"。三国时期的行文无不如此。这篇自序明确讲了是给大臣们的"文告"，但从"小子"之称谓来看，从行文体例上看，是明显的伪托之作。⑥

第一，称"这篇自序明确讲了是给大臣们的'文告'"，就与孙权为《玉牒》作序的原意相悖。谱牒，是记录氏族世系的书，大体分两类：一类是专门记载帝王家世的谱牒，称"玉牒"；另一种是专门记载官宦人家以及民间姓氏世系的谱牒，习称"家乘"、"家谱"、"族谱"、世谱"、"房谱"、"支谱"等等。谱牒都有一个共同特点，一般都是"秘不示人"（指对外姓人氏），印量极少。且民间修谱都承袭"旧规"，即每次新谱修成，旧谱必须焚毁。而"玉牒"因系皇家族谱，锁之馆阁，由宗正卿管理；"家乘"则由族长（或房长）或"祠堂"保管。如此说来，把孙权为《玉牒》所撰的自序，说成是诏示天下的"文告"，显然与《玉牒》的性质不符。

第二，称"开篇第一句话'予小子权'就不对"，从而引出"从小子之称谓来看，是明显的伪托之作"的结论。这更是奇谈怪论！孙权为《玉牒》撰序，用他自己的话："予小子权，承予祖鸿绪得有南土鼎分，因溯先公以上受姓源流……谨选九月，迁都建业，定文渊翰阁之后，付史官录垂玉牒之上。黄龙元载，新改年号，自序始姓，以表本源之嘉。"在自序中，孙权自称"予小子"，这完全符合他作为孙氏子嗣的身份，是对他的列祖列宗的缅怀和尊重。与民间"家乘"一样，"玉牒"的本质属性，也是追溯世族渊源及记载先人事迹。

"小子"一词，为晚辈对父兄尊长的自称，多见之于古籍、书信。如《汉书·太史公自序》："迁（司马迁）俯首流涕曰：'小子不敏，请悉论先人所次旧闻，弗敢阙。'"

而"予小子"，则大多用于古代帝王对先祖或长辈的自称。举五例：

1.《论语·尧曰第二十》记："尧曰：'咨！尔舜！天之历数在尔躬允执其中。四海困穷，天禄永终。'舜亦以命禹，曰：'予小子履，敢用玄牡，敢昭告于皇皇后帝：有罪不敢赦。'"履，是我国商朝君主商汤自称。

2.《书·泰誓上》："肆予小子发，以尔友邦冢君，观政于商。"发，是周武王自称。

3.《书·太甲上》："王拜手稽首曰：'予小子不明于德，自底不类。'"

4.《诗·周颂·闵予小子》："闵予小子，遭家不造，嬛嬛在疚，于乎皇考，永世克孝。念兹皇祖，陟降庭止，维予小子，夙夜敬止。于乎皇王，继序思不忘。"

5.《热河志》卷二十五《行宫》录有清乾隆《避暑山庄百韵诗序》。诗序记曰："予小子……亲见皇祖（康熙）高年须白，允宜颐养，尚且日理万机，暇则校射习网，阅马合围。"《热河志》为清朝重臣和珅所纂。

由此观之，以孙权自序文中出现某些差池而否定《玉牒·自序》，并给它冠以"假古董"、"伪托之文"是没有道理的；自序中的"郡望乐安"，也是无法改变的。

（本文收入《孙武研究再探》，文汇出版社，2013年11月版。）

注释：

①②③《三国志（下）·吴主传第二》，岳麓书社，1990年7月版，第898—910页。

④孙傅，《宋史》有传。《先世源流补要》，收入《富春孙氏宗谱》，清康熙间钞本。谱藏上海图书馆家谱部（馆藏号：918162）。

⑤朱熹题诗收入《历代诗人咏龙门》，孙奎郎、周根潮编，西泠印社，2007年9月版。

⑥吴如嵩、霍印章《论孙子研究中的几个问题》，收入《孙子与吴文化研究（上卷）》，中央文献出版社，2006年4月版，第7—9页。

孙武离齐入吴时间和动因

　　齐人孙武以兵法见于吴王阖闾的时间，国内兵学界、史学界人士大都认同在鲁昭公三十年（前512），即吴阖闾三年。其依据出自《史记》和《吴越春秋》。前者在《吴太伯世家》和《伍子胥列传》中，后者在《阖闾内传》中，都称是年孙武始与子胥、伯嚭一起与阖闾商议伐楚事。此前，孙武是否已离齐入吴，且在吴都附近"辟隐深居"？未有交代。当今学者对此出现两种说法：

　　一说认为，已经来到吴地隐居。时间在齐国发生"田、鲍四族之乱"不久。此说最早见《〈孙子兵法〉浅说》一书。著者吴如嵩说：

　　　　公元前532年夏季，田氏联合鲍氏，趁执政的旧贵族栾氏、高氏宴饮方酣的时候，突然包围了他们，几经激战，栾氏、高氏战败，其主要人物栾施、高强两人逃亡鲁国。这就是所谓的齐国"四姓之乱"。……"四姓之乱"，田氏、鲍氏取得了胜利。大约就在他们弹冠相庆的时候，孙武——或许还有孙氏家族的其他成员——却离开了故土齐国，踏上了新的里程，去到南方新兴的吴国。……他大约就在都城姑苏（今苏州）附近过着一种隐居式的生活。①

据此认为，孙武早在吴王余眜主政时已离齐入吴，在吴都附近隐居二十年左右。

对此，上海市社会科学院研究员杨善群提出质疑。他在《孙武生平事迹考》一文中称：

> 有的著作根据《新唐书·宰相世系表》和邓名世《古今姓氏书辩证》所记，孙武"以田、鲍四族谋为乱，奔吴"，认为四族为乱是指《左传·昭公十年》所记之事，因而考定孙武奔吴的时间在公元前 532 年，这是欠妥的。②

据此认为，孙武是在吴王僚主政时来到吴国。至于是否隐居，杨先生只字未提。

另一说认为，孙武在"以兵法见于吴王阖闾"之前，根本不需要也没有可能在吴地隐居。苏州大学历史系教授陆振岳先后作《孙武由齐入吴曾否隐居》③、《"辟隐深居"考——再论孙武入吴隐居说不可信》④，从孙武所处时代政治环境已形成诸子游说于各国诸侯间的实际，从《史记》本传所言孙武"以兵法见于吴王阖闾"而得到重用，从剖析《吴越春秋》相关叙述与《左传》、《史记》、《汉书》存在诸多矛盾而得出此一结论。

两种说法，哪一说符合史实，比较可信？有待学界人士评说。笔者赞同后一说。

为参加这场讨论，笔者从"文献学"的角度谈些浅见。愚以为弄请这个问题，还可从现存的相关古籍及考古发现的新材料中去寻求史证。1972 年 4 月山东临沂银雀山汉墓出土大量竹简，其中有《见吴王》、《吴问》（篇名为今人所题），或许能帮助我们厘清思路，找到符合"情"与"理"的答案。

一、先谈竹简《见吴王》

早于《史记》和《吴越春秋》的这篇"佚文",向人们透露出这样几条很有价值的信息:

第一,吴王阖闾初见孙武的地点是"……于孙子之馆"。

"馆",古称"侯馆"、"馆驿",为周王室及列国诸侯用来款待参与盟会的宾客的场所。这说明齐人孙武来到吴国都城,受到高规格的礼遇,以至于求贤若渴的吴王阖闾,礼贤下士,亲自赴馆与孙武会面,表现出爱才惜才的诚意。说明孙武入吴的时间是在公子光(阖闾)弑僚并自立后,阖闾与谋臣伍子胥等商议伐楚之前,即公元前 515 年至公元前 512 年之间,也不排除就在公元前 512 年。

第二,孙武在吴王阖闾面前自称"外臣"。

"简文"提到吴王阖闾要孙武"小试勒兵",以考量其能力时,孙武曰:"兵,利也,非好也。兵,□(也),非戏也,君王以'好'与'戏'问之,外臣不敢对。""外臣",《辞海》释为:"古代列国大夫和'士'对别国君主的自称。"台湾"中国文化研究所"印行的《中文大辞典》释为"大夫、士对于他国之君,自称外臣"。这都说明孙武在齐国已是一位有名份并有丰富军事阅历和知识的人。孙武以兵法见于吴王阖闾前,他在齐国的身份,或已是"大夫",或是一个出身或依附于贵族阶层的"士"。

第三,孙武入吴,似非只身潜行。

"简文"有"孙子以其御为……参乘为舆司空,告其御、参乘曰……"一句。银雀山汉墓竹简的整理者把此句释为:"御为驾车者,参乘为陪乘者,舆司空为军中官职名。……此句之意似谓孙子以其御及参乘为军吏,以监督练兵妇人。"据《左传·昭公十年》记载:"齐惠栾、高氏皆嗜酒,信内多怨,强于陈、鲍氏而恶之。夏,有告陈桓子(即陈无宇)曰:'子旗、子良将攻陈、鲍。'亦告鲍氏。桓子授甲而如鲍氏,遭子良醉而骋,遂见文子,则已授甲矣。使视二子,则皆将饮酒。桓子曰:'彼虽不信,闻我授甲,则必逐我。及其饮酒也,先伐诸?'陈、鲍方睦,遂伐栾、高氏。……五月庚辰,战于稷,栾、高败。"

文中的"甲",为古时兵卒的护身衣;"授甲",引申为配发护身衣和武器给属下。说明春秋晚期的齐国卿大夫家族如陈(田)、鲍、栾、高四族都拥有名为国君实为私属的武装力量。此等在吴国现场监督操练宫女的军吏,似为随从孙武一起由齐入吴的人员。如果监督操练宫女的军吏是吴王阖闾属下的军吏,岂敢违抗国君之命而从孙武之令,果断执法,斩了一再违反军令、阖闾自称"寡人非此二姬,食不甘味,愿勿斩也"的吴王二宠姬?如此看来,孙武离齐入吴,似非只身一人。

与"简文"《见吴王》可以相互参证的古文献有:

1.《孙子兵法》

《始计》篇,孙子曰:"将听吾计,用之必胜,留之;将不听吾计,用之必败,去之。"此句,宋本《十一家注孙子》的多位注者有相同的阐发。

陈皞释为:

> 孙武以书干阖闾曰:"听用吾计策,必能胜敌,我当留之不去;不听吾计策,必当负败,我去之不留。"以此感动阖闾,庶必见用。故阖闾曰:"子之十三篇,寡人尽观之矣。"其时阖闾行军用师,多自为将,故不言主而言将也。

梅尧臣释为:

武以十三篇干吴王阖闾，故首篇以此辞动之，谓王将听我计而用战必胜，我当留此也，王将不听我计而用战必败，我当去之也。

张预释为：

孙子谓："今将听吾所陈之计，而用兵必胜，我乃留此矣；将不听吾所陈之计，而用兵则必败，我乃去之他国矣。"

笔者以为，孙武以"留"和"去"与阖闾对话，一方面说明孙武对自己学说的自信，另一方面也是孙武千里迢迢来到吴国，游说阖闾以谋求重用的真实写照。

2.《汉书·艺文志·诸子略》

著者班固曰：

诸子十家（儒、道、阴阳、法、名、墨、纵横、杂、农、小说），其可观者九家而已。皆起于王道既微，诸侯力政，时君世主，好恶殊方，是以九家之术蜂起并作，各引一端，崇其所善，以此驰说，取合诸侯。

"驰说"，《辞海》释为"往来奔走的游说"。说明春秋战国之世，随着诸子学说的诞生与发展，一批在自己国家得不到重用的"士"，纷纷离开故土，游说于各地诸侯间，以宣传自己的学说或主张，谋求使用。而各国诸侯或出于"争霸"，或出于"保国"，或出于"治政"的需要，竭力招揽各地"有识之士"，为其所用。由此看来，兵家孙武离齐入吴，游说吴王，并不是个别的偶然的现象，而正是反映了春秋战国时期"群雄割据"、"征伐不断"的一种社会现象。

3.《汉书·刑法志》

著者班固曰：

> 春秋之世，灭弱吞小，并为战国。……雄杰之士，因势辅时，作为权诈以相倾覆，吴有孙武，齐有孙膑，魏有吴起，秦有商鞅……擒敌立胜，垂著篇籍。世方争于功利，而驰说者以孙、吴为宗。

春秋、战国之世游说于各诸侯国间谋求重用的文人学士甚多。此类人和事，在《史记》所记的列传中有很多。如：与孙武同时代的鲁国孔子（前551—前479），晚年因"不得志"而带领几名弟子游说于卫、陈、曹、宋、郑、赵、蔡、楚七国间，宣传儒家学说，谋求重用。苏秦，雒阳人，先后"求说"于周显王、秦孝公，皆弗用，后来游说于赵、燕、魏、齐、韩、楚六国，佩带六国相印。张仪，魏人，"已学而游说诸侯"。范雎，魏人，早年"游说诸侯，未用，入秦受重用，后为秦相"。蔡泽，燕人，早年"游学干诸侯大小甚众，不遇"，后入秦，受重用，继范雎之后，拜为秦相。驺衍（邹人）、淳于髡（齐人）、慎到（赵人）、田骈（齐人）、接子（齐人）、环渊（楚人）以及战国初齐国在临淄稷下设置学宫，招揽各国诸多文人学士，"各著书言治乱之事，以干世主"。而"驰说者以孙、吴为宗"（"宗"，《辞书》有一个义项，释为尊崇、宗仰），说明古兵家齐人孙武游说吴王，此举受到后人的推崇，孙武无疑成了这些人实现自己抱负的榜样。

所引上述古代文献，显然说明孙武是怀着"因势辅时"和"争于功利"的动机和愿望，前来吴国游说阖闾，谋求重用。

二、再谈《吴问》

《吴问》，从另一个侧面提供了孙武入吴时间的新佐证。今将"简文"

移录如下：

> 吴王问孙子曰："六将军分守晋国之地，孰先亡？孰固成？"孙子曰："范、中行是（氏）先亡。""孰为之次？""智是（氏）为次。""孰为之次？""韩、巍（魏）为次。赵毋失其故法，晋国归焉。"吴王曰："其说可得闻乎？"孙子曰："可。范、中行是（氏）制田，以八十步为婉（畹），以百六十步为呐（亩），而伍税之。其□田陕（狭），置士多，伍税之，公家富。公家富，置士多。主乔（骄）臣奢，冀功数战，故曰先（亡）。……公家富，置士多，主乔（骄）臣奢，冀功数战，故为范、中行是（氏）次。韩、巍（魏）制田，以百步为婉（畹），以二百步为呐（亩），而伍税（之）。其□田陕（狭），其置士多。伍税之，公家富。公家富，置士多。主乔（骄）臣奢，冀功数战，故为智是（氏）次。赵是（氏）制田，以百廿步为婉（畹），以二百卅步为呐（亩），公无税焉。公家贫，其置士少，主金臣收，以御富民，故曰固国。晋国归焉。"吴王曰："善。王者之道，□□厚爱其民者也。"

　　《吴问》是吴王阖闾与孙武两人之间的问对记录。"六将军"，指晋国的六位权倾一时的大夫，即范氏、中行氏、智氏、赵氏、韩氏、魏氏。此六家，世代为卿，故《史记》称"六卿"。"畹"，是田边长度的单位量词。

　　《吴问》的内容，有它特定的时代背景和社会背景。阖闾与孙武问对的时代，正处于"礼崩乐坏"的春秋晚期。诸侯衰微，大权旁落，大夫专权，内部倾轧，是这一时期的社会特征。仅从公元前548年至公元前526年的二十二年间，齐国发生了执政大夫崔杼弑国君齐庄公的事件；燕国发生了国君燕惠王逃奔到齐国的变故；鲁国发生了叔孙、孟孙、季孙三大夫"三分公室"、"四分公室"，后来又逼迫国君鲁昭公出奔异国他乡；晋国则出现了"六卿强，公室卑"的局面。这些发生在齐、燕、鲁、晋四个诸侯大国的重大政治事件，对于采用阴谋手段，通过谋弑吴王僚而自立的公子光（阖闾）来说，心灵不可能不受到震撼。在与由齐入吴的孙武交谈中，阖闾以晋国发生"六将军分守晋国之地"此事征求孙武的看法，希冀从中寻求治国方略。孙武则从分析晋国六将军在"分守晋地"后施行不同的土地占有关系和赋税制度，作出了"亩小税重者先亡，亩大税轻者固成"的判断。后来的事实表明，孙武对晋国六卿存亡原因以及先后的分析大体上是接近于后来的史实的。阖闾正是因为听了孙武的分析，悟出了"王者之道"，必须"厚爱其民"。《左传·哀公元年》记有："秋八月，吴侵陈，修旧怨也。……吴师在陈，楚大夫惧之。曰：'阖庐（闾）惟能用其民，以战我于柏举。今闻其嗣又甚焉。将若之何？'楚公子子西答道：'昔阖庐……在国，天下菑疠（灾荒和疠疫），亲巡孤寡而共其乏困；在军，熟食者分而后敢食，其所尝者卒乘与焉。勤恤其民而与之劳逸，是以民不罢劳，死知不旷。吾先大夫子常易之，所以败我也。'"这说明两点：（1）孙武的主张确被阖闾所接受；（2）临沂汉墓出土的《吴问》从《左传》中也得到了印证。

有关晋国六卿之事，《史记·晋世家》有详细记载，今将有关部分摘录如下：

> 悼公十四年（前559），"晋使六卿率诸侯伐秦，度泾，大败秦军，至棫林而去"。
>
> 昭公六年（前526），"（昭公）卒。六卿强，公室卑。子顷公去疾立"。
>
> 顷公六年（前520），"周景王崩，王子争立。晋六卿平王室乱，立敬王"。
>
> 顷公十二年（前514），"晋之宗家祁傒孙，叔向子，相恶于君。六卿欲弱公室，乃遂以法尽灭其族，而分其邑为十县，各令其子为大夫。晋益弱，六卿皆大"。
>
> 定公二十二年（前490），"晋败范、中行氏，二子奔齐"。

出公十七年（前458），"知（智）伯与赵、韩、魏共分范、中行地以为邑。出公怒，告齐、鲁，欲以伐四卿。四卿怒，遂反攻出公。出公奔齐，道死。故知（智）伯乃立昭公曾孙骄为晋君，是为哀公。……当是时，晋国政皆决知（智）伯，晋哀公不得不有所制。知（智）伯遂有范、中行地"。

哀公四年（前448），"赵襄子、韩康子、魏桓子共杀知（智）伯，尽并其地"。

烈公十九年（前397），"周威烈王赐赵、韩、魏皆命为诸侯"。

静公二年（前376），"魏武侯、韩哀侯、赵敬侯灭晋后而三分其地。静公迁为家人。晋绝不祀"。

《史记》这段文字，把晋国六卿专权，最后导致晋国灭亡长达一百七十二年的历史记载得清清楚楚，明白无误地告诉世人：吴王阖闾与孙武问对中提及的晋国"六将军分守晋国之地"，其事就发生在晋顷公十二年（前514），即孙武以兵法十三篇见于吴王阖闾之前三年。而有关晋国六卿之事，司马迁在《吴太伯世家》、《齐太公世家》、《鲁周公世家》、《燕召公世家》、《赵世家》、《魏世家》、《韩世家》、《孔子世家》等八篇传记中都有涉及。如此说来，如果孙武早在公子光（阖闾）弑僚自立之前就已来到吴地，入吴后又"辟隐深居"，试问，在吴、晋两地相距三千余里，古代交通不便、信息传递不易的情况下，孙武焉能很快获此重要消息，并根据自己对晋国六卿的深刻了解，作出范氏、中行氏先亡，继而知（智）氏再亡的预见？再推而论之，如果孙武是"吴人"（《吴越春秋》语），试问，阖闾怎么会把发生在晋国的这样一桩重大国事，去求教于自己国中的一个"子民"？联系上述史料，笔者认为：孙武离齐入吴的时间约在公元前514年，即晋国发生"六将军分守晋国之地"后，以兵法见于吴王阖闾之前，似较合理，也不排除孙武是在吴阖闾三年（前512）入吴的可能。

（本文收入《孙子兵学年鉴（2009）》总第 5 卷，山东孙子研究会主办，山东省地图出版社，2010 年 11 月版。）

注释：

① 吴如嵩《孙子兵法浅说》，解放军出版社，1983 年版，第 2—3 页。

② 杨善群《孙武生平事迹考》，收入《孙子新论集萃——第二届孙子兵法国际研讨会论文选》，长征出版社，1992 年版，第 446 页。

③ 陆振岳《孙武由齐入吴曾否隐居考析》，载《江苏文史研究》，江苏省文史研究馆主办，2005 年第 4 期（总 48 期）。

④ 陆振岳《"辟隐深居"考——再论孙武入吴隐居地说不可信》，载《孙子兵学年鉴》（2007—2008，总第 4 卷），山东孙子研究会主办，山东地图出版社，2008 年 9 月版，第 64—68 页，目录称"辟隐深居考"。

《吴越春秋》孙武"辟隐深居"说刍议

　　齐人孙武以兵法见于吴王阖闾前，是否已在吴地"辟隐深居"？当今国内兵学界、文史界人士既有肯定，又有否定的不同见识，但以肯定者居多。而持"肯定说"者无一例外援引《吴越春秋·阖闾内传》。

　　传云：

　　　　（阖闾）三年，吴将欲伐楚，未行。伍子胥、伯嚭相谓曰："吾等为王养士，画其策谋，有利于国，而王故伐楚，出其令，讬而无兴师之意，奈何？"有顷，吴王问子胥、伯嚭曰："寡人欲出兵，于二子何如？"子胥、伯嚭对曰："臣愿用命。"吴王内计二子皆怨楚，深恐以兵往破灭而已，登台向南风而啸，有顷而叹，群臣莫有晓王意者。子胥深知王之不定，乃荐孙子于王。孙子者，名武，吴人也。善为兵法，辟隐深居，世人莫知其能。胥乃明知鉴辩，知孙子可以折冲销敌。乃一旦与吴王论兵，七荐孙子……

　　细察此言，最值得关注之处在于：伍子胥"七荐孙子"，缘于他与伯嚭（楚人，因受迫害，奔吴）两人在吴王阖闾欲出兵伐楚表示"臣愿用命"时，阖闾却产生"内计二子皆怨楚，深恐以兵往破灭而已"的反常心理，从而引出

"子胥深知王之不定，乃荐孙子于王"，以至于作者赵晔推出孙武是"吴人"及"辟隐深居"的事。显然，阖闾的"内计"与子胥的"荐孙子"之间存在"因"与"果"的关系。

一

《吴越春秋》此一记载是否可信？要害在于因与果是否紧密契合。这就需要作切实的论证。笔者依据《左传》和《史记》的记载，先就吴、楚两国关系作一简要交代。

早在东周以前，地处南方的楚、吴、越三国向被中原诸国鄙视为"蛮夷"。三国间相安无事，一度还结为盟友。《左传·宣公八年》记有"楚为众舒叛故，伐舒、蓼，灭之。楚子疆之。及滑汭，盟吴、越而还"。但自鲁成公二年（前589）楚庄王因"欲纳夏姬"，准备讨伐陈国夏氏，巫臣表示反对。趁庄王派他"聘于齐"时，"巫臣尽室以行"（携带全部家财而走），逃奔晋国。大夫子重、子反皆"怨巫臣"，于是杀巫臣之族而"分其室"。鲁成公七年（前584）身在晋国的巫臣发誓报仇。遂"请使于吴"，欲借吴国之力，攻伐楚国。由于晋、楚两国长期不睦，互相攻伐，"晋侯许之"。其时，吴王寿梦（阖闾祖父）出于与楚国争霸的需要，接受晋国"以两之一卒（30辆战车）适吴，舍偏两之一（士卒25名）焉，与其射御（驾车者和射手），教吴乘车，教之战阵，教之叛楚"（《左传》语），并重用狐庸（巫臣之子）"使为行人"（外交官）。当年，"吴始伐楚，伐巢（今安徽巢县东北），伐徐（今安徽泗县北）。子重（楚臣）奔命。马陵之会，吴入州来（今安徽凤台县境）。子重自郑奔命。子重、子反于是乎一岁七奔命。蛮夷属于楚者，吴尽取之。是以始大，通吴于上国（中原诸国）"。

从寿梦称王至阖闾弑僚自立前的七十年间，吴、楚两国先后发生战事十次，互有胜负。规模虽不大，然而彼此积怨加深。《史记·吴太伯世家》记公子光（阖闾，下同）于吴王僚二年（前525）、八年（前519）、九年（前518）曾三次奉命伐楚。吴王僚五年（前522），伍子胥因楚平王听信谗言，杀其父、兄，历尽艰辛，亡命奔吴，欲"借力以雪父之耻"（《史记》语）。入吴之初，子胥就向吴王僚建议举兵伐楚。王僚"知之，欲为兴师复仇"。而在场的公子光（阖闾，下同）早有觊觎君位之心，深恐子胥的建议得到王僚的赞同而害其谋，于是出谗言，以子胥建议伐楚是出于报私仇为由，进行挑拨，致使伐楚一事被取消。子胥看出公子光有"内志"，转而投靠于他。

《吴越春秋·王僚使公子光传》有此记载：

> 子胥之（至）吴。……公子光闻之，私喜曰："吾闻楚杀忠臣伍奢，其子子胥勇而且智。彼必复父之仇，来入于吴。"阴欲养之。市吏于是与子胥俱入，见王。……王僚知之，欲为兴师复仇。公子（光）谋杀王僚，恐子胥前亲于王而害其谋，因谗："伍胥之谏伐楚者，非为吴也，但欲自复私仇耳！王无用之。"子胥知公子光欲害王僚，乃曰："彼光有内志，未可说以外事。"……吴王乃止。子胥退耕于野，求勇士荐之公子光，欲以自媚，乃得勇士专诸……

由于得到子胥的鼎力相助，公子光于吴王僚十二年（前515）弑僚自立。事成后，阖闾聘子胥为"行人"，执掌吴国内政、外交，君臣相依，形同一人。以此而论，三年后，阖闾何以对子胥和伯嚭两人表示伐楚"臣愿用命"时突然变卦，对"二子"心生疑虑？这于情理不合。可见，《吴越春秋》所记的上述文字，明显存在抵牾之处。

再以《左传·昭公三十年》所记作一验证：

> 吴子（阖闾，"子"为爵位）问于伍员（子胥）曰："初而（尔，你）言伐楚者，余知其可也，而恐其使余往也，又恶人之有余之功也。

今余将自有之矣，伐楚如何？”对曰：“楚执政众而乖，莫适任患。若为三师以肄焉，一师至，彼必皆出。彼出则归，彼归则出，楚必道敝。亟肄以罢之，多方以误之。既罢而后以三军继之，必大克之。”阖闾从之，楚于是乎始病。

《左传》的此一记载说明，伍子胥奔吴之初建议吴王僚举兵伐楚，在场的公子光是“知其可也”，只因怀有弑僚自立的阴谋，故在王僚面前谗言，力劝“王无用之”。当子胥知道公子光“欲害王僚”，转而投向他，为其出谋划策。阖闾三年（前512），在与子胥商议伐楚事，阖闾终于吐露衷肠，告诉子胥“初而言伐楚者，余知其可也”，提出“今余将自有之矣，伐楚如何”？子胥立即献“三师以肄”的伐楚之策，“阖闾从之”。阖闾四年（前511），《左传》记有：

> 秋，吴人侵楚，伐夷，侵潜、六。楚沈尹戌帅师救潜，吴师还。楚师迁潜于南冈（今安徽六安县北）而还。吴师围弦。左司马戌、右司马稽帅师救弦，及豫章。吴师还。始用子胥之谋也。

这进一步说明阖闾对于“伐楚”，不仅与子胥一致，而且对子胥提出的“三师以肄”战术，言听计从。君臣无隙，又何来“内计”此类疑虑、揣度之心？

同一年（公元前512年），同一事（商议伐楚），同一作者（赵晔），《吴越春秋》竟然出现两种前后不一、相互矛盾的不同记载。从“内证”和“外证”看，是《左传》可信，还是《吴越春秋》可信？这是不辩自明的。

《吴越春秋》是一部记载春秋末期吴、越两国相争史事的著作。学界公认，其书的要点皆取自《左传》、《史记》、《国语》，但叙述的情状却并不一致。例如，上述三部古籍恰恰都没有子胥“七荐孙子”以及孙子“辟隐深居"的事。

二

对于坚持孙武在"以兵法见于吴王阖闾"之前，早已在吴地"辟隐深居"
一说，苏州大学陆振岳教授先后作《孙武由齐入吴曾否隐居考析》和《"辟
隐深居"考——再论孙武入吴隐居说不可信》。认为：

> "辟隐深居"或者与此相似的记载，既不见于先秦典籍的《左传》、
> 《国语》等，也不见于汉代撰写的《史记》，连宋代撰成的《新唐书》，
> 其《宰相世系表三下》的"孙氏"述及孙武的身世，也不载隐居的事。
> 这样问题就来了，成书年代比《左传》约晚五百五十年，比《史记》约
> 晚一百五十多年，距离事发已近六百年的《吴越春秋》这一独家记载的
> 孤证是否可信，就成为"隐居说"成立与否的关键。

> 《吴越春秋》所说阖闾对子胥伐楚复私仇的疑虑，以及由此而引出
> "荐孙子于王"，完全是作者赵晔臆想出来的。这就是说，这个"因"
> 是不存在的。因此，由这个"因"而导致"七荐孙子"，并引出孙武"辟
> 隐深居"的"果"，也就失去了前提，"隐居说"自然就不能成立。

对陆振玉先生所议，有观点以"不能贬低《吴越春秋》的史料价值"为
由，撰文提出质疑和批评。说：

> 孙武至吴地隐居著述兵法，最早提出此说的是《吴越春秋》。有人
> 为了否定孙子隐居于吴的事实而竭力否定《吴越春秋》的史学价值，这
> 是不公允的。……孙子隐居于吴地，由伍子胥而受知于吴王阖闾。《吴

越春秋》之说，是对《史记》"孙子以兵法见于吴王阖闾"的补充，并
与同时代写作的史书《汉书》相一致。①

笔者认为，这段文字有三处需要拨正：一是《吴越春秋》只说"辟隐深
居"，并无"至吴地隐居著述兵法"之说。二是《吴越春秋》之说是对《史
记》的补充，这是"与史无据"的臆说，而不是所谓"补充"。三是说与《汉
书》相一致。此言差矣！《汉书》是我国第一部纪传体断代史。其中《刑法
志》中的原文是："春秋之后，灭弱吞小，并为战国……雄杰之士，因势辅
时，作为权诈以相倾覆。吴有孙武，齐有孙膑，魏有吴起，秦有商鞅，皆禽
（擒）敌立胜，垂著篇籍。当此之时，合纵连横，转相攻伐，代为雌雄。齐
愍以技击强，魏惠以武卒奋，秦昭以锐士胜。世方争于功利，而驰说者以孙、
吴为宗。"书中并无记有孙武"辟隐深居"之事，也未言明孙武于何地"垂
著篇籍"，又何以说与"《汉书》相一致"呢？
又说：

有人为了否定"孙武隐居"，把《吴越春秋》贬为"问题不少"的野史。
我认为，《吴越春秋》是中国最早的地方史著之一，具有可靠的史料价值。
《吴越春秋》是东汉赵晔所作。……其所作多采自当地史乘与民间传闻，
是记载吴越遗事的地方史，故含有不少真实成分。他所记孙武"辟隐深居"
说，当亦是真实可靠，因而获得明杨循吉《吴邑志》（嘉靖）、牛若麟《吴
县志》（崇祯）、冯桂芬《苏州府志》（同治）的赞同而著之于书。《吴
越春秋》的史料不能贬低，它所载的"孙武入吴隐居"说应该肯定。②

笔者认为，从史料学的角度来看，未免偏颇。
客观地说，《吴越春秋》自问世以来，历来的古典目录学者、文献学者
既肯定它"在记事方面有独到之处"，同时也指出此书存在"史实错乱"、"年

代混淆"、"迂怪荒诞"、"真虚莫测"等问题。学界人士公认它是一部杂合正史、传说、想象几方面材料敷衍汇集而成的"历史小说"。《隋书·经籍志》称："后汉赵晔又为《吴越春秋》,其属辞比事,皆不与《春秋》、《史记》、《汉书》相似,盖率尔而作,非史策之正也……自后汉已来,学者多钞撮旧史,自为一书,或起自人皇,或断自近代,亦各其志而体制不经。又有委巷之说,迂怪妄诞,真虚莫测,然其大抵皆帝王之事,通人君子必博采广览以酌其要,故备而存之,谓之杂史。"主编《四库全书》的纪昀等人认为:《吴越春秋》"自是汉晋间稗官杂记之体,属于小说家言"。《白话吴越春秋》一书的译者黄仁生在序言中直言:"它实际上是我国现存最早的一部文言长篇历史小说。"这些评价是恰当的。而把此书说成是"中国最早的地方史著之一,具有可靠的史料价值",显然有违史实。

在此,不妨以《左传》、《史记》、《吴越春秋》三书对同一事("子胥入吴"到"退耕于野")的"表述"作一类比:

> 员(子胥)如吴,言伐楚之利于州于(吴王僚)。公子光曰:"是宗为戮而欲反其仇,不可从也。"员曰:"彼将有他志,余姑为之求士,而鄙以待之。"乃见专设诸(专诸)焉,而耕于鄙。
>
> ——《左传·昭公二十年》

> (员至于吴)伍子胥说吴王僚曰:"楚可破也。愿复遣公子光。"公子光谓吴王曰:"彼伍胥父兄为戮于楚,而劝王伐楚者,欲以自报其仇耳!伐楚未可破也。"伍胥知公子光有内志,欲杀王而自立,未可说以外事,乃进专诸于公子光,退而与太子建之子胜耕于野。
>
> ——《史记·伍子胥列传》

> 子胥之(至)吴,乃被发佯狂,跣足涂面,行乞于市。市人观,罔

有识者。翌日，吴市吏善相者见之，曰："吾之相人多矣，未尝见斯人也。非异国之亡人乎？"乃白吴王僚。具陈其状："王宜召之。"王僚曰："与之俱入。"公子光问之，私喜曰："吾闻楚杀忠臣伍奢，其子子胥勇而且智，彼必复父之仇，来入于吴。"阴欲养之。市吏于是与子胥俱入见王。王僚怪其状伟，身长一丈，腰十围，眉间一尺。王僚与语三日，辞无复者。王曰："贤人也。"子胥知王好之，每入语语，遂有勇壮之气，稍道其仇，而有切切之色。王僚知之，欲为兴师复仇。公子（光）谋杀王僚，恐子胥前亲于王而害其谋，因谗："伍胥之谏伐楚者，非为吴也，但欲自复私仇耳！王无用之。"子胥知公子光欲害王僚，乃曰："彼光有内志，未可说以外事。"入见王僚，曰："臣闻诸侯不为匹夫兴师用兵于比国。"王僚曰："何以言之？"子胥曰："诸侯专为政，非以意救急后兴师，今大王践国制威，为匹夫兴兵，其义非也。臣固不敢如王之命。"吴王乃止。子胥退耕于野，求勇士荐之公子光，欲以自媚。乃得勇士专诸。

——《吴越春秋·王僚使公子光传》

三书所述之事完全相同，但遣词用语，《左传》、《史记》叙事简洁，文字凝练，绝无虚幻造作之言。《吴越春秋》则庞杂得多，尤其是书中的曲折情节和人物形象及对话，明显出自赵晔的想象和发挥，使本来平常的事变成充满吸引力的动人故事。联系书中所云"处女试剑"、"老人化猿"、"公孙圣三呼三应"之类以及充斥"梦签占卜"之言，使《吴越春秋》一书成为今人所说的"既有历史意义上的野史，也有文学意义上的小说"。当代知名学者周谷城担纲主编的《中国学术名著提要》，把《吴越春秋》归入"杂史"之列。《〈吴越春秋〉全译》的译注者张觉在序言中直言："当然，作者对体例的构思虽然很好，但在具体的记载中却往往有年代错乱的情况，有些事迹也明显有违史实。我们虽然基本上肯定了它的史料价值，但它毕竟是一部杂史，如果毫无鉴别地采用其中的记述来研究当时的历史，那显然也是不适当的。这是我们在利用其中的史料时应加注意的。"③

三

在此，笔者再就《吴越春秋》所记孙武事迹，择其要点，从史料学的角度作一番阐释。

1.《吴越春秋》称孙武是"吴人"，与古籍记载不合

第一，与汉墓出土竹简《见吴王》孙武在吴王阖闾面前自称"外臣"不合。"外臣"一词，是古代列国大夫和士对别国君主的自称。《国语·贿免卫侯》："自是晋聘于鲁，加于诸侯一等；爵同，厚其好货。卫侯闻其臧文仲之为也，使纳赂焉。辞曰：'外臣之言不越境，不敢及君。'"说的是晋人曾执卫侯"归之于周"，卫侯后来得释，知道是鲁国大夫臧文仲所谏。卫侯为此事遣使赠礼答谢，臧文仲一再推辞，说了这样的话。这里的"外臣"，是臧文仲对卫侯的自称。又，《仪礼·士相见礼》："凡自称于君……他国之人，则曰外臣。"足见孙武非吴人。第二，与《史记》所称不合。《史记》称"孙子武者，齐人也，以兵法见于吴王阖闾"。此处的"齐"，当指"齐国"，说明孙武的里籍是"齐"而不是"吴"。第三，与《越绝书》称"巫门外大冢，吴王客、齐孙武冢也"不合。"吴王客"，更是清楚地表明孙武是吴国的"客卿"。所谓"客卿"，《简明中国历代官制词典》释为："古代在本国做官的外籍人。"如：《史记·范雎传》记范雎是魏国人，辩士出身，后来"羁旅入秦"，秦王"拜范雎为客卿，谋兵事"。至于《汉书》称孙武为"吴孙武"（见《古今人表》），并对其时存世的孙武、孙膑两人的兵法，分别冠以"吴孙子兵法八十二篇，图九卷"和"齐孙子八十九篇，图四卷"，是因为孙武、孙膑古代都尊称为"孙子"，《汉书》撰者班固称孙武为"吴孙子"，称孙膑为"齐孙子"，用意在于区分两部兵法而已。由此可知，孙

武是齐人无疑,《吴越春秋》称孙武是"吴人",显然是赵晔的揣度,故为后世史家所不取。

2.《吴越春秋》称:吴军攻入楚都,"阖闾妻昭王夫人,伍胥、孙武、伯嚭亦妻子常、司马成之妻,以辱楚之君臣",与《左传》所记完全相反

《左传·定公四年》记:"庚辰,吴入郢,以班处宫。子山(阖闾子)处令尹之宫,夫概王(阖闾弟)欲攻之,惧而去之。夫概王入之。""处"的一个义项是"住所"。其意是,吴军攻入楚国都城后,按照官位高下,君、臣分别住进楚国君、臣的宫室和居处。子山住进楚国令尹(执掌楚国军政重任)囊瓦居处,被夫概(阖闾弟)看中,欲夺占,子山惧怕,只得退出。赵晔却把《左传》的"以班处宫",演绎成阖闾、子胥、孙武、伯嚭等吴国君臣夺人之妻,奸淫被占领下的楚国君臣妻室。

3.《吴越春秋》称:"孙武曰:'吾以吴干戈,西破楚,逐昭王,而屠荆平王墓,割戮其尸,亦已足矣。'"这也与史实不符

吴阖闾九年(前506),吴国面对二十万楚军,以三万之众取得"五战入郢"、"昭王出奔"、楚国险遭灭亡的重大军事胜利。此次吴、楚决战,子胥、孙武、伯嚭、夫概等人功不可没,但"西破强楚"的统帅是吴王阖闾。作为"吴王客"的孙武岂能僭称"吾以吴干戈西破楚"?至于"屠墓"、"戮尸"事,先秦以来传说纷纭:一说有其事,一说无其事,先秦成书的《春秋谷梁传》称:"庚辰,吴入楚。日入,易无楚者,坏宗庙,徙陈器,挞平王之墓。"《吕氏春秋·本味篇》记伍子胥"亲射王宫、鞭荆平(王)之坟三百"。这说明伍子胥并没有"掘墓鞭尸三百",仅是"鞭坟三百"。无论是"鞭尸",还是"鞭坟",都只能说此举在于彰显伍子胥因楚平王听信谗言,将其父兄杀戮的复仇心态,与孙武何干?孙武岂能如《吴越春秋》所记,越俎代庖,把功劳归于自己?

对于《吴越春秋》的史料价值,固然不能一概否定,但仅从上述数点,能说《吴越春秋》所云完全可信吗?

四

关于赵晔，《后汉书·儒林传》有传。全文如下：

> 赵晔字长君，会稽山阴人也。少尝为县吏，奉檄迎督邮。晔耻于斯役，遂弃车马去。到犍为资中，诣杜抚受《韩诗》，究竟其术。积二十年，绝问不还。家为发丧制服。抚卒乃归，州召补从事，不就。举有道，卒于家。晔著《吴越春秋》、《诗细历神渊》。蔡邕至会稽，读《诗细》而叹息，以为长于《论衡》。邕还京师，传之，学者咸诵习焉。

从《儒林传》中可以窥见，赵晔的长项在于"诗"，而不在于"史"，如今有人称赵晔是"东汉史学家"，显然言过其实。

至于赵晔的"辟隐深居"说在地方志中的记载，有必要作一辨析。

苏州自唐至民国的一千五百年间，先后编就并现存于世的十三部府、县方志中，有三部采录《吴越春秋》的"辟隐深居说"。如：

> 孙武，吴人也，善为兵法，辟隐深居，世人莫知其能。吴王阖闾将伐楚，伍员乃荐武于阖闾。阖闾乃召武，问以兵法。
>
> ——明嘉靖《吴邑志》卷七《人物》

> 孙武者，齐人也，《吴越春秋》作吴人。善于兵法，避（辟）隐深居，人莫知之。吴王阖闾将伐楚，伍员乃荐武。武以兵法见于阖闾。
>
> ——明崇祯《吴县志》卷四十二《人物》

> 孙子者，名武，吴人也，善为兵法，辟隐深居，世人莫知其能，胥

乃明知鉴辩，知孙子可以折冲销敌，乃一旦与吴王论兵，七荐孙子。

——清同治《苏州府志》卷一百四十四《杂记一》

上述三部方志的遣词用语，与《吴越春秋》雷同，有的稍有增损，有的则一字不改地照抄。由此可以肯定，三志所记并不是新材料。这是方志记叙的特点，以网罗地方文献为能事，没有什么可以深文周纳的。问题在于方志所记或所录是否真实？倘使是不可信的，即使重复百遍千遍，又有什么意义呢？而况其余十部府、县方志，如：唐陆广微《吴地记》；宋朱长文《吴郡图经续记》和范成大《吴郡志》；明卢熊《苏州府志》（洪武）和王鏊《姑苏志》（正德）；清卢腾龙、宁云鹏《苏州府志》（康熙），习寯《苏州府志》（乾隆），姜顺蛟《吴县志》（乾隆），石韫玉《苏州府志》（道光），以及民国曹允源、李根源《吴县志》，都没有采录《吴越春秋》所云孙武"辟隐深居"之事。

此外，苏州尚存五部穹窿山志（记）：清康熙年间的《穹窿山志》，民国时期惠心可《穹窿山志》、李标辑《穹窿山志》、李根源《穹窿小记》和《穹窿山志》残稿，都没有记载孙武的片言只语。

然而，有观点称：

其实，《孙子兵法》写于吴国，问世于吴国这就够了，如果硬要寻找在吴国什么地方撰写，只有四个字的线索，即"辟隐深居"。《吴越春秋·阖闾内传》说，孙武"善为兵法，辟隐深居，世人莫知其能"。东汉赵晔《吴越春秋》虽不是正史，但也算野史。在孙武本事史料极端缺乏的情况下，这"辟隐深居"四个字便显得异常珍贵了。……究竟孙武具体在哪里结庐而居，事隔两千五百多年，难以确指。④

此言很难让人苟同。"野史"，《辞海》释为"中国古代私家编纂的史书，以示与官修史书有别"。"正史"与"野史"相比，前者追求事件的真实性，后者追求事件的传奇性，而编织幻想，制造神话。正是野史追求故事传奇性的常见作法。以"野史"中的片言只语，用来证明严肃的学术课题，这在学术界是很难认同的。

至于有人以《吴越春秋》"辟隐深居"四字为据，认定苏州穹窿山为孙武隐居著兵法地，进而把穹窿山说成是"兵学圣山"、"世界智慧第一山"（现称"天下智慧第一山"），颇具炒作之嫌。

（本文收入《孙子研究》，列入"研究孙子兵法和兵学文化的专业学术期刊"，山东出版传媒股份有限公司、山东孙子研究会联合主办，2015 年第 1 期创刊号。）

注释：

①② 戈春源《孙武居吴撰写兵法》，收入《史记论丛》（第八集），中国文史出版社，2011 年 4 月版，第 124—132 页。

③ 张觉《〈吴越春秋〉全译》前言，贵州人民出版社，1993 年 9 月版。

④ 吴如嵩、霍印章《论孙子研究中的几个问题》，收入《孙子与吴文化研究（上卷）》，中央文献出版社，2006 年 4 月版，第 42—43 页。

孙武隐居地"层累"过程述评

一

当代国内史学界人士都熟知顾颉刚先生的大名。他生于苏州，一生潜心治学。20 世纪 20 年代初，他提出的"层累地造成的中国古史观"，令当时的史学界为之震动，从而引起时人对古史真伪的考辨，由此产生"古史辨学派"，顾老成为我国现代史学的奠基人之一。

所谓"层累地造成的中国古史"，是指秦、汉乃至先秦时期的古书特别是"经书"中所记载的古史，是由先后不同时代的神话传说一层一层地积累起来造成的，以致出现"时代愈后，传说的中心人物愈放愈大"。顾老举例："如舜，孔子时只是一个'无为而治'的圣君，到《尧典》就成了一个'家齐而后国治'的圣人，到孟子时就成了一个孝子的模范了。"在为《古史辨》一书作的《自序》中，顾老对层累地造成的"伪史"之"源"，作了一个通俗、形象的比喻：

> 所谓"源"者，其始不过一人倡之……不幸十人和之，辗转应用，不知其所自始。甚至愈放愈胖，说来更像，遂至信为真史。现在要考哪一个人是第一个说的，哪些人是学舌的，看它渐渐的递变之迹。

由顾老担纲编著的《古史辨》，胡适先生书评"这是中国史学界的一部革命的书，也是一部讨论史学方法的书"，对今人仍有着现实意义。

沉寂一千八百余年的《吴越春秋》孙武"辟隐隐居说"，在20世纪90年代"孙子学"研究热的背景下，开始成为人们关注的一个话题，由此引出对孙武"隐居"及"隐居地"的各种揣测。大致地说，孙武隐居地有"吴都郊外说"、"今浙江长兴县罗浮山说"、"太湖之滨的山林地带说"等，但都没有具体说明这些说法的文献依据或资料来源。

1991年6月，吴县应邀派两位先生赴山东广饶出席由中国社会科学院历史研究所发起召开的"孙子学术讨论会"，带去论文《孙武与吴县》在会上交流。文称：

> 孙武字长卿，春秋末齐国乐安（今山东广饶县）人。……当齐国田、鲍、栾、高等四家大族阴谋作乱之时，孙武怕殃及自己，便离开齐国来到吴国。到吴国后，孙武隐居于今吴县西部山里……①

这是苏州（包括"吴县"）历代"地方志书"和"史籍"中从未有过的记载。其中，孙武因齐国"四家大族阴谋作乱"而"奔吴"的说法就值得商榷。此说源于《新唐书·宰相世系表》（简称《唐表》），称："（孙）武，字长卿，以田、鲍四族谋为乱，奔吴为将军。"而依据《左传》，齐国"四族之乱"发生于公元前532年，距孙武"以兵法见于吴王阖庐（间）"有二十年时间；且"四族之乱"中，陈（田）、鲍两族是胜方，孙武作为陈（田）氏的子嗣没有必要因"避乱"而千里迢迢出奔吴国。后一句"孙武隐居于今吴县西部山里"，则是首次出现。依据是什么？《孙武与吴县》一文的三位联名作者没有说，事前事后都没有任何"论证"。

此次会上，两位先生与山东曹尧德先生邂逅相识。曹先生长期从事文学创作，继出版《孔子传》、《孟子传》后，正在构思创作一部以孙武为题材的传记文学作品。当年 9 月，应邀来吴县搜集素材。两年后，一部近四十万言的《孙子传》问世。书中以苏州穹窿山作为孙武"辟隐深居"和"修改兵法"之地，从文学角度作了生动描写。2003 年，有人著文誉称曹先生是"认定孙武当年隐居地的中国第一人"。翌年 10 月，曹先生应邀前来苏州出席学术研讨活动。在他提交的文章中，对"第一人"的说法公开予以澄清："我庄重声明，讲孙武当年隐居穹窿山的'中国第一人'，不是山东人，而是苏州人。"然而在此后出版的《孙子与吴文化研究（上卷）》文集中，曹先生的这句话被删除了。就在此次学术研讨会上，上海复旦大学历史系教授魏嵩山发表《孙武吴地宅墓遗迹辨正——兼论〈孙子兵法〉成书地》一文[②]，因为提出"茅蓬坞与其支坞隐兵坞之名不见于任何史籍和志书记载，显然为后世创立而非历史地名"、"认定茅蓬坞为孙武隐居及其《孙子兵法》诞生之地，其说未必确切"，这篇论文未被收入文集。

　　1994 年，新编《吴县志》问世。志中出现"孙武隐居于今吴县西部山里"，并在句后增加了"著就兵法十三篇"七字。编纂者何以不提"穹窿山"，个中原委，不得而知。

　　对于"孙武隐居穹窿"一事，曹先生在给笔者的信中称："拙作《孙子传》能在苏州引起轰动，实属幸事。至于有人以拙作为据进行学术争论，那是混淆了学术与文学的不同。"

二

　　孙武隐居穹窿的"递变之迹"，真正凸现的时间是在 1997 年 1 月中旬。在未经深入调查、更无论证和各级文物主管部门批准的情况下，位于穹窿山"穹窿禅寺"[③]的遗址上悄然立了"孙武子隐居地"一方碑石。一年后，于此动工兴建"孙武苑"。

　　1998 年 10 月 7 日，《苏州日报》刊发记者撰写的《孙武隐居地谜团揭开——孙武苑在穹窿山建成》的一则新闻。称：

> 春秋时，孙武奔吴后隐居在哪里？《孙子兵法》是在哪里著成的？
> 这个千古历史之谜，经苏州市孙武子研究会四年多的寻访考证后终于被
> 揭开，苏州西部穹窿山茅蓬隐兵坞就是当年孙武隐居地，即《孙子兵法》
> 诞生处。其标志性建筑孙武苑近日已在穹窿山建成，即将开放。……为
> 向世人展示这一"中华瑰宝"，苏州市孙武子研究会积极筹措资金，在
> 穹窿山东吴国家森林公园茅蓬景区隐兵坞，修建由张爱萍将军题名的标
> 志性建筑孙武苑。

新闻不胫而走，很快被国内众多媒体转载。

此则"新闻"的问题在于：（1）说孙武隐居地是"经苏州市孙武子研
究会四年多的寻访考证后终于被揭开"，与事实不符。因为迄今为止，没有
见到任何有关"调查报告"，更不用说"论证报告"了。（2）把"穹窿山
茅蓬隐兵坞"说成是当年孙武"隐居地"和《孙子兵法》"诞生地"，把于
此建造的"孙武苑"，称为"中华瑰宝"，实在太离谱了。（3）"孙武苑"
题词，原是张爱萍将军1993年为"吴县国防园"（吴县民兵训练基地）所题。
那时，苏州孙子学会尚未成立。

同年11月4日，《苏州日报》刊发《做好孙子这篇大文章——访中国
孙子兵法研究会副会长吴如嵩》的访谈文章，吴先生对记者称：

> 孙武隐居处和《孙子兵法》诞生地的认定，都做得很好；建成了"孙
> 武苑"，意义很大。但苏州的同志在这一点上不是胆子大了而是小了，
> 不是早了而是晚了。因为孙子不只是苏州的，也不只是中国的，而是世
> 界的，所以穹窿山茅蓬很有可能像山东曲阜一样成为人们纪念朝拜的"圣
> 地"。……"孙武苑"还有待进一步完善，花上十年二十年，好好地包

装，将来有可能被列入世界遗产。对此我充满信心和希望！

11月6日，《吴县日报》刊发《穹窿探访孙武苑》一文。称：

> 为揭开千古历史之谜，苏州孙武子研究会根据史志有关孙武奔吴后，曾在吴国西部山区"僻隐深居"的记载，再对当时历史文化背景、地理环境作分析考证，经过四年多寻访，认为有一定道理可认定茅蓬坞为当年孙武的隐居处和《孙子兵法》的诞生地，并在此建造了标志性建筑"孙武苑"，犹如陈景润解开世界数学难题"哥德巴赫猜想"[④]一样，这是该研究会成立以来所取得的最大成果，也是对人类社会历史文化的一大贡献。

此后，有关这方面的报道和文章，不断见诸于苏州乃至外地媒体。

认定苏州穹窿山为孙武隐居地的"依据"是什么？对此，有人以苏州孙子学会的名义于2003年在《江苏炎黄文化》刊物上公开发表《孙武与苏州》一文，提出以下五条依据：

> 1. 历史资料的记载，这是前提，记载孙武避乱奔吴，僻隐深居，世人莫知其能。这说明，孙武从齐国奔吴、隐居在吴国，不是隐居在城镇平民聚居的地方，人们知其人而不知其能。因为他是深居，是僻隐。穹窿山符合这个条件。
>
> 2. 民间传说故事，一代一代穹窿山麓村民传下来的民间传说。如孙武当年隐居在穹窿山写兵书，伍子胥去访问时遇到老虎，孙武帮助打虎等，经过考查，苏州其他地方没有这种传说。
>
> 3. 苏州府志载，伍子胥当年暂往地在胥口清明山。清明山在穹窿山旁边，孙武与伍子胥相识，成为知交，需具备相互经常往来的条件，如

果伍子胥当时住在上海滩、江苏北部一带，就不具备这个条件，同样伍子胥也不具备同公子光、王僚经常接触的条件。

4. 穹窿山附近有众多当时吴国和孙武、伍子胥的遗址遗迹和民间传说，如演兵场、二妃墓、二妃庙、拜将坛、姑苏台、南宫等等。据有的学者考查认为，苏州阖闾城建成前，也就是吴王僚及阖闾初期，南宫是当时政治活动中心之一。经考查，当时吴国的其他地方、苏州的其他地方都没有这么多的遗址遗迹。

5. 国内外孙子研究专家对穹窿山一致认定，他们都是专门研究《孙子兵法》的人，原来只是讲苏州城郊、苏州附近、城郊一边邑、城郊一草屋里等等。后来一致认定穹窿山，并且签名、题字、投资、朝拜。⑤

文章的原作者接着称："认定穹窿山为（孙武）隐居地，是以史料为基础的；认定穹窿山为孙武隐居地是根据马克思主义科学原理，正确判断的结果；认定穹窿山为孙武隐居地，是以系统论的思想和方法作指导的。"并对"系统论"作了诠释："整体性原则是系统论最核心的原则。它不是单从单一部分来思考和处理。如果讲某一个地方，也附（符）合'深居'条件，但没有其他条件；如果某一个地方建个仿春秋草棚，而没有其他条件；如果某一个地方，曾经有传说伍子胥暂住过，而没有其他条件，则不能靠单一条件，作出判断，作出认定的结论。"由此认为："以上对穹窿山的综合分析和相关资料的考查，联贯起来的研究，得出认定的结论、判断的结论是客观的、认真的、科学的。"

2004 年 10 月，《孙子评传》一书的著者杨善群应邀来苏出席孙子学术研讨会，发表《〈孙子兵法〉与吴文化的几个问题》。称：

近代《吴县志》载：孙武避乱奔吴后，"隐居于今吴县西部山里，著就兵法十三篇"。显然，所谓"吴县西部山里"实际就是指穹窿山。……

最后从情理上讲，孙武因避乱和寻求发展机会而由齐国南奔吴地，正遇上吴国也处于多事之秋。他必然要在吴都周围寻找一个隐居之地，暂避吴统治集团内部的恶斗，而穹窿山的特点正是其最佳选择。根据近年多方考查，这里有孙武隐居的传说，与伍子胥的隐居地甚近，周围还有孙武演兵场、吴王拜将台、二妃墓、二妃庙等遗址，故孙武隐居著兵法地非穹窿山茅蓬坞莫属。⑥

此说有三处不实和不妥之处：（1）孙武"隐居于今吴县西部山里，著就兵法十三篇"，仅载于 1994 年出版的新编《吴县志》，怎么说成是"近代《吴县志》"呢？（2）说穹窿山一带"有孙武隐居的传说"，这是"拾人牙慧"、"不辨真伪"所致。（3）苏州历史文献（包括地方志）从未有孙武隐居地的记载，哪又何以见得"孙武隐居著兵法地非穹窿山茅蓬坞莫属"呢？

在此，引用许多熟悉苏州历史的文史界、教育界以及政界人士的质疑：

文化的遗迹本就是依托了文化的记载。历代文人对上贞观、穹窿山少不得也循迹而至，更少不得要留下题咏。然而，令人不解的是，离山上的上贞观不远处的穹窿山山脚下的这么一个世界级兵圣隐居之处，这么些年竟会没有文人来过？更没有见他们留下片言只语的文字记载。……历史本来就有一个传承关系。我们所做的一切，从上代人那里接过了什么，向下代人又要交代写什么，如果我们从上代人那里并没有接过什么却就这么凭着一种浮躁的心情和功利的目的去干了，至少我们向下一代人是无法交代的。⑦

古人只留下"辟隐深居"四个字，晚于孙武之世两千数百年的我们，在一无历史记载，二无考古资料可以佐证的条件下，要想从"辟隐深居"

四个字中考出隐居的确切地点来，真是比登天还难。历史是已经过去了的事情。研究历史要实事求是，有就是有，无就是无，搞不清楚的只好"存疑待考"。孙武隐居地既无文献记载又无考古证明，就没有必要去认定。不认定，既不影响人们纪念孙子，也不妨碍专家们研究兵法。⑧

学术界公认，要确认孙武辟隐之地已是很困难了，除非有新的出土发现。真理与谬误是一步之遥，多跨一步真理就成了谬误。有鉴于此，多年来苏州文史界一些学者激烈反对这个缺乏史实作为依据的认定。起始之争，问题本身并不大，多跨了一步退回一步天下无事，问题是茅蓬坞做大了做出去了，史志之类的官方半官方文书、党政领导人著书作文采信了。但不退不缩是不行的，早退早缩比晚退迟缩好，不是谁与谁过不去，而是应该坚持实事求是的思想原则。……解铃还须系铃人，解错纠误是学术界常有的事，学术常常在纠正错误、汲取不同见解中得以发展，这也是学术界学风清明端正的一种表现。⑨

隐居地、诞生地对研究孙武其实是一个细枝末节，不去认定，并不影响对孙武的研究。但一定要做出认定，却又不宜草率，必须慎重，否则影响到苏州的声誉，甚至会质疑苏州的诚信度。这样，问题就复杂了，就不是一件小事。……任何事情不恰当的，就改过来，这没有什么不好，只会使人们感到苏州的同志做事慎重认真。⑩

这种历史名人、文化典故和源流的"文化之争"，其目的无非都是想扩大自己的知名度。……争得一个文化和历史的"源头"，就是为当地争得一块旅游和文化的资源。……值得一提的是，在这种"文化之争"中，一些专家学者也乱了方寸，开始失语，或穿凿附会，或生拉硬套，或歪曲事实，硬把一些子虚乌有的事说得有鼻有眼，从而使一些专家学者失去了应有的操守和良知，败坏了学术的风气和文化的名声。⑪

2004 年 8 月 18 日，《苏州日报·新苏时评》发表汪长根、蒋忠友两位先生《警惕文化的泛化和异化》，揭露当前社会上出现的"没文化、反文化"的现象，诸如"乱真化"、"功利化"、"低俗化"、"克隆化"、"泡沫化"、"形式化"、"洋化"。指出："文化的异化现象实质上是人的异化现象的产物。" 2009 年 3 月 5 日，《苏州日报·沧浪闲话》发表潘力行先生《"假古董"伤害历史》，指出："有些地方在炒老祖宗流传下来的古迹、名胜、遗址、故居、古墓、祠堂、庙宇一类的'古董'，尽量把它们挖掘出来，不惜工本地加以整修、扩容、改建以至重建，目的是想提高那个地方的知名度。……但是，炒这类'古董'，不能造假，不能无中生有、捕风捉影，硬扯上一段历史或一个古人，生编一个古代名人或文人在那里活动过、隐居或者停留过，于是为之修纪念馆、展览馆、修庙宇、修祠堂、造故居……"此文作者认为："我们要解放思想，但也要实事求是，经济发展与政绩追求都不能以造假的方式来实现。不尊重历史、不尊重客观事实的人和事是注定不会得到民众信赖的。"

三

应该说，这些质疑也好，规劝也罢，其本意都是善良的，目的是为了共同维护历史文化名城苏州的声誉。

2008 年 2 月 19 日，"苏州孙子兵法网"发布《孙武隐居地穹窿山得到国际确认——访苏州孙武子研究会常务副会长管正》。管先生告诉记者：

> 1996 年 9 月，苏州市孙武子研究会在藏书镇召开了第一次孙武隐居地论证会，孙武隐居在穹窿山隐兵坞得到初步认定。2000 年，在第

五届孙子兵法国际研讨会上，又得到了国际上的确认。……而将穹窿山认定为孙子隐居地并非儿戏，是国内外有关著名专家根据《史记》、《吴越春秋》、《新唐书》等文献和地方志记载，在 2000 年通过会议形式确定的。

此说是否正确，还是应该以事实来回答。

（一）《史记》并无孙武"隐居"之说

《史记》，司马迁著。书中为孙武、孙膑、吴起三人立了"合传"，是研究孙武事迹的首选史料。在《孙子吴起列传》中，记："孙子武者，齐人也。以兵法见于吴王阖庐（闾，下同）。阖庐曰：'子之十三篇，吾尽观之矣，可以小试勒兵乎？'对曰：'可。'"接下来记的是"吴宫教战"，斩吴王两宠姬。书中只字没有孙武"隐居"和"隐居地"的事。

（二）《吴越春秋》所称"辟隐隐居"

有关《吴越春秋》"辟隐深居"说，仅是一个"孤证"，且此书也没提到"隐居地"的事。笔者作有《〈吴越春秋〉孙武"辟隐深居"说刍议》（见本书），供读者鉴别。在此不再赘述。

（三）《新唐书》不见"隐居"事

《新唐书·宰相世系表》（简称《唐表》）同样不见有孙武"辟隐深居"的事。然而在山东《滨州学院学报》2005 年第 5 期上，刊登管正先生《〈孙子兵法〉与吴文化探析》，称："孙武，春秋末期齐国乐安（今山东惠民）人。以田、鲍四族谋为乱，奔吴隐居吴地。"并注明"后句"引自《唐表》。而《唐表》的原文是"奔吴为将军"。

（四）地方志无旁证

笔者已在前文中作了说明。然而，令人诧异的是，就在专访发表两个月后的 5 月 22 日，"中国孙子兵法网"转载"苏州孙子兵法网"另一篇文章，题名《以古鉴今，苏州凭借孙子兵法走向世界》。称：

> 据《吴县志》记载，孙武因战乱避奔吴国，在穹窿山结草建庐，写下了惊世之作《孙子兵法》。

遍查苏州含吴县（区）、镇（乡）所有新旧方志，都了无记载。

可见，把《史记》、《吴越春秋》、《新唐书》和苏州地方志书搬出来作为认定孙武隐居苏州穹窿山茅蓬坞的理由和证据，实属凿空臆断。

至于说孙武隐居地在"2000 年第五届孙子兵法国际研讨会上又得到了国际上的确认"，这是不实之词。这届国际研讨会是在苏州吴县东山召开的。据苏州媒体报道，此届国际研讨会由中国孙子兵法研究会主办，吴县县政府协办，共有十二个国家一百七十一位专家学者出席。国际研讨会，不过是由主办方邀请一些外籍专家学者前来参加学术研讨活动。这些与会的外国专家学者，大都是以个人身份前来，而并非是某个国家或某个国际组织派出的代表。这些与会代表，按照主办方事先确定的研讨会主题，向会议提交学术论文，在会上交流，这是尽人皆知的事。再说，"通过会议形式确定"，那应该有文字记录在案。然而到目前为止，人们并没有见到此类材料。倒是此届研讨会的协办方事前准备了一幅绸布，在组织与会中外代表参观"孙武苑"时，请他们签名留念。这怎么能说成是对孙武隐居穹窿山的"一致认同"和"庄严签名"呢？

因为穹窿山被认定为孙武隐居著兵法地，2006 年，有人发起，公开称此山为"圣山"。同年 10 月 17 日，山前广场隆重举行换匾仪式，将原匾"穹窿山"换成"穹窿圣山"。事后，吴县原文管会负责人、时年八十二岁高龄的陆永文先生直言批评：

> 什么圣山？有这样称山的吗？泰山是五岳之尊，是皇帝封的，也不叫"圣山"嘛。咱中国的山有叫"圣山"的吗？没听说过。现在穹窿山成了中国第一个称"圣山"的了。我看这不是抬高穹窿山，而是贻人笑柄嘛！……为什么要叫"圣山"？自然缘于孙武。我当过兵，对孙武十分崇敬。我在吴县文物管理委员会工作期间，虽说不上什么大贡献，但在职时一是认真学习，把苏州旧志看了好多遍，亲手摘录刻印的资料叠起来有几尺厚。二是勤于实地调查，我把吴县的山山水水、重要的文物名胜景点基本上都走到了。请翻翻我那册由谢孝思先生题签的《吴县志分类辑》，还有《穹窿小王山李根源"松海"墓庐园资料汇辑》等材料，有关穹窿山的摘录根本没有孙武的事。如果有，我能不抄上去吗？所以，孙武在穹窿山隐居、著述的事，八字都没有一撇，又怎能扯得上"圣山"呢？⑫

由于"正名"遭到非议，"穹窿圣山"巨匾不久撤了下来，重新换上"穹窿山"原匾。

2011 年 10 月 1 日，苏州《城市商报》发表一则新闻，介绍苏州穹窿山景区出土两件古物：一个陶钵和一个石槽。有关方面请了苏州市文物部门的考古专家作了鉴定，认定"陶钵"为春秋时代古人用的炊器，"石槽"为明代储水用的工具。主编出版《孙武辉煌在吴地图文集》两位先生称"这两个发现是孙武隐居地不可忽视的佐证"。并称张照根（即对两件古物作考古鉴定的专家）告诉记者"兵圣孙武当年就隐居在穹窿山，而且孙武一向崇尚节俭，生活上从不奢华，因此我们推测这个陶钵很有可能是当年孙武隐居时用过的炊器"。事后，张先生说："考古是一项极为严肃和谨慎的工作，陶钵不过是当时的先民所用的一种炊器。器物上没有任何'铭文'，从职业道德来说，我怎么可能说出这样的话。"他希望图文集的两位主编能给予纠正，不要以讹传讹，影响到苏州和本人的名声。

四

为什么在没有史据又未进行科学论证的情况下，有人一再声称"认定不是主观的随意的，认定是有根据的"，更有人说"认定是科学的，可靠的"，还有人在"认定"两字上玩起文字游戏。2012 年 9 月 7 日，《苏州日报》发表长篇文化访谈。受访者管正先生说：

> 可能有人要讲，没有考古发掘。是的，没有考古发掘，所以称"认定"。一位孙子研究专家在一次孙子兵法国际研讨会上讲："对孙武挖掘的遗址，要加强科学论证，若是没有史料确证，要加上'认定为'三个字，如此，也不失为好的教材。"此说，得到了与会者的一致同意。像一件古书画一样，说是明代某某书画家的作品，而不是在明清墓中挖出来的，经过国家有关专家组成的鉴定委员会鉴定，就得到社会的认同。现在孙武隐居地，得到孙子研究专家和考古专家一百多人的认同，因此可以认定。

此类说法，是很难让人认同的。

五

从孙武隐居地的一而再、再而三的所谓"认定"中，引起笔者几点思考。

思考之一："史学"与"哲学"，二者不能混淆

"史学"，亦称"历史学"，是一门"求得史事真象"的学问。"哲学"，讲的是世界观、方法论。二者既有关系，又有区别。研究历史，需要的是研究态度和方法，诚如南开大学历史系教授范曾为《学忍堂文集》一书作的"总序"所言："史之为学，司马迁概之曰'述往事、思来者'六字。所谓前事不忘，后事之师，乃研究史学之大旨。其博学之，谓勿以疏漏也；审问之，谓整纷剔蠹也；慎思之，谓怯惑释疑也；明辨之，谓去伪存真也；笃行之，谓济世匡时也。"如何处理"哲学"与"史学"的关系？学者严耕望先生在《治史三书》中说："哲学理论对于史学研究诚然有时有提高境界的作用，不过从哲学入手来讲史学，多半以主观的意念为出发点，很少能努力详征史料，实事求证，只抓住概念，推衍发挥，很少能脚踏实地地做工作。这样工作，所写论文可能很动听，有吸引力，但总不免有浮而不实的毛病，不堪踏实的史学工作者的一击。"笔者以为，这些"经验之谈"对于今人从事"孙子学"研究，无疑有着很好的指导意义。那种"以论代史"的做法，早被学术界唾弃。

思考之二：对历史名人史迹的认定一定要要慎之又慎，决不能有半点马虎

对历史以及历史人物的研究，应该坚持以"唯物史观"作为治学之本，学贵笃实。要做到求真务实，就必须充分掌握并运用各种现存的史料，并对搜集到的各种史料反复进行综合研究，然后通过反复论证，做出"是"与"非"或"存疑待考"的结论。

孙武，是一位饮誉中外的历史名人之一，由于古文献资料的不足或"语焉不详"，给今人研究其身世、事迹确实带来很大的困难。在这种情形下，需要我们刻苦攻读古今典籍，认真地进行理性思辨和严谨考证，把追求历史真实作为推进学术进步的方法和目标。历史文献是从事史学研究的基础，"实

事求是"、"无征不信"更是史学工作者应该具有的优良传统和作风，这是万万丢弃不得的。当然，史学研究也需要重视解释者的主观性的作用。诚如国内一位学者所言："解释者的主观性必须能透进解释对象的外在性与客体性之中，否则解释者不过是把自己主观片面投射到解释对象之上而已。"概而言之，不发扬严谨治学的优良传统和作风，只注重解释者的主观性，任意揣测，乃至自编自导，凿空臆断，那么研究工作必然走入歧途。

毋庸讳言，近三十年来，由于"急功近利"之风的渗透，国内一些地方，通过媒体不断地炒作所谓名人身世、故里、事迹的现象。为此，不惜工本，以"弘扬传统，发展经济，提高名声"为由，制造"假古董"。尽管某些人的本意是想利用古人的辉煌来激励今人创造新的辉煌，借此提升城市形象。殊不知，这种做法是在伤害历史，伤害城市形象。

思考之三：对待"民间传说"，一定要做科学的鉴核，千万不能弄虚作假

研究历史和历史人物离不开史料，而传统意义上人们所说的史料，大致有三类：一是实物（含出土文物）；二是文献（含地方志书）；三是口碑，如民间传说。就目前而言，研究孙武身世、事迹，前两类几乎是无能为力的。在这种情况下，有人就拿"民间传说"来说事，希冀为孙武入吴隐居穹窿、撰著兵法作证。可惜，有关孙武在吴地的传说，除《史记》载有"吴宫教战，斩宠姬"外，至今在苏州市（包括吴县）先后出版的七种民间故事集中，丝毫没有记载。退一步而言，即令某地民间有孙武的传说，采集时也应有详细的记录，注明采集人和被采访人姓名、年龄、身份及时间、地点，以供备考，事后仍须作科学的鉴核。然而，从史料的价值来说，笔者以为"民间传说"是不足为据的，因为历经两千五百多年的口口相传，不知经过多少代人的"层累"和"再创造"，离开历史真实已经很远很远了。有的就是虚无飘渺的神话，只不过其中反映了人们的思想、生活，寄托着人们的爱憎和希望罢了，

故而从民间文学的角度受到人们的重视，成为"采风"的内容。但从未听说，靠编出来的所谓"民间传说"，就能用来证明历史。总之，把"传说"、"故事"作为"信史"，把虚构的东西说成真的，这不是对待学术、对待历史的正确态度。

思考之四：学术研究一定要坚持"百花齐放、百家争鸣"方针

"百家争鸣，百花齐放"方针（简称"双百方针"）自 20 世纪 50 年代提出，至今六十多年了。实践证明，这是推动学术进步、繁荣文学艺术的正确方针。但由于多种多样的原因，"双百方针"的贯彻落实，至今仍有不尽人意的地方，主要又表现在学术民主方面。孙武留给后世最珍贵的莫过于他的兵法十三篇。对于他的兵法著作及其军事理论的研究，史学界、兵学界似乎没有产生过不愉快；而围绕孙武本事，诸如"故里"、"隐居和隐居地"等却出现激烈的争论。客观原因之一是有关记载孙武身世、事迹的文献记载极少，由此，研究中出现不同看法、不同观点是十分正常的，也是有益的。作为一个个学术问题，应该充分发扬学术民主，鼓励学术争鸣。"孙武故里"和"孙武隐居与隐居地"的问题，不是一两个人可以说了算的。既然缺少依据，出现分歧也是必然的。对待不同意见、不同观点，应该学会"宽容"，对异见的宽容，并不排除相互间的批评和争论，双方要在平等的地位上进行民主讨论，心平气和地进行自由争辩。

注释：

① 季建业、徐志刚、李嘉球《孙武与吴县》，收入《孙子研究新论——孙子学术讨论会论文集》，新华出版社，1992 年 1 月版，第 56—64 页，

② 魏嵩山《孙武吴地宅墓遗迹辨正——兼论〈孙子兵法〉成书地》，收入《吴文化博览》，无锡市吴文化公园和吴文化研究所主办，2005 年第 2 期（总 142 期）。

③穹窿禅寺，又称"穹窿寺"，始建于梁天监年二年（504），至今遗迹尚存。1981 年列为"吴县文物保护单位"。

④"哥德巴赫猜想"是"数论"中的一个著名课题，由德国数学家哥德巴赫于 1743 年 6 月 7 日在给一位朋友的信中提出的。两百多年来，无人破解，公认这是一个非常难解的课题。1996 年，我国年轻数学研究者陈景润经过多年刻苦努力，终于解开了这一难题，轰动国内外数学界。这一成果被国际数学界称为"陈氏定理"。

⑤苏州市孙武子研究会《孙武与苏州》，发表于《江苏炎黄文化研究》，江苏省炎黄文化研究会主办，2003 年第 3 期。

⑥杨善群先生一文收入《孙子与吴文化研究》（上卷），苏州市孙武子研究会编，中央文献出版社，2006 年 4 月版，第 53 页。

⑦吴恩培《一座新茅庐发出的信息——争夺兵圣》，收入《文化的争夺》，百花文艺出版社，2001 年 4 月版，第 30—45 页。

⑧张英霖《关于孙武隐居地的问题——一个史无明载、无从考定的历史细节》，收入《苏州古城散论》（新版），古吴轩出版社，2004 年 5 月版。

⑨秋末《真山与穹窿山上的两个问号》，载《苏州政协》，2006 年第 5 期。

⑩⑫张英霖《听老友陆永文同志谈重阳节登穹窿山有感》，收入新著《苏州古城散论》，古吴轩出版社，2014 年 1 月版，第 166—167 页。

⑪阿坤《杏花村与桃花潭》，载 2006 年 10 月 24 日《苏州日报·沧浪闲话》。

《孙子兵法》"明"于吴，而"言"于齐

齐人孙武是一位值得国人为之骄傲的历史名人。他一生的重大建树有二：一是以"外臣"（竹简《见吴王》，《越绝书》称"吴王客"）的身份，与伍子胥、伯嚭等人一起佐吴伐楚，取得"五战入郢"，令中原各诸侯国为之震惊的重大军事胜利；二是在继承齐国兵学传统和兵学文化的基础上，对古代战争经验进行"舍事言理"的理论总结，创立了适应时代要求的兵家学说，为后世留下了一部闪烁古今、影响中外的军事名著《孙子兵法》。在这两大建树中，著成《孙子兵法》无疑是其主要成就。

传世的《孙子兵法》由十三篇组成，近六千字。早在我国战国末期，这部兵学名著已在北方流传，战国哲学家韩非（约前280—前233）有"境内皆言兵，藏孙、吴之书者家有之"一说。此后的两千余年间，这部古典军事名著更是被后人奉为指导军事斗争的圭臬。

就是这样一部杰出的军事著作，古往今来，人们在探求它所昭示的科学真谛的同时，不断地寻根求源，去研究《孙子兵法》产生与形成的文化渊源。远的不说，就近三十年而言，国内兵学界、学术界人士发表了许多著论，出现三种说法：

一、认为《孙子兵法》深深地扎根在齐国肥沃的土壤，产生于崇尚兵学传统的军事大国——齐国，是齐文化的产物

就目前笔者所见，这方面的著论有：任继愈《浅谈孙子》（1992），安作璋《把孙子研究推向一个新的阶段》（1992），孙开泰《孙武与齐文化》（1992），徐北文《关于孙子的刍荛之见》（1992），张颂之《兵家文化与儒家文化》（1992），王德敏《孙子兵法与齐文化》（1992），谢祥皓、李政教《兵圣孙武》（1992），谢祥皓《孙武军事思想的渊源及其形成》（1992），骆承烈、孙子平《文、武两"圣人"》（1992），顾伟康《〈孙子兵法〉与齐文化》（1992），乐山、吕世忠《中国孙子与齐文化讨论会暨山东古国史研究会第五届年会综述》（1992），李学勤《〈孙子〉篇题木牍与佚文》（1993），逄振镐《孙武、膑（兵法）与齐文化》（1993），燕国桢《从思维发展水平三个基本层次看〈孙子兵法〉的产生》（1993），骆承烈《泱泱齐邦盛兵学》（1993），赵金炎《孙子与齐文化》（1993），荣斌《〈孙子兵法〉的时代印记》（1994），黄朴民《孙子评传·齐国·军事家的摇篮》（1994），刘庆《先秦齐国兵学的产生与发展》（1994），李金海《孙武产生于齐原因试析》（1995），黄宝先《齐国兵学基本特征论纲》（1995），刘春志、刘思起《孙子兵法教本·孙子兵法产生的历史背景》（1995），田旭东《先秦齐国兵学渊源略论》（1997），王连升《齐国的军事史·序》（1997），刘庆《先秦南方兵学及其与齐国兵学之比较》（1998），于汝波《孙子兵法研究史·〈孙子兵法〉酝酿产生时期——远古至春秋》（2001），颜炳罡、孟德凯《齐文化的特征、旨归与本质——兼论齐、鲁、秦文化之异同》（2003），刘斌《孙武对齐国兵学文化的贡献》（2004），任重《齐国是中国兵学的摇篮》（2002），于孔宝《先秦齐国兵学的传统与地位》（2005），孟祥才《先秦兵学与齐鲁文化》（2005），李桂生《先秦兵家流派初探》（2005），扈光珉《滨州历史名人——武圣孙子》（2005），宣兆琦《孙子兵法的齐文化内涵》（2005），

李零《兵以诈立——我读〈孙子〉》（2006），姚有志《齐鲁兵学甲天下》
（2007），赵承凤《齐鲁文化与齐鲁兵学》（2008），赵承凤、田兆广、高
珊《中国兵学发祥地探源·古代兵学圣典〈孙子兵法〉奠基于齐国》（2010），
赵承凤《齐国古都临淄在中国兵学史上的地位和影响》（2010），薛国安《兵
学双璧的比较研究》（2012）。

以上这些专家学者，依据各种历史文献，从"地域文化"、"兵学渊源"、
"齐国地位"、"多元学说"等不同角度对《孙子兵法》产生于"齐"，是
"齐文化的产物"，作了合乎逻辑的阐述。其中具有代表性的著论有：

1. 谢祥皓、李政教的《兵圣孙武》认为：

兵圣孙武为什么能诞生于社会大动荡的春秋晚期？原因固然很多，
然而其中不可忽略的当是深厚的齐国社会文化背景。正是齐国开放进取
的社会政治环境，充满活力的文化特质，悠久长远的兵学传统以及田氏
家族的进步倾向和孙武本人的家庭学术渊源等诸多条件的存在和相互作
用，才促使孙武能够超越前代军事家脱颖而出，成为光耀当时、泽被千
古的杰出历史人物。恰如孔子这位伟大的儒家学说创始人只能诞生于周
代礼乐文明传统得到保留最多的鲁国一样，兵圣孙武不可能产生于三晋、
吴越、楚、秦或鲁国，而只能在广袤富饶的东方齐国大地上孕育成长。
这是历史的必然。①

2. 李学勤的《〈孙子〉篇题木牍与佚文》认为：

《汉书·艺文志》载《吴孙子兵法》八十二篇、图九卷，并未将
十三篇分列出来。《史记》本传云："孙子武者，齐人也，以兵法见于
吴王阖庐，阖庐曰：'子之十三篇，吾尽观之矣。'"这说明十三篇系
孙武自著，在入吴前业已成书。后来《孙子》篇数续有增益，到《汉志》

遂有八十二篇之多，这种情形与《管子》等类似。[②]

3. 于汝波担纲主编，于汝波、潘家玢、苏桂亮、季德元、皮明勇合作撰著的《孙子兵法研究史》，对《孙子兵法》产生的"渊源"，概括成四点：

> 一、中国上古以来，特别是春秋时期频繁、激烈、多样的战争，是《孙子兵法》产生的源泉和动力。
> 二、已有的兵学理论成果是《孙子兵法》跃上兵学峰巅的阶石。
> 三、春秋时期社会思潮对《孙子兵法》的形成有重要影响。
> 四、尚武崇智的齐文化是培育《孙子兵法》这朵奇葩的沃土。[③]

4. 赵承凤的《齐国古都临淄在中国兵学史上的地位与影响》认为：

> 中华兵学，是早在两千多年前就取得领先全人类的及其辉煌的军事科学成就。而中华兵学在其漫长的发展过程中，尤其从上古到战国时期不论从初期形成之源头，兵家人物之众多、兵学著作之丰富，对战争和军事领域影响之深远，齐国都占据极其重要的地位，稳居先秦各国之首。在齐鲁大地这片盛开中国古典兵学之花的热土上，既有中国兵学发祥之地——齐国古都临淄，又有中国兵学的奠基之人——诞生在齐国的被后人称为"兵圣"的孙武。所以从一定意义上可以说，中国兵学看齐鲁，齐鲁兵学看临淄。[④]

由此可以得出结论：《孙子兵法》的产生，有广远的社会实践渊源，丰厚的兵学理论基础，深刻的社会思想影响，浓郁的尚武崇智文化的熏陶。它是中国远古时期的军事思想与春秋末期军事实践相结合的产物。

二、认为《孙子兵法》书成于"吴"，提出"孕育《孙子兵法》的基因是齐文化"，而"产生《孙子兵法》的土壤是吴文化"

就目前笔者所见，这方面的著论有：罗世烈《〈孙子兵法〉与吴文化》（1993），管正《〈孙子兵法〉成书渊源探析》（2000），谈世茂《孙子兵法十三篇诞生于吴地》（2001），姚有志《〈孙子兵法〉是吴文化的杰出代表》（2006），吴如嵩、霍印章《论孙子研究中的几个问题》（2006），杨善群《〈孙子兵法〉与吴文化的几个问题》（2006），吴荣曾《先秦兵法与孙子兵法》（2006），孟世凯《吴文化、孙子与苏州》（2006），管正《吴文化是产生〈孙子兵法〉的土壤》（2006），吴如嵩《再论〈孙子兵法〉的吴文化属性》（2006），吴如嵩《论〈孙子兵法〉与吴文化》（2006），王卫平《论吴国的兵学成就》（2006），李直《吴文化和〈孙子兵法〉的魂》（2006），徐亚春《浅谈春秋时期吴文化和孙子兵法的关系》（2006），汪育俊、俞朝卿《孙武对吴文化的贡献》（2006），汪育俊《孙子文化是吴文化的重要组成部分》（2011），舟侠《〈孙子兵法〉和吴文化的文脉融会》（2011）。

以上这些专家学者，从"吴文化"的产生、形成及其"表征"，对《孙子兵法》的文化属性作了新的探索。其中具有代表性的著论有：

1. 管正的《〈孙子兵法〉成书渊源探析》认为：

吴国山明水秀，河网交错，居民以舟代步，是典型的水乡泽国。吴人的生活习惯、性格特点、思维方式等都有别于齐鲁楚地。吴地人民制造了辉煌的吴文化，吴文化孕育于水文化。吴文化的组成部分是吴侬软语、稻、茶、蚕桑、渔、桥、服饰文化以及书画等，都与水的特性有关。孙武受到吴文化的哺育，尤其对水在军事上的利和害，更有了透彻的认识，在撰写兵法时也就更充实、更完善了。⑤

此后，管先生还作有《吴文化是产生〈孙子兵法〉的土壤》⑥。从吴国军事文化的特色、吴国指导战争的"诡诈"战略思维的特征、吴国地形地貌特点、吴国政事特色四个方面作了论述。得出的结论是："如果没有吴文化土壤，是不可能诞生这部军事理论的参天大树的。"

2. 吴如嵩、霍印章的《论孙子研究中的几个问题》认为：

> 作为一部石破天惊的《孙子兵法》在吴国问世，绝不是偶然的。它既与当时吴国的政情、军情有着密切的联系，也与孙武在吴国"辟隐深居"，洞察吴国国情有着必然的联系。《孙子兵法》问世之时，齐国早已丧失了齐桓公称霸时的辉煌，姜齐政权处于风雨飘摇之中。尽管齐景公在霸业上也有一些表现，但内政外交一片颓势。厚赋重利，民心动荡，社会危机四伏。毫无疑义，一部锐意进取、力图称霸、敢于主张"伐大国"的《孙子兵法》不可能产生于当时的齐国，不可能产生于这样一个濒临末世的姜齐政权毫无生气的社会环境之中。⑦

为此，提出了两个命题，并做了阐述：

第一，"孕育《孙子兵法》的基因是齐文化"。说："孙武是齐人，出身于陈（田）氏家族，他的祖父陈书（孙书）是一位战将，这三点决定了孕育《孙子兵法》的基因是齐文化。"

第二，"产生《孙子兵法》的土壤是吴文化"。说："关于《孙子兵法》的吴文化特征，可以从以下两个方面加以考察：一是服务于'兴霸成王'的政治要求，是《孙子兵法》吴文化属性的重要表征；二是《孙子兵法》中含有明显的吴文化特征。"举出了"显然属于吴文化的文句"的四个例证⑧。

3. 姚有志的《〈孙子兵法〉是吴文化的杰出代表》认为：

> 春秋战国之交，先后诞生了孙子兵法、孙膑兵法、尉缭子兵法、卫鞅兵法、吴起兵法等一大批著名的军事著作，大多诞生于黄河流域，而

只有《孙子兵法》诞生于长江流域的江南水乡——苏州。因而，《孙子兵法》在谈兵论战时，显得秀美和阴柔，带有更多的人道主义。这与产生它的地理环境相吻合的。因此，可以这样说，吴文化中的传统战略文化，是中国传统战略文化的重要组成部分，并起着主流和主导的作用。……《孙子兵法》诞生地在苏州，是无可争议的，《孙子兵法》是春秋时代南北文化融合的结晶。无论从它的形态和内容来看，具有鲜明的吴文化色彩，这也是不容置疑的。⑨

不过，需要指出的是，就在姚先生在苏州接受专访发表此一说法的两个月后，他在赴山东惠民、广饶、临淄等地实地考察齐鲁兵学研究开发情况，其间，在广饶作了《〈孙子兵法〉研究应长期关注和不断加强四个重点》的谈话。称：

> 山东作为《孙子兵法》的发源地和兵学理论生成的大省……自古知兵非好战，自古今来，中华民族创造了卷帙浩繁的兵学理论，其中最优秀的代表作——《孙子兵法》就出自齐鲁大地。《武经七书》中，源于山东的著作将近一半。⑩

三、认为《孙子兵法》为齐文化和吴越文化共同孕育而成

就目前所知，这方面的著论有：于敬民、于建华《〈孙子兵法〉为齐与吴越文化共同孕育而成例证十二》（1992），刘亦水《孙子兵法与吴越文化》（1994）。

这几位专家学者提出《孙子兵法》是齐文化与吴越文化的融合。其中具有代表性的著论——于敬民、于建华的《〈孙子兵法〉为齐与吴越文化共同孕育而成例证十二》认为：

孙武在公元前 512 年为吴将之前，其社会实践主要在齐国；为吴将后的全部实践则在吴国，且其重要性和时间上远远超过在齐国。齐国悠久的兵家传统、军事人才事迹、重大的历史军事活动、兵家理论，这些齐文化的内涵对孙武撰著《孙子兵法》提供了"有源之水"、"有本之木"。孙武在齐国的社会实践阶段，使他写出了兵法十三篇，这是受齐文化影响而不是吴文化影响的十三篇。孙武为吴将后，体验和感受到的是吴越文化，特别是吴越文化中的军事思想的影响，因而今天人们所见到的《孙子兵法》十三篇带有浓厚的吴越文化色彩。⑪

正是基于上述理由，两位先生得出结论："《孙子兵法》源于齐文化，而善于吴越文化。也就是说，《孙子兵法》既不是单纯的齐文化产物，也不是单纯的吴越文化产物；既体现了齐文化的特色，也体现了吴越文化的特点。《孙子兵法》是齐文化与吴越文化的融合，齐文化与吴越文化共同孕育产生了《孙子兵法》。"

对于上述三种说法，笔者以为就《孙子兵法》博大精深的军事理论和细致缜密的思想体系而言，齐文化特别是齐国兵学文化和兵学传统，以及春秋时期诸子百家学说在齐鲁大地兴起而对孙武产生的影响，是第一位的。而吴越文化特别是兵文化对孙武产生的影响，则是第二位的。它们之间毕竟有主次、源流之别。对于地处南方蛮夷之地、当时尚未形成成熟的兵学文化的吴国而言，《孙子兵法》毕竟是一种"外来文化"，而非吴地土生土长的"本土文化"。笔者曾在《孙武研究新探》（第一版）一书中作有《〈孙子兵法〉草成于齐而诞生于吴》一文。所谓"草成"，是说《孙子兵法》早在孙武入吴以前已经初步完成，齐地和齐文化是它的"母体"；所谓"诞生"，是说孙武在齐地孕育并草成的兵法是他来到吴国后方始问世，犹如妇女"十月怀胎"在"齐"，而"一朝分娩"在"吴"。之后，经过与吴王阖闾问对、吴伐楚的军事实践以及在吴地受到的文化影响，孙武把从齐国带来的兵法作了一些修改、充实，在功成身退之后，收授门徒，让更多的后生从他的兵法著作中得到启示，得到继承和发展。现在人们读到的《孙子兵法》十三篇，篇首都以"孙子曰"开头，可以说是他弘扬与传承兵学的一个明证。

《孙子兵法》究竟是在"齐"还是在"吴"著就？其文化渊源主要是"齐文化"还是"吴文化"，或者是"齐文化"与"吴文化"交融的产物？这个问题可以继续探讨。不过，1972 年 4 月山东临沂出土的汉简《孙膑兵法》，兴许能帮助我们作进一步思考，从而作出科学理性的判断。

孙膑是孙武的"后世子孙"。他在《陈忌问垒》篇中，曰：

> 明之吴越，言之于齐，曰智（知）孙氏之道者，必合于天地。

银雀山汉墓竹简整理小组对此的解释是："这里大概把孙武、孙膑的军事理论作为一家之说看待。'明之吴越'，是说孙武运用此种军事理论于吴越。'言之于齐'，是说孙膑以此种军事理论言之于齐威王。由于兼包两个孙子而言，所以称'孙氏'，不称'孙子'。"

笔者细察"明之吴越，言之于齐"，以为前句与后句既是对称又是互为联系的复合句。就字义而言，"明"的一个义项是"公开"（《汉语大词典》）。整理小组依据《史记·孙子吴起列传》所云孙武"以兵法见于吴王阖闾"，对前句作出的解释是准确的。对后句的解释，似有商榷之处。"言"的一个义项是"学说"（《汉语大词典》），如《孟子·滕文公下》"天下之言不归杨，则归墨"。司马迁作《史记》，在"报任安书篇"中，自云："凡百三十篇，亦欲以究天人之际，通古人之变，成一家之言。"两处记载中的"言"字，字义相同。可见，后句在于说明孙武的军事学说立言（著书立说）于齐，根植于齐。《孙子兵法辞典》在"孙武著述"一栏中记：

> 孙武一生著作，主要是兵法十三篇，计五千余字。约草成于齐，入

吴后又进行过修改。《汉书·艺文志》记汉代流传的《吴孙子兵法》有"八十二篇图九卷",可能是后人有所附益。⑫

在此,笔者引用日本汉学家谷中信一所作的《〈淮南子·兵略训〉论略》所云"《兵略训》的文化渊源"的一段原文:

> 现行《孙子》十三篇,但《汉志》说"吴孙子兵法八十二篇"。关于作者孙武,班固自注有"臣于阖闾"之说,可知他是春秋时代曾供职于吴王阖闾的、非常活跃的战略家。但人们不应只盯着孙子在吴的经历,而应仔细琢磨《史记·孙子吴起列传》开头一段话:"孙子武者,齐人也,以兵法见于吴王阖闾。"这说明孙武本是齐人,在去吴国之前,已经以兵法知名或已撰成了兵法书,可见他的思想是在齐国齐文化圈中定形的,甚至连语言也保持着较浓的齐地特点——清代学者俞樾就曾指出《孙子》中使用了不少齐语。
>
> 关于《孙膑兵法》的作者,《汉志》载"齐孙子八十二篇",肯定他是齐人,说他是孙武逝世百余年后活跃在战国时代的战略家。孙武是齐人,孙膑也是齐人,而且据《史记》说孙膑是"孙武之后世子孙也"。两人的兵书在诸多概念范畴上又相通相近,兵法思想具有同一的倾向,可证他们与齐文化有不解之缘,和齐文化有着非同寻常的深度联结,《孙子兵法》不是孙武以来在吴形成的,而是在齐继承发展起来的。⑬

《孙子兵法》与"齐文化"或"吴文化"究竟存在何种历史"渊源"?目前有多种说法,真是仁者见仁,智者见智。近见陆振岳教授的《吴文化是产生〈孙子兵法〉"土壤说"的剖析》⑭,全文发表在山东《孙子兵学年鉴(2010—2011)》(总第6卷)上,可供阅读。

总之,齐国兵学甲天下,其悠久的军事文化传统与浓厚的兵学氛围,应该是孙武著写兵法的主要条件和依据，这是"理证"，而孙武的"后世子孙"孙膑所云，则是《孙子兵法》明于"吴"而源于"齐"的最有力的实证。

（本文收入《孙武研究再探》，文汇出版社，2013年11月版。）

注释：

① 谢祥皓、李正教《兵圣孙武》，列为"孙子兵法大全系列丛书"首册，军事科学出版社，1992年2月版，第49—50页。

② 李学勤《〈孙子〉篇题木牍与佚文》，收入《孙子与齐文化——海峡两岸孙子与齐文化学术讨论会文萃》，石油大学出版社，1993年8月版，第3页。

③ 于汝波主编《孙子兵法研究史》，军事科学出版社，2001年9月版。

④ 赵承凤《齐国古都临淄在中国兵学史上的地位与影响》，收入《孙子兵学年鉴（2010—2011）》，山东孙子研究会编，2013年2习版，第439—443页。

⑤ 管正《〈孙子兵法〉成书渊源》，收入《传统文化研究》第8辑，白山出版社，2000年12月版，第32—35页。

⑥ 管正《吴文化是产生〈孙子兵法〉的土壤》，收入《孙子与吴文化研究（上卷）》，中央文献出版社，2006年4月版，第106—115页。

⑦⑧ 吴如嵩、霍印章《论孙子研究中的几个问题》，收入《孙子与吴文化研究（上卷）》，中央文献出版社，2006年4月版，第37—41页。

⑨ 姚有志《〈孙子兵法〉是吴文化的杰出代表》，收入《孙武苑》，苏州市吴中区孙子兵法研究会主办，2006年第1期（总第5期）。

⑩ 姚有志《〈孙子兵法〉研究应长期关注和不断加强四个要点》，收入《孙子与齐文化》，广饶县孙子研究中心主办，2006年8月（总第5期）。

⑪ 于敬民、于建华《〈孙子兵法〉为齐与吴越文化共同孕育而成例证十二》，收入《管子学刊》，1992年第3期。

⑫吴如嵩主编《孙子兵法辞典》，白山出版社，1993年3月版，第109页"孙武著述"。

⑬谷中信一《〈淮南子·兵略训〉论略》，收入《孙子学刊》，1993年第3期（总第7期）。

⑭陆振岳《吴文化是产生〈孙子兵法〉"土壤说"的剖析》，收入《孙子兵学年鉴》，山东孙子研究会主办，2013年2月版（总第6卷）。

图书在版编目（CIP）数据

苏州文史研究／陆允昌著. —上海：文汇出版社，2015.7
ISBN 978-7-5496-1534-6

Ⅰ．①苏… Ⅱ．①陆… Ⅲ．①文史－研究－苏州市
Ⅳ．① K295.33

中国版本图书馆 CIP 数据核字（2015）第 164409 号

苏州文史研究

著作权人 / 陆允昌
责任编辑 / 李　蓓
装帧设计 / 刘　啸

出版发行 / 文匯出版社
　　　　　　上海市威海路755号
　　　　　　（邮政编码200041）
印刷装订 / 苏州华美教育印刷有限公司
版　　次 / 2015年7月第1版
印　　次 / 2015年7月第1次印刷
开　　本 / 787×1092　1/16
字　　数 / 300千
印　　张 / 25.75

ISBN 978-7-5496-1534-6
定　　价 / 65.00元